Initiation à la psychiatrie

CHEZ LE MÊME ÉDITEUR

Du même auteur :

L'HYSTÉRIQUE, LE SEXE ET LE MÉDECIN, par Lucien ISRAËL. *Collection Médecine et Psychothérapie.* 1994, 9e tirage, 256 pages.

Autres ouvrages :

L'ENFANT ET LA PSYCHANALYSE. NOUVELLES PERSPECTIVES, par Jean BERGÈS et Gabriel BALBO. Bibliothèque de clinique psychanalytique. 1994, 216 pages.

LA DIMENSION DE LA SOUFFRANCE CHEZ LE MALADE DOULOUREUX CHRONIQUE, par E. FERRAGUT. 184 pages.

PSYCHOPATHOLOGIE DU SUJET ÂGÉ, par Gilbert FERREY, Gérard LEGOUES. *Collection Abrégés de Médecine.* 1995, 3e édition, 208 pages.

LA CRISE DU MILIEU DE LA VIE. ASPECTS PSYCHOPATHOLOGIQUES, par L. MILLET, avec la participation de J. PON et F. MILLET-BARTOLI. *Collection Médecine et Psychothérapie.* 1994, 224 pages.

LE CORPS BLESSÉ. Automutilation, Psychiatrie et psychanalyse, par C. MORELLE. *Collection Bibliothèque Clinique Psychanalytique.* 1995, 184 pages.

COLLECTION MÉDECINE ET PSYCHOTHÉRAPIE

Initiation à la psychiatrie

par

Lucien ISRAËL
Professeur à la Faculté de Médecine de Strasbourg

5e tirage

MASSON

Paris Milan Barcelone

ISBN : 2-225-80208-4
ISSN : 0398-6756

MASSON S.A. 120, bd Saint-Germain, 75280 Paris Cedex 06
MASSON S.p.A. Via Statuto 2/4, 20121 Milano
MASSON S.A. Avenida Principe de Asturias 20, 08012 Barcelona

Table des matières

Avant-propos

Cy n'entrez pas, ...

... *Parce que ce livre est scandaleux*

Il prétend ouvrir au médecin le domaine de la psychiatrie, voire de la psychothérapie. Le chœur de « ceux qui savent » ne peut pas ne pas s'émouvoir devant pareille prétention. Psychiatres, psychothérapeutes, psychanalystes plus ou moins patentés ne manqueront pas de souligner les risques de l'entreprise. Imités voire précédés en ceci par les praticiens eux-mêmes. Dûment endoctrinés par l'enseignement qui leur a été prodigué durant leurs études, ils sont prêts à énumérer ces dangers. D'abord, le risque de méconnaître une affection somatique. N'a-t-on pas répété dans tous les cours qu'il faut veiller soigneusement à un examen clinique complet, qu'il ne faut pas se contenter d'un résultat négatif en matière d'examen complémentaire. En venir à l'hypothèse d'un trouble psychique ne peut être qu'un diagnostic d'élimination, voire de résignation. Et il faut tout faire pour s'y arracher, pour en délivrer le malade. D'ailleurs, le malade ne vient pas chez le médecin pour parler. Il veut du concret, de l'objectif : un diagnostic, une prescription, un congé. Sinon, il ne se sent pas pris au sérieux. Et surtout : on risque de faire plus de mal que de bien.

Cette réponse, on l'obtient aussi bien de la part d'étudiants en médecine au cours de leur stage en psychiatrie que de praticiens plus ou moins chevronnés. C'est toujours avec la même surprise que l'on découvre la difficulté à faire préciser la nature de ces dangers. La question ironique : danger, pour qui ? n'est pas fausse. Elle révèle la nature même de la menace. Que le lecteur en fasse l'expérience. Comme tout le monde, il y aura pensé, à ce remède pire que le mal. Mais quelles raisons pourra-t-il alléguer ? Viennent des propositions hésitantes. Le malade va trop s'intéresser à lui-même et se détourner de ses relations habituelles, déjà précaires, n'est-ce pas. Ou bien : est-ce qu'on ne risque pas, à poser des questions angoissantes, de déclencher une névrose, voire pire. Ou bien : et si le malade allait se fixer sur le médecin, s'il n'allait plus pouvoir s'en détacher, s'il allait en tomber amoureux... Voilà un échantillonnage de ces craintes qui traduisent des fantasmes, c'est-à-dire des tentatives d'imaginer l'angoisse, de la mettre en image. Cette angoisse est bien celle du médecin, lorsqu'il se représente une situation dans laquelle il va s'exposer au malade. Toutes les situations à deux qu'il a pu connaître ou envisager, situations d'examen ou de compétition, de cordialité ou de rivalité, d'amour ou de haine ont préparé le terrain à son appréhension. C'est donc bien lui, le médecin, qui est menacé dans ses habitudes, dans son confort, dans une routine surtout qui cache des satisfactions secrètes, le plus souvent inavouées à lui-même, que son métier lui apporte. Et c'est en fonction de ces images qu'il se dépeint son interlocuteur, le malade. Il le saisit à travers son propre crible et le déchiffre en fonction de son propre code.

Cependant, il s'agit d'une situation spécifique au médecin français, car dans de nombreux autres pays, il existe déjà un enseignement et une pratique de la psychothérapie qui ne sont en rien réservés aux psychiatres. Or, si ces derniers, et les « psy » en général risquent de voir avec quelqu'inquiétude le champ de la psychothérapie s'ouvrir à qui le souhaiterait, il y a dans cette inquiétude, non seulement un souci pour les malades, mais aussi la crainte d'une certaine concurrence. L'expérience montre pourtant que, même sans formation psychothérapique, les médecins conservent leurs clients pour plusieurs raisons, dont la moindre n'est pas que les malades ne souhaitent pas changer de médecin. Il n'y a donc là aucun risque de concurrence, mais au contraire l'amorce d'une meilleure compréhension et d'une coopération plus efficace.

... Parce que ce livre est hérétique

Il propose aux médecins des voies non balisées par la médecine. A la lecture linéaire du dialogue médecin-malade, il propose de substituer une lecture à plusieurs niveaux, qui ne sont pas toujours convergents et qui n'aboutissent pas toujours à des conclusions aussi claires que celles qui permettent de décider de l'acte médical ou chirurgical. Cette nouvelle lecture introduit des éléments de réflexion empruntés à des domaines autres que les sciences fondamentales auxquelles se réfère la pratique clinique. Il pourra s'agir d'économie ou de sociologie, mais aussi de philosophie, et, pourquoi pas, de poésie. L'hérésie consiste à introduire dans la médecine contemporaine une dimension de non-sérieux. Voilà de quoi faire hésiter. Quoi de plus sérieux que le souci pour ce plus précieux de tous les biens qu'est la santé ? Nous voulons le croire, mais nous savons que cela n'est pas vrai dans un monde qui a inventé la bombe à neutrons, une arme qui respecte le matériel et détruit le personnel. Et ce n'est là qu'un exemple parmi de nombreux autres. Qu'on y regarde de près, le sérieux dans le monde actuel, c'est ce qui concerne l'économique, donc la consommation, et non pas l'humain. Même les sciences les plus exigeantes ne peuvent se développer que grâce à l'intuition ou à l'imagination des chercheurs. Même le vocabulaire de ces sciences fait place à la poésie et au sourire : ne parle-t-on pas de particules « charmées » ? Et si les hommes, dont font partie aussi bien les médecins que les malades, acceptaient de se rallier à l'impérialisme du sérieux, ils auraient choisi la condition d'objets consommables et reproductibles à merci. Dans cette perspective, la Deuxième Guerre mondiale n'aura été qu'un modeste apéritif. C'est par rapport à l'orthodoxie du sérieux que le médecin peut remplir une fonction libératrice, par l'hérésie, qu'il recherche d'ailleurs. Il suffit de se pencher sur les thèmes demandés à l'enseignement post-universitaire ou à la formation continue. Recherche de ce qui n'a pas été enseigné à la Faculté. Hérésie d'une médecine qui rendrait sa place à l'amour, qui enseignerait qu'on peut guérir par l'amour, non au sens immoraliste que la contamination par la consommation donne à ce terme, mais au sens de l'aventure humaine restituée. Surprise pour le médecin, qui découvrira parfois qu'en soignant un symptôme, il aura rendu à son malade une aptitude amoureuse perdue ou oubliée. La maladie était la pierre tombale de cet amour. Bien sûr, l'amour, il s'agira de le redéfinir.

Dernière hérésie : les dogmes de la nosologie, des nosologies, ne sont plus considérés comme paroles d'évangile, et les malades ne sont plus enfermés dans leurs cachots diagnostiques ou leurs ghettos structuraux.

... *Parce que ce livre est subversif*

Il prétend renoncer à un enseignement qui serait transmission de recettes, pour agir par imprégnation, en bavardant avec le lecteur comme avec un ami, prenant ainsi le risque d'être rejeté et bafoué.

Il n'a, ce livre, nul souci d'exhaustivité, ni même de complétude. Il n'est pas un manuel et son titre aurait dû être : « Imprécis de Psychiatrie ».

Parce qu'un enseignement ne vient pas d'un maître (ils sont trop rares) : il résulte de l'élaboration en commun d'un discours entre l'orateur et l'auditeur, d'un texte entre le lecteur et l'écrivain. Dans la mesure où un progrès humain, il ne s'agit pas de techniques, est parfois concevable à l'échelle de la personne, il résulte de l'échange dialogué, engageant la responsabilité réciproque, sans recours à une quelconque institution majuscule, protectrice, aliénante et souvent meurtrière. Nous sommes tous engagés, que nous le sachions ou non, à la conquête d'un plus de parole. Mieux vaudrait le savoir.

Il est probable, voire souhaitable, que ce livre fasse contre lui l'unanimité des critiques. Car lorsque le Sanhédrin condamnait à l'unanimité un accusé, il était acquitté, tant l'effet de l'unanimité, qui interdit tout recours, est contraignant (1).

---

(1) *Talmud de Babylone*, Traité Sanhédrin 17 a.

1

Considérations impertinentes sur l'enseignement

« Les hobereaux du domaine des idées demeurent perplexes devant les graffiti des vagabonds de la pensée. »

(PRÉVERT : Imaginaires p. 213).

1. Qui enseigne aujourd'hui ?

La période aventureuse où un philosophe, un mathématicien pouvaient écrire un traité de médecine est révolue. L'efficacité y a gagné, la technicité également, mais l'universalité s'est perdue. La médecine ne fait plus partie de la culture, elle n'est plus la chose de l'intérêt universel, de l'université, et ce n'est que par habitude que la Faculté de médecine est encore rangée dans les sections de l'Université. Elle serait beaucoup plus à sa place parmi les grandes écoles. Ceci n'est nullement dévalorisant, au contraire. Ce serait peut-être un moyen de rectifier, dans l'esprit de l'étudiant, du public et des enseignants, le rôle joué par les Facultés de médecine. L'enseignement médical n'est plus une culture. Il l'était peut-être en une ère moins scientifique, ou moins technique. Dire pré-scientifique est erroné et tend à faire croire que la pensée scientifique est née au XIXe siècle. Or, les mathématiques, dont il est pourtant difficile de contester la scientificité, n'ont pas attendu le XIXe siècle. L'enseignement médical, donc, n'est plus l'introduction à une culture, mais une formation technique, technologique, plus proche de la formation de l'ingénieur que du philosophe ou de l'artiste. Ce qui ne veut pas dire que, pour les champs de ces derniers, la technique soit absente ou éliminée, inutile.

Il n'est pas sans importance de noter la disparition de l'histoire de la médecine. Elle pouvait constituer, lorsqu'elle était encore enseignée, une « matière d'éveil », comme on dit dans l'enseignement primaire ou secondaire. Éveil à la curiosité, à l'intérêt, à l'initiative personnelle. Il semble que dans l'enseignement médical, on se préoccupe très peu de ces ressorts, que l'on pourrait croire fondamentaux. On. Qui ça ? Le public, bien sûr. Et l'étudiant en médecine débutant. Comment se fait-il qu'un enseignement « supérieur » se transforme en un rouleau compresseur, prêt à écraser toute imagination, toute spontanéité ? La chose mérite quelque réflexion, particulièrement ici, où il va s'agir de psychiatrie. Celle-ci aurait pu, ou devrait, partager avec l'histoire de la médecine l'honneur de constituer une matière d'éveil. Le grand nombre de tentatives, et de tentations, qui marquent l'évolution de la psychiatrie, devrait permettre le développement d'un esprit critique, et une certaine modestie devant l'éphémère d'une foule d'hypothèses, de doctrines et de théories. Il n'en est malheureusement pas toujours ainsi, et les tenants de diverses positions, d'autant plus convaincus qu'ils sont plus analphabètes, font trop souvent règner leur terrorisme intellectuel et réduisent l'étudiant à « attendre que ça passe ». L'effet de cet autoritarisme sera que l'élève se détourne des voies d'un enseignement officiel, supposé détenir le monopole de la science, pour se tourner dès que possible vers ce qu'on ne lui a pas enseigné. Mais comme son discernement n'a guère été favorisé durant ses études, il lui arrivera souvent de rencontrer les « théories » les plus étonnantes de la médecine non officielle, théories souvent marquées par l'absence de critique, l'archaïsme, le délire, et surtout la sottise. Il suffit qu'on présente comme venant de très loin dans l'espace et dans le temps une doctrine « retrouvée », pour qu'immédiatement des médecins s'en emparent, à la fois dans un esprit de revanche contre l'enseignement de la Faculté, qui gagnerait d'ailleurs à être facultatif, et dans l'espoir de trouver, comme on dit en marketing, un créneau fructueux. Les « médecines douces » en sont un exemple. Personne ne doute de l'efficacité d'une phytothérapie judicieuse. Il est probable même que les « simples » (qui ne datent pas d'aujourd'hui) nous réservent encore bien des surprises, parfois heureuses. Il en va de même de nombreuses autres techniques et méthodes « hérétiques ». Mais un enseignement critique de l'histoire de la médecine permettrait aux adeptes de ces nouvelles médecines d'y reconnaître les « revenants » de doctrines poussiéreuses, abandonnées il y a belle lurette, et de ne plus les prendre pour des innovations.

Ces thèmes reviendront souvent, avec de nombreuses variantes. Malgré l'apparence d'une critique plus querelleuse que constructive, ils s'avèreront peut-être porteurs d'un autre message.

Ce début d'interpellation de l'enseignement pose une première question : pourquoi devient-on enseignant en médecine ?

Les études de médecine ne sont pas en effet, comme d'autres études, une préparation à l'enseignement, malgré le diplôme et le titre de docteur sur lequel elles débouchent encore. On s'inscrit en médecine parce qu'on a choisi de devenir médecin. On ne sait pas très bien, comme dans tout choix, ce que l'on a choisi, ni pourquoi on l'a choisi, mais c'est rarement pour devenir enseignant. Pourtant, les enseignants se recrutent parmi les étudiants. Peut-on repérer certains facteurs qui vont déterminer ce choix particulier, amener cette déviation par rapport au projet initial de l'étudiant ? En voici, pêle-mêle, quelques-uns.

Le prestige

C'est sans doute le facteur le plus superficiel, car, après ce qui a été évoqué de l'enseignement, il est rare qu'aux yeux de l'étudiant ce prestige se maintienne. Ce qui ne veut pas dire qu'il ait entièrement disparu. Certains enseignants restent des professeurs, c'est-à-dire qu'ils ont quelque chose à enseigner. Et parfois ils le font avec un certain art pédagogique susceptible d'intéresser l'étudiant et de lui faciliter la tâche. Mais c'est surtout aux yeux du public que le titre de professeur, par exemple, conserve un certain éclat. C'est dire qu'il ne s'agit que d'une apparence. Les apparences, c'est ce qu'il s'agit de sauver lorsque tout est perdu.

Il ne serait pas sans intérêt d'étudier historiquement comment s'est créé ce prestige du médecin, et surtout du professeur. Sans doute sa profession a-t-elle souvent amené le médecin à prendre goût au pouvoir. Fréquence des médecins à des postes de responsabilité municipale, cantonale, nationale. Choisit-on la médecine par désir de puissance, parfois peu conscient au départ ? Dans ce cas la « carrière » universitaire offrirait-elle une meilleure plate-forme de lancement ? Le moment n'est pas encore venu de se demander ce qu'un tel pouvoir, parfois imaginaire, vient compenser. Ce souci du pouvoir est en premier lieu un souci de reconnaissance. Être reconnu. Le comique d'un tel souhait, car toute la reconnaissance du monde n'amène jamais la moindre parcelle d'essence, n'a pas échappé à Molière, dont le « Malade Imaginaire » restera le miroir auquel le médecin ferait bien de se contempler chaque matin. Ce sont d'ailleurs les écrivains qui donnent du médecin, et qui restituent au médecin, l'image que s'en fait le public. Aujourd'hui, on pourrait avoir recours au sondage d'opinion. Mais justement l'opinion publique est matière orientable. Lorsqu'elle est partiellement déterminée par des écrivains de talent, le mal est sans doute moindre que lorsqu'elle est dirigée par des politiciens de métier, ou par des intérêts mercantiles.

Les gens ne seraient-ils pas capables de se faire une opinion personnelle ? Si, mais pour l'instant une minorité seulement. Faute d'information et faute de formation. La prétention du médecin, d'être reconnu, est donc comique. Et les médecins eux-mêmes sont bien obligés de le reconnaître, pour leurs ancêtres des temps passés au moins, dont l'efficacité thérapeutique était forcément limitée. Prétention de diafoirus. Les diafoirus en question n'étaient pas dupes, qui ne pouvaient asseoir leur autorité que sur des menaces à l'encontre de leurs malades. Cette pratique a-t-elle entièrement disparu ? Qui n'a jamais menacé un malade des calamités qu'entraîneraient un manquement au traitement, au régime ? Bien sûr, c'est pour le bien du malade. Et du coup le médecin devient le protecteur, le défenseur, le détenteur de ce bien. D'où prestige.

Une variante se rencontre aujourd'hui, qui, bien que rare, est un véritable symptôme. La loi française autorise l'avortement, sous certaines réserves. Elle autorise du même coup les médecins qui désapprouvent cette mesure à ne pas l'appliquer. A condition d'oser assumer leur choix et d'en informer les personnes intéressées. Mais que rencontre-t-on parfois ? Des médecins qui pratiquent l'avortement, tout en s'ingéniant à faire naître chez les femmes avortées un sentiment de culpabilité. Soit par des paroles adressées à d'autres auditeurs, soit par des reproches ou des critiques. Parfois même, cela s'est vu, en différant de rendez-vous en rendez-vous la date de l'intervention projetée jusqu'à ce que le délai légal soit dépassé. Où est le prestige, dira-t-on ? Ne voit-on pas que dans ces cas, le médecin agit comme intermédiaire entre la puissance qui lui dicte sa morale et son client ? Être l'intermédiaire d'un dieu, cela peut conférer une certaine gloire. Comme si un droit divin présidait à la fonction du médecin. La source de l'autorité est parfois sublime. On peut s'opposer à l'avortement parce que la patrie a besoin de soldats pour la protéger contre l'ennemi, parce que l'industrie a besoin de bouches pour consommer ses produits, parce que les retraités ont besoin des cotisations des jeunes pour toucher leur pension.

Revenons à ce droit divin qui fait le médecin. D'autres cultures que la nôtre réservent aux chamans, guérisseurs, aux hommes-médecine, une position concurrentielle à celle des fées. Et chez nous, c'est bien le roi qui touchait les écrouelles, et lorsque Messmer eut lancé très commercialement le magnétisme animal, c'est à la noblesse que cette pratique fut réservée. Il semble que ces aristocrates magnétiseurs ne réclamaient pas d'honoraires pour leur thérapeutique, mais ils regagnaient un prestige que l'époque avait tendance à réduire.

Autre témoignage de ce souci de pouvoir. De même qu'en politique, c'est parfois au parti le plus proche qu'on réserve son hostilité la plus violente, de même, le combat historique des médecins contre les chirurgiens témoigne du peu de sécurité qu'ils éprouvaient. Leur condition leur paraissait si fragile que ces parents mal famés qu'étaient les chirurgiens, cumulant leur fonction avec celle de barbier, devaient absolument être tenus à l'écart de la médecine. Sait-on jamais, n'y aurait-il pas parmi ces prolétaires de la médecine des gens assez mal éduqués pour avoir des idées, voire des idées révolutionnaires ? Bien sûr, cela se passait il y a quelques siècles.

Dernier point concernant ce souci de prestige. Combien de fois des gens qui ont eu le malheur de participer à une rencontre, un dîner par exemple, ou un voyage, dont les participants étaient surtout des médecins ne se sont-ils pas plaints qu'on ne parlait que de médecine. Les médecins n'aiment pas sortir de leur champ propre, ni se frotter à d'autres thèmes. Preuve encore de leur insécurité et de leur manque d'ouverture. La pluridisciplinarité tant prônée ne va tout de même pas jusqu'à souhaiter l'hétérogénéité, que d'autres scientifiques que les médecins pourtant n'hésitent pas à affronter.

La recherche de prestige, et le besoin de reconnaissance, de réassurance qu'elle implique n'est pas, et de loin, la seule motivation à briguer les honneurs universitaires. On pourrait croire que l'appât du gain, que la cupidité interviendrait ici. Il semble pourtant que ce facteur ne soit qu'exceptionnellement déterminant. Chacun pourra citer un cas d'honoraires exorbitants exigés par tel professeur. On connaît aussi l'exemple de rares patrons utilisant leur prestige pour alimenter des cliniques privées. On reproche enfin à d'aucuns de détourner au profit de leur service privé le meilleur personnel, le meilleur équipement, et les meilleurs malades, c'est-à-dire les plus riches. En fait, il s'agit le plus souvent de propos calomnieux sur lesquels il serait indécent de s'appesantir. L'application généralisée de la loi hospitalière a mis un premier frein à ces médisances. La suppression complète du service privé les tarirait peut-être définitivement sans pour autant régler la question de l'enseignement médical.

Ce n'est donc pas l'esprit de lucre qu'on pourra retenir comme motif de l'option universitaire. La plupart des carrières libérales, c'est-à-dire l'exercice privé de la médecine, sont d'un meilleur rapport sur le plan financier.

Par contre, la possibilité de travailler dans des services de haute technicité, de disposer de laboratoires de recherche bien équipés, d'avoir à faire à des malades triés selon la spécialité que l'on a choisie constitue un attrait certain. Il est vrai que le travail dans un service hospitalier de pointe constitue une stimulation permanente et offre un intérêt toujours renouvelé. Il est rare de rencontrer un chef de service regrettant le choix de sa profession. Peut-être tous ces avantages sont-ils ressentis plus nettement encore dans les disciplines chirurgicales. Un récent sondage d'opinion pratiqué par un magazine sérieux affirmait que si l'on classait les professions en fonction des satisfactions qu'elles procurent à ceux qui les exercent, la chirurgie arriverait en tête. La place de la psychiatrie n'avait pas été précisée. Seulement, tout ceci concerne les chefs de service. Il n'est nullement nécessaire d'être professeur pour être chef de service, et de nombreux centres hospitaliers non universitaires offrent les mêmes possibilités que les services universitaires, permettant même plus d'initiative aux chefs de service, la direction d'un établissement hospitalier à l'échelle humaine pouvant parfois privilégier certains investissements d'avant-garde que les services universitaires, insérés dans des ensembles démesurés, se voient parfois refuser. L'intérêt technique et scientifique ne suffit donc pas à opter pour la voie universitaire, qui se distingue de la direction d'un service par l'obligation supplémentaire d'enseignement. Certes, les chefs de services non universitaires ont également le plus souvent la charge d'un enseignement à des étudiants hospitaliers, mais ils n'ont pas la responsabilité d'un enseignement assez lourd, les normes imposant aux universitaires de médecine de consacrer un tiers de leur temps à l'enseignement. C'est là une exigence importante, qu'il n'est possible d'assumer que s'il existe un désir d'enseigner.

Le désir d'enseigner

N'est-ce pas légitime, ce désir d'enseigner, lorsqu'on a quelque chose à communiquer ? Peut-être. Mais qu'on fasse le tour des enseignants dans toutes les disciplines, et à tous les niveaux. Combien sont-ils à enseigner vraiment quelque chose de personnel ? Certes, ce n'est pas la seule raison d'enseigner, et ceux qui découvrent quelque chose ne sont pas forcément des enseignants, ou de bons enseignants. Il faudrait d'abord être pédagogue. Savoir enseigner serait une raison suffisante pour désirer enseigner. Mais où apprend-on à enseigner ? Y a-t-il des cours de pédagogie pour les futurs agrégés ? On apprend sur le tas, par la pratique, dit-on. Les titres et travaux que présentent actuellement les candidats à la liste d'aptitude d'enseignement en médecine doivent comporter le bilan des enseignements effectués. La quantité n'est pourtant pas une garantie de qualité. La pédagogie n'est pas un caractère inné, et les Socrate ne sont pas légion. Parmi les trois activités des universitaires, l'enseignement est souvent la plus négligée. Et c'est très regrettable. Car l'enseignement devrait imposer la nécessité de se renouveler, d'être attentif aux remarques, objections, suggestions des étudiants. Or ces critiques sont parfois mal supportées. Il arrive, même dans l'enseignement supérieur, qu'un professeur se fasse « chahuter ». Ce sont toujours les mêmes à qui survient cette infortune. Que perçoivent les étudiants, pour exprimer ainsi leur désapprobation ? La chose n'est pas évidente, elle rend nécessaire qu'on s'intéresse d'un peu plus près au désir d'enseigner.

La réforme des études de psychiatrie, pas tellement ancienne, puisqu'il s'agit de celle de 1968, offre un terrain expérimental à ce questionnement. Lors de cette réforme il fut décidé que les universitaires ne conserveraient pas le monopole de l'enseignement et que celui-ci serait ouvert à tous les psychiatres, qu'ils soient du cadre général des hôpitaux psychiatriques ou qu'ils exercent en pratique libérale. La seule condition à respecter était d'être agréé par les commissions de psychiatrie, qui ont toujours été très favorables à toute proposition d'enseignement. Au départ les offres d'enseignement furent très abondantes. Mais elles ne furent pas longues à se tarir et actuellement, quelques psychiatres seulement offrent leur collaboration aux universitaires. Non en raison de quelconques divergences ou mésententes, ce qui aurait pu être concevable, mais parce que le charme de cette fonction enseignante s'émousse rapidement. En va-t-il autrement des universitaires ? C'est peu probable, et si la possibilité leur était donnée, on peut se demander si un certain nombre d'entre eux ne renoncerait pas volontiers à l'enseignement.

On découvre que ce désir d'enseigner ne répond pas toujours à un intérêt objectif pour l'enseignement, mais correspond à des nécessités personnelles non évidentes. Il n'est pas possible d'analyser les motifs de chaque enseignant. Ils ne sont certainement pas les mêmes pour tous, mais on peut en conjecturer quelques-uns.

L'enseignement qui peut être la démonstration, l'exhibition d'un savoir, n'est parfois qu'une variante de la recherche du prestige déjà évoquée. Montrer son savoir. Montrer que l'on détient quelque chose qui oblige l'autre à nous respecter, voire à nous aimer ou à nous craindre. C'est aussi montrer à l'autre qu'il a besoin de nous. Tant il arrive à chacun d'entre nous, à chaque être humain, de quêter une raison de vivre, une justification de continuer son travail. Enseigner serait un moyen de créer ce lien à autrui qui nous est si nécessaire parfois pour soutenir notre insertion dans le groupe, dans la société. Il y a, dans le désir d'enseigner, une revendication affective qui met l'enseignant dans une position, une situation de maître, qui lui évite d'être l'obligé de l'autre, qui évite que l'autre ait barre sur l'enseignant. Une relation se créerait, où l'on ne risquerait pas d'être pris au dépourvu par l'autre, puisque ce dernier serait comblé par le savoir que l'enseignant lui prodigue. A la limite, le désir d'enseigner recouvre le désir d'une relation sans menace, sans risque de devoir payer, de devoir s'exposer. C'est cela que perçoit très rapidement un auditoire. Le chahut qui en résulte est une réponse qui va toucher au plus vif celui pour qui la fonction enseignante était surtout mendicité amoureuse. La chose est plus fréquente qu'on ne le croit.

Il s'agit là d'un véritable symptôme névrotique qui peut se manifester encore par un corollaire. Rester à l'université, comme rester à l'école, au lycée, témoigne que l'on n'a guère envie d'affronter la concurrence qui joue dans la vie de tous les jours. Constituer une clientèle, la conserver, en assumer la responsabilité, sont autant de tâches que l'universitaire évite. Un processus analogue est à l'œuvre lorsqu'un psychiatre choisit de rester « à l'asile ». On ne dit plus asile, et c'est tant mieux, mais l'expression retrouve ici sa signification première. Qu'on n'aille pas croire que tous les universitaires, tous les médecins travaillant à plein temps dans un établissement hospitalier aient choisi cette voie comme un refuge, par phobie d'un monde non protégé en quelque sorte. Il ne s'agissait que de mettre en évidence un facteur inconscient intervenant dans certaines options professionnelles.

On peut imaginer les conséquences de tels facteurs sur l'enseignement lui-même, et sur les relations avec l'étudiant, d'autant que cette dimension inconsciente de certaines vocations va être encore renforcée par les conditions d'accès à la profession d'enseignant en médecine.

Le « comment devenir professeur » est plus connu que le « pourquoi ». Il ne sera donc pas nécessaire de le développer longuement, juste assez pour en observer les éventuels effets.

« *Comment devient-on...* »

Ce pourrait être le titre d'une série de manuels, aide-mémoire, livres de recettes ouvrant aux différentes professions plus ou moins enviables. Comment devient-on peintre ou général, avocat ou call-girl, hippie ou professeur de médecine ? Les recettes proposées par ces ouvrages sont toujours incomplètes. Il y manque l'un des ingrédients principaux : une rencontre. A part quelques exceptions, de gens qui sont vraiment « faits pour ça », et d'autres exceptions, un peu moins rares, de gens qui ne sont absolument « bons à rien », pratiquement tout le monde peut faire n'importe quoi. Il n'y faut que l'occasion. Rencontre donc avec un patron qui vous a choisi, par sympathie, parce qu'il a remarqué votre intérêt pour sa discipline. Rencontre aussi dans l'autre sens, parce que ce patron offre un modèle auquel on souhaite ressembler, parce qu'on est toujours en quête d'un modèle, qu'on le sache ou non, parce que ceux qui auraient dû nous servir de modèle dans l'enfance, les parents par exemple, s'avèrent toujours, ou presque toujours, insuffisants ou décevants. Devenir adulte, c'est, entre autre, s'affranchir du modèle ou du besoin de modèle. Sans doute n'est-on jamais assez « adulte » et c'est à partir de cette incomplétude, accompagnée d'une insatisfaction, que se fondera en grande partie le travail psychothérapique. C'est aussi ce qui le rendra possible. Vienne donc le patron (et ici le terme de patron tel que l'utilisent les couturières prend tout son sens) qui prendra la place laissée vacante, ou insuffisamment occupée par les parents. Peut-être sait-il, lui, qu'il est exposé aux mêmes vicissitudes que les parents, et peut-être l'assume-t-il. Mais il est bien rare que l'élève le sache et repère que les sentiments divers qui vont l'animer, allant de l'admiration à la déception, de l'amour à la haine, en passant par la jalousie, ne sont pas autre chose qu'une répétition de la relation à ses parents, relation imaginaire, car les parents dans leur réalité, pas plus que le patron, n'y sont pour quelque chose. Et le désir de meurtre, qui bien souvent mettra fin à la relation, n'est pas plus adulte ni objectif.

Quoi qu'il en soit, ces constructions imaginaires vont fonctionner pour leur compte, indépendamment de la réalité qui, pour un temps, long le plus souvent, va lier maître et élève. Ce verso de la réalité sera le plus souvent méconnu, ce qui permettra d'imputer ses effets au hasard. Certains traits caricaturaux de la vassalité lui doivent leur acuité. Ce qui ne veut pas dire que le vasselage sera pure fiction. L'élève aliène sa personnalité à celle du maître, dans ses options, sa conduite, son langage. En psychiatrie, ce choix d'une option paraît particulièrement important, puisqu'à défaut de fondements scientifiques irréfutables, les conjectures sont trop souvent reines. Il faut, bien entendu, une résonance chez l'élève pour qu'il choisisse tel maître. Chimiothérapie ou psychothérapie, américanolâtrie, ou défense de la vieille Europe, comportementalisme ou psychanalytisme, les voies ne manquent pas et la prétention d'éclectisme ne traduit, dans les meilleurs des cas, qu'un scepticisme désabusé. Cet état d'homme-lige va lier l'élève, devenu candidat patron, à servir son maître dans toutes les occasions, à épouser ses querelles, à rédiger ses travaux, qu'il vous permettra parfois de cosigner, à le remplacer durant ses astreintes, à le représenter aux réunions administratives. En un mot, il s'agira de se rendre indispensable. Cet apprentissage prend du temps, un temps qui aurait pu être consacré à un développement personnel. Et plus ce temps durera, plus le lien au suzerain sera puissant. Jusqu'à ce que s'implante chez l'élève la conviction : « Il est trop tard pour reculer, pour choisir une autre voie. » C'est à ce moment qu'il est mûr, taillable et corvéable à merci. La carotte de la promotion l'entraînerait aux enfers, s'il n'y était déjà, dans sa dépendance à ce qu'il considère malgré tout comme un arbitraire, oubliant que le patron n'est pas plus libre que l'élève et lié lui-même à des contingences matérielles dont il n'est pas le maître.

Curieuse façon de se préparer à l'enseignement ! L'attente passée à ronger son frein laisse peu de disponibilité d'esprit à une formation pédagogique, tout entière remplacée par un souci de maîtrise. Il n'était pas rare il n'y a guère, les choses se sont un peu améliorées aujourd'hui, que le futur enseignant attende jusqu'à 40 ans et plus pour avoir les coudées franches, c'est-à-dire pour être à peu près affranchi de son maître. Encore aura-t-il si longtemps pris le pli d'attendre une promotion, avec tous les sacrifices que comporte cette quête, qu'il la continuera pour franchir les dérisoires étapes des différentes nuances administratives du professorat : de la maîtrise de conférence au professorat sans chaire, du professorat sans chaire à la titularisation, de la titularisation à la classe exceptionnelle. Et ainsi il aura passé sa vie à produire des travaux de circonstance, destinés à favoriser son escalade, remettant de jour en jour les ouvrages qui l'auraient intéressé, jusqu'à ce qu'il soit effectivement trop tard. Car ces travaux, quels qu'ils soient, exigent la possession de tous ses moyens. On ne commence pas une recherche personnelle à 50 ans et plus. A moins, bien sûr, que cette activité, cet activisme voué au patron n'ait eu justement pour but de cacher une absence d'idée personnelle ou originale.

Il semble que l'enseignement supérieur s'oriente actuellement vers une règlementation nouvelle qui viendra mettre fin à cette course aux honneurs qui consomme une si grande partie de l'énergie des enseignants, et envahit les périodes où ils auraient pu être les plus productifs. Il reste néanmoins un problème majeur dont la solution n'irait pas sans un bouleversement profond des habitudes françaises. La longue attente est dommageable, certes. Mais une trop longue durée d'enseignement ne l'est pas moins. L'enseignant ne dépend pas seulement de ses maîtres, de la reconnaissance des pairs ; il dépend aussi d'un programme. Ce qui caractérise l'enseignement médical et ce qui le distingue d'un enseignement véritablement universitaire est l'existence de ce programme imposé. Il semble même qu'on s'oriente vers une nationalisation du programme, alors qu'une régionalisation aurait préservé une large partie de l'initiative de chacun. On comprend le souci du législateur d'une uniformisation de la médecine dans le souhait d'une égale qualité de soins, mais il s'agit et il s'agira d'un leurre aussi longtemps que le médecin restera un être humain et ne sera pas remplacé par un robot ou ne sera pas devenu un simple servant de ces machines. L'universitaire choisit son cours en fonction de ses intérêts. Il communique aux étudiants le point où en est sa propre recherche. Il fait participer son auditoire à ses enthousiasmes, à ses hésitations, à ses luttes, en un mot il témoigne d'un travail en train de s'accomplir, autorisant ainsi les élèves à prendre les mêmes risques que lui, à découvrir que l'audace n'est pas toujours récompensée, le succès garanti, et qu'il n'est pas possible d'avancer sur le chemin de la recherche sans trébucher. On n'a pas le droit de trébucher en médecine, dira-t-on. Comme si les années, et à plus forte raison les décades qui nous précèdent ne sont pas jugées chaque jour comme autant de trébuchements, comme si les travaux d'aujourd'hui n'allaient pas, dans dix ans, dans vingt ans, être considérés comme des balbutiements. Combien de méningites tuberculeuses, combien de fièvres puerpérales auraient-elles pu être sauvées si on avait connu alors les antibiotiques ! Est-ce une raison pour ne rien faire sous prétexte que demain on fera mieux ? C'est pourquoi le projet d'une médecine égale pour tous ne peut être qu'une illusion, car la médecine de demain sera différente de la médecine d'aujourd'hui, et si l'on a habitué l'étudiant à avaler des cours polycopiés, il ne sera pas en état de faire siennes les connaissances nouvelles, ni de faire le tri, dans la foule de documents paraissant chaque jour, de ce qui peut apporter une amélioration dans sa pratique. On pourrait croire, devant de telles affirmations, qu'une médecine à différents niveaux serait concevable. C'est sans doute ce qui existait à l'époque des officiers de santé.

C'était peut-être dans l'esprit du public, et surtout des médecins, ce qui résultait des différents titres distinctifs : généraliste ou spécialiste, médecin, sinon aux pieds nus, du moins dénué d'affiche par opposition aux anciens externes, internes, chefs de clinique, etc. Ce sont là des distinctions toutes extérieures qui ne garantissent pas toujours une compétence plus développée. L'internat pour tous aura au moins le mérite, sinon d'accroître le niveau général des compétences, du moins de restituer au public le libre choix de son médecin en fonction de son propre discernement et non plus en fonction de caractéristiques et de performances dignes de chevaux de courses et de « formule 1 ».

Pour en revenir à la question du programme, il faut constater que celui-ci limite considérablement cette dimension universitaire dans l'enseignement médical, c'est-à-dire l'incitation à une recherche et à un travail personnel. Chaque année, chaque enseignant devra répéter dans chaque faculté le même programme. S'il paraît souhaitable que le mathématicien ou le philosophe apportent chaque année un nouveau développement de sa pensée, on demande par contre au médecin, à l'enseignant en médecine, de répéter son cours, éventuellement en l'améliorant en y incorporant les travaux les plus récents. On conçoit quels sont les motifs de cette exigence. Le malade veut, a le droit d'attendre de son médecin que celui-ci ait acquis toutes les connaissances nécessaires pour le soigner. Lorsque durant une assemblée de la Faculté, il est question de la grille des cours, on peut être certain que bon nombre de professeurs considèreront comme un crime contre l'humanité de voir leur enseignement réduit de quelques heures, afin que le programme soit compatible avec le travail que peut fournir un étudiant. C'est là qu'apparaît le leurre sur lequel se fonde la prétention d'un enseignement exhaustif. Il n'est pas possible de tout enseigner dans un cours, pas plus qu'il n'est possible de retenir tout ce qui s'y est dit. Il n'existe aucun moyen de sélectionner les étudiants en fonction de leur aptitude à faire bon usage d'un enseignement. Les résultats obtenus aux examens ou aux concours ne sont pas un critère satisfaisant pour mesurer l'intelligence ou le sens pratique d'un étudiant. Mais la répétition des programmes fait que l'enseignant s'enlise rapidement dans une routine qui le rend de moins en moins apte à développer l'initiative chez ses élèves. Si le dogme du programme central n'est pas abrogé, il deviendra indispensable de limiter le temps d'enseignement des professeurs condamnés à ce rabâchage. La relation aux étudiants, et chaque médecin peut en témoigner, souffre grandement de cet état de choses. L'enseignant, qui l'est trop souvent contre son gré, car on conçoit aisément que son intérêt le porte soit vers la recherche, soit vers la haute technicité qu'offrent certains services bien équipés, n'a donc pas toujours choisi la pédagogie comme principale préoccupation. L'enseignement est dans ce cas une corvée qu'il s'agit de limiter le plus possible. Ce qui fait que trop souvent, la forme la plus intéressante de l'enseignement est négligée. L'introduction d'un enseignement qui comporterait surtout des travaux en petits groupes exigerait des transformations profondes des Facultés de médecine. A ce prix pourtant, on permettrait aux étudiants de tirer le meilleur profit de leurs nombreuses années d'études, on offrirait à l'enseignant un moyen d'échapper à la routine et de se renouveler constamment. On favoriserait l'harmonisation et la coopération de l'ensemble du corps médical, qui ne serait plus cloisonné par des barrières hiérarchiques qui constituent autant de castes. Une telle formation aurait l'avantage de restituer à la médecine tout l'intérêt qu'elle mérite, et éviterait en grande partie son ravalement, que l'on constate trop souvent, au niveau d'une profession commerciale dans laquelle l'intérêt matériel joue le rôle principal.

On a vu quelques-unes des tares qui grèvent la formation de l'enseignant. Mais ce ne sont pas là les seules limitations à son efficacité. On se trouve en effet devant le paradoxe suivant : des enseignants chargés d'apprendre aux autres ce qu'ils n'ont jamais pratiqué eux-mêmes. La majorité des étudiants se destine à une médecine praticienne. La majorité des enseignants n'a jamais exercé cette activité. La médecine hospitalière n'est pas la médecine du praticien. Il s'agit de deux genres différents, de deux publics différents. Les deux médecines se complètent. Elles sont indispensables l'une et l'autre, l'une à l'autre. Elles ne se remplacent ni ne se superposent. Or seule la médecine hospitalière est enseignée. La médecine praticienne se fonde sur la connaissance de longue durée d'un même malade, avec les interactions de toute une famille ou de tout un milieu, avec la responsabilité intégrale qu'elle laisse au praticien. Elle exige ou exigerait une formation et des connaissances qui n'ont pu être acquises à l'hôpital, connaissances psychologiques, mais aussi économiques, sociales. On découvre un malade qui n'est pas seul et on apprend que les paroles qui se prononcent autour de lui, que les conversations auxquelles il participe avec les membres de la famille, les voisins, les amis, sont loin d'être sans effet. Que la parole soit efficace, qu'elle puisse être un outil ou une arme, un remède ou un poison, tout le monde le sait. L'enseignement de la médecine considère qu'il s'agit là d'une évidence sur laquelle il n'est pas besoin d'insister, méconnaissant que la parole n'est pas un produit naturel et qu'elle peut s'affiner, se développer dans un but précis. Dans la mesure où elle peut contribuer à l'amélioration du malade, la négliger constitue une faute aussi grave que l'omission de n'importe quelle autre partie du traitement. Préoccupé par ses examens complémentaires, par le dernier cri de la pharmacothérapie, par les dernières publications, le médecin hospitalier oublie trop souvent ce premier acte qui le distingue du vétérinaire : l'échange de paroles.

2. Des examens

Un dernier regard sur l'enseignement en général : examens et concours. Les examens semblent être un mal nécessaire atteignant toutes les aires de la civilisation industrielle contemporaine. L'examen en lui-même devient une institution. On le considère comme une clé pour entrer dans les carrières classiques. Les parents y voient une garantie pour l'avenir de leurs enfants et surtout un certificat de la bonne éducation qu'ils leur ont donnée. D'où l'invraisemblable somme d'énergie gaspillée en angoisse par une foule de parents au moment du baccalauréat. Les psychiatres sont d'ailleurs souvent mis à contribution pour traiter les angoisses préalables et les dépressions consécutives chez les parents, le trac, les inhibitions, les sentiments d'infériorité chez les candidats.

Les études seront par la suite scandées par ce retour saisonnier des épreuves qui créent un véritable conditionnement, et longtemps encore après la fin de leurs études, certaines personnes éprouveront un malaise, une angoisse, voire de légers troubles psychosomatiques lorsque revient la période des examens. La situation d'examen constitue un modèle auquel on se réfère spontanément. « Je me sens en situation d'examen » est une expression fréquente pour désigner un embarras, une inquiétude, le sentiment de n'être pas à la hauteur des exigences. L'idée d'une sélection et d'un classement est toujours présente. Être le premier. L'enfant est contaminé par les parents, et, de toute façon, le souci de montrer fait tellement partie de la vie quotidienne qu'il paraît difficilement concevable qu'en d'autres pays il en aille différemment. Il n'est pourtant pas difficile d'imaginer un système d'enseignement dans lequel l'examen terminal viendrait simplement sanctionner la fin des études sans comporter cette dimension sadique où se joue en quelques heures le travail d'une ou plusieurs années. Les professeurs de médecine seraient sans doute étonnés que l'on supprime les examens et se récrieraient qu'on ne peut pas autoriser des futurs médecins à exercer leur profession sans s'être entouré de toutes les garanties nécessaires concernant leurs connaissances. Cette méfiance à l'égard de l'étudiant caractérise certains domaines d'études dans notre pays. Elle va se renouveler tout au long de l'exercice professionnel : méfiance à l'égard du confrère, à l'égard du malade, à l'égard des autorités. Faut-il donc que l'enseignant se double d'un gendarme, alors qu'il sait très bien que l'examen ne signifie rien, qu'il comporte une part non négligeable de hasard et que rien ne permet d'évaluer l'intelligence de l'étudiant. Nombreux sont ceux qui souhaitent un changement sans toutefois oser aller jusqu'au bout de ce qu'il impliquerait. Et pourtant, l'examen n'est pas la preuve des études accomplies, il en est la négation. Si après un certain temps de séjour dans un service hospitalier, un stagiaire n'a pas été suffisamment formé dans la discipline du service, est-ce sa faute ou celle de l'enseignant, de l'encadrement ? L'examen, en tout cas, peut être entendu comme l'affirmation que l'on doute du travail du professeur et qu'il est nécessaire de le contrôler. Introduire un climat de confiance entre étudiant et enseignant permettrait d'en finir avec cette triste caractéristique des études de médecine françaises : l'absence de coopération et de communication entre élèves et professeurs. Tous ceux qui ont tenté d'introduire le travail en petits groupes savent les obstacles qu'il faut surmonter et la patience qu'il faut dépenser pour rassurer les étudiants et obtenir un dialogue. La chose est possible, les étudiants ne sont pas inférieurs à ceux des autres pays et le refrain des cadres vieillissants : « On était plus sérieux, on travaillait plus ou mieux de notre temps » est toujours aussi faux en ce qui concerne les étudiants, mais traduit toujours le même regret d'une jeunesse perdue.

S'il fallait encore ajouter un argument pour obtenir une suppression ou tout au moins une modification des examens, il suffirait de rappeler que le nombre croissant des étudiants rend impossible la seule forme d'examen qui pourrait à la rigueur être tolérable, et qui serait un entretien avec l'enseignant. On ne voit d'ailleurs pas pourquoi cette fonction d'examinateur devrait être réservée aux professeurs, et les assistants connaissent suffisamment leur métier pour participer aussi bien à l'enseignement qu'à l'éventuel contrôle de connaissances. Il ne semble pas, et ceci en raison de cette autre spécialité française que sont les concours, que l'on s'oriente vers cette humanisation des examens. Au contraire, la docimologie évolue vers un contrôle des connaissances par ordinateur. L'introduction des questions à réponse ouverte courte (QROC) est peut-être légitime dans certains domaines proches des sciences exactes, mais cette technique ne saurait rendre compte de l'esprit de synthèse du médecin, qui fait pourtant partie des qualités les plus souhaitables dans cette profession. Cette question des examens devient particulièrement problématique en matière de psychiatrie. Une expérience intéressante a été réalisée spontanément au cours d'un séminaire organisé en vue d'introduire les QROC en psychiatrie. Une quarantaine d'universitaires représentant toutes les Facultés et toutes les tendances de la psychiatrie s'étaient réunis en 1980 pour constituer l'ébauche d'une « banque nationale de QROC ». Aussi longtemps que les questions portèrent sur des données chiffrables, comme les niveaux intellectuels, les âges d'apparition du langage, de la marche, l'accord unanime était facilement obtenu. Lorsqu'on passa aux psychoses, les premières divergences apparurent, surtout en matière de thérapeutique, mais aussi en matière de préséance des symptômes. Et lorsque finalement on arriva aux névroses, les quarante participants proposèrent quarante réponses différentes, ceci dans les rares cas où ils purent s'entendre sur le libellé de la question ! Inutile de préciser que l'on n'essaya même pas de mettre en QROC ni les aspects psychothérapiques, ni les théories psychopathologiques. Pourtant, quelle que soit l'option du psychiatre, certaines généralités de ces domaines paraissent indispensables, même dans une formation de base. Au moment de la rédaction de ce texte, des questions d'internat par QROC ont été proposées. Elles n'autorisent pas un optimisme exagéré quant à la psychiatrie officielle française !

La psychiatrie est longtemps restée la parente pauvre des études de médecine. La première révolution, à savoir la révolution psychanalytique, ne fut pas reconnue facilement par les psychiatres français. Sans doute n'était-elle pas conforme au « génie » latin ! La seconde révolution, à savoir l'introduction, grâce aux neuroleptiques, d'une chimiothérapie spécifique fut accueillie plus favorablement. Les asiles s'ouvrirent et devinrent centres hospitaliers. Les psychiatres eux-mêmes sortirent des murs pour s'installer en pratique libérale et pour nouer un dialogue avec les confrères des autres disciplines. Cette évolution que personne ne cherche à minimiser est reconnue par tous et partout, mais il semble que les Facultés de médecine mettent un point d'honneur à maintenir un conservatisme rétrograde en continuant à limiter l'enseignement de la psychiatrie à une année d'études avec, dans les meilleurs cas, quelques mois consacrés à l'enseignement de la psychologie médicale. Il ne s'agit pas de faire un procès d'intention ni d'analyser les causes de cette relégation, mais d'en souligner quelques conséquences dont la gravité ne fera que croître. Tout d'abord le médecin français se trouve en situation d'infériorité réelle par rapport à ses confrères de nombreux autres pays. En Belgique par exemple, l'enseignement de psychologie, de psychiatrie, de psychothérapie, est pratiquement représenté dans chaque année d'études. Il en va de même dans certains cantons suisses. En Allemagne, il existe un diplôme de psychothérapie accessible à tous les étudiants en médecine, diplôme distinct de l'enseignement de la psychiatrie, et le psychiatre lui-même, qui souhaite obtenir cette reconnaissance, est astreint à la même formation psychothérapique que les autres médecins. Bien entendu, ce qui détermine l'octroi du diplôme n'est pas un examen, mais les travaux accomplis.

Une deuxième conséquence de l'insuffisance des programmes : le médecin français qui souhaite acquérir une formation psychothérapique est obligé d'avoir recours à l'« artisanat ». Il lui faut s'adresser soit aux personnes, soit aux groupements qui enseignent telle ou telle méthode de psychothérapie. Son discernement sera mis à l'épreuve, car la multiplicité de l'offre ne s'accompagne pas toujours de la qualité équivalente. L'insuffisance de préparation exposera trop souvent le candidat psychothérapeute à des pertes de temps et à des déboires plus graves. Au niveau même des Facultés de médecine, il faut poser la question : quelle psychiatrie enseigner ? On peut s'étonner de cette allusion à différentes psychiatries. La psychiatrie n'est-elle pas une ? Elle constitue certes un ensemble, mais dans lequel les divergences d'option et les différences de pratique font que bien souvent l'homogénéité n'est qu'apparente. Certains choix, souvent fondés davantage sur des théories, voire des doctrines, que sur la pratique, déterminent des attitudes passionnelles où chacun prétend détenir la seule vraie psychiatrie. On conçoit qu'une discipline offrant la possibilité de telles divergences suscite encore une certaine réserve chez les médecins. Si certains points de vue sont inconciliables, il ne devrait pourtant pas être impossible de s'accorder sur des réalités cliniques et sur un enseignement minimal qui permettrait à chaque praticien de développer selon son goût et ses aptitudes tel ou tel aspect d'un champ probablement aussi vaste que l'ensemble des autres spécialités.

La question de savoir quelle psychiatrie enseigner ne concerne pas seulement les doctrines, mais aussi la clientèle. Le psychiatre qui travaille en institution ou en pratique privée ne voit pas les mêmes personnes que le médecin praticien. Il existe une psychiatrie du praticien qui lui est spécifique, qui ne relève pas du même mode de prise en charge que la psychiatrie institutionnelle ou libérale. Les malades traités par le praticien n'accepteraient pas, dans la plupart des cas, d'être confiés à des psychiatres. Ils entreraient difficilement dans la nosologie, et pourtant ils existent. Il a fallu une collaboration de plus de 20 ans avec des médecins praticiens pour que les concepts fondamentaux d'une psychiatrie pour le praticien puissent être progressivement élaborés.

Un effort particulier est demandé au psychiatre pour mesurer l'importance de ce champ encore mal défriché et peu balisé, champ qui comporte parfois d'autres ressorts que ceux des psychoses et des psychonévroses, où notamment les actions et réactions du groupe familial ou social prennent une importance primordiale.

L'insistance de nombreux psychiatres à nier leur différence en affirmant : « nous sommes des médecins comme les autres », ne fait que répéter une gêne périmée. Se reconnaître psychiatre à une époque où les thérapeutiques étaient rudimentaires exigeait un courage peu répandu. On avait honte de se dire psychiatre, car c'était en même temps avouer son impuissance. La recherche, tant dans le domaine chimiothérapique que psychothérapique, a suffisamment évolué aujourd'hui pour qu'il soit plus profitable de revendiquer sa différence que d'induire une confusion par des identifications timorées. A partir de cette position, il devient possible d'éclairer le domaine psychiatrique du praticien, de le nommer et de l'aborder de façon efficace.

3. La place du lecteur

Les remarques précédentes font ressortir la menace de rétrécissement qui pèse sur un enseignement, probablement sur tout enseignement : celle de devenir un enseignement officiel, laissant de moins en moins de place à la recherche ou aux initiatives personnelles, à l'imagination ou l'invention. On connaît l'enlisement de tous les arts quand ils deviennent officiels. On sait comment les peintres étaient soumis, à la fin du siècle dernier et au début de celui-ci, à une carrière où les grades médicaux étaient remplacés par des participations aux expositions, puis aux jurys, pour être finalement consacrés par des décorations et des commandes d'État. Les maîtres s'appelaient Bonnat ou Bouguereau, et leur technique était au-dessus de tout soupçon. C'est dans l'inspiration, dans la créativité qu'apparaissait une médiocrité laborieuse, non dénuée d'arrivisme et par là même soumise au goût de consommateurs fortunés, goût que ces peintres officiels contribuaient d'ailleurs à former et à enfermer. Pendant ce temps, les Van Gogh et les Monet occupaient la place du mauvais élève et croulaient parfois sous les quolibets d'une foule de connaisseurs. On peut s'amuser au jeu des portraits. Quel patron de médecine se cache derrière Bonnat ? Quel chercheur de génie derrère Monet ? Plus grave est de constater le même effet de rouleau compresseur. L'enseignement étouffe toute initiative et tout enthousiasme chez l'étudiant, le forçant à adopter les critères officiels et à se consoler des illusions perdues dans la poursuite de bénéfices commerciaux.

La psychanalyse fut ainsi une révolution surréaliste par rapport à la psychiatrie de l'époque. Elle aurait pu le rester. Mais son succès, sa « réussite » plutôt, la menace de devenir elle aussi un art officiel. D'ailleurs, la psychiatrie elle-même avait connu une période féconde, celle des grands affrontements cliniques et philosophiques sur les délires, entre autres. On peut à cet exemple suivre l'effet de l'enseignement ou plutôt d'une certaine forme d'enseignement qui se veut pragmatique en ne communiquant à l'élève que les résultats, les conclusions officielles, méconnaissant que seule l'étude du cheminement des idées est formatrice, et non l'ânonnement d'une taxonomie stérile.

Paradoxalement, on fait appel, dans cet enseignement supérieur, à une mémoire que l'on a renoncé à développer dans les études primaires et secondaires en raison d'une critique pédagogique. Par contre, tout ce qui pourrait développer le discernement, l'esprit critique et la synthèse est le plus souvent escamoté. Il est bien rare que l'on introduise dans l'enseignement un rappel des hésitations thérapeutiques ou des variations de la fréquence de certaines maladies selon les lieux géographiques ou les milieux sociaux, choses qui pourtant pourraient « donner à penser ».

Il existe un savoir médical. Il est dû à la recherche, parfois élaborée à partir de traditions empiriques. Mais ce n'est pas communiquer ce savoir que de l'enseigner en formules toutes faites, d'apparence immuable. Ce qui apparaît comme savoir est le fruit d'une conquête. Oublier ou méconnaître la somme de travail et d'efforts qui a permis d'y accéder en fait un instrument du pouvoir médical, c'est-à-dire un dévoiement de la médecine.

Il existe également un savoir psychiatrique. Il est fondamental pour toute la psychiatrie somatique et biologique, plus conjectural pour la psychiatrie psychologique, ou logique tout court. Lui reconnaître sa place éviterait les stériles querelles idéologiques. Dire, par exemple, que la psychiatrie est un discours sans savoir est une formule qui rallie ceux pour qui l'ignorance est devenue un principe, une profession de foi. Il n'y a aucun intérêt à opposer les différents aspects de la psychiatrie, et à les défendre sous forme de propagande publicitaire ou électorale. Il est plus fécond de rechercher les aspects complémentaires des différentes voies d'abord et de découvrir que leur coopération offre de nouveaux champs à défricher. C'est ainsi que la chimiothérapie a permis d'accéder à une relation psychothérapique dans bon nombre de psychoses aiguës, et d'approfondir les connaissances sur ces affections.

L'enseignement psychiatrique a en partie pris conscience des tares de l'enseignement médical en général. Les étudiants en psychiatrie sont invités à lire. Il y en a même quelques-uns qui appliquent ce conseil. D'où cette audace, de proposer un livre pour aider le praticien dans ce domaine spécifique de la psychiatrie qui lui incombe.

L'écrit, le livre constitue un mode particulier d'enseignement. L'enseignement oral, lorsqu'il n'est pas simple répétition de ce qui est contenu dans les manuels et traités, met en jeu des mécanismes qui méritent quelqu'attention. Il est violence faite à l'auditeur qui, pour un temps, doit se taire et enregistrer, écouter. Et l'auditeur de réagir. Par le bavardage, le dessin, l'assoupissement. Écouter un cours s'apprend. C'est à l'enseignant de diriger cet apprentissage en éveillant l'intérêt de l'auditeur, en lui évitant le sentiment de frustration ou d'agression que provoque, par exemple, un cours « asséné ». La qualité du pédagogue est fonction de son aptitude à « entendre » les réactions de l'auditoire.

Le recours au livre entraîne des réactions très différentes. On peut interrompre une lecture à n'importe quel moment, pour poursuivre sa propre méditation. C'est le lecteur qui scande la lecture et qui introduit un dialogue, une discussion avec le livre. Il lui appartient d'y ménager sa place, d'y prendre pied.

C'est l'ambition de ce livre : ménager la place du lecteur. D'une part, on n'y trouvera pas un exposé exhaustif et didactique. Des pans entiers d'une psychiatrie du praticien sont probablement absents. Ce qui signifiera que sur ces points, l'expérience du lecteur dépassera celle de l'auteur. D'autres développements paraîtront excessifs, sans intérêt. Peut-être conviendrait-il, avant de les rejeter, de les laisser agir par imprégnation. Il n'a pas paru souhaitable, ni d'ailleurs possible, de formuler une somme de recettes applicables sans implication personnelle. Il s'agit au contraire d'introduire une nouvelle attitude, qui, peut-être, permettra en médecine un nécessaire changement. Changer la médecine, ce n'est pas seulement l'améliorer, l'humaniser, la démocratiser. C'est aussi, et peut-être surtout, lui donner une nouvelle dimension, de respect mutuel entre ces deux êtres humains embarqués dans l'aventure médicale : le malade et son médecin.

Développer la sensibilité du médecin à la parole, lui donner le courage d'assumer une relation qui n'est ni sans surprise, ni sans risque, l'aider à inventer des paroles efficaces pour que son malade vive, non seulement plus longtemps, mais aussi qu'il vive mieux, c'est le moyen de changer la médecine. C'est la variation médicale du thème « changer la vie ». Et c'est, en dernier ressort, restaurer l'éthique médicale.

2

« Psychiatrie classique »

1. Révision des psychoses

Des psychoses, on s'en souvient. Cela remonte au temps des études. On a sûrement subi quelques cours bariolés de termes un peu étranges, désuets, voire magiques. Ce n'était pas sans intérêt, loin de là. Parce que, faute de références ou d'exemples, ces mots laissaient une place à la rêverie, à l'imagination. Autisme, dissociation, syndrome d'influence, automatisme mental, parfois même des mots latins ou grecs, *delirium tremens*, paranoïa, venaient émailler les exposés et renforcer leur caractère archaïque, hétérogène. Non pas que de tels termes manquent en médecine générale ; même après la Deuxième Guerre mondiale, il existait encore une question d'internat intitulée : « *phlegmatia alba dolens* ». La pharmacie serait plus riche encore de ces termes au parfum suranné, attestant d'une continuité rassurante, et donnant aux disciplines qui les emploient leurs lettres de noblesse. Entre le safran de mars apéritif et les carminatifs, on pouvait rêver de guerriers grecs et de délectables nymphes, à condition de n'avoir pas recours au dictionnaire. Depuis l'époque pourtant des lypémanies et des catiémophrénoses, ou même des hystéries cantonnées à Hippocrate, la psychiatrie a suivi l'évolution de la médecine, s'arrachant à ses asiles, s'ouvrant aux thérapeutiques nouvelles, abandonnant sa morose classification d'une histoire naturelle des maladies mentales.

De l'examen psychiatrique

Une histoire de la psychiatrie, ou de l'évolution des idées dans ce domaine, constituerait un raccourci de l'histoire de la pensée, avec ses périodes obscures et ses moments d'illumination. Là comme ailleurs, malheureusement, les programmes négligent cette dimension fondamentale d'une discipline, faisant croire que ce qui s'enseigne aujourd'hui a été vérité de tout temps, et laissant à qui s'en préoccupera le soin de combler ces lacunes par un travail personnel.

Peut-être cette histoire montrerait-elle comment s'est progressivement codifié ce moment particulier, privilégié de la rencontre avec le malade, moment qu'on appelle examen, moment scénique et rituel, qui doit se dérouler selon des normes, des formes sécurisantes, et où la science se conjugue à l'art. Examen de qui par qui ? L'ambiguïté du terme confond dans un même temps le malade soumis à l'investigation et le médecin subissant une épreuve. On ne sait d'ailleurs pas ce qui est le plus effrayant : isolement avec un malade ou inquisition d'un jury. Comme on l'a dit déjà, la répétition des examens a littéralement conditionné le médecin à cette confrontation, qui pèse, c'est ce que signifiait examiner, les vertus d'un candidat.

La visite au lit du malade, qui a fait la gloire de la clinique française, était surtout témoignage d'une maîtrise et mise en scène d'un savoir souverain. En quelques instants, avec un minimum de fioritures, le patron posait la bonne question, la seule, celle qui suffisait à éclairer le diagnostic d'un jour nouveau, celle que les assistants avaient ratée jusqu'à ce moment miraculeux de la rencontre au sommet. La sommité, l'Annapurna des médecins, par son regard incisif de scalpel, mettait en évidence la lésion sous l'œil admiratif et flagorneur de sa cour.

Ce scénario constitue le modèle, la référence de tout examen. Il est, lui aussi, le lieu où le psychiatre se sent l'égal de ses confrères, les autres médecins, tant il est vrai que ce moment, artificiel et artistique, peut s'appliquer à toute rencontre humaine. Il faut et il suffit pour cela qu'elle soit hiérarchisée. Ouvrier devant son employeur, malade devant son médecin, assistant devant son patron. La seule différence est qu'aujourd'hui chacun, sauf le malade, peut être syndiqué et amener le supérieur à y regarder à deux fois avant de prendre une éventuelle sanction.

Examens et concours répètent, depuis des dizaines d'années, la même pièce, tirant ses variantes de l'habileté plus ou moins grande du candidat à ménager des transitions, et à donner l'illusion d'un discours libre et fluide du malade, veillant à ne pas le harceler parce que le jury est sensible à ce que la parole de la victime soit respectée. Il a acquis, le jury, cette vigilance, depuis qu'on lui a montré combien la parole du psychiatre pouvait induire, par exemple, certains contenus délirants. L'examen d'aujourd'hui n'est plus directif, sauf pour le candidat. Il était habituel, à l'époque classificatrice, d'appliquer un questionnaire permettant de remplir les cases de la sémiologie. « Ces voix, les reconnaissez-vous ? — Elles vous parlent de loin ou de près ? — Des hommes, des femmes ? — Moqueuses ou indifférentes? — Menaçantes ou protectrices ? — Combien de fois, mon fils ? ». L'expérience délirante, encore protéiforme, se coulait dans la matrice ainsi offerte, et les tableaux cliniques devenaient homogènes et répétables, du moins pour chaque psychiatre. Avis au médecin praticien : l'expérience est toujours à portée de main, de modeler un psychotique délirant selon le fantasme de l'examinateur. La conclusion qui s'impose n'a pas toujours été tirée. Elle était pourtant évidente : le psychotique s'offre comme un support à l'enregistrement d'un discours étranger. La façon dont le délirant récite, lui aussi, dans des formes conventionnelles, le contenu de son délire, n'est que le reflet de l'examen qu'il a subi, donc de la représentation que peut avoir un médecin d'une production mentale « pathologique ». Que le psychotique soit aussi programmable, c'est ce dont vont s'emparer les techniques de conditionnement et de comportement. Peu importe que le malade ait accédé à une parole en son nom : il a été adapté à la consommation.

Retour au jury en train d'examiner le candidat aux différents grades de la psychiatrie. Faut-il qu'on soit convaincu de la validité de ce mode de sélection des candidats pour le reconduire, contre vents et marées, contre les acquisitions de la biologie ou de la psychanalyse. Cette confusion entre les qualités du psychiatre et son aptitude à tenir un temps en haleine un public d'amateurs éclairés, d'aficionados, ne peut pas ne pas limiter, délimiter la nosologie elle-même. Les troubles psychiques ainsi révélés, donnés à voir, sont conditionnés pour entrer dans des cases bien définies, tenant dans un lieu et dans un temps déterminé. Qu'on ne s'étonne pas ensuite de se trouver en face d'une classification des maladies mentales, sans passage d'une catégorie à l'autre, établissant le dogme de structures immuables et irréversibles. La nosologie est toujours la projection de représentations inconscientes des médecins, et non pas la révélation d'une articulation des maladies entre elles, qui existerait dans la nature. Ce n'est pas notre époque qui délivrera les médecins de ce souci de classement, de tri et de séparation, tout en conservant l'idée d'un organisateur structurant. Chaque chose à sa place, où le « à » peut fort bien perdre son accent, affirmant l'adaptation et la complémentarité de l'un et de l'autre, du désir et de son objet. Toute confirmation d'une croyance ou d'une foi rassure et satisfait l'esprit. Chaque concours, chaque examen confirme les examinateurs dans leurs convictions, car sinon quel moteur expliquerait-il l'empressement des membres du jury à perdre un temps littéralement fou à ces rituels initiatiques qui marquent les différentes étapes de la sélection. Et d'affirmer : « C'est encore de cette façon-là qu'on apprécie le mieux la valeur d'un candidat. » Il s'agit bien d'apprécier. Par son art, le candidat offre aux jurés, aux juges, des moments d'émotion, de satisfaction et de jouissance. Quant aux jurés, qu'ils se souviennent de leurs critiques ou de leur révolte, voire de leur désir de meurtre à l'égard d'arbitres de football ou de juges de patinage artistique dont ils estiment les décisions trop subjectives. L'unanimité, il est vrai, ne règne pas dans les jurys, bien que la lassitude, souvent, la favorise. Ces divergences devraient ébranler la bonne conscience satisfaite de ceux qui se permettent de juger. Quel rapport en effet y a-t-il entre l'art du candidat, art qui consiste à exécuter un malade et à interpréter en virtuose les symptômes, et les dits recueillis ?

Le rituel de l'examen auquel chacun consent maquille une vérité qu'il est heureusement possible d'approcher par d'autres voies. Dans la réalité quotidienne, dans la pratique médicale, l'examen ne se passe pas ou ne devrait pas se passer comme au lit du malade, à moins qu'on ait d'emblée enfermé le sujet dans une position de malade, et même de malade aliéné.

Des menaces qu'il faut dénoncer pèsent sur la position du psychiatre, menaces d'autant plus grandes que la position est plus officielle. On sait pourquoi le malade se trouve là, on évite toute hésitation à ce sujet. S'il est là, c'est qu'il n'est pas apte à vivre en société, qu'il n'est pas adapté au groupe. Avant même tout échange de paroles, le seul fait d'être là donne au patient toutes les chances d'être fou. Une éventuelle tentative de prouver le contraire pourrait être considérée comme un symptôme. Il n'y a pratiquement pas moyen de refuser ou de récuser la règle du jeu.

Il ne suffit pas d'avoir baptisé « colloque singulier » la rencontre entre un peut-être malade et son médecin pour que cette rencontre contienne une vérité. Elle peut se limiter aux répétitions des gestes et des paroles appris au cours des études, imités des patrons.

Comment le praticien peut-il s'y prendre pour introduire dans son examen autre chose que les modèles qu'on lui a communiqués lors des cours et des stages ? Sa chance est peut-être la brièveté de cet enseignement, car il a pu rester sur ses questions et sur sa faim. Une tentative de proposer des modèles d'interrogatoire : « Comment examiner un psychotique ? » « Comment interroger un névrosé ? », ne ferait que répéter le modèle critiqué. L'examen tel qu'il est pratiqué dans les hôpitaux escamote une première partie d'un entretien qui maintiendrait une dimension de rencontre. Les civilisations qui ont cultivé un certain art de la conversation se gardent bien de placer l'objet principal de l'entretien au début de l'échange. On fait connaissance, on se découvre mutuellement, on s'informe. Ce n'est qu'ensuite qu'on pourra poser sa question, parfois exposer sa demande. Le soi-disant souci d'efficacité qui amène à interroger d'emblée un malade sur ses symptômes, sa souffrance, empêche le préambule de la conversation. Or cette introduction comportait une dimension essentielle qui va être « perdue », et non sans motif.

Faire connaissance, cela veut dire qu'on se livre, qu'on s'expose un peu à l'autre. La relation qui se noue inquiète trop souvent le médecin qui n'y est pas préparé. Un examen psychiatrique ne peut pas éviter ce moment. C'est sur lui que se fondera le praticien pour un premier débroussaillage. La prise de contact, si elle pouvait s'exposer clairement, se traduirait par une phrase qui surprendrait sans doute le malade :

« Qu'attendez-vous de moi ? » Par là, le médecin se met littéralement en jeu. La façon dont l'interlocuteur va accueillir ce partenaire constituera une première orientation.

Cette question peut surprendre, ou plutôt le médecin peut être surpris qu'on lui propose de la poser. Elle ne fait pas partie de l'interrogatoire habituel. Elle introduit par contre le dialogue, l'entretien, comme disent les psychiatres. Faire à la psychiatrie une place, la place qu'elle mérite dans la consultation médicale, ne peut pas aller sans modifier légèrement les habitudes. C'est ce qui se produit en sous-entendant cette première question, même si on ne la formule pas en ces termes. Chacun, du moins chacun de ceux qui souhaitent assumer la partie psychiatrique et surtout psychothérapique de son travail, trouvera les formules qui lui conviennent, sans qu'elles soient pour autant répétitives. L'ouverture au dialogue psychothérapique introduira dans le travail quotidien une variété qui lui manque trop souvent. Il ne s'agira plus de confection, ni même de mesure industrielle, mais d'un retour à la phase artisanale du sur-mesure. La psychothérapie est toujours artisanale. La plupart des médecins seront amenés à développer une sorte d'introduction à la consultation. De même que la conversation évoquée plus haut n'aborde pas d'emblée le point principal, de même quelques phrases de politesse vont faciliter les déclarations du malade. Cette introduction n'est d'ailleurs pas arbitraire. Elle vient marquer la connaissance qu'on a du malade, de son milieu, de ses problèmes. Les habitués de la psychanalyse se récrieront peut-être, car il ne s'agit pas là d'une attitude neutre. On peut au contraire rendre plus difficile certaines déclarations du sujet qui mettraient en cause d'autres personnes de son milieu ou qui révéleraient un échec, une insuffisance. Aussi, plutôt que de prétendre à une neutralité souvent difficile à maintenir, même en psychanalyse, vaut-il mieux reconnaître que le psychothérapeute et surtout le psychothérapeute-médecin, ne peut pas être neutre. Est-ce rédhibitoire ? Cette première difficulté doit-elle faire renoncer au projet d'une psychothérapie par le praticien ? Non, bien sûr. Et cette apparente difficulté initiale va peut-être se révéler riche en ressorts nouveaux dont le psychiatre ne dispose pas. La crainte de ne pas laisser le malade advenir à la parole sous prétexte que le médecin en saurait trop sur lui et aurait tendance à le noyer par son bavardage ne tient pas lorsqu'on se souvient de certains interrogatoires médicaux tels qu'ils ont pu apparaître dans des présentations audiovisuelles. Des films ont été consacrés à ce fameux colloque singulier. Ils avaient parfois l'intention de contribuer à l'étude de la relation médecin-malade. Le souci du médecin, inquiété par l'œil inquisiteur de la caméra, l'amenait le plus souvent à caricaturer ses conduites habituelles, en multipliant les questions, en forçant les réponses, afin de tout dire, de ne rien oublier dans le minimum de temps, surtout de ne pas omettre la panoplie des examens complémentaires.

Qu'attendez-vous de moi ? S'il s'agit d'une personne souffrant de certains symptômes, cette phrase l'invitera à les exposer. Dans ce cas, l'offre relationnelle sera éludée sans que cela entrave l'investigation médicale. Si, par contre, le malade avait quelque chose à dire, il pourra saisir l'occasion. Peut-être aussi sera-t-il tenté de répondre : rien. Que vient-il alors faire chez le médecin ? « Ce n'est pas moi qui ai voulu venir, ce sont mes parents, ma femme, mon mari qui me l'ont conseillé ou imposé. » Le tableau se précise, les acteurs se mettent en place. Il est fréquent que les gens ne viennent pas chez le médecin, mais lui soient envoyés ou lui soient amenés. Très généralement, il s'agira de personnes infantilisées. Il faut le plus souvent être deux pour obtenir ce résultat. Surtout lorsque c'est la femme qui envoie son mari, ou réciproquement. Le médecin devrait apparaître d'emblée comme l'allié possible du personnage infantilisé.

La mode des questions d'examen courtes permet de schématiser de façon un peu grossière cette situation dans la formulation suivante : « Une mère amène chez le médecin sa fille de 18 ans pour un amaigrissement et une aménorrhée. Quel devrait être le premier acte de la consultation ? » La réponse attendue devrait indiquer qu'on demandera à la mère de se retirer pour s'entretenir seul avec la jeune fille. Et voici une nouvelle difficulté : on risque d'être mal vu par la mère, c'est-à-dire par une cliente potentielle. A moins qu'on ne compense la petite blessure qu'on lui a infligée en lui proposant un entretien à elle aussi. Freud (1) lui-même avait rendu attentif à cette situation. Il soulignait la fréquence avec laquelle les gens lui étaient envoyés par un membre de leur famille, et il précisait que lorsqu'il était possible de délivrer ces personnes de leurs troubles, l'amélioration allait rarement dans le sens souhaité par l'entourage ou l'autre conjoint.

Cette première phase de l'examen, ou cette première phrase, constituera un véritable acte médical dans la relation avec un malade névrosé. Ce sera le cas de loin le plus fréquent. Mais il pourra arriver parfois que l'on se trouve en présence d'un psychotique et l'attitude du malade ainsi interpellé facilitera une évaluation diagnostique. Ce sera peut-être la première fois qu'on aura posé au psychotique une question faisant appel à son intentionnalité. On l'a si peu interrogé sur ses désirs, ses souhaits, ses projets, ses intérêts, qu'il a oublié d'en avoir.

Souvenirs rafraîchis

Que reste-t-il... non pas de notre amour, mais de l'enseignement reçu ? Des psychoses, on en a parlé, au cours des études. On en a montré

(1) S. FREUD : Introduction de « Psychogenèse d'un cas d'homosexualité féminine ». *Über die Psychogenese eines Falles von weiblicher Homosexualität, Ges. W. XII,* 1920.

quelques-unes, ou plutôt on a montré des êtres humains qui répondaient bizarrement à des questions qui paraîtraient elles-mêmes bizarres, posées dans un entourage non complice. Le théâtre sur lequel se joue la présentation des psychoses n'est pas sans évoquer une époque où la scène jouée exigeait de la part du spectateur la connaissance d'une convention en dehors de laquelle le rituel aurait perdu toute signification et toute intelligibilité, comme cela se passe pour nombre de rites religieux, se déroulant dans des langues mortes, étrangères ou fictives, que ni les ouailles, ni parfois les exécutants ne connaissent ou ne comprennent. Complicité d'augures entre psychiatres psychiatrisants, ou simplement méfaits d'un langage technique qu'aucun concile n'est encore venu mettre en langue du pays. Il ne s'agira pas ici de répéter ce que l'on retrouvera aisément dans les notes de cours ou dans les manuels. Il sera question de choses beaucoup plus simples, si simples qu'on néglige habituellement de les dire, mais qui rendront peut-être la psychiatrie moins étrangère, plus quotidienne. Précisons, quitte à le rappeler par la suite, qu'il ne s'agira que de psychiatrie d'adultes.

La fréquence des psychoses, tout d'abord. Peut-être reste-t-il dans le souvenir du médecin quelques images du « beau cas » aperçu lors d'une présentation de malades. Richesse d'un délire luxuriant, débordement imaginaire, scénario persécutif compliqué, ou à l'autre extrémité, attitude bizarre, extatique, maniérée, discours incohérent mais parfois fascinant, sont bien des symptômes de psychose. Pourtant, le médecin ne les voit pas souvent. Est-ce à dire que les psychoses sont rares ? Ou bien, question impertinente, faut-il, pour qu'elles se développent, un climat particulier, l'ambiance de serre ou de ghetto d'un milieu hospitalier spécialisé ? Une pareille hypothèse est choquante. Elle rejoint un reproche latent dans le public, patent chez les antipsychiatres : ce sont les psychiatres qui créent les fous. C'est évidemment faux, et il s'agit d'un véritable réflexe raciste qui englobe le psychiatre et son malade dans un même rejet, dans un même effort d'exclusion, pour les parquer tous deux dans des camps qui ne sont ni de concentration ni d'extermination, qui ont une fonction précise, qu'il faut nommer. La ségrégation des malades mentaux est un conservatoire. On y conserve des fous modèles, comme on conservait, ainsi qu'on nous l'a enseigné à l'école primaire, le mètre-étalon de platine au Pavillon de Breteuil, à Sèvres. Ils servent à rassurer l'extérieur, les extérieurs, sur leur différence. Nous ne sommes pas fous, nous ne sommes pas des malades mentaux. C'est là que les recherches les plus avancées, notamment en matière de psychanalyse, nous posent une question. D'ailleurs, certains aspects de la recherche biologique et notamment génétique la posent également. La maladie mentale est-elle une catégorie bien limitée, spécifique ? Ou bien existerait-elle à un degré de dilution variable chez tout être humain, la pathologie ne résultant que d'une concentration excessive de cette composante ? Peut-être n'est-il pas indispensable de trancher la question de façon définitive.

Il nous paraît par contre tout à fait souhaitable d'apporter quelques éléments d'interrogation. Ne fût-ce que pour, non pas mettre le praticien « dans le bain », mais lui montrer qu'il y est déjà, qu'il le veuille ou non. Autant, à partir de là, qu'il en soit conscient afin d'utiliser cette position pour accroître son efficacité.

Il y a des choses que les psychiatres omettent parfois de dire. L'une de ces choses est la fréquence des psychoses. Toutes les psychoses sont-elles hospitalisées ou tout au moins, soignées, contrôlées, recensées par les psychiatres ? C'est ce que semblait penser une administration qui, naguère, adressait aux psychiatres et aux établissements hospitaliers, lors du passage d'un chef d'État dans une province, une note allant de la recommandation à l'injonction, afin qu'un soin particulier soit pris de ces sujets que la liesse populaire risquait de perturber. Cela faisait rire les psychiatres, et ils avaient pour cela de bonnes et nombreuses raisons, la moindre n'étant pas d'envisager un placement d'office pour tel ou tel notable nanti de hautes responsabilités et notoirement fou. Le temps n'est plus où la paralysie générale exerçait ses ravages, mais les bonnes histoires circulaient alors, qui peuvent aujourd'hui encore donner à réfléchir. Comme cette forme clinique de la paralysie générale dite forme des agrégés. La petite histoire raconte et nomme quelques jeunes agrégés qui, pour fêter leur succès au concours et bien que mal pourvus, pécuniairement s'entend, avaient décidé de sacrifier ce soir-là à Bacchus et à Aphrodite. Ils étaient quatre, dit l'histoire, qui payèrent les services d'une seule et même hétaïre qui les gratifia démocratiquement, plus démocratiquement même que dans la chanson de Brassens, d'une même souche de tréponèmes pâles, dont les effets auraient déclenché plusieurs années plus tard la stupéfaction ou la joie des collègues ou des étudiants. De même ce vétérinaire qui continuait régulièrement à faire sa tournée, bien que n'étant plus capable d'articuler la moindre syllabe. Pourtant ses clients jamais ne s'en plaignirent. La démence, dit-on, a la charité de respecter longtemps les qualités professionnelles. Si la paralysie générale a pratiquement disparu, ces quelques exemples montrent que même une détérioration aussi importante n'entraînait pas forcément comme sanction une hospitalisation. Et aujourd'hui, comme autrefois, toutes les psychoses ne se trouvent pas dans les hôpitaux psychiatriques ni dans les clientèles des psychiatres. Un certain nombre est connu également par des médecins généralistes ou spécialistes qui estiment, à juste titre, qu'une psychiatrisation n'apporterait rien à ces malades. Mais les psychotiques recensés par les médecins ne représentent qu'une petite partie de l'ensemble des psychoses. Parfois, quelque symptôme peut faire envisager le diagnostic de psychose chez une personne sans aucun rapport avec la psychiatrie : gesticulations, soliloques, provocations attirant l'attention sur un passant dans la rue, un employé à son bureau, un travailleur sur son chantier. Notons en passant que les exigences d'efficacité ou de productivité rendent les milieux moins tolérants à mesure de leur déshumanisation même. Ce qui ne veut pas dire que certaines stéréotypies ne puissent pas être mises à profit dans un travail tout aussi stéréotypé. Bon nombre de ces personnes que l'on risque de considérer comme folles ne verront jamais de psychiatre. Mais la véritable question est celle-ci : une psychose se manifeste-t-elle forcément par des symptômes perceptibles, soit dans la conduite, soit dans le discours ? Peut-on concevoir des psychoses à l'état quiescent ? « Si tacuisses, philosophus mansisses », que l'on traduisait, lorsqu'on voulait faire fuir le professeur de latin par : si tu t'étais tu, le philosophe serait resté. Suffit-il de se taire pour paraître sage ? La sagesse ou la philosophie sont-elles synonymes de non-folie ? Il peut sembler tout à fait fou de prétendre qu'il y a des fous ne paraissant pas fous. L'hypothèse d'une foule de psychoses non évidentes s'étaye sur la spécificité humaine des psychoses que les études biologiques ne contestent en rien, et seuls les comportementalistes haussent les épaules devant la prétention de voir dans Adam et Eve et leurs descendants autre chose qu'un orang-outang à peine amélioré, puisque l'outil de la parole ne viendrait que compenser la perte d'aptitudes naturelles à la suite d'incompréhensibles cataclysmes. Et d'envisager cette parole comme une prothèse. Nous verrons que cette hypothèse est des plus fécondes et qu'elle permet un clivage de l'humanité entre ceux qui estiment que l'amélioration de la race humaine doit leur permettre de remonter à l'orang-outang, ou au crocodile, selon les théories, en limitant voire en se débarrassant de la parole, et ceux qui estiment qu'au contraire, la parole est le chemin d'une véritable création. Mais n'anticipons pas. La psychose peut être considérée comme l'un des états possibles pour l'être humain. Les déviances psychotiques ne se perçoivent, ne s'entendent, que dans les particularités d'un discours qui n'est pas conforme à une norme statistique, cette non-conformité dans la forme et le fond n'atteignant le plus souvent qu'une partie de ce discours, parfois affichée, parfois cultivée comme un jardin secret.

Les cliniciens, qu'ils soient ou non psychanalystes, considèrent que l'une des caractéristiques de la psychose, plus subtile mais plus importante que la séméiologie lourde, est une étrangeté du discours, étrangeté au sens où ce discours paraît étranger à celui qui le profère. Cela peut se repérer chez les schizophrènes par exemple, par un changement de tonalité, de timbre, de diction, de rythme, etc. Plus généralement, c'est l'enclave délirante qui apparaît comme une pièce rapportée. Le psychotique apparaît comme le support du discours, de la parole, voire de la voix d'un autre. En fait, ne sommes-nous pas tous porteurs de paroles ou de discours hérités, empruntés, imités ? N'a-t-on pas pu dire, au contraire, que les bizarreries psychotiques relevaient en fait de la singularité d'une pensée sans lien avec les idées reçues ? L'objection mérite qu'on s'y arrête.

Les personnes normales parlent un langage commun, c'est-à-dire fondé sur une signification moyenne reconnue et acceptée par l'ensemble d'un groupe. Cette signification moyenne laisse à chacun la possibilité de variations légères, d'un certain jeu, qui font que malgré la normalisation, des différences individuelles peuvent être maintenues.

Et c'est pourtant ce qui manque au langage psychotique. Sa bizarrerie n'est que bizarrerie, ou plus exactement, elle n'est que domaine étranger, elle n'est qu'aliénation. Le psychotique ne se réfère pas à un trésor commun. Il ne peut choisir dans ce fonds collectif ce qui lui conviendrait le mieux. Il a été dressé, conditionné, asservi à n'être que le porte-parole ou le porte-voix d'un seul ou d'une seule autre. Il est héraut. Même pas. Les hérauts portent les armes parlantes. Le psychotique est réduit à n'être qu'arme parlante. On dirait aujourd'hui carte de visite. Les jeux possibles sur le signifiant « visite » déterminent le degré de liberté résiduel du psychotique.

L'existence psychotique est donc réduite par rapport à d'autres modes d'existence. La question du plus ou moins de bonheur du psychotique par rapport à une personne normale est une fausse question, du moins aussi longtemps que l'on n'aura pas inventé d'appareil à mesurer la qualité du bonheur. Il n'est nul besoin d'être psychotique pour crever de chagrin ou de détresse.

La réduction psychotique ne porte donc pas sur cet indéfinissable qu'est le bonheur. Il faut essayer d'autres critères.

Pour le sujet normal, qu'est-ce qu'un fou ? Quelqu'un qui se complique la vie, qui ne se laisse pas vivre simplement, en goûtant les plaisirs que lui offre le moment ? Qu'on fasse l'effort d'évoquer quelqu'un qui correspondrait à cette béatitude simpliste. On découvrira que le plus souvent, il s'agissait de l'expression d'un souhait, d'un fantasme. Un homme venant se plaindre que la femme qu'il aime, pour le moment, ne prenne pas simplement les choses comme elles viennent. Seulement, c'est lui qui vient se plaindre et demander conseil.

La vie n'est pas simple, lorsqu'il s'agit d'accorder, de mettre à l'unisson plutôt, deux êtres différents. Critère du rendement ? La psychose ne limite ni les aptitudes intellectuelles, ni les facultés psychomotrices. Le rendement à tous les niveaux peut être tout à fait compétitif. C'est là que le bât blesse. Certains psychotiques, pas tous bien sûr, offrent l'image de la parfaite adaptation, figée, répétitive, prévisible surtout, ce qui est fondamental pour l'évaluation de la consommation. Il s'avère que les exigences d'une société à l'égard d'un de ses membres ne sont pas toujours très différentes des exigences parentales à l'égard d'un enfant. L'aptitude à la soumission n'est donc pas non plus caractéristique des psychotiques. Le langage bien adapté, efficace, peut devenir aussi figé, aussi incapable d'excursions imprévues que le langage « pathologique ».

Aussi ne sont-ce pas ces psychotiques-là qui se font remarquer. Ce qui déclenche l'intérêt, l'attention et surtout l'hostilité, l'intolérance de l'entourage, ce sont les psychotiques qui dérangent. Pas seulement par un discours de fou ou par des troubles du comportement, mais parce qu'ils ne partagent pas les intérêts communs. Parce qu'ils vivent seuls, par exemple, sans consommer du sexe. Parce qu'ils ne paraissent pas se soucier de leur avenir. Parce qu'ils manquent d'ambition, parce qu'ils ne partagent pas les idéaux du moment : engagement politique ou engouement pour le football ou le tennis. Ce qui est autre dérange. Le psychotique, en révélant, entre autres par un discours, qu'il est autre que lui-même, dérange parce que le sort qui lui est fait aurait pu être celui de chacun de nous, et l'est en partie.

Fréquence de la psychose donc, et discrétion de cette dernière. Voilà qui peut étonner. La psychose n'est-elle donc pas cette folie manifeste, criarde, pouvant devenir furieuse et dangereuse ? C'est ce passage de la phase quiescente à la phase manifeste qu'il nous faut quelque peu étudier maintenant.

La véritable question est étiologique. Quelque chose provoque-t-il la bascule vers les manifestations classiquement décrites dans les manuels de psychiatrie, ou bien a-t-on affaire à un processus « endogène », indépendant de cette situation ? Certaines psychoses ou plutôt certaines manifestations psychotiques, comme par exemple les phases d'une psychose maniaco-dépressive offrent un matériel d'étude particulièrement riche (2). S'il est une psychose au sujet de laquelle la majorité des spécialistes s'accordent pour reconnaître un déterminisme en grande partie biologique, c'est bien celle-ci. Le déterminisme est, en outre, lié dans bon nombre de cas à un facteur héréditaire. La personne elle-même qui souffre de tels troubles reconnaît leur début et leur fin à un « déclic ». Les troubles commencent et s'arrêtent aussi brusquement que s'allume ou s'éteint une lampe sous l'action du commutateur. Et pourtant, ces malades n'hésitent pas à dire, en dehors de cette période critique : l'une des crises a été déclenchée par une fausse couche, la seconde par des soucis professionnels, la troisième par l'échec d'un enfant à ses examens, etc. En effet, déterminisme biologique et déclenchement « logique » ne s'excluent nullement. L'accès maniaque ou l'accès dépressif sont des témoignages excessifs d'un chagrin, d'un souci, d'une déception, mais

(2) L'une des recherches les plus originales et les plus fondamentales de ces dernières années sur ce sujet est contenue dans un texte de Jacques SCHOTTE : « Comme dans la vie, en psychiatrie... » Les perturbations de l'humeur comme trouble de base de l'existence. In : « *Qu'est-ce que l'homme ?* Publications des Facultés Universitaires Saint-Louis, Bruxelles, 1982, p. 621-673.

aussi bien d'une joie ou de n'importe quelle variation ou transformation survenant dans l'entourage du sujet. Comme s'il s'agissait de répondre par la démesure à une sorte de provocation elle-même démesurée et à laquelle on ne peut opposer aucune résistance. On ne peut discuter ni marchander avec une fatalité irréversible. Pour atténuer les effets d'un deuil par exemple, toutes les cultures ont inventé des rituels propitiatoires, mettant en scène un possible dialogue avec les puissances transcendantes. L'accès psychotique peut avoir une telle fonction, ce qui explique aussi que la cause déclenchante peut n'être connue que par l'intéressé et n'avoir d'importance que pour lui.

Ces causes déclenchantes ne sont pas toujours à rechercher dans les fatalités inhérentes à l'existence humaine, comme les deuils. Il peut s'agir aussi de situations conflictuelles dont l'importance pour une personne donnée ne peut être mesurée par autrui. On verra, au cours de l'étude des réactions et interactions, l'importance de pareilles situations. Ce qui importe pour l'instant est de noter que le médecin peut n'être pas innocent dans le déclenchement et le développement de ce qu'on appelle habituellement les psychoses. Il peut, à son insu, représenter pour le malade une source de menace et de pouvoir redoutables, et c'est pour se mettre au diapason de cette puissance imaginaire qu'un sujet à personnalité psychotique peut surenchérir par la même disproportion, en créant des symptômes psychotiques dont nous verrons qu'ils sont coextensifs avec les différentes formes de délire. Que le médecin paraisse entrer dans le jeu suffit à convaincre le délirant non de la vérité, mais de la réalité de ses constructions. Bien entendu, n'importe quel personnage investi d'autorité, apprécié ou redouté, protecteur ou persécuteur, peut provoquer les mêmes effets qu'un médecin. De telles conditions permettent le développement, le foisonnement d'un délire dont il n'est pas nécessaire de rappeler ici la multiplicité des thèmes et des mécanismes. Dans une telle conception, les psychoses, dans leurs moments productifs, apparaissent comme des complications d'un état permanent, le plus souvent discret, compatible avec une certaine insertion familiale, professionnelle et sociale, la déstabilisation survenant lorsqu'on tente, consciemment ou non, d'arracher le psychotique à sa différence.

Ceci pose, de façon aiguë, la question des limites médicales. Avons-nous le droit de tenter d'arracher un psychotique à sa psychose ? Présenter ainsi la question signifierait que nous en aurions les moyens. Sinon, il s'agirait d'établir une véritable charte, réglant les relations des médecins et des psychotiques, qu'il est parfois abusif de considérer comme des malades.

Du caractère autoritaire

Nous reviendrons plus tard sur les conduites à tenir par le médecin dans certaines situations et certains états psychotiques. Il nous faut pour l'instant nous appesantir sur un aspect de la clinique qui n'est guère traité au cours des études de médecine, bien que les psychiatres le connaissent. Il est probable toutefois qu'ils ne le rencontrent pas souvent, du moins dans leur clientèle. Il s'agit en effet de ce qu'on appelle habituellement un caractère. Il y a là toute une catégorie de personnes dont on ne peut dire qu'il s'agisse de malades. Il ne s'agit même pas de ce qu'on appelle en pédo-psychiatrie ou en psychiatrie infanto-juvénile de caractériels, de personnes souffrant de troubles du caractère, mais d'un caractère tout court. De celui qui fait dire le plus souvent d'une personne qu'elle a du caractère, justement.

Allons-nous nous lancer dans la caractérologie ?

Sûrement pas de façon classificatoire. Les taxonomies typologiques cachaient mal le souci de l'observateur de compartimenter les gens dans des cases aisément repérables et descriptibles. A partir d'une telle classification, il suffisait d'introduire un vecteur d'évaluation arbitraire, comme le vecteur bon-mauvais, pour que la typologie devienne racisme. Il y avait les bons caractères et les mauvais caractères. Et les mauvais caractères étaient souvent ceux dont les qualités, ou les défauts, se traduisaient par des actes mal tolérés par le groupe, voire des actes dirigés contre lui. C'est là que le psychiatre pouvait intervenir. Le plus souvent, il se bornait à traduire dans un langage psychiatrique ou psychopathologique les descriptions des caractérologues. Il existe une foule de tableaux cliniques qui évoquent les « Caractères » de La Bruyère. Ils témoignent des dons d'observation du psychiatre, mais il s'agit surtout de folklore. Il n'y a aucun intérêt à multiplier les portraits de ceux que l'on appelait autrefois des psychophates, parfois même des psychopathes constitutionnels. Le terme fait aujourd'hui hésiter, et celui de déséquilibré caractériel par lequel on tente de le remplacer ne vaut guère mieux. L'embarras du psychiatre se traduit devant cette catégorie de... de quoi ? S'agit-il de malades ? On touche ici à l'un des maux secrets de la psychiatrie, une de ses maladies honteuses. Ce qui fait la pathologie d'un caractère se superpose souvent avec sa condamnation morale. Aussi longtemps qu'il s'agit de psychose, de démence, on est à peu près à l'aise. On peut, sans trop forcer les choses, faire rentrer ces troubles dans une nosologie confortable et rassurante. Pour les névroses, c'est déjà plus difficile, et il faut sculpter la description dans la masse afin d'enfermer les névrosés dans une catégorie distincte de la normalité. C'est avec les caractères que le malaise atteint son point culminant.

Le symptôme devient insulte et le diagnostic devient injure. Les pervers, par exemple. On ne peut éviter, en utilisant ce terme, d'entraîner des significations morales : dépravation, délinquance, perfidie, licence, etc. Le psychiatre n'a pas à juger, mais cette affirmation, fausse la plupart du temps, est déjà un jugement. C'est un peu la répétition d'une profession de foi médicale : le médecin doit dispenser ses soins à tout malade, peu importe sa race ou sa situation sociale, son casier judiciaire ou ses options politiques. Cette haute exigence dont se pare le médecin, il la partage pourtant avec n'importe quel commerçant qui, lui non plus, n'hésite pas à vendre sa marchandise à quiconque la lui demande. La loi d'ailleurs le lui impose, tout comme au médecin. Il ne s'agit pas tellement de juger la valeur d'un éventuel patient que de se demander si son état justifie un acte médical. C'est bien là que réside toute la difficulté créée par ces psychopathes. Sont-ils vraiment malades de l'âme, comme le voudrait l'étymologie ? Ou bien sont-ils le reflet plus ou moins déformé, agrandi ou diminué, de certaines facettes de nous-mêmes ?

La caractérologie psychiatrique a fourni en quelque sorte des doublets des grandes psychoses. C'est ainsi qu'on a pu parler de caractère ou de personnalité schizoïde ou cyclothymique, allant même jusqu'à faire correspondre à ces personnalités certains aspects morphologiques, comme l'a fait Kretschmer. Les grands maigres ou les petits gros. Et pourquoi pas les roux, les nègres ou les borgnes... Avec la caractérologie, on frise toujours le scabreux. Bonne raison, peut-être, pour aller jusqu'au bout de cette idée et dévoiler ce que le bon ton souhaite cacher.

Théodore Wiesegrund Adorno, philosophe de l'École de Francfort réfugié aux États-Unis pour des raisons politiques au cours de la Deuxième Guerre mondiale, réalisa une étude empirique par questionnaire, pour tenter de saisir les éléments favorisant l'implantation du fascisme chez une personne ou dans un groupe. L'ensemble de ses travaux fut réuni dans les *« Studies on Prejudice »* (« Études sur le préjugé »). La partie qui nous intéressera tout particulièrement sera « The authoritarian personality ». Ce travail peut être critiqué pour bon nombre de ses aspects. L'auteur ne s'est d'ailleurs pas caché les objections. Mais tel qu'il est, ce travail mérite d'être interrogé, car il apporte à la notion de caractère des dimensions nouvelles.

L'enquête réalisée se fonde sur une série de questionnaires où l'immense majorité des questions concerne la relation du sujet interrogé à autrui, à l'entourage. Même lorsque les questions sollicitent simplement l'avis de la personne interrogée sur certains faits ou comportements de l'entourage, la relation s'établit par cette prise de position elle-même. Il y a là, de toute évidence, une distinction qui pourrait être cliniquement importante entre psychose et caractère. Alors que l'étude d'un caractère implique une situation, c'est-à-dire une tension résultant d'une variation relationnelle entre sujet et milieu, le psychotique est habituellement décrit comme isolé, sans communication, enfermé derrière les murs de sa psychose. Mais les choses sont-elles aussi tranchées ? Lorsque le psychotique, dans son délire, se sent interpellé, provoqué, séduit par un personnage évidemment fictif, ce personnage est déjà une tentative de reconstruction de la réalité où il n'est pas toujours aisé de repérer le dérapage. Ne sommes-nous pas tous prêts à croire à la malveillance d'un certain nombre de nos contemporains, malveillance à notre égard s'entend. C'est là un des aspects fondamentaux du délire déjà mis en évidence par Jaspers : le délire de relation. Qu'il y ait sur terre des gens ou des groupes sur lesquels nous portions un jugement défavorable n'implique pas encore que ces groupes soient malintentionnés à notre égard. C'est cette mauvaise intention qu'affirme le psychotique, le deuxième temps de sa psychose étant d'interpréter dans le sens de ses thèmes dominants des faits sans signification propre : présence d'un objet dans un endroit, rencontre, paroles adressées à autrui, etc. Ce petit développement est destiné à assurer l'articulation avec les résultats de l'enquête d'Adorno et de ses collègues. Ils ont montré, par exemple, qu'une option politique autoritaire, c'est-à-dire prête à accueillir favorablement des propositions fascistes, impliquait le plus souvent un conformisme attachant le sujet aux valeurs traditionnelles de la classe moyenne. Du coup, toutes les options différentes sont rejetées et critiquées par ces personnes. Les groupes dont se distingue la personnalité autoritaire deviennent facilement des groupes ennemis, ou persécuteurs : la limite avec la psychose devient floue.

On commence à percevoir que le caractère autoritaire n'est autre que le doublet caractériel des psychoses paranoïaques. Mais si la psychiatrie décrivait jusque-là ce caractère par des qualités ou des traits personnels, indépendants du milieu : méfiance, rigidité, hypertrophie du moi, notamment, l'enquête élargit le tableau à des aspects relationnels précis.

Certains corollaires de ce conformisme dégagé par le travail mené en Amérique ont été : la soumission aveugle aux idéaux et aux autorités du propre groupe, ainsi qu'un jugement péjoratif et répressif à l'égard des autres options. Cette intolérance s'accompagne d'une attitude méprisante, voire cynique à l'égard de l'humain, jugé trop humain, et parallèlement, d'une valorisation de la force, des caractéristiques « viriles » en général. Il va de soi qu'une telle conception s'accompagne d'un rejet de la sensibilité et de la fantaisie.

Une constatation importante, et apparemment paradoxale, fut la découverte d'une forte tendance à la superstition, ou plus exactement la disposition à une crédulité peuplant le monde de phénomènes mystérieux, ininterprétés, mystiques dans les meilleurs des cas, mais d'un mysticisme égocentrique, faisant du sujet le centre d'intérêt de ces forces imaginaires. Ce mécanisme a été expressément désigné par les auteurs comme la projection sur le monde extérieur de la fantasmagorie pulsionnelle. Les personnes en question n'étaient évidemment pas convaincues de l'existence de ces bonnes fées ou de ces mauvais génies, mais elles auraient certainement fait leur le titre d'un travail d'Octave Mannoni : « *Je sais bien, mais quand même* (3)... ». Ce « mais quand même » peut recouvrir toute une gamme de sentiments allant du souhait conscient d'un peu de magie dans la vie quotidienne à la croyance qu'à la limite de notre savoir commence un autre monde non dépourvu de réalité.

Cet ensemble de traits peut paraître tellement fréquent ou banal qu'on aura peut-être quelque réticence à y reconnaître une association spécifique. N'est-on pas simplement en présence d'un grossissement, moyen ou fort, de tendances « compréhensibles » et rassurantes. Ne s'agit-il pas d'attitudes acquises par l'expérience d'un monde dans lequel il faut se défendre pour n'être pas dévoré ?

En est-il bien ainsi ? Nous ne vivons pas dans un monde idyllique et la menace de dévoration pourrait paraître légitime. Pourtant, il s'agit encore d'un conte de fées, car si menace il y a, ce n'est sûrement pas l'individu isolé qui peut s'y opposer, malgré l'armature ou l'armure de son caractère. Conte de fées ou mythologie névrotique, qui vient elle aussi peupler l'environnement de bienveillance ou de malveillance, non pas sur le mode archaïque que nous avons reconnu dans le caractère autoritaire, mais dans le sens d'une mendicité affective, d'une détresse qui préfère doter autrui, fût-ce d'une malveillance, plutôt que de reconnaître la plus quotidienne des réalités, à savoir l'indifférence. Ce n'est guère que dans les confinements d'un village ou d'un quartier que l'on peut escompter quelqu'intérêt de la part des gens d'à-côté. Plutôt, d'ailleurs, pour la « Schadenfreude » que pour le soutien fraternel ! Et encore, combien de locataires de grands ensembles, ou de moins grands, ignorent-ils le nom de leur voisin de palier. Le souci du qu'en dira-t-on est un véritable symptôme, et il y a belle lurette que personne ne s'intéresse plus aux amours illégitimes de Madame X. avec Monsieur Y. C'est peut-être cette solitude due à l'indifférence que vient pallier un caractère aussi particulier que celui que nous décrivons.

Comme tout caractère il met en jeu le sujet dans sa relation à l'entourage. La particularité du caractère autoritaire est de faire de cette relation une relation de subordination et d'exclusion. L'autre est apparemment exclu, rejeté comme s'il était hostile, mais, et c'est là que le caractère se distingue de la psychose qu'il parodie ou préfigure, l'exclusion n'est que le corollaire de la constitution d'un groupe. Même lorsque les traits de personnalité autoritaire n'existent que de façon peu marquée, peu appuyée, les éléments de cette personnalité sont liés entre eux et il est bien rare que l'on ne trouve pas, fût-ce à l'état de traces, chacune des particularités décrites plus haut. Le groupe ainsi constitué par ces « caractères », au sens théâtral du terme, est homogène, uniforme. Au point que le recours à l'uniforme, ou tout au moins à la marque distinc-

(3) O. MANNONI, in : *Clefs pour l'Imaginaire, ou l'Autre scène.* Le Champ Freudien, Seuil, 1969.

tive est la règle. Il y a là un véritable renforcement mutuel entre la personne et le groupe. Ce caractère pousse à préférer et à privilégier un autre identique, un alter ego, mais réciproquement le groupe renforce les traits de la personnalité en question par la constitution d'un dedans et d'un dehors.

Il convient de se pencher un peu sur les effets de ce groupe.

A l'intérieur, tout d'abord, on se sent « chez soi ». C'est cela qui est rassurant dans cette identité des caractères. On est entre frères, on se comprend. On se comprend à demi-mot. On se comprend si bien qu'on n'a même plus besoin de parler. C'est là une conséquence surprenante, mais fondamentale et extrêmement grave. La communication à l'intérieur d'un tel ensemble de semblables perd sa dimension de parole. Elle devient échange de signes. Tout se passe comme si une régression apparaissait, qui supprime la relation médiatisée par cet outil si imprécis qu'est le langage pour le remplacer par l'immédiateté animale. Dire régression est évidemment une option, voire une interprétation, car la communication grâce à des messages autres que la parole peut paraître à certains un idéal très enviable. Être un dans le tout. Et il ne manque pas de psychanalystes pour lire dans le discours de leurs patients ce qu'ils appellent un fantasme de fusion qui réaliserait cet hypothétique désir fondamental de reconstituer avec la mère un objet unique. Il s'agit en fait d'un fantasme de psychanalyste qui, dans les meilleurs des cas, s'exprime dans l'effusion, mais le plus souvent engendre la confusion. Le résultat en est que le groupe, souvent imaginaire, mais parfois bel et bien réalisé, suscite une fantasmagorie, une mythologie, qui comme toute mythologie est tentative sinon d'expliquer l'inexplicable, du moins de colmater les brèches d'où sourd l'intolérable, comme le questionnement sur l'infini et les origines. Le groupe porteur du caractère autoritaire, et porté par lui, sécrète une mythologie constitutive, fondatrice, initiatique et originelle. Le père commun, le dieu, le héros, le totem fondent la reconnaissance mutuelle par des références pseudo-biologiques : nous avons la même chair, nous avons consommé la même victime, le même sang coule dans nos veines. Il n'est plus nécessaire de parler : nous sommes les éléments liés, les cellules solidaires d'un même organisme.

La fascination par la fourmilière, l'admiration pour les insectes sociaux traduisent la même révolte contre le langage. C'est là qu'apparaît le plus nettement ce que comporte d'anti-humain le culte du sang, de la race et du terroir.

Le groupe, avons-nous dit, se constitue par opposition à un dehors. C'est ainsi que procède le caractère autoritaire. Si, à l'intérieur on se retrouve entre frères de sang, l'autre extérieur se définira par les signes et attributs qui ne sont pas ceux du groupe, et cette différence deviendra porteuse de valeur, l'autre extérieur au groupe devient porteur du mal. Le groupement permet au caractère autoritaire de porter sans appréhension ni angoisse un jugement péjoratif sur autrui, jugement qui autorise toutes les hostilités et toutes les injustices.

L'enseignement et l'expérience de la psychanalyse sont essentiellement la découverte et une connaissance partielle de l'inconscient, donc une partie hétérogène à la pensée consciente. Que cette partie soit refoulée, méconnue, pour des raisons structurales ou pour des motifs névrotiques, son irruption dans la conscience entraîne des moments de malaise. Ce conflit où la personne se divise pourrait être évité s'il devenait concevable de rejeter sur autrui cette altérité inhérente et consécutive à la subjectivité. En simplifiant les choses, l'inconscient deviendrait l'inavouable, le mal, que l'on rejetterait de soi, de façon à devenir homogène, pur, alors que l'autre, extérieur à la personne ou au groupe, serait homogènement mauvais et impur.

Cette purification est caractéristique de ce qu'on appelle un caractère entier. L'homogénéité est telle que chaque parcelle de sujet, chaque moment de comportement sont représentatifs de l'ensemble. Le sentiment de ne porter en soi aucune trace étrangère efface le doute, la possibilité même du doute, et permet d'adhérer entièrement à soi-même. Bien sûr, ce n'est là qu'un souhait qui ne se réalise jamais entièrement, sauf dans la psychose. La pureté idéale est le lieu asymptotique du caractère autoritaire. Les bénéfices sont : l'autorisation à exploiter sans remords les autres extérieurs au groupe et le droit, voire le devoir de se sentir supérieur. Sans doute n'est-il pas nécessaire de citer des exemples de telles attitudes. Il serait plus difficile de trouver des situations humaines qui échappent aux tentatives de subordination et d'exploitation.

Il va de soi que de tels projets, de telles constructions sont voués à l'échec et l'échec engendre la haine, la haine tenace et rancunière qui marque le caractère autoritaire.

Cet échec n'est pas obligatoire, et une petite digression nous fera saisir à quel prix il a pu, parfois, être évité. Pour qu'un cloisonnement entre les uns et les autres puisse réussir, il faudrait un consensus impliquant comme tout consensus une référence à une autorité ou à une transcendance. Le monde antique a connu une majorité de cultures fondées sur la ségrégation des esclaves, et la pratique est loin d'en être abolie. Une variante, toujours actuelle, est la ségrégation en caste. La culture occidentale est fort peu ségrégative, d'où la nécessité pour ceux qui souhaitent se grouper, de façon distincte et cohérente, de multiplier autour d'eux les haies et les signes distinctifs. Plus les limites sont reconnues par une officialité et moins la haine raciale sera nécessaire. C'est l'échec à exclure de façon étanche des minorités, des « autres », qui a provoqué les escalades criminelles et industrialisées au XXe siècle sous forme de génocide.

Ce phénomène de groupe se retrouve au niveau de l'individu affecté du caractère autoritaire. Ce rejet d'un autre, cette nécessité de la constitution d'un autre pour le rejeter est tellement spécifique qu'elle justifierait qu'on désigne ce caractère non par l'adjectif autoritaire, mais sectaire. Étant donné l'extrême fréquence de ces caractères, ou plus exactement la fréquence d'un haut pourcentage de ces tendances chez beaucoup de personnes, on comprend la nécessité de le situer dans son environnement socio-professionnel et familial, car il va engendrer une foule de réactions dont la prévention et le traitement constitueraient des actes médicaux.

Le terme de sectaire indique la tendance à se constituer en sectes, mais aussi à se délimiter des autres par une section, une coupure. Il s'agit d'un acte de distinction. Une autre indication est à tirer du terme lui-même. Il ne s'agit pas d'un pur jeu de mots, et une remarque a pu déjà nous faire dresser l'oreille. L'escalade de la haine évoquée plus haut pourrait traduire une haine à laquelle l'usage accole habituellement l'épithète d'impuissante. En outre, la mise en œuvre de cette haine donnerait libre cours au sadisme. Sadisme, impuissance, termes qui ne peuvent pas ne pas éveiller une allusion à la sexualité. Or le mot « sexe » est un doublet étymologique de « secte ». Raison de plus pour faire de notre caractère un caractère sectaire. Le sexe, grammaticalement, est ce qui distingue, ce qui différencie. Nos habitudes font que, lorsque survient le mot différence, il est difficile de ne pas évoquer la soustraction, l'infériorité. Celui qui est différent de nous par sa secte ou par son sexe a quelque chose de moins que nous, et par conséquent vise à nous le dérober, capital ou pénis, peu importe. Ce qui est parfaitement réversible. Le racisme comporte toujours une part de sexisme. Il faut même émettre l'hypothèse que le sexisme le plus habituel est la haine de l'homme à l'égard de la femme, ce qui fait que le racisme, aussi bien que le caractère sectaire, seraient des apanages masculins. Qu'un grand nombre de femmes aient été contaminées par ce caractère est une constatation qui s'impose, mais il s'agira le plus souvent d'une réaction de défense, de légitime défense, car nous verrons par la suite les ravages exercés par le caractère sectaire, notamment dans les couples.

La haine des femmes, à entendre comme la haine des hommes envers les femmes, pour n'être pas universelle, est pourtant très générale, et aucune persécution à l'égard d'une minorité, aucune ségrégation n'a jamais été aussi destructrice, aussi humiliante que la somme des crimes commis par les hommes contre les femmes. Qu'il s'agisse de haine, de peur, de désir, chacun pourra doser les composantes qui déterminent son attitude à l'égard des femmes, ainsi que les singularités biographiques, les rencontres qui les ont déterminées ou qui en ont fourni le prétexte. Que le dépassement de cette hostilité-peur soit la condition d'une vie en commun est peut-être une évidence, mais sa réalisation est plutôt rare. La guerre des hommes contre les femmes n'est pas seulement un thème de caricature ou de science-fiction, elle est l'un des moteurs de l'activité humaine.

Le sadisme est la prime accordée au sexisme. Mais en même temps, les deux tendances s'entretiennent et se renforcent, car la « sublimation » que réalise la perversion sadique ne réussit pas à déraciner le désir qui porte l'homme vers la femme : chose qu'il ne lui pardonne pas.

Les femmes ne sont probablement pas plus douées que les hommes pour être des anges, mais s'il leur arrive d'assister aux lynchages, il est rare qu'elles le commettent. La tolérance à l'altérité est plus grande chez les femmes que chez les hommes, c'est pourquoi elles acceptent le plus souvent l'enfant qui est un corps étranger, mais des réactions hostiles à l'autre sont également concevables avec les mêmes bénéfices que chez l'homme : protection de l'individu ou constitution d'un groupe.

Une conséquence de l'étude esquissée sur le caractère autoritaire ou sectaire montre qu'à côté du monolithisme stéréotypé des sectaires, les « autres » sont assez diversifiés. L'enquête d'Adorno dont je me suis inspiré avait révélé, un niveau des groupes, que les personnes à tendance autoritaire ou totalitaire présentaient entre elles beaucoup plus de similitudes que celles dont le « taux de totalitarisme » était faible. A la réflexion, il n'est pas surprenant, et il est même encourageant de constater la diversité des personnes tolérantes. Il apparaît que le respect de l'autre s'accompagne d'une multiplication des intérêts, des conduites, des options et même sans doute des affects. L'univers des nuances, des goûts, des jeux, s'ouvre à qui renonce à l'objectif de détruire son semblable, ou son autre. C'est un domaine nouveau offert à l'exploration clinique que celui des investissements de chacun en fonction d'une attitude fondamentale à l'égard d'autrui. Cette remarque nous amène à résumer les implications et applications de tout ce développement sur le caractère sectaire.

Applications pratiques

On aura pu s'étonner de la description de cette personnalité dans un chapitre consacré aux psychoses. Il s'agissait de rompre l'excessive rigidité des cadres nosologiques. L'obnubilation totalement dépourvue de critique avec laquelle le sectaire se défend ou croit devoir se défendre, ne se distingue pas de l'adhésion à un délire, et de l'imputation à autrui d'intentions malveillantes. Nous faire réfléchir à la fréquence des psychoses est un premier intérêt et en même temps une application de ce qui a été dit sur la fragilité, voire l'illusion des limites. Car qu'est-ce que la nosologie, sinon l'établissement de sections, enfermant, isolant chaque catégorie de malades mentaux dans des réserves, des territoires bien reconnus, bien entourés de frontières gardées, surveillées. Surtout qu'un psychotique n'aille pas se mêler d'envahir le domaine des névrosés, des pervers, des psychopathes. Où irait-on ? Comment juger le candidat à un examen, qui négligerait les catégories, comment donner des garanties à un public qui veut qu'un fou soit fou, et un sujet normal une personne comme vous et moi.

Et c'est bien là que le bât blesse. Si la discussion, la distinction des cloisons entre différentes catégories de « pathologies mentales » peut paraître purement académique, elle est la garantie que ces mêmes distinctions, renforcées, vont garder toute leur efficace à séparer le fou du normal, l'autre de nous-mêmes. C'est là peut-être que le psychiatre se fait complice du souhait général, afin que chacun de nous, les normaux, soit blanchi du soupçon de folie.

Pourquoi la folie effraie-t-elle tellement, c'est ce qu'il nous faudra interroger un peu plus tard. Il faut rappeler dès maintenant que ce souci de la ségrégation du fou est l'une des caractéristiques de la civilisation occidentale, donc capitaliste, et l'ère post-capitaliste, ou plutôt post-industrielle n'a pas sur ce point modifié grandement les mentalités.

L'intérêt, l'importance d'avoir développé un peu longuement le caractère autoritaire ou sectaire était une préparation à cette remarque fondamentale concernant la constitution des barrières, qui prennent ici tout leur sens de garde-fou. Le problème nosologique perd son intérêt, le souci médical apparaît pour ce qu'il est : un prétexte, dévoilant du même coup cette spécificité de la psychiatrie, qu'elle ne partage que dans certaines limites avec les autres branches de la médecine, comme par exemple la prophylaxie des maladies contagieuses et en particulier vénériennes, « honteuses » : la protection, voire la défense sociale.

A partir de ce raisonnement, des questions nosographiques nouvelles se posent. Ces distinctions entre le fou et le normal ne seraient-elles pas destinées à garantir, aux yeux du public consommateur, que les fous sont bien gardés, ou du moins bien repérés, authentifiés, et qu'il n'est pas question d'en voir quelques-uns ayant réussi à s'évader pour vivre une vie pseudo-normale, pour partager les intérêts, les peines et les joies de tout un chacun. Cette hypothèse en tout cas mérite d'être examinée de plus près.

Et tout d'abord, qui a dit que le caractère autoritaire était un caractère pathologique, voire psychotique ? Ne peut-on y reconnaître beaucoup de gens, parfaitement normaux, parfaitement adaptés, capables même de défendre leurs opinions et souvent d'y entraîner, d'y convertir autrui ? Ce dangereux voisinage avec la psychose résulte d'un fait non mentionné jusqu'ici, mais que le lecteur averti aura spontanément établi : le caractère autoritaire, sectaire, ressemble à s'y méprendre à ce qui est connu depuis belle lurette en psychiatrie sous le nom de caractère paranoïaque. Non qu'il s'agisse pour les psychiatres d'un problème d'actualité qui méritât beaucoup d'efforts de recherche et de publications. Mais cette discrétion est peut-être un symptôme. Il faut le reconnaître : la question du caractère en général, et du caractère paranoïaque en particulier, embarrasse les psychiatres. Il n'y a guère que les psychanalystes pour se pencher de temps en temps sur la question de la formation du caractère, pour y déceler les éléments, sinon pathologiques, du moins particuliers, déviants par rapport à la normale, qu'ils définissent souvent en termes d'adaptation. Sont normaux celui, celle qui sont bien adaptés socialement, professionnellement, familialement, et peut-être surtout sexuellement. Ceux qui sont bien dans leur peau. Ce n'est pas obligatoirement faux, mais ce n'est pas suffisant. Ce n'est pas d'aujourd'hui qu'Aldous Huxley, dans un livre qu'on ne lit plus assez souvent, « Brave new world », « Le meilleur des mondes », qu'on cite et qu'on commente trop peu, a dénoncé cette adaptation sexuelle comme la panacée pour faire passer toutes les limitations imposées à l'individu, pour lui faire avaler toutes les propagandes, toutes les « pubs » matraquées par un pouvoir central qui n'a d'autre objectif que sa propre survie, comme toute institution. Le livre de Huxley, sous une forme inversée, traite exactement du « Malaise dans la civilisation ».

Il résulte de tout ceci que les psychiatres, bien que sachant qu'il s'agit d'une question incontournable, hésitent à se prononcer, ou du moins sont très partagés, entre eux et à l'intérieur d'eux-mêmes, sur ce caractère paranoïaque, qu'ils hésitent à classer parmi les psychoses, ou à reconnaître comme un caractère normal. Il y en a tant, n'est-ce pas, de ces paranoïaques que l'on retrouve à des postes-clés, chefs d'industrie, hauts fonctionnaires, artistes reconnus et médaillés, enseignants, dont il vaut mieux ne pas titiller la susceptibilité, qu'ils ont grande, en mettant en doute l'exemplarité de leur moralité et de leur réussite.

Le caractère autoritaire est-il paranoïa, une psychose « réussie », intégrée dans la société, que l'on pourrait opposer aux psychoses ratées, celles qui constituent la clientèle des psychiatres et peuplent (en partie) les hôpitaux psychiatriques ? La question vaut qu'on s'y arrête.

A qui voyage souvent, train, avion, car, métro, le souhait a certainement pu venir, de cabines ou de compartiments de silence, où ne s'installeraient que des gens qui n'ont pas envie, ou besoin, de parler, de prendre les autres à témoin de leur indigence intérieure. Car c'est bien cela qui rend le bavardage de ces éphémères compagnons de voyage insupportable : non seulement son insipidité, mais sa stéréotypie. Limitation des sujets : femmes et voitures disait-on autrefois, mais l'officialité donnée à ces thèmes masturbatoires, par les périodiques à grande diffusion, associant fréquemment les deux, dispense d'en parler. Pour les remplacer par des considérations tout aussi stéréotypées sur la maison de campagne, les assurances, les exhibitions de son flair ou de son goût parce qu'on a trouvé l'endroit de vacances ou le restaurant pas cher et supérieur à tout ce qui est recommandé par les guides ou les organisateurs industriels de loisirs. Mais aussi monotonie de la forme : tout est dit à haute et intelligible voix, renforcé voire déclenché par la présence d'oreilles étrangères, qu'il s'agit de remplir, de combler, pour se convaincre qu'on a quelque chose à dire, ou à placer, à vendre.

Ne nous y trompons pas : il s'agit bien d'une habitude, d'une déformation professionnelle commerciale, devenue dans les bons cas une seconde nature, et une première dans les mauvais. C'est ici qu'apparaît l'importance de ces « psychoses réussies », dont les psychiatres ne parlent pas, et pour cause : ils n'ont pas à s'en occuper. Mais elles sont plus abondantes, probablement beaucoup plus abondantes que les psychoses « ratées », où il y a encore, parfois, quelque chose à faire, au moins pour le psychiatre ou le médecin qui se sentirait concerné : visage de l'autre homme. Pour les autres, qui penserait à leur venir en aide ? Et d'ailleurs, cette aide ne serait pas acceptée. Ils seraient bien étonnés, ces contemporains bavards, qu'un moraliste vienne leur dire que leur existence d'être humain est réduite. C'est pourtant de cela qu'il s'agit dans la psychose. Nous avons vu que le psychotique n'était pas forcément malheureux, ou plus malheureux que le sujet normal. Nous venons de voir que son adaptation au groupe, au travail, peut être couronnée de succès. Alors, de quel droit, au nom de quoi... Il n'y a d'ailleurs pas grand-chose à faire, du côté de ces personnes. Mais à veiller au grain. Nous sommes déjà en partie dans le chapitre « prévention » qui viendra plus tard. Il n'est pas possible, même pour des raisons didactiques, de trop découper les sujets, d'où quelques redites ou quelques libertés prises par rapport au plan. C'est d'ailleurs, nous l'avons déjà souligné, beaucoup plus didactique que la rigidité, sans doute nécessaire pour des motifs d'examen, des manuels scolaires. D'autant que le thème présent n'est pas rebattu, du moins en médecine.

Paroles stéréotypées, donc, et creuses, d'une foule de personnages qui n'ont à dire que ce que la société, celle de consommation, attend d'eux. On attend qu'on dise le triomphe de l'objet à consommer : machines ou gadgets, vêtements ou loisirs, bijoux ou amours vénales, car malgré la liberté voire la licence des mœurs, ces dernières existent toujours, même si elles ne sont plus limitées à une seule catégorie professionnelle comme dispensatrice de voluptés sans engagement. Non que l'amour ne soit pas concevable, mais l'amour exige, au-delà de ce que souhaite justement la société. L'amour est temps perdu, à ne pas produire ni consommer, précisément. L'accomplissement du fantasme, dont il faudra dire un jour les échanges de bons procédés avec le monde post-industriel, ne se contente pas de la réalité, c'est-à-dire du dépassement amoureux, mais revendique la complicité prostitutionnelle (4).

La parole vide traduit le vide de l'intériorité, l'absence d'un sujet qui parlerait. La parole vide trahit que celui qui parle n'est qu'un matériau, un support sur lequel s'est enregistré le discours usuel, le bavardage sans

(4) Voir P. LEGENDRE : *Paroles poétiques échappées au texte,* Seuil, 1982.

interpellation, même s'il colporte une information, un message utile. Seulement utile, réduisant l'émetteur et le récepteur au statut d'outil, de machine, d'automate.

Ce qu'on appelle la « déformation professionnelle » illustre au mieux notre propos. Essayons de le saisir au niveau auquel nous sommes quotidiennement confrontés : celui du commerce. Non que le commerce soit une profession pire que les autres, elle est simplement celle à laquelle la plupart des gens ont le plus souvent à faire. L'affirmation : « vous comprenez, nous sommes commerçants, nous ne pouvons pas choquer nos clients par des opinions trop tranchées », n'est pas une vue de l'esprit. C'est ce que chaque commerçant vous dira si vous l'amenez sur ce sujet. Il faut au moins qu'il soit conforme à la majorité de sa clientèle. Il faut qu'il dise ce qu'on attend de lui : témoignage d'intérêt particulier pour chacune de ses pratiques, mots aimables témoignant qu'il vous connaît ou vous reconnaît. N'apprécie-t-on pas doublement un restaurateur, par exemple, qui soigne son acceuil, vous reçoit avec le sourire, vient vous demander comment vous trouvez sa cuisine, vous consacre quelques instants à bavarder ? Cette apparente disponibilité, qui semble faire du commerçant un personnage prêt à s'oublier pour vous laisser toute la place dans ses préoccupations offre une hospitalité de choix à la psychose. Nul besoin de meubler son vide intérieur : on l'occupe par les préoccupations quotidiennes de l'autre.

Il existe une forme d'activité commerciale au deuxième degré. De même qu'on avait pu définir le psychotique comme le héraut, voire les armes parlantes d'un personnage parental, de même il existe un commerçant qui ne défend même pas son propre magasin, sa propre entreprise : le représentant, qui promeut le nom, la firme d'un autre. Non qu'il soit exploité : son employeur sait reconnaître et dédommager ses mérites, mais il ne peut mesurer la part de renoncement à soi-même qu'implique une telle activité pour n'être plus que ce qu'attend, parfois sans le savoir, l'éventuel client. L'intéresser, le flatter, et comme liant, le faire rire en lui racontant la dernière blague, le dernier potin. Retrouvailles de certaines fonctions de l'antique colporteur.

Cela rend service, est indispensable à l'entreprise représentée, mais aussi au client. Pour qu'une représentation se maintienne, il faut qu'on ait besoin du produit représenté, quitte à créer ce besoin, ce qui fait partie de l'art du représentant. Et surtout de la publicité, du matraquage publicitaire, et il est bon enfin que le produit représenté soit de qualité. Cette activité toutefois rend aussi service à bon nombre de représentants, qui présentent spontanément ce vide intérieur propre à être meublé par l'autre, par le bruit de fond ambiant. Il se peut que nous ayons là un exemple d'un havre de choix pour les personnages qui nous intéressent, qui, outre les marchandises qu'ils placent, véhiculent justement ce bruit, ce fond commun de bavardage et de banalité qui distingue le discours de remplissage de la parole.

N'être que, ou plus que ce que les autres attendent de vous. Heinrich Böll, dans un recueil d'articles intitulé « Hierzulande » (5), qu'on pourrait peut-être traduire par « Chez nous » ou « Par chez nous », introduit le concept de gabarit de la sensibilité. Non seulement les sujets des conversations, mais l'étendue, les objets de la sensibilité doivent être conformes, normalisés, comme des pas-de-vis ou des vidéoscopes, de façon à s'appliquer partout, à boucher tous les trous.

Réduction de la personnalité, disions-nous. Qui se traduit de façon décelable par une réduction du langage ; mais non pas réduction en quantité, ni en richesse, ni en élégance. Réduction en imperfection, en insuffisance. Si la consommation a pour visée de boucher, de combler tous les trous, quitte à en creuser de nouveaux, destinés essentiellement à être comblés, elle agit de même pour le langage. En combler tous les trous l'appauvrit. Faire croire que le langage peut tout dire, et qu'il le fait, qu'il est le véhicule de la communication. Réduction du langage à la communication. Il n'y aurait plus rien à envier aux insectes sociaux, qui pourtant se bornent à transmettre des informations concernant la nourriture ou la satisfaction d'autres besoins.

Si ce livre a un sens, et une visée, c'est d'affirmer que la vie humaine ne doit pas être limitée à la satisfaction des besoins, qu'il y a place pour autre chose, de spécifiquement humain. Qu'il y a place pour l'autre, et que cet autre précisement prend place dans les trous, les insuffisances de notre langage.

Ce qui n'est pas sans conséquence pour autrui, et en particulier pour l'entourage proche de cet homme à forte composante psychotique. Deux remarques s'imposent. Tout d'abord, il n'est pas question de faire des commerçants en général, et des représentants de commerce en particulier une forme clinique des psychoses. Ces exemples ont été choisis en raison de leur fréquence et des nécessités particulières d'effacer une personnalité au profit du client. Ce n'est pas l'apanage des psychotiques. La grande majorité des professionnels cités est parfaitement capables, en dehors des heures de travail, de retrouver toute la richesse de leur personnalité. Mais en revanche, il n'existe pas de profession où les habitudes professionnelles ne puissent pas servir de défroque à un mannequin sans âme. Ce qui a été dit en utilisant les commerçants comme exemple pourrait se dire des médecins sans changer un iota. Certaines conditions de survie sont pour eux les mêmes que pour les négociants.

De toute façon, une activité professionnelle oblige l'homme à se mouler dans le creux que lui réserve ou lui offre le groupe, qu'on soit

(5) H. Böll : *Hierzulande*. Aufsätze zur Zeit. Sonderreihe DTV, 11. Auflage, 1978.

ouvrier ou cadre, et même les artistes ne peuvent qu'occuper des places prévues d'avance. Chacun peut donc utiliser, comme un squelette externe, comme une constitution secondaire, les espaces et les fonctions créés par le groupe, par l'environnement. Chacun et chaque chose à sa place est la devise des sociétés organisées. Interdit de se poser la question : au profit de qui ? A moins de se borner à la réponse que cette sollicitude est profitable à chacun.

Les alvéoles ainsi construites abritent un certain nombre de psychotiques, et si leur activité au sein du groupe, réduite à celle du rouage, ne les distingue en rien des occupants des autres alvéoles, il n'en va pas de même pour un domaine qui intéresse et implique le médecin : la vie de famille. Si l'activité sociale prévoit et prévient chaque geste, si les études de postes vont jusqu'à calculer le moindre mouvement pour lui donner toute son efficacité, il n'y a aucun apprentissage requis pour engager une liaison amoureuse, la transformer en union conjugale et la prolonger en accès à la maternité et la paternité. La plus difficile, la plus importante et la plus délicate des tâches est, en grande partie du moins, et dans un pays libre, laissée aux conjoints eux-mêmes, et c'est très bien ainsi ; l'effraction du groupe ou de l'État dans un foyer marquerait le début de la fin, de la fin de l'être humain.

Pourtant, quelques conséquences fâcheuses de la liberté peuvent parfois relever du médecin.

Que peut bien transmettre à ses enfants le personnage vide qu'est le psychotique ? D'abord ne pas s'étonner qu'il ait trouvé des partenaires. La folie est parfois un attrait supplémentaire, non parce qu'elle promet des voluptés inouïes, mais parce qu'elle évite peut-être l'affrontement, l'engagement. Elle permet de simuler la formation d'un couple, ce qui est, cette simulation, l'aspiration d'un grand nombre. Les êtres humains sont tellement terrifiés par la représentation de la solitude, on les a tellement effrayés par des discours sur l'être-seul, qu'ils sont prêts à s'associer avec les partenaires les plus étonnants ou les plus invraisemblables, souvent après ce qu'on appelle une déception amoureuse, véritable mordançage le plus efficace pour la formation de couples.

Ce qui a été avancé déjà permet d'envisager quelques-uns des effets d'un psychotique dans un ménage. Les comportements « fous » : agitation, violence, sont suffisamment rares pour occuper la rubrique des faits divers. Ce n'est pas dans ce domaine que les conséquences sont vraiment à redouter.

Le langage humain laisse des trous à la disposition de son destinataire, avons-nous dit. Un langage vide laisse à celui qui l'entend ou l'écoute un excès de place. Donc éventuellement une absence de limites chez les récepteurs proches, en particulier chez les enfants. Mais en fait, qui connaît ses limites ? N'avons-nous pas tous un jardin secret où nous cultivons des rêveries d'omnipotence, entre autre de toute-puissance sexuelle, d'omniscience, d'invincibilité ? La potion magique du druide Panoramix, pour n'être pas vraisemblable, comble les vœux secrets de millions de lecteurs. Et pourquoi pas ? Elle n'est pas inopérante dans la vie sociale, au contraire, elle en atténue quelques grincements et panse quelques blessures, accomplissant en ceci une fonction poétique. Et on aurait bien tort de contester la dimension, l'effet poétique de la bande dessinée contemporaine. La poésie n'est pas réservée à ceux qui peuvent s'offrir des éditions de luxe, tirées à quelques exemplaires, où se compromettent parfois les poètes qui se veulent ou se disent populaires, mais réservent leurs meilleurs morceaux aux amateurs éclairés, capables de goûter l'hermétisme du texte et la désinvolture savante de l'illustration. La poésie est le lieu où nous avons le droit de dépasser nos limites, ce qui montre bien qu'en chacun de nous existe ce souhait de dépassement, et parfois de transgression. Alors, pourquoi le discours du père fou, par exemple, ne serait-il pas reçu par ses enfants comme une introduction à la poésie ? Les grands textes sacrés de l'humanité doivent peut-être leur permanence à leur totale inadaptation, à leur complète inadéquacité avec la vie quotidienne.

Les pères fous, les mères folles ne sont pas forcément des personnages dangereux, toxiques pour leur entourage, comme disent parfois les psychologues. Qui n'est pas capable de folie, au moins momentanément, folie d'amour ou de colère par exemple, n'offre pas l'image de la vie. Qui n'a jamais connu la passion n'est pas capable d'assister à celle des autres, d'assister, s'ils le souhaitent, ceux qui en pâtissent.

C'est ici que notre caractère autoritaire introduit des effets particuliers. Loin d'offrir un vide à meubler, l'autoritaire affirme des certitudes. Il n'y a plus de lacunes, plus de trous où se nicher. Tout est plein de savoir et tout est objet de savoir. Il n'y a plus de place pour l'autre, à moins que cet autre ne désire partager le savoir. Chose plus fréquente qu'on ne le croit. Mais il faut être deux au moins. Les partenaires fourmillent : adeptes de sectes ou avaleurs d'horoscopes, néophytes des doctrines les plus délirantes quand elles ne sont pas simplement stupides. L'autoritaire, ou le sectaire, fournit aussi bien la clientèle du charlatan ou de l'illuminé de service que du maître, de l'initiateur, de celui qui sait. Lorsqu'il s'agit de l'épouse, elle ne demande souvent qu'à suivre, qu'à partager les convictions du mari. Lorsqu'il ne s'agit pas d'options politiques ou religieuses, ou le plus souvent de philosophies qui se veulent ésotériques et ne sont en règle générale que bornées ou ignares, la dimension psychotique n'apparaît pas. Il faut que l'objet, le thème délirant choque l'opinion de chacun pour que la dimension pathologique apparaisse. Conviction que le voisin vous envoie des rayons, pose des micros. Affirmation d'être détenteur de secrets que les puissances politiques, policières, veulent vous dérober. Tous thèmes que personne ne peut partager, sauf les enfants qui ne peuvent se défendre, et dont l'espace de développement sera réduit par les certitudes paternelles ; sauf aussi l'épouse à la recherche d'un maître qui sache, et qui impose ses propres repères, induisant les délires à deux bien connus, eux aussi plus fréquents qu'on ne croit, car le plus souvent ils ne gênent personne sauf les enfants justement, consolident le lien conjugal et satisfont les aspirations secrètes des deux partenaires, dont l'un ne demande qu'à admirer et l'autre à être admiré.

Il n'y a pas d'intérêt à « psychiatriser » un tel délire à deux et c'est au médecin traitant qu'il appartiendra d'éviter cette psychiatrisation, en faisant découvrir à chacun que sa valeur propre ne réside pas dans son délire. Il s'agit déjà d'un acte de psychothérapie, qui exige qu'on soit bien imprégné des aspirations humaines à la reconnaissance pour en faire découvrir des motifs suffisants ailleurs que dans la folie. Ne pas critiquer de front un délire, une telle attitude ne pouvant que l'accroître, en faisant croire, aussi bien à l'inducteur qu'à l'induit, qu'ils sont effectivement des êtres d'exception par la place que le délire leur ménage.

Plus difficile est d'éviter aux enfants leur écrasement, leur anéantissement par un tel discours délirant. Parfois l'ouverture du cercle familial sur autrui sera la mesure la plus efficace. Plus souvent, c'est au spécialiste de la psychothérapie et de la prophylaxie infantile qu'il faudra avoir recours, le plus précocément possible. Quelquefois enfin, on ne pourra qu'assister impuissant à l'établissement d'une psychose, sans recours, car toute intervention faisant appel à la force ou au pouvoir ne pourra une fois de plus que faire office d'amplificateur et donnera au délire cette dimension de vérité qui le rendra irréversible et le contraindra à l'escalade.

Il n'y a guère à espérer de « décompensation », de passage de ces caractères autoritaires à des psychoses aiguës, qui seraient un moment privilégié pour l'intervention thérapeutique. La rigidité de ces caractères offre un corset suffisant pour éviter cette véritable libération que serait par exemple une bouffée délirante aiguë, comme on le verra par la suite.

Par contre, les « victimes » de ces caractères sont, elles, exposées à nombre d'incidents ou d'accidents. Si par exemple l'épouse d'une telle personne voulait résister à l'influence de son mari, elle se verrait exposée à un travail de sape, n'épargnant ni les moyens ni surtout le temps. En effet, un caractère se traduit par sa stabilité, sa persévérance, son opiniâtreté même, comme si le temps ne comptait pas. C'est à un siège ou à une persécution incessante que sera exposée l'opposante, la dissidente, qu'il s'agira de convaincre. Et sinon, elle sera rangée parmi les persécuteurs, et livrée à toutes les formes de représailles. Certes, il faut être deux, mais les exemples ne manquent pas, même de nos jours, de femmes entièrement dépendantes, moralement et matériellement, de maris qui considèrent ces situations comme normales et leur terrorisme comme un droit. Les conséquences seront souvent des aspects psychiatriques qu'on retrouvera aux différents chapitres tels que névroses, dépressions, bascules psychosomatiques et surtout, elles fourniront un immense contingent de ce qui sera traité au titre de « réactions ».

Le rôle du médecin semble minime en ce domaine. Mais moins qu'il n'y paraît. Jouer le rôle d'intermédiaire entre une personne à caractère autoritaire, sectaire, sexiste, et son entourage est favorisé par l'investissement du médecin, par son prestige, mais aussi par son aptitude à entendre, et à introduire un doute dans des certitudes qui sont souvent, pour la personne elle-même, des essais de s'ancrer à un terrain solide qui a pu lui manquer à un moment, en général précoce, de son existence et de son développement. Il n'est pas impensable de réorienter un caractère, en y introduisant le respect d'autrui et de ses opinions, car il est rare qu'un caractère soit pur, c'est-à-dire qu'il ne soit composé que de traits sectaires. Chaque trait de caractère, et pas seulement du caractère autoritaire est en général représenté chez chaque individu à un certain taux. Tout ce qui a été dit concerne donc l'autoritarisme en tant que caractère dominant, mais il sera le plus souvent possible de s'appuyer sur les autres composantes caractérielles, même si elles ne sont représentées qu'à l'état de traces pour ébranler des certitudes dont un sujet intelligent peut lui-même souffrir par l'étriquement qu'elles imposent.

Il ne faut pas non plus s'y prendre trop tard : l'âge renforce la carapace caractérielle, non pas tellement en raison d'une quelconque sénescence, mais en raison de l'accumulation d'un certain nombre de réussites, elles aussi conséquences de ce caractère bien adapté à un grand nombre d'exigences de la société, réussites qui ont installé le sujet dans un confort dont il ne voit aucune raison de se défaire. Les échecs du caractère autoritaire se payent au détriment de l'entourage, et le plus souvent à la génération suivante, celle des enfants.

Psychoses aiguës

Cette désignation a sûrement été rencontrée au cours des études ; elle figure dans tous les manuels et éveille probablement quelques souvenirs : manie, mélancolie, bouffées délirantes aiguës, confusion. C'est d'ailleurs aux manuels qu'on s'adressera pour rafraîchir les connaissances, les considérations qui vont être développées ne servant pas d'aide-mémoire, mais de réflexion sur le rôle du médecin praticien dans un domaine où l'aspect dramatique, les risques, la nécessité d'une intervention rapide sinon urgente semblent exiger le recours au spécialiste. Ce sera la solution la plus prudente, et souvent la plus efficace. Ceci ne doit pas empêcher quelques remarques qui pourraient permettre au praticien de mieux se situer dans ce domaine et de prendre parfois des initiatives efficaces.

NOSOLOGIE

Les psychoses aiguës sont présentées comme des entités bien connues, facilement identifiables, aux limites précises. Et pourtant, il s'agit d'un concept particulier à la nosologie française. Non que ces tableaux ne surviennent pas dans d'autres pays, mais ils n'ont pas amené les psychiatres à les distinguer de façon aussi précise des autres formes de psychoses. C'est le mérite de Henri Ey d'avoir groupé sous le terme catégoriel de psychose aiguë des tableaux dont la parenté n'était jusque-là pas évidente. Est-ce à dire que les auteurs étrangers n'ont rien compris à la nature de ces psychoses ? Sûrement pas. L'effort théorique qui a permis le regroupement est une source de progrès qui n'est pas encore tarie, mais elle ne doit pas faire oublier les autres appartenances possibles de ces syndromes. Pour les auteurs allemands par exemple, les psychoses aiguës sont souvent présentées comme des « accès » aigus, des accidents paroxystiques survenant sur un fond préexistant de psychose chronique. Les auteurs français reconnaissent bien sûr cette possibilité évolutive des psychoses chroniques, mais ils ont tendance à parler dans ces cas de « moments féconds ». Et il est important de ne pas oublier cette fécondité afin de continuer à l'exploiter.

Les auteurs anglo-saxons seraient plutôt tentés d'inscrire les psychoses aiguës, tout au moins celles qui comportent des symptômes délirants dominants, dans les schizophrénies aiguës. On voit d'emblée le risque de cette assimilation à une maladie longtemps synonyme d'incurabilité, d'aliénation définitive. C'est un premier point où le praticien sera sollicité : quel est le pronostic de cette psychose aiguë ? La réponse des manuels est éclectique : un tiers des cas évolue vers la guérison, un autre tiers récidivera et le dernier tiers est menacé de passage à la chronicité.

Perturbons d'emblée le confort de ces statistiques en posant la question : le médecin est-il innocent ? Même si un certain nombre de cas ne sont en fait que des moments féconds de psychoses chroniques, il n'en est pas toujours ainsi, et les diverses attitudes thérapeutiques entraînent peut-être des évolutions différentes.

Ce qu'il faut retenir de cette introduction est que les tableaux appelés psychoses aiguës peuvent survenir sur n'importe quel terrain, c'est-à-dire aussi bien sur un fond névrotique plus ou moins discret que dans un contexte de psychose chronique avérée, ou même chez un sujet considéré et se considérant comme normal. Et il n'est pas certain que ces états psychotiques aigus ne puissent pas servir de passerelle de l'un à l'autre de ces états, et ceci dans toutes les directions. On peut sortir d'une névrose par une psychose aiguë, comme on peut entrer dans la psychose chronique par cette voie. Et il n'est pas sûr qu'une psychose chronique ne puisse pas disparaître à la suite d'un moment fécond.

Le lien entre des phénomènes aigus et le fond sur lequel ils apparaissent n'est pas toujours évident, ni même décelable. Il faut des circonstances particulières pour qu'une telle relation puisse être explicitée de façon satisfaisante. C'est ce qui se passe par exemple lorsqu'une psychose aiguë survient au cours d'un traitement psychothérapique ou d'une expérience psychanalytique. Une telle irruption est redoutée par les débutants, et parfois considérée comme la conséquence d'une faute technique. Cela peut être le cas, mais pas toujours. Il peut s'agir d'une explosion libératoire, les barrières et limites névrotiques exigeant parfois pareil déchaînement. D'autre fois encore, le dépassement des bornes névrotiques amène le sujet hors d'un terrain balisé, et l'absence de repères est l'un des éléments constitutif des psychoses aiguës, notamment des bouffées délirantes aiguës.

La fonction de passerelle de ces psychoses aiguës est habituellement, sinon méconnue, du moins sous-estimée. Si pour le psychiatre il peut s'agir du passage d'une structure à une autre, il est plus intéressant pour le praticien de s'interroger sur la fonction de transition, sur le moment évolutif que constitue une telle flambée pour une personne donnée. Le médecin est en effet, comme nous l'avons déjà dit, et le répéterons, dans une situation différente du psychiatre, et en particulier du psychiatre hospitalier. Ce dernier accompagne son malade durant l'accès, le suivra peut-être un certain temps après l'extinction des symptômes, mais il est exceptionnel, lorsqu'il ne s'agit pas d'une récidive, qu'il ait connu la personne avant l'invasion des éléments psychotiques. Alors que le médecin généraliste peut avoir connu cette même personne avant et après l'épisode aigu. C'est lui qui sera le plus souvent à même d'évaluer les modifications survenues, de les découvrir.

Une évolution qui exige la mise en œuvre de moyens aussi violents que le drame d'une psychose aiguë ne survient pas chez n'importe qui. Peut-on parler de personnalité fragile lorsqu'une évolutivité est intense ? On ne peut que poser la question, du moins pour l'instant. Ce qui importe cliniquement, c'est de repérer les éléments qui permettent de mesurer l'évolution qui reste à parcourir à quelqu'un. Ce n'est que plus tard, lorsque nous développerons la conquête du langage par l'homme, que cette évolution qui reste à accomplir prendra son sens. La vie de l'homme est une trajectoire qu'on ne peut ni prévoir, ni prédire, mais il est possible de lire le point où en est chacun d'une certaine évolution. Ainsi de la dépendance. Même si l'indépendance totale n'est le plus souvent qu'un souhait fantasmatique, le lien à l'entourage peut être suffisamment assoupli pour qu'on n'en soit pas l'esclave. La chose est connue en ce qui concerne les parents. « Il n'a pas coupé le cordon ombilical » est une phrase que l'on entend souvent, trop souvent répéter, car ce dont souffrent ces personnes, c'est justement du regret d'un tel cordon, c'est-à-dire d'un lien matériel qui les rattacherait à la présence physique d'une mère, ou d'un père. La coupure du cordon, la perte du protecteur est mal supportée et c'est là qu'apparaissent ces conduites de harcèlement qui font que certaines personnes sont constamment à la recherche d'un maître, qu'elles s'offrent comme sujet, comme vassal. Cette insistance à s'offrir comme esclave est souvent mal tolérée et c'est un point où le médecin pourra intervenir efficacement en réduisant les effets secondaires de cette dépendance, effets qui sont faciles à prévoir : sentiment de rejet, hostilité passive ou active, réaction dépressive, voire délirante. On voit que tout est en place pour la survenue d'une psychose aiguë.

La dépendance peut s'exprimer encore par d'autres moyens : l'imitation d'une personne ou d'un groupe choisi comme référence, l'imitation dans la conduite, les vêtements et surtout la parole, les options et les goûts. Mais au-delà de tout ce qui vient tenter d'incarner une relation, la dépendance à l'environnement peut se marquer encore par ces bavardages stéréotypés concernant le temps qu'il fait et autres ingrédients des conversations usuelles. Le temps considéré comme bienveillance ou malveillance à notre égard ouvre la porte à toutes les interprétations irréalistes autour du thème de la chance. Que nous soyons en bonne santé ou que nous ayons gagné à la loterie est considéré comme une chance, c'est-à-dire un geste de faveur providentielle. Du coup, la maladie, le chômage, les impôts signifient le retrait de cette protection, si l'on est monothéiste, ou l'effet des puissances du mal si l'on a quelque tendance paganiste. Il était question plus haut du point où l'on se situe sur sa trajectoire : la connaissance de sa propre responsabilité dans nombre de ces vicissitudes est un progrès vers l'indépendance, même lorsqu'il s'agit de santé. Certains malaises, par excès de boisson ou d'aliments, par exemple, sont bien de notre fait.

Dépendance à l'égard des personnes, dépendance à l'égard de l'entourage. On conçoit qu'il s'agisse de positions à dépasser et que la stagnation dans ces positions implique une disponibilité à la servitude. On conçoit même qu'il pourrait s'agir là de symptômes névrotiques. On peut pousser plus loin le concept de dépendance par rapport à l'environnement ou à l'entourage : dépendance par rapport au paysage ou au décor. Ce n'est pas par hasard que nous avons parlé tout à l'heure de l'importance, dans les conversations, du temps qu'il fait. Le temps fait partie de l'ambiance. On pourrait s'étonner de cette assimilation entre la sensibilité à un décor, par exemple élégance d'une pièce, charme d'un lieu, assimilation donc à un symptôme de dépendance. N'est-ce pas au contraire preuve de goût, de culture, d'évolution, que de soigner, de meubler son intérieur, que de choisir le site dans lequel on séjourne ? Ce n'est pas le goût qu'il s'agit de mettre en doute mais l'investissement des objets. « Objets inanimés, avez-vous donc une âme... » On retrouve le paganisme déjà évoqué. L'importance de l'objet dans notre civilisation est trop connue pour qu'il soit nécessaire d'y insister. Mais cet attrait pour l'objet de consommation se fonde sur l'attachement, sur la dépendance par rapport à l'objet. C'est ainsi qu'en multipliant les objets et les tentations par les objets, on renforce les liens à une foule d'idoles ou de fétiches. Porter son propre décor en soi, être indifférent à l'environnement, non pas aux personnes mais aux choses, est considéré comme une véritable bizarrerie et l'on sait le sort que les psychiatres font à ce vocable. Le détachement pourtant n'est pas l'autisme. Il n'est bien sûr détachement que si une phase d'attachement a été dépassée. Il est dépassement. Nous n'avons plus besoin de la multitude de signes que sont les objets, signes que nous font les absents, parents ou dieux, morts ou vivants. Certaines situations révèlent clairement la fonction de ces signes. Signe d'amour de l'objet aimé absent. Le signe devient preuve, garantie. Comme si l'on pouvait garantir aujourd'hui les sentiments que l'on éprouvera demain. Comme s'il existait une garantie pour un quelconque sentiment. Une assurance sur l'amour.

Après ces quelques indications, chaque observateur, chaque médecin pourra, sinon mesurer, du moins repérer la dépendance ou l'indépendance de chacun. Intérêt, soin, importance accordée aux objets, mais aussi la peur de les perdre, la jalousie à leur égard. Une nouvelle séméiologie apparaît, non pas plus difficile à reconnaître que la séméiologie classique mais peut-être plus importante, plus efficace, car elle illustre le tableau qui précède l'apparition de ce qui est traditionnellement considéré comme des « maladies mentales ». Et il n'est pas exclu que ce repérage, qui peut se faire à l'occasion de n'importe quelle consultation, de n'importe quelle visite médicale, permette de développer non seulement une prévention de ces maladies mais surtout d'amener le sujet à une plus grande indépendance, à une nouvelle liberté, dégagée aussi des conditions économiques. La liberté ne se mesure pas au nombre des objets. Elle est une qualité intérieure, et pourquoi pas puisque le mot a été à la mode, une qualité de vie.

FONCTION DES PSYCHOSES AIGUËS

Il est possible maintenant d'aborder une question rarement posée en psychiatrie traditionnelle : quelle est la fonction des psychoses aiguës ? La question a de quoi choquer. Une maladie, absurde par définition, pourrait donc avoir une fonction ? Ce n'est peut-être pas le cas pour toutes les maladies. Ou bien reconnaîtrons-nous un jour que chaque maladie véhicule un certain taux de signification, mais que le plus souvent ce taux est suffisamment faible pour que le médecin n'ait pas à en tenir compte ? Ce n'est probablement pas le cas pour les « maladies mentales », d'où les guillemets utilisés pour les distinguer d'autres maladies, mais pas forcément de toutes les autres. Nous voyons qu'à propos des psychoses aiguës nous sommes amenés à aborder des sujets et des thèmes que nous retrouverons au chapitre des névroses et de la « médecine psychosomatique », toujours dans cette même optique de l'abord privilégié que peut avoir le médecin praticien.

Qu'on se reporte maintenant aux manuels de psychiatrie. On y trouvera la description des plus importantes des psychoses aiguës, à savoir les bouffées délirantes aiguës, description de thèmes délirants, de polymorphisme, de variabilité. On trouvera aussi l'énumération de différents mécanismes délirants. Mais on constate souvent en s'entretenant avec des étudiants qu'ils n'ont pas saisi ce qui distingue ces psychoses délirantes aiguës, par exemple, des délires chroniques. Non pas que la différence ne soit pas mentionnée dans les descriptions cliniques, mais comme il s'agit de symptômes apparemment moins « objectifs » que le repérage d'un délire de persécution ou d'une hallucination, on ne leur accorde habituellement pas l'importance qu'ils méritent. Or, il s'agit de symptômes dynamiques alors que les éléments délirants malgré leur labilité, leur transformation, voire leur richesse constituent des symptômes statiques, ce qui ne veut pas dire chroniques.

Les symptômes dynamiques viennent signifier que quelque chose est en train d'évoluer. Le plus important de ces symptômes est peut être celui que les psychiatres allemands ont désigné par le terme de « *Wahnstimmung* » et que la traduction française restitue fort bien par ambiance délirante. Une ambiance. Une ambiance tellement élaborée qu'elle se communique à l'observateur, qui peut être fasciné par elle, ou angoissé. Il s'agit en tout cas d'une production, d'une création d'ambiance, pour restituer ce qui a été dit plus haut, à savoir un environnement meublé, peuplé d'objets-signes garantissant la présence de personnages puissants, tantôt protecteurs, tantôt persécuteurs. Amicaux ou hostiles : peu importe. Ce qui compte pour le malade n'est pas une présence amicale. C'est une présence tout court. En même temps qu'apparaît à l'évidence la fonction du délire, il devient possible à chacun de reconstituer la séméiologie et même de la compléter. Une personnalité dépendante voit son univers en partie détruit ou simplement compromis, menacé. Le vide ainsi créé n'est pas tolérable lorsqu'on a prêté une âme aux objets. Lorsqu'ils sont devenus une partie de nous-mêmes. Il devient indispensable pour le sujet de reconstituer l'environnement, l'ambiance compromise.

On parle parfois de délire vécu. On utilise également le terme d'onirisme. Ce deuxième terme est déjà une interprétation, d'ailleurs très acceptable. En effet, la psychose aiguë reprend, sinon les mécanismes, du moins certaines fonctions du rêve. Freud a montré que la fonction du rêve était la satisfaction d'un désir. Les physiologistes contemporains, en montrant l'importance, la durée des phases du sommeil où les rêves sont possibles, donnent une assise nouvelle et générale à ces hypothèses freudiennes. La vie quotidienne entraîne tellement de frustrations, de déceptions, de contrariétés, que leur accumulation rendrait sans doute l'existence impossible. Aussi le rêve a-t-il pour mission d'apporter une satisfaction au moins partielle à un certain nombre de ces dépits, de ces chagrins quotidiens. Certes, ce qui nous reste des rêves au réveil ne paraît pas toujours confirmer cette thèse. C'est néanmoins ce que la psychanalyse démontre. Le fait que les rêves disparaissent au réveil et que même leurs trâces sont difficiles à fixer doit s'entendre comme une preuve non qu'ils sont absurdes, mais qu'ils ont joué leur rôle. On retient mieux des événements qui n'ont pas été satisfaisants, qui nous ont laissés sur notre faim ou qui nous ont humiliés, que des événements qui nous ont remplis de plaisir. On retient ce qui reste à accomplir, non ce qui est achevé. C'est également la fonction des objets réels de notre environnement. Ils tentent de compenser une déception. Et la publicité ne s'y trompe pas. Lorsqu'un marchand de meubles présente ses fauteuils, ses salons, habités par une troupe de demoiselles dénudées, il sait qu'il peut compter sur l'inconscient du client qui lui dira : « Tu ne peux peut-être pas avoir la fille, mais le fauteuil est à ta portée. » Ce mécanisme bien connu fait vendre aussi bien les cartes postales du Mont Saint-Michel que des chaînes hi-fi ou des réfrigérateurs. Des objets en tant que rêve concrétisé, figé, surgelé. Voilà une conclusion peut-être inattendue ou imprévue qui aura éventuellement le mérite de nous faire réfléchir.

La psychose aiguë aurait donc la même fonction que les objets : procurer des satisfactions ou des protections refusées par la réalité quotidienne. Mais, et c'est là que pourrait se situer le rôle du médecin, la psychose aiguë apporte quelque chose de nouveau. L'ambiance n'est plus créée grâce à des objets réels et réellement acquis mais par des objets imaginaires créés par celui qu'il est peut-être difficile d'appeler le malade, mais qui n'est certainement pas non plus dans son état habituel. Un moment évolutif n'est jamais un moment habituel. Les psychoses aiguës a minima sont certainement légion. Elles sont une marque de moments où le sujet découvre que ces objets dont il dépendait, ne dépendaient en fait que de lui, de même qu'il ne dépend que de lui de les remplacer ou de s'en passer.

Situer les psychoses aiguës à un moment de l'évolution de la personnalité vers un regain d'indépendance et de liberté ne doit pas choquer. Mais nous interpeller. Notre rôle n'est pas de nous substituer à la personne en train de traverser cette phase ou cette épreuve. Il est bien difficile d'imaginer un dialogue, quoique la chose soit concevable dans les cas exceptionnels. Il est plus difficile encore de conseiller le mode d'intervention. Par contre, compte tenu de ce qui a été dit, il devient facile de concevoir le rôle qu'il faut éviter : celui d'un personnage qui incarnerait à nouveau l'entourage asservissant dont le malade est en train de se dégager. C'est donc à la plus grande tolérance qu'il nous faudra faire appel en évitant le plus possible ce qui apparaîtra comme un frein, comme une brimade, comme une limitation du sujet. Certes, il nous faudra parfois le protéger. Dans une moindre mesure et moins souvent qu'on ne le croit. Oser accompagner une psychose aiguë sans avoir recours à l'isolement, à l'incarcération, à la chimiothérapie massive constituera pour le médecin qui aura eu ce courage la plus riche des expériences, peut-être le début d'une voie nouvelle. Pour le malade en tout cas, qui aura eu la chance de rencontrer un milieu compréhensif, l'expérience aura été capitale. Qu'on ne s'empresse pas trop de crier à la négligence ou à la faute professionnelle. L'ethno-psychiatrie qui, à juste titre, intéresse énormément de contemporains nous montre que, dans d'autres sociétés, différentes de la société occidentale, la psychose aiguë est bien tolérée par le milieu ou du moins mieux que chez nous et que les malades ne courent pas davantage de risques. On manque peut-être d'observations catamnestiques pour permettre d'affirmer qu'il y a eu une évolution positive de la personnalité du malade après la psychose : c'est le pari que nous avons à tenir.

On peut donc aller jusqu'à imaginer des conditions familiales suffisamment tolérantes pour ne pas exiger une hospitalisation du malade. Si à ce moment le médecin-praticien est disposé à consacrer suffisamment de temps à ce malade, quitte, lors des premières expériences, à se faire assister par un psychiatre, tout en sachant, ce qui parfois sera rassurant, que le psychiatre n'a en ce domaine guère plus d'expérience que lui, il pourra obtenir une guérison dans les conditions les plus favorables.

Il va de soi que le maintien à domicile n'est pas toujours possible. Dans ce cas il faut éviter l'isolement. Des expériences extrêmement intéressantes et encourageantes d'hospitalisations « familiales » ont été faites. On permet à la famille du malade de l'entourer, de vivre avec lui, de le faire participer aux repas de famille. Mais là aussi le rôle du médecin sera de veiller à ce que ne se reconstitue pas le milieu qui avait développé la dépendance de la personne malade.

Il ne s'agit pas non plus de priver le psychotique aigu de la chimiothérapie. Ne pas l'assommer ne veut pas dire ne pas le traiter, et l'on découvrira ceci, qui est déjà affaire de spécialiste, que l'association de chimiothérapie et de psychothérapie a dans ces cas de psychoses aiguës sa meilleure indication. Un champ nouveau a été acquis en thérapeutique grâce à l'association de ces deux thérapeutiques, association qui exige qu'on ne soit ni exclusivement chimiothérapeute, ni exclusivement psychothérapeute.

Comment faire le partage entre les psychoses aiguës relevant du psychiatre et celles où le médecin-praticien peut s'essayer à l'art difficile de la psychothérapie de ces cas malgré tout dramatiques ? Il faut se souvenir de ce que nous disions plus haut de ces psychoses aiguës a minima. Elles sont compatibles pendant un temps avec une vie sinon normale, du moins à peu près insérée dans le groupe familial et même parfois professionnel. Nous en donnerons un exemple tout à l'heure. C'est souvent la négligence ou plutôt le manque d'information, et des familles, et des médecins praticiens, qui, en refusant les premiers petits signes présentés par le malade, le pousseront à renforcer ses constructions délirantes afin qu'elles puissent jouer leur rôle. Ce renforcement sera provoqué notamment par les attitudes déjà signalées, à savoir la position de celui qui infantilise, qui rend dépendant, qui limite la liberté. Si par contre, il devenait concevable de déceler l'apparition du premier signe, il serait également possible de le rendre « suffisant ». C'est-à-dire lui permettre de remplir sa fonction, autorisant celui qui l'a produit de s'en contenter. Cela n'est évidemment pas encore très souvent le cas, mais on voit qu'il y a là un champ nouveau à conquérir pour la médecine en général et pour la psychiatrie en particulier, pour la psychiatrie du praticien notamment, champ thérapeutique, préventif et allant même bien au-delà de la prévention. Il faudra créer un nouveau terme pour désigner cette fonction médicale, qui au-delà de la prévention sera presque pédagogique : elle permettra non seulement d'éviter les maladies, mais de mener l'être humain à un développement plus complet. Elle apportera un son nouveau dans un monde paradoxal fait à la fois de cruauté, de violence et en même temps d'une sollicitude exagérée qui transforme une foule de gens en assistés car ils sont en effet placés dans des conditions telles, devant une machinerie tellement déshumanisante, qu'il ne leur est plus possible de se défendre seuls contre ces métropolis. On retrouve cette fonction médicale qui exige une prise de conscience et la mise en œuvre d'une éthique.

A titre d'indication il faut souligner que, lorsque cette phase initiale est dépassée, la psychose aiguë échappe au domaine du praticien et qu'elle relève du psychiatre, d'un psychiatre lui-même particulièrement bien formé et informé, susceptible de manier conjointement aussi bien la chimiothérapie que la psychothérapie. Car répétons-le, s'il est un champ où l'association de ces deux méthodes a produit les effets les plus spectaculaires, c'est bien celui des psychoses aiguës. Un champ nouveau a été ouvert à la psychiatrie : celui de la prise en charge des psychoses aiguës. On ne peut plus se contenter d'administrer des médicaments ou d'interner ces gens pour les soumettre à la surveillance médicale, il faut encore leur accorder l'écoute dont ils ont besoin et leur restituer en temps utile le discours qu'ils émettent. Trop peu de psychiatres ont jusqu'à présent fait cette expérience. C'est tout à fait regrettable, et méconnaître cette possibilité est une véritable lacune professionnelle.

Voici maintenant un exemple récent illustrant la plupart des phases d'une psychose aiguë.

Un jeune homme de 20 ans fait son service militaire dans une unité spécialisée correspondant à sa formation professionnelle. Durant les premiers mois, il est parfaitement intégré, mais au cours de manœuvres, impliquant donc un nouveau changement de l'environnement, le premier ayant été créé par l'incorporation, apparaissent de petits troubles du comportement. Le sujet s'isole, devient méfiant, émet des propos bizarres concernant un sentiment d'hostilité de la part de ses camarades et surtout de ses supérieurs. Ceci est considéré comme une tentative de se soustraire aux obligations de sa fonction et après plusieurs mises en garde et peut-être quelques brimades, il est « mis au trou » pour six semaines. C'est au cours de cette incarcération qu'apparaissent des idées délirantes incontestables. Elles sont polymorphes, à thèmes à la fois de persécution et de protection. On y relève également des thèmes érotiques. Celui qu'il faut bien appeler le malade est alors transféré dans un hôpital militaire où l'on reconnaît la psychose délirante aiguë qui est fort bien traitée par association de chimiothérapie et de psychothérapie. Le traitement durera néanmoins deux mois et la psychose laissera quelques séquelles, peut-être exploitées par le malade ou son entourage pour tenter d'obtenir une rente, en raison de troubles de la concentration, de quelques troubles de la mémoire et surtout d'une récidive d'une psychose aiguë analogue après que l'intéressé rendu à la vie civile ait repris le travail dans une nouvelle entreprise. Il faut préciser que cette rechute de la psychose aiguë ne dépassa pas quelques jours et ne nécessita pas d'hospitalisation.

Aide-mémoire pour servir de mode d'emploi

Les pages qui précèdent auront pu paraître manquer d'indications pratiques. On ne peut pas donner d'indications pratiques avant que la matière n'ait été remise en mémoire. Une recette de cuisine ne sert à rien si l'on n'est familiarisé ni avec la terminologie ni avec les tours de main du métier. Il s'est donc agi jusqu'à présent d'amener à penser en psychiatre, à élargir les habitudes médicales aux nécessités psychiatriques. Dans les indications pratiques qui vont suivre, on retrouvera des thèmes qui ont été, qui auraient dû être enseignés au cours des études. Mais il est évident que, relus ou repensés, avec une certaine expérience médicale, ils prendront toute leur importance. C'est l'un des défauts, sans doute difficiles à éviter, de l'enseignement médical contemporain de ne pas donner à l'étudiant suffisamment l'occasion de rencontrer le malade, de le rencontrer de façon responsable.

L'étudiant est soumis à un grand nombre, à un trop grand nombre de cours théoriques. Bien sûr, il était possible au XIXe siècle voire au début du XXe siècle d'enseigner au futur médecin la totalité des connaissances requises et nécessaires à son art. Les progrès des sciences fondamentales qui étaient initialement surtout des sciences descriptives, mais qui sont devenues des sciences dynamiques, ne pouvaient déjà plus être dominés par un homme seul avant la Deuxième Guerre mondiale. Le développement foudroyant des technologies et des thérapeutiques après cette guerre fait que l'idée d'un enseignement exhaustif est non seulement désuète mais dangereusement leurrante. Ce n'est qu'en acceptant les limites de l'enseignement, des limites à l'enseignement, que celui-ci retrouvera sa fonction d'introduction à une méthode de travail, alors qu'il est menacé aujourd'hui de n'être plus qu'une incitation au bachotage, au bourrage de crâne à la veille des examens et des concours avec l'évacuation diarrhéique de toute cette accumulation de savoir immédiatement après l'épreuve. Il faut que les enseignants fassent suffisamment confiance aux étudiants pour offrir un programme optionnel : l'étudiant est, dans la majorité des cas, davantage de son époque que l'enseignant, il le prouve par l'assimilation rapide et la familiarité avec les appareils et les techniques modernes et, pourquoi pas, les jeux électroniques. De même, il est plus capable que l'enseignant de se représenter ce qu'il pourra ou voudra utiliser dans sa propre pratique, ceci d'autant plus que l'enseignant est plus ou moins complètement coupé de cette pratique. Certes, un clivage a tendance à s'accroître entre médecine scientifique et médecine praticienne. Et les enseignants, ressentant cela comme une injustice, une iniquité à l'égard du malade veulent donner au futur praticien toutes les possibilités d'offrir à leurs patients cette médecine scientifique. Il n'est pas mis en question qu'une grande partie d'une clientèle médicale attend autre chose de son médecin, et ceci probablement pour de longues années encore. Or, les nécessités de l'enseignement scientifique ainsi que l'augmentation du nombre des étudiants ont réduit de plus en plus les contacts entre étudiant et malade. Les stages eux-mêmes deviennent de plus en plus théoriques, et les raisons humanitaires ou simplement de décence ne manquent pas pour justifier cette évolution. On imagine mal 20 étudiants pratiquant une auscultation dans un infarctus récent ou effectuant à la queue leu leu des touchers vaginaux chez une parturiente. A plus forte raison ne peut-on concevoir un entretien psychothérapique, où l'interlocuteur se met davantage à nu que s'il se dévêtait, pratiqué successivement par plusieurs étudiants. C'est ici qu'il faut choisir. Il faut abandonner cette idée parfaitement invraisemblable d'un enseignement complet, et, en ce qui concerne le praticien, introduire un enseignement orienté vers la médecine pratique que choisiront ceux qui préfèrent le contact humain à la sophistication des machines ou des techniques de pointe, les deux pôles étant tout aussi passionnants et ne relevant que du goût de chacun. Car, ne nous y trompons pas, si les fonctions du praticien ne sont plus assumées par les médecins, les thaumaturges, charlatans et escrocs en tous genres ne manqueront pas pour occuper cette place laissée vide et pour détourner à leur bénéfice personnel, pour exploiter les inquiétudes, malaises et détresses qui auraient demandé une autre écoute.

C'est le manque d'un tel enseignement pour le praticien que veut pallier ce livre au moins en matière de psychiatrie. Essayons d'envisager maintenant quelques situations pratiques. Et tout d'abord qui hospitaliser ?

Qui hospitaliser ?

C'est une question qui aurait dû être abordée dans les cours de séméiologie médicale. Sans doute l'a-t-elle été, mais davantage dans l'optique d'une « check-list » que dans celle d'une pratique intégrée et assumée. Qui hospitaliser ? Il est probable que la question soit mal posée. Il serait déjà plus conforme à la réalité de se poser la question du quand hospitaliser ? La réponse idéale serait sans doute : jamais. Nous ne pouvons plus assumer la responsabilité d'un traitement à domicile, diront les praticiens expérimentés. Ce n'est sans doute pas faux, mais cela témoigne d'une médecine qui ne tient pas compte des données actuelles. Le recours au spécialiste devrait précéder l'hospitalisation et souvent même l'éviter. Il fut un temps où les psychiatres établis en pratique libérale étaient très peu nombreux et surtout très démunis de moyens. Il n'en va plus de même aujourd'hui. Un traitement chimiothérapique même intensif est concevable à domicile et une psychothérapie l'est plus encore. Et en disant à domicile, il ne s'agit pas seulement de visites du psychiatre chez un malade alité. Les troubles psychiques réclament rarement qu'on garde la chambre et à plus forte raison le lit. Mais on voit, aujourd'hui encore, même dans les services psychiatriques, des malades alités et des médecins passant la visite, consultant une feuille de température sur laquelle on note bien sûr la température, le pouls, les émonctoires mais aussi les résultats des classiques BW — urée — glycémie qui étaient de règle il y a cinquante ans. Cela n'apporte rien à personne : ni au médecin, ni au malade, ni à l'étudiant. Le recours au psychiatre peut donc très bien se faire sous forme de consultation. Ce qui ne veut pas dire que les psychiatres ne doivent pas être prêts à rendre visite à un malade. C'est là une pratique qui semble se perdre chaque jour davantage. C'est peut-être légitime pour certains spécialistes : on voit mal un radiologiste transportant ses appareils au domicile d'un patient, mais l'appareillage psychiatrique n'exige pas pour l'instant une voiture de déménagement. L'ordinateur n'est pas encore indispensable, pas plus que le photomètre ou la microsonde. Le divan à roulettes, souvent évoqué dans les caricatures de la fonction psychiatrique, traduit bien la confusion qui règne actuellement entre psychiatrie, psychothérapie et psychanalyse. Et trop de psychiatres tendent vers une pratique psychanalytique exclusive comme vers un idéal mathématique alors qu'il n'y a aucune congruence entre ces différents champs. Mais trop souvent le médecin-praticien l'ignore.

Une autre raison fait hésiter le médecin généraliste devant le recours au psychiatre, comme au spécialiste en général. C'est la crainte de perdre un client. C'est l'un des vices de la médecine contemporaine et surtout de sa démographie galopante, de soumettre la pratique à certaines considérations mercantiles. Il ne s'agit pas de nier la nécessité pour le médecin de vivre, et d'une façon décente. Mais il s'agit de rendre la médecine praticienne suffisamment intéressante pour que l'intérêt financier ne soit pas une compensation à un intérêt professionnel qui s'amenuiserait. On peut concevoir un autre mode de collaboration entre praticien et spécialiste, notamment en matière de psychiatrie. Le psychiatre pourrait fort utilement servir de référence au praticien en l'écoutant et le conseillant, en particulier dans ses premiers pas en psychothérapie, permettant à ce praticien d'utiliser sa position privilégiée tout en accroissant ses propres connaissances en s'intéressant à des situations et à des personnes qui ne viendront jamais spontanément chez lui. Il reste que le médecin est parfois préoccupé par une fonction de protection sociale. L'idée insiste chez lui et elle est largement entretenue par la presse, à certains moments, qu'il est dangereux de laisser les malades mentaux en liberté. Une première remarque s'impose. C'est une insulte à l'égard des psychiatres de considérer que leurs établissements, leurs institutions et leurs fonctions consistent, ne fût-ce que pour une petite partie, à priver les gens de liberté. Ni les psychiatres, ni leurs collaborateurs soignants ne sont des gardiens de l'ordre. La plupart du temps les psychiatres sont intéressés voire passionnés par leur travail et l'immense majorité du personnel est dévouée et disponible. Les infirmières et infirmiers, les travailleurs sociaux, les éducateurs sympathisent avec les personnes hospitalisées et sont les meilleurs artisans d'une réinsertion sociale ultérieure. Ce qui ne veut pas dire qu'on ne rencontre pas de temps à autre un abus de pouvoir médical ou infirmier. Les restrictions de sorties, de distraction, la privation sexuelle, la limitation de l'activité sont souvent les tares de l'hospitalisation dans les services psychiatriques. Ces maux sont parfois utilisés dans cette forme particulière de psychothérapie institutionnelle d'inspiration comportementaliste qu'on appelle le « *Token Economy* », l'économic des jetons. On escompte qu'en accroissant l'inconfort ou l'ennui du malade on le poussera à trouver en lui des ressources adaptatives. On ne peut pas ne pas évoquer, devant de tels dispositifs, la rééducation, le redressement, la réhabilitation, au sens français et non au sens anglo-saxon du terme. Une telle fonction ne peut qu'être rejetée par la majorité des psychiatres pour qui le respect du malade est le premier principe de la profession. Mais l'une des pires conditions de l'hospitalisation psychiatrique est l'ennui des malades. La désinsertion sociale amorcée par la maladie est complétée par les conditions de vie hospitalière. Ceci distingue l'hospitalisation psychiatrique, où il n'y a en général pas d'affaiblissement somatique, d'une hospitalisation en général où l'ennui existe également, mais où de toute façon le malade ne pourrait pas avoir d'activité du fait de son état physique.

C'est de tous ces éléments qu'il faudra tenir compte en envisageant l'hospitalisation et il est évident que le psychiatre libéral saura conseiller efficacement le praticien en lui donnant toutes les informations sur les conditions particulières à chaquc service psychiatrique et notamment au service de son secteur. La plupart de ces psychiatres d'ailleurs qui ont choisi de travailler en dehors de l'hospitalisation, en assurant le plus souvent une collaboration avec leurs collègues hospitaliers, limitent le plus possible l'hospitalisation et n'y ont recours que lorsque vraiment il n'y a plus moyen de faire autrement.

Quelles sont donc les situations dans lesquelles une hospitalisation sera nécessaire ? Tout d'abord la nécessité de soins intensifs. C'est là un problème général de la médecine et il ne présente pas de difficulté particulière. Nécessité de soins médicaux dans les delirium tremens, dans certains états de manque, mais aussi dans certaines cures de désintoxication, les menaces quoad vitam dans certaines anorexies mentales graves, entraînent des situations pathologiques relevant de la médecine classique. Il en va de même pour les troubles psychiques secondaires aux traumatismes, infections, tumeurs, intoxications, etc. En fait, il s'agit là de questions traditionnelles sur lesquelles les psychiatres s'étaient rabattus aussi longtemps qu'elles représentaient pour eux pratiquement les seuls cas offrant des possibilités thérapeutiques. Elles ont aujourd'hui perdu considérablement de leur intérêt, d'une part en raison de leur rareté, et d'autre part, heureusement, en raison du développement de thérapeutiques psychiatriques spécifiques et efficaces. L'une des affections psychiatriques qui contribuait autrefois à remplir les hôpitaux, la paralysie générale, a pratiquement disparu et même le *delirium tremens* à sa période d'état ne devrait plus exister. Nous n'allons pas faire ici l'inventaire des maladies disparues : elles ne méritent pas la même sollicitude que les espèces animales en voie de disparition.

Plus spécifique et infiniment plus difficile à évaluer est l'intolérance du milieu. Le praticien est le plus souvent mieux placé que le psychiatre pour l'apprécier. Il connaît les intérêts en jeu, les rancunes, les caractères des personnages. C'est ici qu'on pourra utiliser les données concernant le caractère autoritaire. La présence d'un tel personnage dans une famille rendra non seulement la présence d'un « malade mental » dans le groupe familial difficile, mais pénible, voire impossible pour le malade lui-même, d'autant plus que la plupart du temps le personnage autoritaire n'aura pas été innocent dans l'engendrement d'une maladie qui sera souvent une réaction aux difficultés familiales.

On a vu déjà, lorsqu'il s'agissait des psychoses aiguës, que la tolérance du groupe, non seulement familial, était extrêmement variable et sensible entre autres à la culture. Aujourd'hui encore il existe des groupes plus ou moins structurés à l'intérieur même de la société occidentale et ces groupes structurés seront plus tolérants, minorités ethniques, culturelles, religieuses, plus tolérants à des maladies mentales survenant parmi leurs membres que par exemple les habitants d'un grand ensemble qui ne constituent qu'exceptionnellement une telle minorité structurée.

L'intolérance se manifeste souvent à l'égard des déments. Dans certains milieux citadins, il est de règle de se débarrasser de ces déments familiaux lorsque vient la période des vacances. Il ne s'agit pas de s'indigner et de crier à l'ingratitude. La présence d'un dément à domicile est souvent fort pénible, et autant on peut être tolérant à l'égard du bruit ou des petites destructions provoquées par les enfants, autant on supporte mal les mêmes conduites chez les personnes âgées. Ceux qui ont la malchance d'avoir un dément dans leur entourage ont bien droit à quelques vacances, le dément aussi d'ailleurs, si l'hospitalisation peut se faire dans de bonnes conditions et dans un milieu accueillant. Mais trop souvent encore, les services de gériatrie psychiatrique et surtout les hospices de vieillards sont des mouroirs. Il faut savoir également que tout changement d'ambiance, même dans de bonnes conditions, exige du dément une nouvelle adaptation qu'il est souvent incapable d'effectuer et le changement de milieu provoquera une aggravation de son désarroi et parfois hâtera sa fin. Il faut avoir assisté au retour d'un dément dans son milieu habituel, dans sa chambre, dans ses meubles pour mesurer la gravité des privations que l'on inflige à ces malheureux en leur imposant un changement d'environnement, même lorsque sur le plan matériel l'hospitalisation constituait une amélioration. Une chanson de Jean Ferrat mérite d'être méditée et évitera de plus longs développements sur ce thème (6).

Reste l'agitation. L'agitation fait peur. Qu'est-ce que l'agitation ? Les images que l'on évoque sont souvent des fantasmes, car la fureur, par exemple, qui alimente certaines de ces images, bien qu'existant incontestablement, est peut-être la forme la plus rare de l'agitation. L'agitation anxieuse, souvent simple excitation psychomotrice avec impossibilité de se tenir coi, avec déambulation, paroles, pleurs, voire cris, ne nécessite en général pas de protection particulière. Elle est aisément réductible. Même l'agitation maniaque s'accompagne rarement de violences, l'agitation coléreuse de la classique scène de ménage avec bris de vaisselle et pugilat peut certes être violente et redoutable. Elle implique toutefois qu'on soit deux. La plupart des gens ne règleront jamais une divergence d'opinion avec leur conjoint à coups de gifles ou à coups de poings, mais lorsque la chose survient il est probable que les deux partenaires en tirent un certain bénéfice. Au point que de véritables psychothérapies conjugales ont été instituées, fondées sur la querelle, certaines de ces psychothérapies se cantonnant à l'échange de paroles, mais d'autres allant jusqu'à l'acceptation voire la provocation d'une violence, toutefois contrôlée.

L'agitation résulte souvent du fait qu'une parole n'a pas été acceptée, ou entendue. Devant l'inefficacité de cette parole il ne reste plus à celui qui veut se faire entendre qu'à avoir recours aux gestes ou aux actes. Si

(6) « Tu verras, tu seras bien » (Jean Ferrat, 1980).

la parole n'a pas été reçue, c'est qu'elle a rencontré une barrière chez le destinataire et, du coup, les gestes et les actes en question ne pourront être que menaces ou violence. Ils déclencheront la peur, l'appréhension, et entre l'agitation de l'un et la peur de l'autre se créera un cercle vicieux avec escalade allant jusqu'à ces situations dont la presse est friande, de sujets barricadés dans leur logement, prenant leur famille comme otage et menaçant de leurs armes ceux qui voudraient intervenir. Il faut que le médecin sache qu'il s'agit là non pas de phénomènes spontanés mais des aboutissants d'une longue chaîne d'incompréhension, de situations frustrantes existant depuis un temps certain, auxquelles aucun remède n'a été trouvé ou plus exactement pour lesquelles aucune aide n'a jamais été tentée. Réduire l'étude de l'agitation à la phase terminale de certains désespoirs est la dérision de la psychiatrie qui s'illustre bien dans l'association habituelle dans de tels cas entre psychiatre et forces de l'ordre. Le psychiatre dans ces situations peut d'ailleurs être requis d'office. On lui fait jouer le rôle de poubelle aux scories sociales. Il ne peut certes pas s'y soustraire, mais il ne dispose d'aucun moyen magique pour résoudre de telles situations. Parfois, il aura la chance de pouvoir faire entendre sa parole, et de répondre à ce que le geste de tels désespérés contenait d'appel. Mais il n'y a aucune raison d'escompter du psychiatre plus de courage que de n'importe quel autre citoyen et il n'est pas rare que de telles situations finissent de façon dramatique, leur victime étant, pour différentes raisons, au-delà de tout accès à la parole.

Nous touchons là du doigt cette fonction de protection sociale déjà fréquemment évoquée. Chaque fois qu'un délit ou un crime est commis par un malade mental, il se trouve toujours une partie des médias, d'abord pour exploiter le sensationnel de l'information, et également pour accuser les psychiatres d'inefficacité ou de négligence : « On ne devrait pas laisser sortir des gens aussi dangereux. » D'autre part ces mêmes médias ne manqueront pas d'accuser les psychiatres de pratiquer l'internement arbitraire chaque fois qu'une famille de malade leur en donnera l'occasion. Nécessité de l'information ? Oui, à condition que l'honnêteté de l'informateur rende compte également de la suite des événements. Combien de fois de telles accusations d'internements arbitraires se vérifient-elles ? De tels faits sont absolument exceptionnels, alors que des accusations d'actes d'internement arbitraire sans fondement sont légion, mais jamais la presse ne vient rapporter la suite des événements et déclarer par exemple que tel fait d'internement arbitraire s'est avéré par la suite parfaitement légitime, ce qui est pratiquement toujours le cas.

N'oublions pas que les malades mentaux continuent à représenter une minorité à l'égard de laquelle se manifeste la haine raciale ou raciste. Le malade mental représente le mal et chacun de se blanchir en tentant de découvrir un bouc émissaire qui viendrait lui prouver à lui, l'homme de bien, que le mal n'est pas en lui. D'où, quoi qu'il fasse, le malade aura tort. Le psychiatre, auquel la masse rend par ce biais hommage de sa solidarité avec ses malades, sera poursuivi par la même crainte, le même mépris ou la même haine que les fous. Depuis les malades enchaînés à la Salpétrière, avant leur délivrance par Pinel, à l'idiot du village, du bidasse dans l'armée au débile employé par charité dans une entreprise et qui finit par se pendre pour échapper aux brimades, sans compter les arriérés qu'on prostitue ou qu'on viole, la protection sociale peut être réinterrogée. Ce n'est pas la société qu'il s'agit de protéger contre les malades, mais les malades contre la société. L'article 64 du Code pénal évoque la nécessité d'interner, parfois contre leur gré, les malades dangereux pour eux-mêmes ou leur entourage. Cette dangerosité mérite quelqu'information. Le pourcentage de malades mentaux criminels est statistiquement inférieur au pourcentage de crimes parmi la population dite normale. La dangerosité des malades mentaux est le plus souvent le résultat de l'incompréhension ou de la haine qu'ils suscitent. Elle est à considérer à la limite comme une véritable légitime défense, même si la loi en l'occurrence prive le malade de ses droits. On pourrait dire que le fou est un symptôme de la société, non que la société suscite les psychoses, car le taux de psychoses est à peu près le même dans toutes les civilisations et dans toutes les couches sociales, mais les réactions d'hostilité ou d'intolérance font que le psychotique se trouve parfois acculé à des réactions de désespoir que l'on impute à la folie alors qu'elles ne sont que l'expression d'une détresse largement favorisée par le comportement raciste dénoncé plus haut.

Ce n'est qu'après de telles considérations qu'on peut penser à la dangerosité du malade pour le groupe. Existe-t-elle ? Ou bien la loi n'a-t-elle fait, en introduisant le concept de « dangereux pour la société », que donner corps à un fantasme ?

Non bien sûr, mais le malade dangereux n'est pas celui que l'on interne le plus souvent. Le malade dangereux résiderait plutôt dans certaines formes de ce caractère autoritaire sur lequel nous nous sommes longuement exprimés. Ce caractère autoritaire constitue une menace pour l'entourage, pour le groupe et pour la société en général. Or, à aucun moment, ces caractères ne relèveront de l'internement et de toutes façons on ne voit guère ce qu'un internement pourrait apporter à la personne elle-même. La dangerosité sociale n'est repérée que dans les actes de violence, qui sont exceptionnels. Alors que la dangerosité insidieuse de personnalités sectaires et racistes empoisonnent progressivement une atmosphère et rendent pour tout un groupe la vie impossible, menaçant beaucoup plus sûrement l'humanité que le malheureux fou qui aurait menacé quelques personnes de sa famille et en tout premier lieu lui-même.

D'autres personnes dangereuses pour l'entourage ou la société sont les personnes capables de passages à l'acte. Ce qu'on appelle passage à l'acte résulte également d'une incapacité à maîtriser les situations par la parole, mais le plus souvent sans contexte psychotique. Certains sujets choisissent de contrevenir aux lois et de menacer la société, mais ce n'est peut-être pas le lieu de développer ce qui relève de la psychanalyse d'une part et de la législation pénale générale d'autre part. Il ne s'agit plus d'une irruption de folie, mais d'action ordonnée, parfois préméditée, en tout cas survenant en toute lucidité et ne relevant pas d'une hospitalisation préventive.

S'il est une forme du passage à l'acte qui alimente les fantasmes d'horreur des lecteurs de la presse à sensation, c'est ce qu'on désigne en allemand par le terme de « *Lustmord* », terme qui ne peut pas se traduire en français par un vocable simple, qui signifie le meurtre par plaisir et que l'on rend parfois par « meurtre lubrique ». Périodiquement, les journaux annoncent l'existence d'un meurtrier de femmes, de jeunes filles, de prostituées, parfois même de petites filles ou de petits garçons. Chaque fois que de tels personnages sont arrêtés, les magistrats les adressent au psychiatre pour expertise. Même lorsqu'on découvre chez eux une problématique névrotique ou perverse, il est tout à fait exceptionnel que l'on soit en présence d'une psychose. Parfois même ces assassins ne présentent pas de traits pathologiques marquants, et le plus souvent ils contestent avec habileté toute activité criminelle. Ils sont donc rarement des gens à hospitaliser. Il en va de même de cette calamité sociale, qui est certainement favorisée par la publicité faite autour de l'acte : il s'agit des violeurs. Tous les travaux récents ont montré qu'il n'y a pas de personnalité particulière qui prédispose au viol. Le viol est malheureusement à la portée de tout homme.

En conclusion rappelons que les principes qui ont dicté la rédaction de ces pages sont tout d'abord des principes de lecture et non pas l'enfournement d'un savoir. Chacun, en partant de certaines réflexions sur le statut du malade mental, statut qui lui est fait par la société, et en s'interrogeant sur les fonctions de la maladie, peut arriver à reconstituer le tableau clinique. Mais surtout, il peut trouver son rôle dans ce tableau.

C'est évidemment sur la parole qu'est fondée cette psychiatrie spécifiquement humaine. La psychiatrie, du moins celle des psychoses et des névroses, est liée à la parole et n'existe pas en dehors de la parole.

Il n'y a pas de recette pour indiquer au médecin en général et au psychiatre en particulier le rôle qu'il a à jouer face à son malade. Seule l'éthique peut le guider. Et il ne peut s'agir que d'une éthique de la responsabilité face à l'autre personne, éthique qui n'est nullement spécifique à la médecine ni à la psychiatrie mais qui est la condition *sine qua non* d'une vie humaine en groupe (7).

On aura vu que le diagnostic classique est parfois un peu malmené

---

(7) « C'est dans l'éthique entendue comme responsabilité que se noue le nœud même du subjectif » (E. LEVINAS, *Éthique et infini*, p. 101, Fayard, 1982).

dans ce chapitre. Le diagnostic entraîne en effet un cloisonnement, une ségrégation assurant la « sécurité » pour une partie de la population, la partie ségrégeante, et par contre renforce le désarroi du malade. Croire à un diagnostic absolu, irréversible, sans communication avec la normalité ou les autres maladies est une forme de racisme.

Cette tendance à un diagnostic cloisonné peut être plus nette chez les psychiatres, plus exposés à la vindicte sociale que les praticiens. Ce diagnostic risque, mais nous l'avons vu, uniquement dans des cas peu fréquents, de donner une sorte de feu vert pour une chimiothérapie oppressive ou pour des expérimentations psychothérapiques laissant peu de place à l'éthique.

Le praticien peut efficacement intervenir dans tous ces cas grâce à sa connaissance du milieu, il peut intervenir pour doser avec discernement la chimiothérapie, pour freiner les tendances invalidantes, et pour protéger son malade contre l'entourage.

S'il réussit, il aura à la fois protégé l'entourage contre le malade et le malade contre lui-même.

2. Psychosomatique... ou trente ans de perplexité (8) *

Il y a trente ans le terme de psychosomatique me plongeait dans des abîmes de perplexité. Les choses n'ont pas tellement changé. Cela fait en effet trente ans et même un peu plus au moment de la rédaction de ce texte que les mêmes questions se posent à moi. Elles se sont décantées, mais sont loin d'être résolues. Certaines résultent sans doute de faux problèmes. Comme ce questionnement s'est probablement imposé à tout médecin, il n'est peut-être pas sans intérêt de refaire ensemble une partie du trajet. En partant, par exemple, d'une question qui pourrait paraître fondamentale, mais dont la solution n'est pas évidente : celle d'une définition de la médecine psychosomatique.

(8) Certains des chapitres suivants ont fait l'objet de cours ou de conférences, d'où un style parlé, que je n'ai pas voulu effacer, parce qu'il facilite le dialogue.

* Au moment de la rédaction de ces pages, le livre de Jean GUIR : *Psychosomatique et cancer*, Point Hors Ligne, 1983, n'avait pas encore été publié, nous n'avons donc pas pu nous référer à ses idées originales.

Tentatives de définition

Chaque médecin s'est forgé sa définition. Il y a fort longtemps, à l'ouverture d'une consultation que j'avais imprudemment intitulée « consultation de médecine psychosomatique », un mandarin, il y en avait encore, m'avait adressé, et ce fut le premier client de ce service, un travailleur immigré, alcoolique chronique et ne parlant pratiquement pas un mot de français. Sans doute était-ce la conception qu'avait de la médecine psychosomatique ce patron à l'ancienne mode.

A la question légitime : « Qu'est-ce que la médecine psychosomatique ? », je répondrai par un détour, en proposant d'abord de préciser ce qu'elle n'est pas. Mais ne serait-ce pas là un sophisme ? Peut-on dire ce qu'une chose n'est pas si on ne sait pas ce qu'elle est ? Ce n'est pas nécessairement le cas. L'important est peut-être, dans un premier temps, de ne pas surcharger inutilement le vocabulaire. En effet, beaucoup de gens tentent de faire passer sous le terme commode de psychosomatique toute une série de catégories médicales qui sont déjà nommées, peut-être pas toujours de façon satisfaisante, mais dont les désignations au moins n'introduisent pas un terme apparemment savant et riche de promesses, qui se propose comme explication et dispense de réfléchir et d'interpréter les phénomènes qui s'offrent à l'observation. Comme quoi la création d'un terme n'est pas toujours féconde, à moins qu'on ne sache ou qu'on ne reconnaisse que la signification en reste disponible, c'est-à-dire qu'elle n'est pas fixée, figée.

Du coup on peut évoquer quelques-uns des domaines où le terme de psychosomatique est superflu et ne peut qu'ajouter à la confusion.

En premier lieu il convient de citer, et presque à titre historique, les troubles mentaux accompagnant des affections somatiques. Les troubles psychiques des tumeurs cérébrales, par exemple, ont fait les beaux jours des concours, de l'externat à l'agrégation, et l'on se plaisait à nuancer le siège des tumeurs, à mesure que les épreuves devenaient plus difficiles ou plus spécialisées. La question est loin d'être inintéressante et elle a rapporté une foule d'informations sur les fonctions cérébrales. Mais on ne voit vraiment pas ce que le terme de psychosomatique apporterait en ce domaine. Ce qui n'empêche pas certains de l'utiliser, de façon tout à fait abusive.

Il en va de même pour les troubles psychiques accompagnant des traumatismes du crâne. Même lorsque la question des névroses traumatiques se pose, elle ne rentre pas davantage dans le cadre d'une médecine psychosomatique. Les perturbations psychiques secondaires à des troubles circulatoires ou à des infections ne relèvent pas non plus de ce champ, pas plus que les différentes formes d'alcoolisme.

A l'inverse, il existe des troubles somatiques secondaires à des maladies mentales. Ils sont plus rares et passent pratiquement toujours par le truchement d'une lésion que le patient s'est infligée lui-même, consciemment ou inconsciemment. Ainsi les troubles trophiques accompagnant les catatonies prolongées, et qui ne devraient plus se voir, de même que les hépatites à la seringue chez certains drogués, et ainsi de suite. Là encore, il n'y a pas de raison d'utiliser le terme de psychosomatique.

Les dépressions larvées, camouflées derrière des troubles somatiques sont déjà affligées d'une dénomination suffisamment imprécise pour qu'on n'aggrave pas encore leur cas en leur infligeant un deuxième label tout aussi mal défini que le premier. On fait bien de mettre en garde le médecin, pour qu'il ne se contente pas de traiter l'aspect somatique. Les choses risquent de se passer comme dans l'hystérie : à ne traiter que les symptômes soi-disant somatiques, il est évident qu'on risquerait de causer de graves préjudices aux névrosés. Le terme de psychosomatique ne ferait dans ces cas qu'augmenter le danger.

Toute une série de syndromes que de nombreux médecins se plaisent à imputer à la médecine psychosomatique relèvent de ce qu'on appelait autrefois dystonie neurovégétative. Peut-être ce terme n'est-il plus très utilisé aujourd'hui. Les examens concernant le système nerveux autonome ont été moins développés et moins utilisés en France que dans d'autres pays voisins. Ils sont pourtant loin d'être dénués d'intérêt et les recherches d'expression, soit de vagotonie, soit de sympathicotonie, pourraient peut-être mettre sur la piste de nouvelles réflexions et, qui sait, de nouvelles découvertes.

On peut légitimement se poser la question du voisinage de ces troubles, de leur frontière avec le domaine psychosomatique. Il s'agit en fait des marches, des limites d'une pathologie émotionnelle qui reste à établir et à décrire et surtout qui mérite qu'on s'y attarde. Elle est en général peu étudiée dans le domaine somatique et pratiquement méconnue en psychiatrie. Il semble que l'émotion ait mauvaise presse, car on en parle peu. Elle occupe la place prise autrefois, et peut-être encore aujourd'hui par toute une série de maladies dont le nom induisait une certaine gêne. Névrose, hystérie. On n'aime pas se dire émotif. On ne doit pas non plus appliquer ce qualificatif à quelqu'un. Ce n'est ni viril, ni adapté, ni contemporain. L'émotion a quelque chose de romantique, qui évoque des jeunes filles alanguies, chlorotiques, ou des jeunes hommes à la Werther, dialoguant avec la lune. A une époque où, pour créer quelqu'émotion, on invente le cinéma-catastrophe ou les infra-sons, il va de soi qu'un mollet entrevu à la lisière d'un jupon de dentelle n'a plus davantage d'effet que l'uniforme d'un quelconque officier, fringant ou non. Prétention, bien sûr. Qu'on le veuille ou non, l'émotivité persiste. Mais les médecins somaticiens la confondent avec la pusillanimité, les psychiatres la considèrent comme un matériau peu élaboré qu'il faut négliger pour le forcer à s'exprimer par la parole. Ce qui fait que cette pathologie émotionnelle tombe dans le domaine des thaumaturges et charlatans de tout poil qui, il faut bien le dire, obtiennent parfois des résultats satisfaisants pour le malade.

Qu'est-ce que l'émotion ? Un affect en relation avec une situation et traduisant une réaction du sujet à cette situation. Réaction d'adaptation, disait-on à l'époque où Selye présentait son syndrome d'alarme. Il est certain que les physiologistes, les éthologistes connaissent, mieux que les médecins, ces conduites, ou ces comportements de l'organisme en relation avec des modifications ou des transformations du milieu. Il importe pourtant de tenir compte de ces réactions, car si certains psychothérapeutes peuvent considérer qu'ils n'ont à faire qu'au sujet isolé, détaché de son environnement, il n'en va pas de même du médecin praticien qui connaît ou devrait connaître le malade dans son entourage. L'émotion est l'un des effets de ces interactions entre organisme et milieu, effets ni spécifiques, ni proportionnels, dont l'étude pourtant permettrait d'entrer dans une phase nouvelle de la psychothérapie, phase peut-être réservée aux médecins généralistes.

Le « stress » est l'une des manifestations de l'émotion, et encore une fois nous rencontrons là un terme que l'on croit très précis, qui peut l'être, mais dont l'emploi dispense surtout d'aller y voir de plus près, alors qu'agir sur ses causes et ses effets est à notre portée. Le stress en question relève aujourd'hui de l'agressologie. Le mot même indique bien qu'il s'agit d'un domaine, non seulement d'avenir, mais même d'actualité. Car si parler d'agressivité pour un sujet ne signifie pas grand-chose, il est par contre incontestable qu'il est placé le plus souvent dans un monde où il subit une foule d'agressions dont il serait bien improbable qu'elles soient sans conséquences. Il ne fait pas de doute que des facteurs névrotiques individuels facilitent les perceptions et les réactions à certains types d'agressions, d'où la non-spécificité des réactions et leur non-proportionnalité avec ce qui pourrait être modification mesurable du milieu. Les mécanismes névrotiques servent à la fois de détecteurs et d'amplificateurs à des stimuli particuliers recueillis dans le milieu. Ces quelques considérations pourraient servir de point de départ à l'établissement d'une pathologie émotionnelle, où l'expérience de chacun apporterait un matériau nouveau.

Toute modification de l'entourage est véhiculée par la susceptibilité « névrotique » particulière à chacun. Les réactions qu'elles entraînent peuvent aller jusqu'à des perturbations physiologiques ou biologiques de l'organisme, et peut-être mériteraient-elles la dénomination de psychosomatiques. C'est là un exemple privilégié de ce qui était avancé plus haut. En effet, la substitution du terme de psychosomatique au terme d'émotionnel tendrait à faire croire qu'on est en terrain connu, et qu'il n'est pas nécessaire de pousser plus loin les investigations, alors qu'en fait il serait plus efficace de conserver le terme d'émotionnel, même, et surtout, si ce terme dérange.

Un tel processus est loin d'être rare. Il suffirait de se reporter à la littérature médicale, par exemple de l'entre-deux-guerres, pour découvrir de véritables « modes » médicales qui attribuaient au foie, à la thyroïde, ou au colibacille toute une série de symptômes névrotiques. Ils se trouvaient ainsi détournés d'une voie psychothérapique, ceci pour le plus grand profit d'une pathologie iatrogène, dont l'hystérie fournit le plus grand contingent de victimes.

On a vu reparaître ces dernières années, à grand renfort d'examens et de démonstrations biologiques, le vieux terme de spasmophilie. Ce serait un bon exemple de maladie psychosomatique puisque effectivement il associe à des modifications biologiques et électromyographiques de petits symptômes psychiques. Mais en fait il s'agit encore une fois de névrose hystérique, prise en otage par une idéologie biologisante.

Ces symptômes sont à mettre exactement sur le même plan que les troubles des règles qui manquent rarement dans l'hystérie, sous toutes leurs formes, règles irrégulières, règles douloureuses, règles trop ou trop peu abondantes, trop rapprochées ou trop éloignées, peu importe. Toutes les formes de perturbations peuvent se rencontrer jusqu'à l'aménorrhée. L'ensemble de cette pathologie limite ne nécessite pas le terme de psychosomatique.

Dernier état enfin où ce terme est employé, plus fréquemment, il faut le reconnaître, à l'étranger qu'en France : l'anorexie mentale. Le fait même que la fréquence de ce syndrome varie selon les lieux et selon les époques devrait faire dresser l'oreille et permettre un rapprochement avec cette séméiologie hystérique dont nous connaissons la variabilité. Les conséquences graves que peut entraîner ce syndrome justifient l'attention particulière qu'on lui porte, non seulement en raison des altérations organiques ou des évolutions fatales qu'on ne devrait plus voir, mais encore, et peut-être surtout, à cause de la gravité du pronostic psychiatrique, à savoir que trop souvent l'anorexie mentale marque l'entrée dans la psychose et notamment la psychose schizophrénique. Et il n'est pas sûr que certains traitements ne favorisent pas l'apparition de la psychose. La prise en charge d'une anorexie mentale n'est jamais une chose innocente et le médecin est impliqué dans l'évolution du syndrome.

Admettons maintenant qu'il existe des symptômes psychosomatiques, avons-nous le moyen de les distinguer de certains symptômes névrotiques ? La question ne devrait pas se poser étant donné que le symptôme psychosomatique est toujours d'abord un symptôme somatique et que le symptôme névrotique ne repose jamais sur une lésion. Mais la question est parfois légitime dans les cas limites que nous avons indiqués au cours de ces dernières considérations. Le symptôme névrotique sera toujours celui qu'on peut charger de sens et rendre provisoirement intelligible. Il prend sa place dans un contexte de discours, alors que le véritable symptôme somatique est toujours absurde. Mais trop de médecins dûment psychologisés répugnent à reconnaître cette absurdité.

Des origines douteuses

Il serait intéressant de tenter maintenant de décrire ce qu'on a voulu faire de cette médecine psychosomatique, et pour cela il nous faut remonter à l'un de ses fondateurs, ou plus exactement à celui à qui on attribue la fondation de cette médecine : il s'agit de Georg Groddeck.

Sans une lettre de Freud du 5 juin 1917, le nom de Groddeck serait probablement tombé dans l'oubli. Mais cette lettre dont l'ironie n'a pas été suffisamment soulignée contient un véritable label : « Je dois affirmer que vous êtes un superbe analyste. » C'est ainsi qu'est salué l'auteur d'un article paru en 1917 et intitulé : « Déterminisme psychique et traitement psychanalytique des affections organiques. » Mais avant cette conversion à la psychanalyse, Groddeck avait écrit en 1913 un livre au titre surprenant : « *Nasamecu* » qui constituait un acrostiche du dicton latin « Natura sanat medicus curat ». La nature guérit, le médecin traite. Le sous-titre était : « L'homme bien portant et malade, décrit de toutes les façons concevables. » On a renoncé dans l'édition la plus récente (1976) au malsonnant *Nasamecu*, sans doute peu vendable aujourd'hui pour le remplacer par la première partie de l'adage « La nature guérit » *(Die Natur heilt)* à quoi on a ajouté en lettres accrocheuses : « les débuts de la psychosomatique » *(Die Anfänge der Psychosomatik)*.

L'auteur, qui dirigeait une maison de santé, avait l'habitude de s'adresser à ses malades et le livre leur était destiné. Dans l'ensemble, Groddeck aimait la provocation. Il écrivait souvent, sous le pseudonyme de Caïn, des « Hérésies » : c'était le titre qu'il donnait à de petits articles irrévérencieux consacrés à critiquer ses collègues. La chose serait plutôt amusante. Et c'est cette verve que l'on retrouvait dans les livres de Groddeck traduits jusqu'à présent en français et notamment dans son « Livre du ça ». Mais il y a deux ans, Nasamecu a été traduit et il s'y révèle la pire idéologie raciste et fasciste. Il ne paraît pas inutile de rappeler sur quel fumier la psychosomatique a poussé au moins une de ses racines.

L'éditeur français a placé à la fin du livre ce qu'il appelle la « profession de foi raciste de Groddeck ». Je la restitue ici mais en donnant ma propre traduction de l'allemand. « Si nous souhaitons vraiment procurer à l'ouvrier allemand une existence digne d'un être humain, ce qui est certainement aussi nécessaire que justifié, il nous faut une assise de créatures inférieures sur laquelle l'ouvrier puisse s'appuyer. »

Et surtout : « Ils (les contemporains de Groddeck) n'hésitent pas à corrompre le sang pur par des mariages mixtes avec des races de couleur.

Il est déjà suffisamment grave que notre époque permette le mariage avec des étrangers, mais le mariage qui mélange les couleurs est un blasphème qui devrait s'expier par au moins la perte des droits civiques des époux et de leurs enfants. Celui qui trahit son sang ne mérite pas d'être citoyen. J'ai ouï dire qu'on a prouvé par certaines réactions chimiques sur les humeurs du sang que le sang des Malais est plus proche du sang des singes que de celui de l'homme. Il faudrait le prouver encore pour les Chinois, les Nègres et les Japonais et l'afficher à tous les coins de rues, afin que la pudeur s'éveille, ainsi que le respect devant ce don divin qu'est le sang pur. »

D'autres citations, même si l'idéologie qui les sous-tend n'est pas aussi évidente, sont tout aussi dangereuses. Je les cite tantôt dans la traduction donnée dans l'édition française du livre (Aubier-Montaigne), tantôt dans ma propre traduction.

— « La tête de l'enfant est d'autant plus volumineuse que la nourriture de la mère a été plus riche dans les derniers mois de la grossesse. »

— « Il faut souligner l'inocuité des bactéries pour l'homme, tout au moins lorsqu'il l'est au plein sens du terme. »

— « Dans les cas graves (de maladie d'une jambe), il faut immobiliser provisoirement la jambe saine par un plâtre afin d'équilibrer la dangereuse différence. » Molière déjà...

— Citons encore, de façon kaléïdoscopique : « La paralysie générale n'est pas syphilitique. »

— « La vaccination est un charlatanisme qui ne sert qu'à remplir les poches du vaccinateur. »

— « Le sérum antidiphtérique ne guérit pas la diphtérie. »

— « Ce n'est pas le lait qui est indispensable au nourrisson, c'est l'eau. »

— « Les hémorragies sont bienfaisantes, même lorsqu'elles sont d'origine tuberculeuse, puisque Dieu ou la nature ont créé les règles des femmes. »

— « Il ne faut pas opérer les cancers, surtout pas à leur début... »

— « Tout d'abord il est impossible d'établir le diagnostic de cancer sur l'image microscopique d'un frottis de muqueuse. Aucun homme n'en est capable. Lorsque la tumeur n'est pas évidente et ne peut être prise en main, il n'est pas possible de constater avec certitude le cancer dans ses stades initiaux. La croyance qu'on puisse le faire est une illusion. Le diagnostic ne peut être établi qu'au cours de l'évolution de la maladie. »

— « Il est démontré depuis longtemps que même dans une maladie aussi grave que la péritonite tuberculeuse, il suffit d'ouvrir l'abdomen pour provoquer la guérison. On peut observer la même chose dans d'autres maladies. »

C'est pratiquement tout le livre qu'on pourrait citer.

Freud ne pouvait pas ignorer ce livre de Groddeck, c'est peut-être ainsi qu'il faut entendre une autre citation de la lettre du 5 juin 1917 : « J'espère que, même après un sévère examen critique, beaucoup d'affirmations pourront être maintenues. »

Les opinions de Groddeck ne représentent pas l'image de la médecine à l'époque où elles furent émises. Elles étaient déjà, en 1913, non pas désuètes, mais tout simplement fausses. Ainsi la critique de l'utilisation du Salvarsan introduit par Ehrlich, Prix Nobel de Médecine en 1908, et qui fut le premier traitement efficace de la syphilis, la contestation de l'existence de lésions cérébrales connues depuis le XIXe siècle dans la paralysie générale, sont des contre-vérités d'autant plus graves qu'elles étaient proférées devant des malades ou des obligés de Groddeck, qui n'avaient pas la possibilité de critiquer le maître, pas plus que les étudiants de Heidegger lorsque ce dernier énonçait : « Que les règles de votre être ne soient plus des dogmes ni des idées. C'est le Führer et lui seul qui est la réalité allemande d'aujourd'hui et de demain, et sa loi (9). » Les repentirs n'effacent pas les effets ! Et en outre, Groddeck ne s'est jamais repenti. La direction choisie par lui ne fait pas mystère : apologie de l'ignorance d'une part, et de l'autorité du médecin d'autre part : « ... la suggestion, ou plutôt la supériorité psychique du médecin sur le patient est la condition primordiale de toute thérapeutique... » A quoi il faut ajouter : « Le diagnostic ne regarde en rien le patient. » Sans compter le souhait qu'on châtre les criminels et les ivrognes.

Tout le livre pourrait ainsi se répartir entre un Groddeck-Diafoirus et un Groddeck-Knock que Freud stigmatisait déjà dans sa lettre : « Me gêne la circonstance que vous ayez si peu maîtrisé la banale vanité d'être original et, semble-t-il, de quêter une priorité. »

Dans toute son œuvre, Groddeck est à la recherche d'un autre qu'il pourrait encenser sans craindre de rivalité. D'où le culte de la Nature, avec la personnalisation des organes : « ... l'homme devrait de temps à autre se souvenir de la modestie de sa condition. Il devrait reconnaître que ses pensées essentielles, celles qui constituent les fondements de son existence ne sont pas pensées par lui, mais par ses cellules... »

De même l'apologie de la douleur et de la mort.

Freud : « Il me paraît tout aussi arbitraire de donner une âme à toute la nature qu'à radicalement la désenchanter. »

D'où aussi le culte des Anciens : « N'oublions pas que pour l'essentiel, les malades n'étaient pas traités autrement, il y a des millénaires, qu'ils le sont de nos jours. » Et d'ajouter qu'il y avait des hôpitaux et des assurances maladie.

Et surtout, accompagnement obligatoire du racisme déjà évoqué, le sexisme. « La période des règles féminines... est équivalente au rut des animaux. Elle signifie la contrainte physique et psychique d'avoir des rapports sexuels. » « ... si, de nos jours, ...la femme est capable d'obtenir les mêmes résultats que l'homme, cela ne prouve qu'une chose : le niveau des performances de l'homme est descendu à celui de la femme... mais,

(9) Cité d'après AYÇOBERRY : *La question nazie*, p. 96, coll. Point Histoire, Seuil, 1979.

même à notre époque, les bouleversements périodiques de la psyché de la femme lui interdisent toute performance proprement créatrice dans le domaine culturel. »

Et cette exhortation : « Notre peuple est en train de disparaître. Nous avons besoin d'enfants. La place de la femme est auprès du berceau. »

Freud : « Pourquoi vous précipitez-vous de votre beau fondement dans la mystique, vous appuyez-vous sur des théories philosophiques douteuses ? »

Outre le label ironique qu'implique le terme de superbe cité dès le début, la fameuse lettre contient aussi de sévères mises en garde. Mises en garde particulièrement justifiées dans ce domaine de la psychosomatique, qui peut servir de lieu de projection à tous les fantasmes, ou mieux, à toutes les fantaisies pseudo-scientifiques. Les médecins ont toujours été exposés à de telles tentations.

De quelques maladies psychosomatiques

Après ce rappel à la modestie, il vaut peut-être mieux, plutôt que de tenter de donner une définition globale de la « médecine psychosomatique », décrire des affections qui, depuis un certain nombre d'années, ont été considérées comme psychosomatiques et ceci de façon apparemment justifiée.

L'exemple probablement le moins contesté est celui des maladies ulcéreuses du tractus digestif. L'ulcère duodénal est certainement le plus fréquent, mais l'ulcère d'estomac, sans pour autant présumer de la thérapeutique, reconnaît sans doute une étio-pathogénie analogue. Il en va de même des recto-colites, notamment ulcéro-hémorragiques. Il n'est pas question ici d'en rappeler les symptômes, mais le statut psychosomatique est conféré à ces affections par une particularité qui au premier abord n'a rien à faire avec le psychisme. Il s'agit de l'épidémiologie.

Les statistiques nous ont en effet enseigné que pour la plupart de ces maladies, il existe des variations importantes et même statistiquement significatives selon les pays ou les régions. Peut-être en va-t-il de même en fonction des classes sociales. Certes, on pourrait invoquer les conditions de salubrité, de pollution variables, qui justifieraient l'émergence de certaines de ces affections. Mais il faut ajouter à cette hypothèse les situations de tension, d'incertitude, de désarroi. En particulier, il convient de retenir l'hypothèse d'ulcérations réactionnelles à des situations de contrainte, de double contrainte parfois, qui ne vont pas sans évoquer les ulcères de contrainte chez les animaux de laboratoire. On retrouve là cette pathologie réactionnelle aux stimulations issues du milieu, c'est-à-dire cette pathologie émotionnelle déjà évoquée.

L'intérêt d'avoir évoqué la contrainte et la double contrainte réside dans le parallélisme avec les psychoses schizophréniques où il est fréquent de rencontrer la double contrainte. Cette double contrainte peut résulter très simplement d'une ambivalence notamment maternelle se traduisant par des ordres contradictoires, mais elle est plus intéressante lorsqu'elle se trouve contenue dans un seul ordre, dans une seule consigne. On peut facilement imaginer une mère enjoignant à son enfant de bien réussir à l'école. Mais si l'enfant perçoit en fait que sa mère désirerait qu'il échoue de façon à ce qu'il reste auprès d'elle, il se trouvera pris dans une telle situation de double contrainte, d'où seule pourrait le délivrer l'intervention d'un tiers, notamment du père. Des mécanismes analogues peuvent se retrouver dans les biographies d'ulcéreux. Ceci nous amène à poser la question d'une éventuelle « personnalité psychosomatique ». On peut y penser en s'appuyant sur la double contrainte. On peut y penser également à propos des ulcères d'estomac survenant dans des situations professionnelles particulières, notamment au moment d'une promotion. Certaines d'entre elles accompagnent parfois le décès d'un père. Deuil certes, mais parfois aussi accès à une succession, à des responsabilités accrues. On a pu ainsi considérer l'ulcère d'estomac comme un véritable signe de réussite sociale. C'est la maladie des chefs d'entreprises à succès. D'autres situations de promotion peuvent s'accompagner de toute une série de manifestations somatiques, de même que ces situations peuvent déclencher des épisodes psychotiques. C'est entre autres le cas de l'accès à la paternité.

L'école de médecine psychosomatique de Paris (10) a décrit une personnalité psychosomatique caractérisée par un appauvrissement de la vie imaginaire et de la productivité créatrice au profit d'une pensée « opératoire » centrée essentiellement sur l'utile, sur l'outil. On conçoit qu'une telle pensée s'accompagne d'un manque de souplesse adaptative et expose le sujet à des réactions émotionnelles particulièrement violentes devant des situations nouvelles. On assisterait là à un véritable tarissement des facultés psychiques les plus inventives, et cette perte des aptitudes justifierait une fois de plus le parallélisme établi avec l'étiologie de certaines psychoses. Les psychosomaticiens allemands ont adopté ce concept sous le nom d'« alexithymie ».

D'autres maladies somatiques semblent également mériter le qualificatif de psychosomatique pour des raisons analogues à celles qui ont été évoquées pour les maladies ulcéreuses. C'est le cas de certaines dermatoses, comme le psoriasis ou l'eczéma. C'est encore le cas de certaines hypertensions artérielles labiles. Citons également l'asthme, certaines maladies kystiques et même des glaucomes.

---

(10) P. MARTY, M. de M'UZAN, C. DAVID : *L'investigation psychosomatique. Sept observations,* PUF, 1963.

A propos des dermatoses, et notamment des eczémas, l'expérience des dermatologistes leur a fait découvrir que certaines de ces dermatoses survenaient lorsque les malades étaient arrachés à leur milieu habituel. Ce fut fréquemment le cas de Françaises ayant suivi leurs époux, militaires de carrière, en occupation en Allemagne, par exemple. L'étude approfondie de quelques cas m'avait amené à suggérer l'existence d'une « relation d'objet psychosomatique ». Ces malades constituaient avec leur mère une véritable dyade apparemment parasitaire. Mais il était difficile de dire qui était le parasite de l'autre et qui était le support. Toujours est-il que, comme dans la double contrainte déjà citée, faute d'un tiers capable d'opérer la séparation entre la mère et l'enfant, tout se passait comme si les deux personnages étaient enveloppés dans une même membrane, dans une même peau, et le lieu où cette peau avait été déchirée devenait le siège de la lésion dermatologique.

Je serais sans doute plus réservé aujourd'hui quant à l'affirmation de la spécificité d'une telle relation d'objet. On pourrait en effet tout aussi bien imaginer qu'une rupture de l'enveloppe narcissique donnant du corps une bonne image entraîne les mêmes phénomènes dermatologiques. Cette deuxième tentative d'interprétation s'appliquerait à ces cas que chaque médecin peut rencontrer, de dermatoses survenant à des endroits du corps ayant fait l'objet soit d'un traumatisme, soit d'un contact désagréable ou dégoûtant survenu par surprise. En voici un exemple. Un chauffeur routier a fait halte dans un restaurant. Pendant ce temps, un cheminot s'introduit dans la cabine du camion pour se reposer sur la couchette. Au moment du départ, le clochard endormi dégringole de son perchoir et tombe sur les avant-bras du chauffeur, qui éprouve un profond dégoût devant la malpropreté de son hôte. Dès le lendemain apparaît un psoriasis sur les deux avant-bras, exactement aux endroits ayant été en contact avec l'objet de répugnance.

Un tel processus pourrait également constituer une interprétation de la « contagion » de certaines dermatoses, notamment de ces psoriasis, dont on sait qu'ils ne sont pas réellement contagieux. Pourtant, deux personnes vivant ensemble, comme par exemple deux conjoints, peuvent fort bien finir par présenter des lésions analogues.

Il ne faut toutefois pas se hâter d'accepter de telles explications. Elles sont trop imagées pour ne pas, encore une fois, servir de supports aux fantasmes des médecins.

Cas troublants

Jusqu'à présent les exemples choisis se soutenaient d'une apparente justification. Il est d'autres cas où la dimension fantasmatique est beaucoup plus flagrante. Cas troublants, où une maladie somatique grave, par exemple un cancer, est survenue dans des conditions que le malade lui-même signale au médecin comme étant pour le moins une coïncidence surprenante.

Cancers apparus ou découverts au moment d'une rupture, d'un deuil. Affection emportant brutalement une personne au moment même où elle avait enfin atteint le but qu'elle s'était fixé depuis longtemps : promotion, retraite, acquisition d'une maison. Chaque fois, on croit percevoir la grinçante dérision du destin, comme s'il y avait une condamnation des aspirations humaines, comme si Méphistophélès se gaussait des efforts de l'homme pris au piège. Ce sentiment d'une fatalité cruelle nous envahit lorsqu'une relation de sympathie s'était établie avec un malade que l'on connaissait depuis longtemps. La maladie mortelle, par exemple, pouvait nous donner le sentiment qu'elle prenait sa place dans une trajectoire.

Ce qui paraît à ce moment-là vérité pour le médecin n'est communicable que sur le mode d'anecdotes n'entraînant guère l'adhésion d'autres personnes à qui ces faits seraient contés. Ceci ne veut pas dire qu'il faille condamner une telle relation entre le médecin et son malade, relation qui entraînerait une interprétation par le médecin de la mort de son malade. La chose est beaucoup moins concevable lorsqu'il s'agit de malades traités dans un service hospitalier. Il n'est pas rare pourtant qu'à la mort d'une personne que nous connaissions bien, nous trouvions de bonnes raisons à cette mort. A la limite, on « comprendrait » que quelqu'un soit mort à ce moment-là. C'est-à-dire que l'on trouverait une explication à la mort, nous faisant accroire que cette mort a justement besoin d'explication, relève d'une explication. C'est là que cette démarche qui s'appuie sur des maladies « compréhensibles » prend sa véritable signification.

Expliquer la mort de quelqu'un implique évidemment qu'il aurait pu ne pas mourir. A y regarder de près, les explications en question ne résistent pas à l'examen. Il s'agit d'impressions, de sentiments qui traduisent non pas la réalité du médecin ou de la personne décédée, mais qui expriment le propre souhait du médecin, d'une explication devant une situation qu'il tolère mal et qui souvent l'effraie. C'est dire aussi qu'on pourrait éliminer toutes les situations, toutes les conditions, toutes les raisons de mort. Ainsi la mort disparaîtrait. Triomphe sur la mort. Victoire de l'un des idéaux médicaux ? Il est peu probable que beaucoup de médecins y croient, même si l'on entend parfois dire qu'au point de vue biologique la mort n'est pas une nécessité. Le thème de l'immortalité est rare, même en science-fiction. Il exprime un souhait d'origine infantile qui, traduit en langage adulte, nous permettrait, une fois de plus, de nous attacher à la conviction que nous sommes des êtres complets. L'enfant peut parfois, dans l'illusion narcissique, se convaincre de sa complétude. Le narcissisme infantile, qui faisait dire à Freud « Sa majesté le bébé », ce narcissisme ne se soutient que grâce à la complicité de l'entourage. C'est l'entourage qui donne à croire à l'enfant qu'il peut tout, qu'il est tout-puissant. Cet entourage, en tentant de satisfaire toutes les demandes de l'enfant, en les prévenant même, l'ancre dans un rêve qu'il passera le reste de sa vie à abandonner. Combien de médecins ne se disent-ils pas, à propos d'un confrère qui a eu des déboires, c'est-à-dire dont un des malades a évolué défavorablement, combien de médecins ne se disent-ils pas : « si j'avais pu le traiter, je l'aurais sauvé » ou bien « j'aurais fait le diagnostic plus tôt ». Ceci illustre l'attitude du médecin à l'égard de la mort. Il sait bien qu'elle est inévitable, mais il est tenté parfois de l'exorciser, peut-être de la comprendre. C'est en fonction de cette attitude que nous avons tous été prêts à tomber comme un seul homme dans le piège psychosomatique.

Le signifiant psychosomatique

Qu'est-ce que ce piège ? C'est ce qu'il faut bien appeler un effet de signifiant. La création d'un terme n'est pas innocente. Surtout lorsque ce terme ne vient pas qualifier une expérience, mais désigner une hypothèse. Il n'y avait pas, au départ, de concept très élaboré qui ait exigé cette dénomination de psychosomatique, mais un ensemble de considérations plus ou moins floues, plus ou moins imprécises que l'on a ainsi baptisées. Ce flou du concept a entraîné une véritable sécrétion d'idées ou d'explications destinées à venir remplir le vide du vocable lui-même. Le résultat est que les variations de ce concept, les contenus qu'on y a versés, les théories qu'on a élaborées à son sujet ne viennent pas de l'expérience, mais sont devenues nécessaires du fait que le terme de psychosomatique avait été forgé. Il n'est pas rare que l'on invente ainsi des mots que l'on remplit après coup d'un sens. Parfois ce procédé est fécond. Parfois aussi le mot qui a suscité ces productions tombe en désuétude, dans l'oubli. Il n'est pas impossible que le terme de psychosomatique débouche sur des découvertes, sur des créations, sur des inventions. Il a connu un emploi pléthorique. On l'utilisait pour tout et n'importe quoi. Actuellement, il semble que l'on se soit un peu assagi, du moins en France, quant à l'usage de ce terme. Mais dans d'autres pays, il a donné naissance à de véritables chaînes de cliniques, dites psychosomatiques, ce qui fait que non seulement on a construit des sens, mais qu'on a créé aussi des besoins. La psychiatrie, comme toute la médecine, fourmille de ces termes qui ont été à la mode durant un temps, qui ont entraîné des attitudes, des diagnostics, des thérapeutiques, puis ont disparu, pour faire place à une autre mode.

Effets de signifiant. Désignation d'un trou, dont la dénomination ne précise pas le contenu, mais les limites, les bords, déclenchant l'envie de le remplir, ce trou. Par des hypothèses, parfois fantaisistes, parfois fécondes. Notre langage, en grande partie constitué de formules stéréotypées, charrie pourtant, de place en place, un terme qui surprend, parfois à l'insu de celui qui parle. Ce terme prend valeur de signifiant, de trou dans lequel l'autre peut prendre place, pied, son pied. Une relation se crée, modèle de toute relation humaine.

On peut douter des relations humaines. Rien ne les justifie organiquement, biologiquement. Même un éventuel « instinct de reproduction » n'entraînerait pas de relation durable au-delà de la fécondation, voire de l'élevage des jeunes. C'est souvent un signifiant qui déclenche, qui ancre le processus amoureux. « On n'est jamais amoureux que d'un nom », a dit Lacan. Qu'on se récrie, qu'on témoigne de son indignation devant ce ravalement de ce qui fait la justification de l'existence. Et après cette révolte, qu'on réfléchisse un peu. Les exemples et expériences ne manqueront pas. Rôle des prénoms dans l'énamoration, importance d'un mot qui a fonctionné comme mot de passe, pour nous faire « reconnaître » que l'autre était celui/celle qu'on attendait.

Et l'amour n'est-il pas « psychosomatique », le psychosomatique par excellence ? Pourquoi ne pas envisager la pathologie psychosomatique comme les effets des ratages amoureux ?

Trouver sa place dans le discours de l'autre est une représentation de la place à trouver dans le corps de cet autre, couplage d'un organe convexe avec un organe concave. Si cette place dans le discours vient à manquer, il peut s'ensuivre une blessure, une lésion, un traumatisme, au propre ou au figuré. Cette articulation signifiante exige une élaboration minimale du langage, qui n'est pas toujours acquise. L'articulation somatique peut alors y suppléer. C'est ainsi qu'on pourrait tenter d'interpréter ce qui était évoqué plus haut à propos de l'eczéma.

Il s'agit d'hypothèses. Peu d'arguments viennent les étayer, sinon cette survenue surprenante de certaines affections, ainsi que des guérisons tout aussi étonnantes. Que des relations signifiantes déclenchent des émotions, que ces émotions déterminent à leur tour des effets biologiques, ça n'a pas de quoi choquer. Les miracles thérapeutiques seraient à examiner dans cette perspective. Il devient du coup légitime d'accueillir tous les essais thérapeutiques susceptibles de mettre en jeu l'émotion. Thérapeutiques verbales, mais aussi thérapeutiques impliquant le corps, l'expression corporelle, le mouvement, l'expérience du contact. Les rois touchaient les écrouelles.

A condition bien sûr de ne pas oublier la thérapeutique spécifique, lorsqu'elle existe. De cette façon peut-être, la psychosomatique, en partie asphyxiée par l'inflation théorique qu'elle a suscitée, retrouvera sa fonction heuristique, sa fonction de signifiant, et non d'objet.

On redécouvrira alors que tout acte médical devrait comporter, consciemment, une attitude psychothérapique. Ce « consciemment » est toute la différence avec l'affirmation pontifiante et mille fois entendue, qu'Hippocrate et Galien, déjà, faisaient de la médecine psychosomatique.

3

Trompe l'œil

« Ich glaube an meine Neurotica nicht mehr. »

« Je ne crois plus à ma névrotique. »

S. Freud : Lettre à Fliess,
21 septembre 1897

Neurotica. La « névrotique ». Mot construit comme la génétique, l'informatique, la propédeutique, la robotique. *Névrotique* : substantif féminin, désignant l'étude des névroses. Mais ce mot n'existe pas dans les dictionnaires usuels, pas plus français qu'allemands. Il apparaît dans une lettre de Freud à Fliess, datée du 21 septembre 1897, pour accompagner un tournant capital des découvertes freudiennes, que l'on désigne habituellement comme le renoncement à la théorie traumatique en tant qu'étiologie des névroses, et en particulier de l'hystérie, pour passer à la théorie du fantasme. Mais cette lettre contient encore une foule d'autres choses que le lecteur découvrira s'il se reporte au recueil de ces lettres. Le mot de « Neurotica », bien qu'aisément compréhensible, est un mot rare. Peut-être bien un hapax, un emploi unique dans l'œuvre de Freud, car il n'est mentionné ni dans l'index général, ni dans les index par volume, ce qui n'est toutefois pas une garantie, le mot, ou son intérêt, ayant pu échapper à ceux qui établirent lesdits index.

Le mot est rare, mais la science désignée par lui ne l'est pas moins. On ne parlait guère, en 1897, d'une science des névroses, que Freud était justement en train de créer. Le terme de névrose avait alors un emploi hésitant, imprécis, recouvrant des affections d'origines très diverses. Le sens restreint que nous lui reconnaissons aujourd'hui est en grande partie le résultat des travaux de Freud. N'est-ce pas là chose curieuse, que l'auteur d'un champ d'exploration nouveau mette en doute ce champ au moment même où il apparaît, à l'état naissant pourrait-on dire ? Ceci a de quoi nous faire réfléchir. L'hésitation, l'incertitude seraient-elles des caractéristiques inéluctables de toute la névrotique, à tout moment de son évolution, à toute partie de son domaine ? Cette indétermination en tout cas doit nous stimuler. Elle indique que l'étude des névroses est une discipline vivante, qui ne s'accommodera pas de classifications figées, et ne nous laissera pas nous endormir dans le confortable fauteuil des certitudes définitives. La névrose bouge, la névrose vit, pour nous offrir à chaque instant des tableaux nouveaux, des problèmes inédits, des solutions et des lumières imprévues. La névrose est heuristique, c'est même là peut-être sa fonction essentielle. Fonction qu'elle accomplit aussi bien dans l'ensemble du champ scientifique que dans le cercle familial. Peut-être devrait-elle jouer le même rôle dans le groupe social. Ce qui est certain, c'est que partout où elle se manifeste, elle suscite les mêmes réactions de rejet, voire de persécution. Et le même malaise.

Pour avoir longtemps travaillé dans le champ de la névrose, ces constatations ne peuvent que me réjouir, et je voudrais faire partager ma joie à mes lecteurs. C'est en raison aussi de ma familiarité avec ce champ que j'aurai recours, dans ce chapitre, à la première personne. Que la névrose contribue à déterminer, en même temps qu'elle délimite les autres personnes du discours. On voit d'emblée qu'il s'agira de grammaire, donc de langage. D'où le titre du chapitre : Trompe-l'œil.

Est-ce à dire d'emblée que la névrose est trompeuse ? Qu'on pense à toutes les épithètes qu'on a infligées à l'hystérie : leurrante, théâtrale, histrionique, de mauvaise foi, menteuse, simulatrice, etc. C'est dès le début un effet de cette résistance à la névrose. Il est vrai qu'elle nous trompe, si nous nous cantonnons à un domaine qu'elle veut dénoncer, tourner en dérision : celui du regard. Ce que la névrose dit, elle ne le montre pas. Elle laisse à la vision son rôle fallacieux, bien connu et exploité par les publicités déjà évoquées.

« Si tu crois qu'en achetant un réfrigérateur tu vas le trouver plein de filles fraîches qui te constitueront un harem, tant pis pour toi. »

La névrose a des choses à dire, pas à montrer. Comme si l'interdit biblique de la représentation s'appliquait à elle. « Tu ne te feras point d'idole, ni toute image de ce qui est en haut dans le ciel, ou en bas sur la terre, ou dans les eaux au dessous de la terre. Tu ne te prosterneras point devant elles, tu ne les adoreras point. » (*Exode,* XX, 4, 5, Traduction Elie Munk : la Voix de la Thora). Tout comme si l'interdit était fait pour la névrose.

Ou comme si la névrose était née de ce que l'interdit n'a pas été respecté. L'œil trompe et se trompe. Il ne voit guère plus que la cape agitée devant le taureau, et il fonce.

Mais aujourd'hui, me rétorquera-t-on, on y voit, on voit les corps. On a balancé les oripeaux qui les cachaient pour en revenir à la saine nudité grecque. Voire. Est-on si sûr de voir sur un corps dévêtu autre chose que ce qu'on y projette ?

« Ils comptent les Défauts pour des Perfections,
Et sçavent y donner de favorables noms. »
(Molière, *le Misanthrope*, Acte 1, Scène IV.)

Cette tirade est un modèle, car elle montre combien la dénomination prend le pas sur la vision, la corrige, la modifie. A plus forte raison lorsqu'une passion amoureuse soutient le regard : l'amour est aveugle. Ce n'est pas exact : il ne voit que lui.

S'il fallait une preuve supplémentaire de cette vision infidèle on la trouverait dans cette phrase fréquemment entendue : « J'ai lu dans son regard que... » Que n'y lit-on pas, dans ce regard ! L'amour, la haine, le malheur, la joie, l'envie, etc. On y lit tout et surtout n'importe quoi. En particulier ce qu'on veut y mettre. « J'ai lu dans ton regard... » Heureusement, cette lecture est le plus souvent celle de la parole accompagnatrice. Ou « qui ne dit mot, consent. » Ce n'est pas parce que le silence est expressif qu'il faille méconnaître la portée de la parole.

Accueil de la névrose

L'examen

Ces réflexions nous ont mené à l'examen du névrosé, à sa reconnaissance. A savoir qu'il faudra, au détriment des habitudes médicales, si utiles, si indispensables dans les autres domaines, privilégier la parole, et non seulement mettre un filtre à son regard, mais le négliger complètement. Tirésias est devenu clairvoyant en perdant la vue, ainsi qu'Œdipe. Il ne s'agit pas, bien sûr, de perdre la vue. Simplement de la remettre à sa place. C'est ce qu'illustre la psychanalyse, qui exclut le psychanalyste du champ visuel de l'analysant, l'objet à voir, l'objet vu étant le meilleur voile à une parole libre. N'est-ce pas un peu ce que savaient les confesseurs ?

Place donc, à la parole. En revenant une dernière fois à notre épigraphe : « Je ne crois plus à ma névrotique. » Croire. Un acte de foi. Et comme on sait, il existe deux sortes de foi. Celle qui implique une certitude permettant par là à ceux qui la détiennent, cette foi, de la propager, de l'imposer par tous les moyens, la persuasion, la séduction, mais aussi la torture et la terreur. Les serviteurs des dieux qui ne doutent pas de leurs maîtres et qui bien sûr profitent de leurs largesses à leur égard... Et puis il y a les autres, ceux pour qui la foi est un pari, où ils engagent d'abord eux-mêmes. Jouer sa foi, c'est-à-dire sa façon de vivre, sur une conception du monde impliquant une eschatologie demande un certain courage, mais surtout n'est pas sans effet sur la personne, son mode de vie et sa relation à autrui. Ainsi de Freud. Inventer une « neurotica » à laquelle, en laquelle on peut, lui-même peut croire ou ne pas croire, revient à situer une science de l'instable, du mouvant, de l'indéterminé, ou mieux : de l'interminé. Une science applicable à un être humain en évolution et non pas figé à un moment de son histoire propre ou de l'histoire de l'humanité. Certes, l'histoire des névroses semble se répéter. On nous rappelle que l'hystérie se retrouvait telle qu'en elle-même dans l'Égypte et dans la Grèce antique, au Moyen Age et à la Renaissance, au XIXe et au XXe siècle. Peut-être. Peut-être aussi les névroses sont-elles en avance sur leur temps et trahissent-elles l'espoir d'un autre monde, d'un monde à venir. C'est en tout cas ce qu'exprime l'hystérique, dont Lacan a pu dire par exemple qu'elle sait qu'il n'y a pas de rapports sexuels, mais qu'elle espère qu'il y en aura un jour. L'espoir est dans cette névrose un véritable symptôme, symptôme d'inconfort, de refus d'un monde tel qu'il est aujourd'hui. Mais qui a dit qu'il fallait détruire, ou plutôt réduire au silence les symptômes névrotiques ? Nous verrons que certains d'entre eux sont compatibles avec les exigences de la vie quotidienne la plus apparemment « adaptée ».

Considérer une évolution possible de l'existence ne consiste pas à espérer des lendemains qui chantent, à projeter devant nous un âge d'or, ou d'idylle, mais à rendre à la parole son dynamisme propre qui la fait se développer, s'épanouir, s'enrichir constamment au lieu de se figer au point de se réduire à un code de signes. En venir au langage des animaux ou des plantes n'est pas un progrès. Je ne dis pas « en revenir » : l'être humain n'y a jamais été. Et si l'évolution de l'espèce humaine ne marque guère de progrès, moral s'entend, le chemin d'une évolution est possible pour chaque homme. L'image, en ce chemin, ne constitue pas une borne miliaire fiable. La parole est un outil par définition incomplet, imparfait. Qu'on se souvienne de l'apprentissage de la parole chez le petit enfant. Cet outil, il nous appartient peut-être de l'améliorer, comme il nous appartient d'en approfondir la connaissance et l'usage, d'en découvrir les effets. Ce dernier point est considéré comme allant de soi, il est en fait le plus négligé et le plus méconnu. Si développement il y a, chez l'être humain, c'est celui d'un affinement du discours, de la découverte de sa polyphonie, qui le distingue de la linéarité d'une communication utilitaire et ustensile.

C'est l'évolutivité du langage que connote la névrose, où les symptômes marquent des moments d'arrêt du développement, des zones de silence à conquérir. La névrose marque qu'un obstacle s'est dressé que le langage n'a pu dépasser, franchir. Il ne s'agit pas tant de restituer une maîtrise du langage, que d'en permettre à nouveau les hésitations, le cheminement tâtonnant, hasardeux.

Oser dire « je crois », ou « je ne crois pas », à sa névrotique. Freud ne s'y était pas trompé, qui dans cette lettre du 21 septembre 1897 poursuivait en se demandant si ce doute (ce n'était donc pas une certitude !) n'était qu'un moment permettant un progrès vers d'autres découvertes. Il ajoutait qu'il n'avait pas le sentiment d'une défaite, mais d'une victoire, mais qu'il se garderait bien de l'aller dire aux Philistins.

Ces préliminaires étaient nécessaires avant d'aborder l'examen d'un névrosé, et l'évocation de ses symptômes. En se souvenant que s'être mis sous l'égide de Freud n'est pas tant une prétention que la revendication du droit à l'éphémère.

La difficulté qui va peser sur le médecin est la nécessité de suspendre pour un temps une partie de ses habitudes cliniques : celles qui reposent sur la vision de certains signes et sur l'observation du comportement. Encore cette dernière partie n'est-elle que relative. Il n'est pas interdit de relever comment le patient entre dans la pièce, comment il s'installe, regarder quel est son vêtement, quelle va être sa mimique. En corrigeant toutefois ce que la seule observation pourrait amener comme conclusion par ce que dira la personne qui vient consulter. Les habitudes d'inspection sont souvent devenues des attitudes inconscientes, et ce n'est qu'après une série d'entretiens que le médecin pourra s'en rendre compte. Se contenter d'observer un sujet sans tenir compte de son discours expose à se servir du comportement de l'autre comme d'un véritable test, voire comme d'un piège projectif. Ce que le médecin risque de lire, ce sont ses propres intentions, ses hésitations, ses conduites, et non pas celles de l'autre.

Pourquoi un névrosé vient-il consulter ? Il est bien difficile de le dire et l'inventaire des motifs serait inépuisable. Mais il importe de souligner qu'il s'agit de motifs, et non pas comme on le dit ou le croit trop souvent, de prétextes. Les troubles et les malaises qui soutiennent les plaintes ne sont ni feints ni faux. Il n'y a aucun intérêt à douter de leur réalité, et il faut dire un mot ici d'une genèse possible de tels troubles. On connaît par exemple les modifications organiques entraînées par les exercices de relaxation. Vasodilatation périphérique, régularisation des battements du cœur et de la respiration, et, chez les gens bien entraînés, contrôle partiel du transit intestinal, et bien d'autres sans doute, selon les techniques individualisées. L'utilisation consciente de ces techniques a des effets favorables pour l'organisme, et notamment antalgiques. Mais il est tout aussi concevable que la concentration sur une douleur arthrosique, par exemple, entraîne un renforcement de cette douleur. Chacun peut observer, chaque médecin surtout, l'effet de l'attention ou de la distraction sur la perception douloureuse. Qu'on intéresse à une conversation une personne souffrant d'algies neurovasculaires ou de prurit, ces désagréments disparaîtront rapidement. Que revienne la monotonie ou l'ennui, et les malaises occuperont toute la scène. Entre l'existence d'un trouble et sa perception peut s'interposer toute l'activité psychique, ce qui nous donne une clef psychothérapique. Il ne s'agira pas tellement d'intéresser le sujet à son symptôme que de lui faire retrouver un intérêt pour sa personne en général, ce qui pourra souvent se traduire par : l'autoriser à s'intéresser à lui-même, en commençant par le faire soi-même. Il va de soi que l'intérêt porté à la propre personne ne concerne pas que le corps, mais toutes les aptitudes, tous les investissements psychiques. Ce petit détour doit nous éviter de vouloir comprendre trop vite ce que nous dit le malade. Il y a le contenu de ce qu'il nous dit, mais il y a aussi la visée de son dire. Avant d'approfondir ce qui va constituer l'essentiel de l'entretien avec un névrosé, une dernière remarque. Ce que nous avons dit des malaises fondés sur des variations vaso-motrices, des algies, d'origines diverses, mais incontestables, montre qu'il n'y a aucun moyen de distinguer douleur réelle et douleur névrotique. La névrose n'est ni une manifestation de la mauvaise foi, ni un mensonge, ni une simulation. S'il lui arrive de créer des symptômes expressifs, c'est-à-dire destinés à indiquer qu'une parole manque parce que son développement s'est arrêté ou parce qu'un interdit a pesé sur cette parole, elle peut aussi bien se servir de symptômes dépourvus de signification, absurdes comme l'immense majorité des maladies. On peut signaler pourtant une expérience faite par de nombreux psychothérapeutes et psychanalystes, à savoir que, dans un tel traitement au long cours, la fréquence des petites maladies courantes, rhumes, grippes, etc., paraît très diminuée. Il n'est pas question de négliger le « somatique ». Trop de médecins, et parmi eux des psychiatres opposés aux psychothérapies et à la psychanalyse, parce qu'ils se sentent exclus par ces méthodes, accusent les psychothérapeutes de méconnaître la maladie organique. Sans doute est-ce arrivé. Quel médecin n'a jamais raté un diagnostic ? Mais ce que l'on sait moins, c'est la fréquence des diagnostics organiques « rattrapés » dans des services de psychiatrie, où des malades venant d'autres disciplines avaient été transférés.

Le point central d'un examen de névrosé, ai-je dit, est de rechercher la visée du sujet. Quel rôle veut-il nous faire jouer ? Cette question apparemment saugrenue dans un examen médical s'était déjà posée à propos des psychoses : « Qu'attendez-vous de moi ? » En face d'un névrosé, il sera à peine nécessaire de la poser, cette question, car l'intéressé le dit, fût-ce à mots couverts. Il le dit en produisant un discours qui n'est pas neutre, qui prête au médecin une intention. Le discours du névrosé est toujours marqué par le projet d'intéresser, de plaire, de convaincre, de séduire, ou inversement, de provoquer, d'irriter, de combattre. Dire qu'il s'agit d'une quête amoureuse n'est vrai qu'en partie. C'est en tout cas trop simple. Il s'agira plutôt d'attirer la bienveillance de cette personne investie de pouvoir qu'est le médecin, ou, par une attitude contraire, de la tenir à distance.

On reconnaîtra dans la fréquence de telles attitudes, de ces résidus magiques dans le dialogue, la caractéristique du discours névrotique qui est de nouer une relation, ou de vouloir nouer une relation, quelle qu'elle soit, avec le médecin. Lorsque cette dimension est absente, on peut avoir à faire à un sujet normal qui n'attend du médecin qu'une prestation objective : soins, ordonnance, certificat. Et parfois, il pourra s'agir d'un psychotique qui ne s'attend pas à rencontrer un interlocuteur.

Qu'on le veuille ou non, l'accueil du névrosé, c'est-à-dire l'examen, le premier entretien, est déjà une entrée dans la psychothérapie.

L'apprentissage du médecin

C'est bien d'apprentissage qu'il faut parler en face de ce névrosé qui en sait plus long que nous, car il est, depuis de nombreuses années, familiarisé avec sa névrose, c'est-à-dire qu'il la connaît, comme un conjoint connaît son partenaire, comme des parents connaissent leurs enfants, sans le moins du monde les comprendre. Il a appris, le névrosé, à négocier tous les actes de sa vie en fonction de ce que son trouble lui permet. En fait, et sauf dans les situations extrêmes, la névrose lui permet pratiquement tout, à condition d'y mettre les formes. De même qu'on obtient pratiquement tout de ses parents, à condition d'en passer d'abord par le cérémonial qu'ils exigent, parce que c'est sur cet ensemble d'habitudes qu'ils fondent leurs propres plaisirs, leurs justifications existentielles. C'est peut-être le moment de rappeler la plaisanterie bien connue, de cette mère qui, comme toutes les mères, exhibe, aux oreilles envieuses de ses petites camarades, les mérites et hauts faits de son fils. Chacun ici prolongera l'histoire à volonté en y inscrivant des propos réellement recueillis, car elles ne manquent pas, ces mères qui se parent des trophées de leurs enfants, ou de leurs enfants comme trophées. Il est heureusement plus rare qu'elles se parent de leurs dépouilles, de leurs massacres dirait-on en vénerie, mais cela peut arriver. Revenons à notre histoire, dont on pourra ainsi personnaliser ou actualiser le début. Arrive cette mère nantie d'un fils solidement névrosé, dont il est peut-être difficile de narrer les prouesses amoureuses ou les triomphes professionnels, et dont pourtant une mère éprouve le besoin de se glorifier. Et de raconter : « Mon fils à moi, il se paye le plus cher des psychanalystes (si l'on n'a pas à faire à un public de connaisseurs, on peut sans crainte remplacer le terme de psychanalyste par celui de psychiatre ou de psychologue, ou même de médecin) de... (mettre ici la ville la plus prestigieuse du pays où l'histoire se raconte : Paris, New York, Vaduz, etc.), il se paye trois fois (ou quatre, ou cinq fois) par semaine le plus cher des psychanalystes pour lui parler de moi, encore de moi, toujours de moi. »

Ce n'est qu'à moitié faux. Dans tous les entretiens en série, la mère sera un sujet de choix pour le névrosé. Ne pas trop s'y laisser prendre :

on parlerait de la même façon de la plus chérie des maîtresses, qu'elle vous ait abandonné depuis belle lurette ou qu'elle soit toujours votre partenaire. Il faut bien se garder de considérer ce discours sur la mère comme une revendication, comme une accusation, comme une marque des horreurs que cette mère nous aura fait subir, cette mère que dans un langage peu réfléchi on taxerait volontiers de phallique, castratrice, exclusive, abusive, voire perverse, sans que le plus souvent l'utilisateur de ces épithètes sache très bien ce qu'il veut dire. Il peut s'agir aussi du récit poétique d'un roman d'amour, dont on sait qu'il ne reviendra plus, mais qu'on a vécu avec suffisamment d'intensité pour ne pas encore l'avoir oublié. Ce n'est pas une spécificité de la névrose. Bien sûr, pour qu'on s'en souvienne, il faut qu'il ait laissé quelque chose à désirer. Mais... une mère ne laisse-t-elle pas toujours quelque chose à désirer ? Bien peu nombreux sont ceux qui ont épousé leurs mères. En général, ça ne leur a pas réussi. Et qu'on ne vienne pas me dire : la névrose, c'est justement cette fixation à la mère. Une personne normale, disons un homme pour ne pas d'emblée compliquer les choses, trouve le bonheur avec une autre femme. C'est vrai et c'est faux. Le bonheur se trouve plus facilement dans les romans à l'eau de rose que dans la réalité. D'ailleurs, ces romans, souvenez-vous en, vous en avez tous lus : ils narrent les péripéties qui séparent les amants jusqu'à ce qu'ils soient enfin réunis, à l'autel, j'allais dire sur l'autel, comme l'animal de sacrifice, ou, lorsqu'on veut montrer la liberté de sa pensée, la largeur de ses idées, on les réunit d'emblée dans un lit, d'hôtel, pourquoi pas. Mais après ? C'est après que commence la longue marche qui peut parfois mener au bonheur. Et là, nos auteurs peu exigeants nous laissent en plan. Il n'y a plus de recette, et ce n'est ni au médecin, ni au psychiatre d'entonner le chœur des lamentations accusant les parents de ne pas nous avoir donné les moyens de cet éternel bonheur conjugal.

Le discours du névrosé concernant sa mère n'est donc pas à prendre au pied de la lettre. Ou plutôt si : certaines « lettres » de ce discours impliquent des particularités, non pas monstrueuses, mais éventuellement utilisables pour éclairer telle ou telle singularité biographique ayant déterminé une conduite inhibée ou limitée, une particularité, et non pas l'ensemble du récit qui tout compte fait ne diffère pas tellement d'une personne à l'autre. Et dans ce même inventaire des effets de la mère, on trouverait aussi bien les causes de nos succès, de nos conquêtes. Freud lui-même affirme quelque part qu'un garçon qui a été beaucoup aimé par sa mère détient tous les éléments nécessaires pour assurer son succès. Donc, tuer les mères, ou déplorer, avec le patient, qu'elles ne soient pas mortes plus tôt, ne sert à rien.

En ce domaine de l'attention portée au malade, le médecin peut emprunter l'expérience du psychanalyste, qui s'étale suffisamment aussi bien dans la littérature scientifique spécialisée que dans la grande presse.

Les périodiques pour intellectuels, de l'extrême gauche à l'extrême droite en sont également friands, comme ils sont friands de certains thèmes qui font vendre du papier, comme l'antisémitisme par exemple, où la victime des articles journalistiques ne fait qu'occuper une place identique à celle de la mère. Que peut tirer le médecin de ces lectures ? Je dis lectures parce qu'une foule de ces articles psychanalytiques sont écrits dans une langue telle qu'ils sont parfaitement illisibles ; qu'on ne s'efforce pas de les déchiffrer, et qu'on ne s'en serve surtout pas pour s'abîmer dans des considérations sur son propre manque de culture : ces textes ne sont pas destinés à être lus, ils ne sont que l'étalage impudent des prétentions, ou des consolations de leurs auteurs, qui par l'usage d'une écriture absconse et hermétique cherchent à se convaincre qu'ils en sont, ou tout au moins qu'ils sont dignes d'en être. Se souvenir de ce qui a été dit concernant le modèle sur lequel on se calque. De ces lectures, lorsqu'elles sont lisibles, il y a à retenir ceci : ce que dit le patient est important. Mais ce qu'il ne dit pas, ce qu'il cache, l'est encore davantage : car il ne le cache pas seulement à l'interlocuteur, il se le cache à lui-même, c'est-à-dire qu'il n'y prête pas attention, qu'il le méconnaît. Et le lui restituer a valeur de psychothérapie. La psychothérapie n'est pas en effet un acte de rassurement ou de sollicitude, elle est enrichissement.

L'aspect psychothérapique de la relation, dès la toute première rencontre avec le névrosé, est indissociable de la consultation proprement dite. Jusqu'à cette rencontre, le névrosé a toujours été accueilli selon les usages traditionnels en médecine. Il faut ici rompre avec ces usages. Il est aisé de repérer si ce qu'attend le malade est uniquement une prestation technique, si son état relève exclusivement des connaissances médicales plus ou moins scientifiques, ou s'il a envie de parler. On peut, dans ce cas, le lui montrer assez rapidement et le reconvoquer à un moment où l'on sera plus disponible, car on découvrira vite que l'attitude psychothérapique constitue une rupture dans le rythme de la consultation, et qu'il faut un entraînement assez long pour qu'une telle rupture n'entraîne pas une fatigue supplémentaire. Je conseillerai, à qui veut se consacrer partiellement à la psychothérapie, de réserver une ou deux fois par semaine quelques heures à cet exercice, tout au moins au début, plutôt que d'entrecouper le travail habituel par des séances de psychothérapie, même si ces séances n'excèdent guère la durée d'une consultation courante. Le temps de la séance est un facteur important sur lequel nous aurons l'occasion de revenir de façon plus détaillée.

L'importance de cette attitude psychothérapique d'emblée qui remplace la stricte investigation médicale est illustrée par l'exemple suivant. Un jeune psychothérapeute me raconte la triste expérience faite quelques jours plus tôt. Une dame est venue le consulter, et me dit-il, « j'ai pu constater chez elle l'existence d'une forte "suicidalité" (entendez une importante propension au suicide). Je ne m'étais pas trompé puisque, dès le lendemain de cette première entrevue, elle s'est suicidée ». Je n'ai pas eu la cruauté de dire à ce jeune confrère qu'il n'était pas étranger à cette solution de désespoir, et pourtant le mécanisme est facile à comprendre. Ce médecin, bourré de toutes les connaissances techniques requises, avait procédé au bilan qui permet de « prévoir » le risque suicidaire. Sentiment de rupture avec le monde extérieur, impossibilité de reprendre pied dans la réalité par la mise en œuvre d'un intérêt, d'un désir. Cas de suicide dans les antécédents. Perte de l'appétit et du sommeil. Sentiment d'éloignement des personnes aimées, etc. Il y a une foule de symptômes mis en évidence par les recherches concernant la prévention du suicide. L'art psychothérapique consiste à enregistrer ces symptômes sans se contenter du bilan, mais en réagissant d'emblée contre ces manifestations, en prouvant au malade, par notre attitude, notre disponibilité, qu'il n'est plus isolé, que quelqu'un est capable de l'écouter et de l'entendre, de lui tendre la main à travers le brouillard ou le mur dont il est en train de s'entourer. On a de bonnes chances, dans ce cas, de permettre au « suicidant », comme on dit, de surseoir à son projet. Et y surseoir est bien souvent y renoncer.

Cette mise en garde n'est pas destinée à effrayer le candidat psychothérapeute. Elle serait beaucoup plus une exhortation aux psychiatres, qui pour leur part ont à faire à des gens conscients de leurs préoccupations et venant chercher de l'aide, car pourquoi seraient-ils venus exposer leurs projets, sinon pour qu'on leur permette d'y renoncer. La position du praticien est très différente : la plupart du temps, ses malades ne viennent pas dans l'intention de lui exposer leurs intentions suicidaires. Il les découvre fortuitement, parfois à l'occasion d'une consultation ou d'une visite pour un autre membre de la famille. C'est là que son imagination, son aptitude à la répartie, son intelligence vont lui permettre de jouer le rôle d'un psychothérapeute efficace.

Le mot de disponibilité est apparu un peu plus haut. C'est ce que le névrosé n'est pas : il n'est pas disponible, occupé qu'il est à s'ajouter du poids, de l'être, préoccupé par ses manques et ses désirs, obsédé à garantir, assurer son avenir, professionnel, sentimental, et son progrès hiérarchique. D'où ce fréquent aboutissement de la névrose dans la médiocrité. Il va de soi que la névrose se rencontre souvent aussi du côté du médecin, qui va mésuser de sa position pour lui aussi se rassurer, se conforter dans une position qu'étant donné certaines limitations d'origine névrotique, il a eu quelque peine à acquérir, alors que contrairement à ce qui se colporte, les études de médecine restent parmi les plus faciles. (Texte écrit en 1982 : il n'en sera peut-être plus de même lors de la parution de l'ouvrage.)

Cette disponibilité pour autrui sera un excellent repère, un véritable indicateur de la névrose. Les psychothérapeutes, les psychanalystes en particulier, ont tous fait cette constatation, qu'au cours des événements graves ou bouleversants qui secouent périodiquement le monde où nous vivons, les névrosés en traitement n'ont jamais un mot pour les drames extérieurs, envahis qu'ils sont par un omphalopsisme qui ne laisse place à rien d'autre.

Chacun de nous étant, ou ayant été (nous verrons plus tard ce que ce passé névrotique implique de dépassement) névrosé, il en résulte que la névrose, jusque dans ses manifestations les plus absurdes, reste en grande partie intelligible. On les comprend bien, trop bien, ces névrosés. Au point que, il faut le rappeler, il est bon souvent de ne pas comprendre, de ne pas comprendre trop vite. L'empressement à comprendre trahit souvent notre propre angoisse devant la découverte d'éclairs de vérité, susceptibles de déranger et de nous déranger.

Restons-en là pour l'instant, de ces généralités, que nous retrouverons à un autre niveau, après un rappel de ce que la clinique traditionnelle enseigne à propos des névroses.

S'il est un domaine où les souvenirs cliniques sont réduits à des épaves, c'est bien celui des névroses, et pour cause. L'enseignement des psychoses, c'est-à-dire la partie « sérieuse » de la psychiatrie, a déjà été sporadique, clairsemé. Celui des névroses est plus réduit encore, abandonné le plus souvent à quelques enseignants intéressés par ces questions, mais débordés par un programme qui n'abandonnait qu'à contre-cœur quelques pauvres heures de cours à un domaine mal délimité, pas assez grave pour faire perdre du temps aux médecins, appelés auprès de malades aux besoins autrement urgents. La généralité de la névrose est donc le plus souvent parfaitement méconnue, et un rappel s'impose.

2. L'hystérie

C'est avec Freud que commence véritablement l'établissement d'une « neurotica », même si la littérature psychiatrique avant lui apporte de nombreux matériaux pour la construire. Il fallait y découvrir un fil conducteur. Avec Freud aussi, nous commencerons par un rappel de l'Hystérie. Qu'on se rassure, je ne donnerai pas à ce chapitre le développement que j'en ai fait ailleurs (1). J'en dirai certainement même trop peu. Je voudrais simplement y intéresser le lecteur.

De l'hystérie chacun connaît les crises, les paralysies, les anesthésies, le caractère histrionique et la frigidité. Cette énumération caricaturale

(1) L. ISRAËL : *L'hystérique, le sexe et le médecin.* Masson, collection Médecine et Psychothérapie, 5e tirage, 1983.

veut montrer que ces manifestations justement ne sont ni les plus importantes ni surtout les plus intéressantes. Néanmoins, elles désignent des symptômes et des traits de caractère qui ont été longuement décrits et commentés, d'où leur droit de cité. Ce n'est toutefois pas sur eux que l'on va se fonder pour établir un diagnostic. Ou plutôt si : ils ne permettront que d'établir un diagnostic et rien de plus. Or le diagnostic, en matière de névrose, n'est pas autre chose qu'une ségrégation. On va concentrer, parquer les névrosés dans des réserves pour se convaincre qu'ils sont malades. Certains psychiatres ajoutent parfois : ce sont des malades comme les autres, comme si tous les malades se ressemblaient. Pour bien se convaincre de ceci : que les malades sont repérés, inventoriés, qu'ils sont différents de nous et que par conséquent nous sommes normaux. Il n'est pas nécessaire de reprendre la critique de ce cloisonnement, il faut simplement la rappeler. Le névrosé est notre semblable, et à le contester, on s'interdit de trouver le langage commun qui lui permettrait de reprendre le cheminement, un temps interrompu par la survenue de ses symptômes.

Une petite remarque en passant. Il ne manque pas de psychiatres, surtout parmi les jeunes, c'est-à-dire ceux qui disposent encore d'un important capital de dynamisme, pour entreprendre, en particulier dans les institutions psychiatriques, des entretiens visant à établir une relation psychothérapique avec des psychotiques. C'est un acte de courage et de foi, souvent efficace. Mais ces « prises en charge » ont encore une autre signification. Il est vrai qu'il n'y a pas de cloison entre la normalité et la névrose. Il est vrai aussi que les passages entre névrose et psychose et inversement existent, et sans doute plus fréquemment qu'on ne croit. Ce qui ne signifie pas qu'il n'y ait pas de différence entre névrose et psychose. Autant la névrose est intelligible, et fait partie du bagage commun des êtres humains, autant la psychose est un état d'exception, une anomalie. Cette affirmation ne s'oppose pas à la réversibilité ou à la curabilité des psychoses, elle veut simplement poser des limites à un confusionnisme endémique dans certains milieux psychiatriques. La prise en charge de ces psychotiques revient donc trop souvent à une ségrégation au deuxième degré, par refus de reconnaître leur droit à la différence.

En effet, la possibilité de passage d'un état à l'autre, voire la coexistence de certains d'entre eux, ne doit pas amener à un nivellement, mais à un respect des différences. L'égalité des droits de l'homme n'a de sens que s'il existe de telles différences. Autrement dit, vouloir traiter les états ou des situations psychotiques comme des névroses risque de méconnaître la spécificité des psychoses, et de se dispenser de la véritable acrobatie qu'il y a à entreprendre un traitement psychothérapique des psychoses. Il ne s'agissait là que d'une remarque marginale, il est en effet peu probable que le praticien soit tenté par ce genre de travail qui demande pas mal d'information, pour ne pas répéter trop d'errements déjà reconnus par d'autres.

Revenons à l'hystérie, dont les symptômes sont trop connus. Ils ne suffisent pas. C'est tout le concept de névrose qu'il s'agit de modifier, et c'est à cela que l'hystérie va nous servir. Il est fréquent dans les services de psychiatrie et notamment les consultations externes, les dispensaires, les consultations de secteur extrahospitalières qu'on ait à examiner des femmes, des mères de famille ayant plusieurs enfants, ayant souvent une activité professionnelle qui s'ajoute aux tâches ménagères, et qui souffrent de quelques symptômes : douleurs, pertes de connaissance, manque d'entrain sexuel, qui font porter le diagnostic d'hystérie. On oublie dans ces cas qu'une névrose est une particularité permanente de la personnalité. Il est peu probable que cette mère de famille, qui a toujours supporté son sort jusqu'à présent, voie brusquement s'installer une névrose. Il est important d'introduire ici une catégorie clinique qui n'a guère cours chez les psychiatres : la catégorie des réactions. Nous en traiterons longuement dans un des prochains chapitres. L'importance de ces réactions est qu'elles sont liées à la réalité extérieure et qu'elles disparaissent lorsqu'une modification a été introduite. Ne tenir compte que de la réalité psychique comme l'enseigne la psychanalyse est tout à fait justifié en matière de névrose. Cela ne l'est plus lorsqu'une personne s'effondre sous le poids des circonstances sociales, sous les avanies d'un conjoint autoritaire et sexiste, sous les deuils et les chagrins. Bien sûr, le médecin ne pourra ni éviter les deuils, ni modifier le budget d'une famille. Il pourra au moins autoriser quelqu'un à se reposer, les exigences outrancières des gens à leur propre égard étant plus fréquentes qu'on ne le croit, plus fréquentes que les sollicitations de congé injustifiées. Considérer de telles personnes comme névrosées et leur offrir comme seul soutien une psychothérapie neutre et silencieuse, et/ou des tranquillisants ne peut qu'aggraver leur état.

Il importe donc, en matière de névrose, de repérer la permanence des symptômes, la continuité de la gêne, des souffrances qu'ils entraînent. Pour alors leur accorder toute leur importance, les prendre au sérieux, et ceci le plus tôt possible. La précocité de la découverte du symptôme est en effet capitale, car de ne l'avoir point entendu entraîne l'aggravation du tumulte qu'il provoque. Il élève la voix, crie plus fort. Et il est rare qu'on l'entende à son début, parce qu'on n'a pas été préparé à l'écouter. On le découvrira presque toujours à un stade qu'on dirait de complications dans d'autres disciplines.

J'ai parlé autrefois de névrose dépassée, pour désigner le résultat de cette escalade du symptôme d'une part et de la surdité médicale de l'autre. N'ayant pu obtenir l'attention du médecin par des symptômes purement névrotiques, l'hystérie accole ses manifestations à une séméiologie organique. On a toujours répété que, par exemple, les anesthésies et les paralysies hystériques étaient sans substrat lésionnel, somatique ou biologique. Inutile de revenir sur les accusations portées contre les psychanalystes ayant allongé sur leur divan des hommes de 80 ans atteints de tumeurs de la moëlle. Il y a suffisamment de critiques à adresser aux psy en tout genre pour ne pas se ridiculiser par des charges grotesques. Ce sont les médecins qui ne devraient pas oublier cette caractéristique non lésionnelle des symptômes hystériques, et pas seulement dans le domaine neurologique. L'hystérie peut utiliser comme vecteur aussi bien des signes digestifs que des signes gynécologiques, « fonctionnels » cela va de soi, pour reprendre le terme pudique utilisé par les médecins pour dire qu'ils n'ont pas trouvé d'étiologie qui les satisfasse.

Il est bien rare qu'une hystérie trouve dès le départ une oreille attentive. Elle a presque toujours traversé une partie au moins des accidents de parcours qui lui sont réservés : brimades, rejets, traitements médicaux inutiles, ou balafres de l'abdomen qui vont fixer définitivement les symptômes. Certains chirurgiens plus respectueux du visible que de la personnalité ne vont-ils pas jusqu'à proposer de pratiquer une légère incision cutanée « afin que la cicatrice prouve au malade qu'on lui a enlevé son mal ». Je n'exagère rien. Mais l'obstacle le plus fréquemment imposé à l'hystérique est ce que j'ai appelé autrefois les propos inopportuns. Utilisation de termes savants, vides de sens pour celui qui les entend et qu'il va pouvoir remplir de ses propres fantasmes, mais aussi affirmations péremptoires qui tiendront d'autant plus lieu de vérité que les lèvres qui les ont prononcées sont plus prestigieuses. Les modes changent. Il y eut la colibacillose et l'appendicite chronique, puis le grand sympathique, puis les microperturbations métaboliques, dont l'une des formes contemporaines est la spasmophilie. « Vous êtes spasmophile ». Les personnes qui s'attachent à un tel diagnostic renouvelé d'Hippocrate n'auraient peut-être jamais eu l'intention d'entreprendre une psychothérapie, leurs symptômes apportant des bénéfices secondaires, c'est-à-dire les soustrayant à toute une série de tâches familiales ou professionnelles. Encore eût-il fallu leur en donner l'occasion. Personne ne peut présumer du dynamisme de l'autre et de ses aptitudes. Méfiance donc à l'égard de ce diagnostic et de toute cette terminologie catégorique. La réputation d'irréversibilité ou d'incurabilité que certains ont faite à l'hystérie provient de ce que trop souvent on est en présence de telles névroses dépassées.

L'un des rôles du praticien, même s'il ne souhaite pas pratiquer une psychothérapie, est un rôle préventif. Le négliger est une faute professionnelle grave et fréquente. Pour toute une série de raisons aisément imaginables, il n'est pas possible de calculer le coût de telles névroses dépassées et la charge financière qu'elles représentent pour la société. Cet aspect important des erreurs médicales est pourtant moins grave que les souffrances infligées à des malades dont le seul tort est, nous l'avons indiqué dès le début, de parfois provoquer le médecin.

La relation, d'ailleurs très variable, nouée avec le médecin par l'hystérique n'est qu'un cas particulier d'une attitude générale. Le domaine où ces particularités relationnelles se manifestent le plus fréquemment est celui de la sexualité. On ne répétera pas ici tout ce qui a pu se dire de la sexualité des hystériques. Allumeuse frigide est peut-être la formulation la plus succincte de ce qui n'est plus un diagnostic, mais une accusation, ou une injure. Comment peut-on être assez cruel pour infliger aux hommes ce dépit, là où justement ils étaient en droit d'attendre les plus grands plaisirs ! Ce qui permet d'étendre sur la frigidité un rassurant manteau d'ignorance. Autrement dit, l'hystérie serait toujours féminine ? Non. Soulevons un peu le manteau d'ignorance : ce n'est pas l'hystérie qui est toujours féminine, c'est la frigidité qui peut être masculine. Bien sûr, seulement elle prend chez l'homme le nom d'impuissance, dira-t-on. Il n'en est rien. Le goût des classifications discriminatives s'accompagne souvent d'une recherche de la symétrie. La frigidité aux femmes, l'impuissance aux hommes. Cela dispense de s'interroger sur ce moteur essentiel de la vie : le plaisir. Freud définissait l'hystérique comme une personne qui, en situation d'excitation sexuelle, n'éprouvait que dégoût. N'est-ce pas le cas de l'homme qui réduit le plaisir sexuel à l'éjaculation, et l'éjaculation à l'émonctoire ? C'est là que l'on devrait parler de frigidité masculine nonobstant les prouesses et performances sexuelles. La frigidité est le refus d'une sexualité qui se limite à la génitalité au détriment de l'amour.

C'est ici qu'apparaît une fonction de la névrose en général et de l'hystérie en particulier, fonction de lutte contre une restriction imposée par l'adaptation.

Le défi hystérique

Était-ce la centième, était-ce la millième fois qu'au cours de plus de trente ans de pratique je me retrouvais dans la même situation ?

Devant moi une dame de 50 ans se plaint d'une sensation de boule dans la gorge, de brûlures de la langue, d'une fatigabilité qui l'empêche de faire les gros travaux de son ménage, ou de sortir pour les courses. De ce fait, elle oblige son mari à rentrer chez lui dès le travail terminé et à ne pas la quitter d'une semelle pendant les week-ends et les vacances. C'est aussi le mari qui approvisionne le congélateur, qui charge la machine à laver et qui prépare le petit déjeuner avant de partir à son travail. Les vacances se passent toujours chez les parents de la malade où sa mère est aux petits soins pour elle. Cette fatigue, ces symptômes existaient dès avant le mariage, il n'a donc pas été question pour Liliane d'avoir d'enfant.

Liliane, je l'avais rencontrée il y a vingt ans déjà. Elle m'avait été adressée, non pas au titre de médecin traitant mais de médecin « expert ». Tous ses troubles provenaient d'une chute de bicyclette à l'âge de 7 ans. Me souvenant d'une certaine dame, la dame en noir, je refusai de reconnaître une imputabilité, car à trente ans le contact avec Liliane s'établissait bien. On réussissait à la faire sourire de ses maux et de ses plaintes et l'écouter parler de ses rêves n'était pas une cruauté. Ne pas imputer ses troubles à un accident maintenait ouvertes toutes les possibilités psychothérapiques. Mais il y a vingt ans, je gardais encore un peu de naïveté et n'avais probablement pas compris que certaines formes, certains symptômes, certaines attitudes hystériques exigeaient la participation du milieu pour s'élaborer. En particulier, il est des hommes qui sont prêts à beaucoup de soi-disant sacrifices pour se garder à domicile une femme quasi impotente, qu'il leur faut servir mais qui à ce prix ne leur réserve pas de surprise. Comme une vieille mère. Comme quoi on n'est jamais trompé que par soi-même.

Aidée et poussée par son mari, Liliane a multiplié les examens et les demandes d'expertises sans que bien sûr une décision définitive ait jamais été prise. La dernière expertise en date attribuait à Liliane 60 % d'IPP pour cette chute de bicyclette à l'âge de 7 ans.

Vingt ans après, elle se retrouve devant moi comme la première fois, un peu plus empâtée, les cheveux aussi blonds, mais cette fois grâce à la teinture, les lèvres aussi rouges et des plaintes qui n'ont pas bougé d'un iota. Combien de fois s'est-elle trouvée elle aussi dans cette situation ? 10 fois ? 20 fois ? 50 fois ? Ce qui avait été jeu et improvisation est devenu le déroulement d'un limonaire un peu grinçant, un peu plus revendicateur. Ces petites modifications ne m'ont pas amené à changer le compte rendu que j'en avais fait, mais elles marquent une évolution dont nous aurons à parler. Il serait amusant en un temps d'économies de calculer à combien se monte le dossier radiologique de Liliane à qui on a refait pratiquement tous les ans une radioscopie pulmonaire, un transit œsophagien, un transit gastro-duodénal, une cholecystographie, un lavement baryté, une colonne cervicale, une colonne dorsale, une colonne lombaire, un disque lombo-sacré, un crâne, les deux épaules... Il ne manque que les ratons-laveurs.

J'ai décrit ce qui se passe trop souvent encore lorsque les médecins, avec la complicité de l'entourage, entendent le défi hystérique comme une provocation à sortir sur le terrain ou à monter sur un ring, ceci dans les bons cas, ou un *casus belli* dans les situations qui vont dégénérer en hystérie dépassée. Il ne serait pourtant pas difficile d'enseigner aux médecins à éviter cette dégradation.

Voilà donc une première situation du défi hystérique, celle qui nous concerne le plus directement en tant que médecins. Mais il ne s'agit que d'un aspect particulier d'une situation tout à fait générale.

Une remarque avant de passer aux autres situations : le cas de Liliane peut se retrouver et il se retrouve très souvent dans un avatar sous lequel se camoufle l'hystérie masculine. L'hystérie masculine existe, mais dans la majorité des cas elle se cache derrière des diagnostics plus « honorables », ceci grâce à l'ignorance ou à la complicité du médecin, qui en tant qu'homme est tenté, mettons préconsciemment, par la remarque qu'on m'a faite il y a quelques mois encore, ce n'est donc pas au siècle dernier, dans une ville étrangère : « l'homme n'a pas d'utérus, il ne peut donc pas être hystérique », remarque témoignant de la part de son auteur qu'il eut mieux fait de se consacrer à l'étymologie plutôt qu'à la médecine.

L'un des bastions les plus inexpugnables de l'hystérie masculine est constitué par une foule de névroses post-traumatiques où le symptôme reconnaît une cause avouable, voire glorieuse. Un symptôme acquis au champ d'honneur ou comme victime d'un accident du travail, c'est-à-dire en héros social, s'arbore comme une décoration ! Il est bien rare qu'on y renonce parce qu'on n'est plus d'accord avec le gouvernement. Il est donc tout aussi rare qu'on en guérisse.

Venons-en à la généralisation du défi hystérique sur son terrain d'élection. Il s'agit bien sûr de la scène répétée à des millions d'exemplaires, scène conjugale, scène théâtrale : la femme, l'homme, le lit. J'ai raconté souvent déjà ce moment où me fut révélée la fonction heuristique de l'hystérie. Je prie mes vieux amis de m'en excuser. Ils savent comme moi que les moments où nous découvrons quelque chose, pour nous bien sûr, il ne s'agit pas forcément d'une découverte pour les autres, ils savent que ces moments se comptent sur les doigts d'une main, mais ils savent aussi que ces moments ont marqué des tournants dans notre pensée et qu'ils gardent tout leur pouvoir d'enseignement. Il s'agit de cette femme qui, au début de ma pratique de psychanalyste, était venue me trouver avec ses symptômes faits sur mesure pour un psychanalyste débutant : un prurit qui ne pouvait être que *sine materia,* une frigidité opiniâtre comme une constipation. Comme tous les débutants, j'étais un bon psychanalyste, respectueux du discours de mes malades et suffisamment anxieux pour limiter mes interprétations. Et grâce à mes silences, sous mon oreille émerveillée, se déroulait le miracle de l'alchimie psychanalytique. Après m'avoir bercé dans la lune de miel du transfert, ma cliente entreprit de me prouver mon propre génie, chose dont j'étais probablement convaincu, mais dont la confirmation fait toujours plaisir. Et un jour elle m'apporta en trophée de ma compétence : « je ne suis plus frigide avec mon mari ». Je passai le reste de la séance à me demander comment j'allais mettre fin à cette analyse réussie, le problème du renouvellement de la clientèle ne se posant pas à cette époque lointaine, époque où on ne rencontrait pas encore un psychanalyste à chaque étage d'une HLM. Mais mon interrogation s'avéra sans fondement lorsqu'à la fin de la séance ma psychanalysante me dit : « Je vous ai dit que je n'étais plus frigide avec mon mari. Alors, j'ai décidé de ne plus coucher avec lui. »

Ainsi donc mon savoir n'avait pas tout prévu. La frigidité n'était pas un symptôme dont le sujet souffrait et dont il voulait à tout prix se défaire. J'avais découvert qu'il pouvait s'agir d'un défi, là aussi, défi adressé non plus au médecin mais au partenaire. Cette reconnaissance entraînait une généralisation, celle que l'on entend dans ce discours : « C'est drôle, j'éprouve du plaisir avec tous mes amants, mais jamais avec mon mari. » Certes on me rétorquera que je confonds les choses. Il y a notamment cette remarque de Brantôme dans la *Vie des dames galantes* : une dame va enfin couronner la flamme de son chevalier servant, mais le moment venu il s'avère incapable de consommer : « Son dada resta court à Lerida » comme disait cette autre mère abusive qui se mêlait de ce qui se passait dans la braguette de son fils. Mais la dame de Brantôme n'était pas une mère abusive et sa réplique fut celle d'une femme amoureuse, et non celle d'une suffragette réclamant ses droits. Elle se contenta en effet de constater : « Faut-il, Monsieur, que vous m'aimiez. »

Il se pourrait donc que l'amour ne s'accompagne pas obligatoirement de ce que les psychiatres de notre temps appelleraient un renforcement de la libido. Je me garderai même d'interpréter. L'amour est peut-être l'un des derniers domaines de la liberté individuelle. Ce qui s'y passe entre deux personnes qui ont, consciemment ou non, choisi de s'aimer ne concerne pas le psychanalyste. Pas plus que ne le concerne, chose qu'on ne répétera jamais assez, la vie privée des autres psychanalystes et tout particulièrement de Freud. Il y a même indécence à fouiller les nuits et les souvenirs du vieux maître qu'à fouiner dans la literie des amants. L'amour ne regarde pas le psychanalyste. Il est bien assez affligeant déjà que les chagrins d'amour poussent certains à le consulter. Contentons-nous donc d'écouter, voire d'entendre ce que les gens veulent bien nous dire et ne nous mêlons pas de leur enseigner l'amour. Constatons plutôt que le défi hystérique concerne ici, non plus le médecin, mais l'éventuel partenaire qui est peut-être l'homme en général.

Ce défi s'arrête-t-il là ? Je ne le pense pas.

Une dernière anecdote va apporter une dimension nouvelle au défi hystérique. Une dame dont le comportement familial tyrannique, dont le symptôme migraineux, dont le théâtralisme suffisait amplement à témoigner de l'hystérie, avait demandé à des amis de l'emmener dans un restaurant spécialisé en viandes, car elle se disait friande de viande rouge. Arrivée au restaurant, elle demanda du poisson. Ce petit fait apparemment insignifiant et plutôt comique mérite peut-être une attention plus soigneuse. Car que disait cette femme aussi bien à ceux qui l'invitaient qu'au restaurateur ? Elle leur disait : « Votre bout de viande, je n'en veux pas. » Toutes les oreilles averties vont s'écrier (car les psychanalystes ont des oreilles bavardes) : « Ne sommes-nous pas ramenés au cas précédent où il s'agit de battre en brèche ce bout de viande supplémentaire qui fait la supériorité du mâle ? » Soit. Mais imaginons que cette même femme ait été friande de potage aux nids d'hirondelles et qu'arrivée au restaurant chinois spécialisé elle eut demandé une salade niçoise. Le processus eut été le même mais nous eussions été dans l'obligation de chercher une autre interprétation. Nous n'aurions plus eu à faire au bout de viande réel mais à ce morceau de viande symbolique qui fait notre certitude mercantile : « J'ai ce dont vous avez besoin. Et non seulement je l'ai, mais je sais que vous en avez besoin et au cas où vous ne le sauriez pas, je vous l'enseignerai. » Autrement dit, c'est toute la doctrine de la consommation que l'hystérique conteste et une doctrine n'est jamais qu'un argument d'autorité qui n'a de poids que celui de la foi qu'on lui accorde.

Reprenons l'escalade du défi hystérique. Nous le saisissons dans notre pratique quotidienne au niveau de la provocation du médecin. Nous l'entendons aussi tous les jours comme provocation à l'égard des conjoints ou des partenaires. Mais au-delà, aussi bien les histoires individuelles qu'un certain nombre d'hystéries collectives, rapportées par l'histoire de la médecine, indiquent que le défi ne se borne pas à telle ou telle catégorie de personnes mais peut concerner l'édifice social dans son ensemble. L'hystérie est une façon de refuser l'adaptation sociale. Or, il n'est pas nécessaire d'aller bien loin ni dans le temps ni dans l'espace pour découvrir que l'adaptation à certains régimes (politiques) est une aliénation consentie. Ce qui fait qu'en fin de compte l'hystérie peut constituer, non seulement une révolte, mais une force révolutionnaire. Lorsque nous serons débarrassés des considérations péjoratives traditionnelles liées au diagnostic de l'hystérie, nous pourrons faire l'histoire de ce que par exemple la libération des femmes, la conquête des droits de la femme doivent à l'hystérie.

Une bascule s'introduit dans nos réflexions. Si notre souci de guérir l'hystérique s'avérait plus idéologique ou tout au moins aussi idéologique que médical ? Il est vrai que l'hystérique souffre parfois, mais cette souffrance est ambiguë. N'a-t-on pas appelé l'hystérique la « belle indifférente ». Qui se plaint d'elle et qui voudrait qu'elle change, pour que le confort familial ne soit pas ébranlé ? C'est le père de Dora qui avait amené sa fille à Freud. Il n'est pas sûr que Dora en ait tiré un gros bénéfice, par contre elle a servi de leçon à tous les psychanalystes.

L'hystérique refuse notre savoir médical, notre droit conjugal, nos produits de consommation. Est-ce à dire qu'elle est incurable ? Sûrement pas. Mais à force de la considérer exclusivement comme une malade nous avons méconnu la portée de son défi. Il faut dire que ce défi dérange aussi bien nos habitudes que notre establishment. Nous méconnaissons qu'à côté de ses symptômes, l'hystérique possède des qualités qui sont peut-être le revers de ses symptômes. Il y a une générosité hystérique qui revendique la « guérison » non seulement pour elle mais pour l'entourage.

Que veut l'hystérique qui défie le médecin ? Non seulement que le médecin cesse d'affirmer un savoir aliénant pour ses malades, mais encore qu'il accepte de progresser en reconnaissant ses limites. Oser dire « je ne sais pas » est souvent le début d'une psychothérapie efficace.

C'est aussi l'arrachement à l'encadrement pervers qui est si souvent le pendant masculin de l'hystérie féminine, mais ceci est une autre histoire...

Qu'en ne sachant pas, nous puissions découvrir un peu plus de vérité est évident. Mais pourquoi le médecin l'oublie-t-il si souvent ?

Face au partenaire, ce que refuse l'hystérique est la limitation de l'aventure amoureuse aux habitudes conjugales. Ce que refuse l'hystérique n'est pas forcément un homme qu'elle peut estimer ou même aimer, c'est un plaisir routinier et limité, menaçant d'anéantir la richesse créatrice de l'amour.

L'hystérique vise une déstabilisation qui rendrait son partenaire aussi inventif qu'il le fut à l'époque de sa cour, dans les bons cas, et cherche à lui faire atteindre une vie métamorphosée ou transfigurée dans la plupart des autres.

Enfin, elle refuse le carcan d'une société sans âme qui n'est jamais bien loin de ce qu'on a pu appeler un jour le monde où l'on s'ennuie. Or n'oublions pas que le terme d'ennui vient du latin « odium » : haine. L'hystérique lutte, parfois sans le savoir, pour un monde où la haine serait réduite au profit de l'amour.

Est-il possible de définir l'enjeu du défi hystérique ?

On a dit et répété longtemps que l'hystérie ne pouvait pas être définie. Cela était peut-être vrai aussi longtemps que l'hystérie était colonisée par l'impérialisme médical. Ce n'est plus vrai après la révolution psychanalytique. Que veut l'hystérique ? Nous avons vu ce qu'elle refuse : notre savoir, notre confort, nos objets. Ce qu'elle veut ? Ce que nous n'avons pas, c'est-à-dire notre manque. Très simplement : comment y aurait-il chez nous une place pour autrui si de tels manques n'existaient pas ?

Par son exigence, l'hystérique nous amène à découvrir les fonctions de ces manques. Reconnaître que nous ne sachions pas est la condition pour que nous puissions acquérir des connaissances nouvelles, la condition du progrès. Admettre que l'amour de l'autre n'est garanti par aucune loi, par aucun contrat, nous évite l'affadissement, la négligence, la veulerie dans cette relation à l'autre, nous amène à maintenir en permanence la courtoisie au sens fort du terme, nécessaire à la quête et à la conquête amoureuse. L'amour émoussé transforme la vie d'un couple en un enfer quotidien. L'amour par contre reste le meilleur stimulant de notre inventivité, de notre créativité. Quant à la mise en question de notre civilisation, elle est la seule voie pour nous arracher à l'enlisement dans le guide gastronomique et la télévision.

En revendiquant notre désir, notre recherche et notre incertitude, en rejetant nos convictions, notre savoir et notre droit, l'hystérie s'avère révolutionnaire, comme le fut Freud, sans avoir forcément recours aux armes, aux médias ou au scandale.

Pour passer du discours hystérique au discours psychanalytique, un tout petit déplacement suffit, déplacement qui nous évite de combler le désir hystérique par un objet factice.

Imaginons maintenant que les circonstances permettent à l'hystérique de croire, par exemple, que cet objet factice va surgir. Que se passe-t-il ? Rappelez-vous, au début de ce chapitre, Liliane aux traits figés, à la revendication figée, à l'existence figée. Ce n'est pas là l'image qui s'est progressivement dégagée du défi hystérique. Aussi avais-je laissé entendre que Liliane n'était plus tout à fait hystérique. Plus tout à fait ? On pourrait même croire qu'elle avait rejoint les antipodes de l'hystérie, qu'elle avait basculé dans la paranoïa. Tous ceux qui ont eu l'occasion d'accompagner pendant assez longtemps des hystériques savent qu'un certain nombre d'entre elles passent à la revendication paranoïaque. Nous ne sommes pas toujours étrangers à ce passage. Il suffit d'une fausse manœuvre médicale qui fasse s'évanouir le désir hystérique. Nous avons vu que ce désir était celui de notre manque. Qu'on laisse entendre à l'hystérique que son désir est en fait une demande d'objet auquel elle aurait droit et la bascule à la paranoïa est accomplie. Le désir de l'hystérique ne devient plus désir de manque ou désir de désir mais désir d'objet manquant, dont on ne veut pas reconnaître qu'il est perdu, et dont on persiste à croire qu'il est récupérable.

Le fameux *penis-neid* de l'hystérique n'est qu'une forme particulière donnée à son désir. Et si nous juxtaposons maintenant les deux formules : le désir de l'hystérique et le penis-neid d'une part et le désir de notre manque d'autre part, cela contribuera peut-être à nous rendre un peu plus modestes, c'est-à-dire moins machistes, donc moins racistes. Et c'est ainsi que le défi hystérique aura contribué à revivifier un monde qui devient invivable faute de désir et par excès d'objet.

Synthèse de l'hystérie

Il est désormais possible de résumer tout ce qui précède sur l'hystérie, ainsi que ce qui était déjà exposé dans « *L'hystérique, le sexe et le médecin* », d'une façon synthétique.

De nombreuses difficultés dans l'étude de cette névrose naissent de ce que le même terme désigne deux états très différents de l'évolution des symptômes. Mettre en lumière ce qui provoque le passage, heureusement pas obligatoire, de l'une à l'autre forme permettra en même temps de mieux faire saisir la place et le rôle de l'hystérie dans la société, et les réactions qu'elle suscite.

Le premier état de l'hystérie est celui que je propose de désigner par hystérie mobile. Tous les symptômes, traits de caractère, conduites, sont présents, mais peuvent disparaître très rapidement par leur reconversion en parole. Il suffit pour cela que l'hystérique rencontre quelqu'un qui l'écoute, et éventuellement lui réponde sans lui imposer son propre discours, ses propres règles, valeurs et idéaux.

A défaut de cette rencontre, toujours recherchée, l'hystérie va se trouver exposée au discours ordinaire, dont nous définirons plus bas l'essence, et dont l'effet sera de transformer, de figer l'hystérie mobile en ce que j'appelais jusqu'à présent hystérie dépassée, et qu'il vaudrait peut-être mieux désigner par hystérie captive, laissant ainsi un petit espoir de délivrance.

Cette hystérie captive se caractérise par toutes les manifestations précédentes, mais irréversibles, ou tout au moins très difficilement mobilisables. C'est le tableau de ces paralysies, tremblements, torticolis, douleurs opiniâtres, qu'on ne devrait plus voir, mais qu'on a parfois la surprise de découvrir, avec son immuable cortège d'attitudes revendicatrices, voire quérulentes et processives.

Quelle mauvaise rencontre est au fondement de l'invétération des troubles ?

J'ai longtemps considéré qu'il s'agissait d'une évolution iatrogène, par la confrontation avec des médecins qui avaient à cœur de rendre malade le névrosé avant de pouvoir le soigner. Cette éventualité est la plus fréquente en matière de médecine. Mais elle ne représente qu'un cas particulier de cette deuxième métamorphose de l'hystérie, la première étant la conversion.

Que veut l'hystérique ? Cette formule n'est qu'une métonymie de la question, posée au départ par Freud : « Que veut une femme ? »

Je n'irai pas à la théorie psychanalytique pour proposer une réponse très générale. Il existe une réponse simple : l'hystérique cherche un homme ayant le courage de reconnaître en lui un vide, un manque où elle pourrait, au moins pour un temps, prendre place.

Autrement dit, elle recherche, elle désire le manque de l'autre. Si à cette recherche, l'autre répond par l'offre d'un objet, la mobilité permise par la recherche d'un lieu vide se fige, et l'hystérique bascule dans un état fixé, trop souvent définitif.

L'objet ainsi offert à la place du manque escompté n'a guère d'importance : cadeau, image, argent, pouvoir. Quel qu'il soit, il ne peut pas ne pas s'agir d'un objet anal.

L'analité représente l'idéal de l'adaptation à une société de production-consommation, avec ses critères de travail, de valeurs, d'ordre, rappelant la triade du caractère anal, dit aussi obsessionnel, mais qui mériterait plus souvent le qualificatif d'autoritaire.

Que l'hystérique se fige correspond bien aux souhaits d'une société rangée. Aussi longtemps que l'hystérique n'est pas figée, elle dérange.

L'hystérie représente donc l'antianalité dans une société anale. Ce qui pourrait se dire aussi qu'elle représente le féminin dans un monde masculin.

3. La névrose obsessionnelle ou le garde-fou

La répétition des gestes, attitudes et paroles est une tendance spontanée, on serait presque tenté de dire naturelle, chez l'être humain. Le petit enfant répète les mêmes jeux, et cette répétition devient rapidement exigence, à laquelle l'adulte se plie d'autant plus volontiers qu'il l'a induite. Les contes, les chansons, les lectures doivent reprendre inlassablement les mêmes mots, les mêmes formules. Tout est prêt pour la ritualisation.

La même répétition est indispensable pour tous les actes de la vie, de la toilette aux habitudes professionnelles, des gestes et paroles du plaisir à ceux de la prière. La répétition économise le temps, l'énergie et l'initiative. L'existence quotidienne deviendrait un exploit d'athlétisme si chaque moment demandait à être chaque jour réinventé.

Le déroulement répétitif des comportements assure encore une autre fonction : celle de contrôler que tout est bien à sa place, que tout ce qui devait être fait a été fait. La répétition prend la forme d'une vérification et d'une garantie, comme le contrôle systématique des mécanismes d'un avion avant l'envol. C'est à partir de là que la répétition risque de déraper dans le pathologique. De moyen elle devient fin, dans les stéréotypies des schizophrènes, par exemple. Mais aussi dans l'obsession. L'obsession garantit contre l'imprévu, contre l'irruption d'un innommable angoissant. L'obsession protège contre l'angoisse et la menace de passion ou de folie qu'elle signale. Elle est garde-fou. Comme on dit garde-manger. C'est dire qu'à la fois elle protège contre la folie, et qu'en quelque sorte elle la conserve.

Quand peut-on parler de névrose obsessionnelle ? Quand peut-on parler de névrose tout court ? Qu'est-ce qui nous permet de sacrifier ainsi à la nosologie, d'inventer des catégories dites pathologiques ? La question s'était posée déjà pour l'hystérie, et même pour les psychoses. Il faut réinterroger dès le départ la légitimité de l'inscription pathologique de la névrose, de toutes les névroses. Et d'emblée il faut souligner que notre rôle n'est pas innocent. Il n'est pas certain que d'introduire le terme de névrose soit sans conséquence sur celui qui, jusque-là, n'est pas reconnu, ou ne s'est pas reconnu comme névrosé. Comme la plupart des vocables utilisés en psychiatrie, le terme de névrose est un signifiant. Il nous intéresse ici par l'un de ses effets, qui fonctionne justement dans cette catégorie appelée névrose. L'un des effets du signifiant est que, étant vide, et ne désignant rien, il offre un pseudo-être à qui veut se choisir un air d'être. Il offre la possibilité d'une défroque. Plutôt être névrosé que de ne pas savoir ce qu'on est ou de se croire n'être rien. En effet, pourquoi viennent-ils nous trouver, ces obsessionnels ? En quoi se distinguent-ils de n'importe qui d'entre nous ? Voici à peu près ce qu'ils disent lorsqu'ils se trouvent devant un psychiatre, un psychologue, un psychanalyste et pourquoi pas aussi bien un médecin généraliste. « Chaque fois que j'ai jeté une lettre à la boîte, je me demande si j'ai mis l'adresse ou si je l'ai affranchie. Chaque fois que je sors de chez moi, je me demande si j'ai bien fermé les robinets, à gaz ou à eau, à tout ce qu'on voudra. Quand je me promène sur un trottoir, je tiens à mettre les pieds au centre des dalles et je suis tout à fait désolé quand j'ai marché sur une rainure. Il m'arrive même de refaire mon chemin de façon à l'accomplir sans transgresser cette frontière rainurée. » On peut sourire de cette description, peut-être parce qu'on s'y est partiellement reconnu, ou qu'on y a reconnu un voisin ou un ami, ce qui est plus facile, les misères des autres étant plus faciles à supporter que les siennes.

Après la rencontre avec un interlocuteur qualifié, on est déjà un peu soulagé. Chacun peut faire cette expérience, du soulagement qui survient après qu'on ait pu se confier à quelqu'un. On est reconnu. Peut-être comme névrosé, mais ce n'est pas le plus important. C'est d'être reconnu qu'il s'agit. En effet, il reste à démontrer que ce que nous appelons névrosé et que nous traitons comme tel, constitue une catégorie différente des gens dits normaux.

Cette expérience, d'un soulagement, d'un mieux-être après une rencontre qui nous a permis de parler est un moment tout à fait privilégié, aussi bien dans l'exercice de la médecine que dans la formation d'une personne. Une telle rencontre est un objet d'étude exemplaire, car elle constitue une répétition de toutes les rencontres antérieures, rencontres qui ont été déterminantes, qui nous ont « marqués », comme on dit. Cette rencontre avec le médecin est bénéfique, elle nous délivre des conséquences d'autres situations qui nous avaient enfermés, qui nous avaient interdit, pour un temps ou pour toujours, l'accès à nous-mêmes.

Le « colloque singulier » a parfois la chance de constituer un moment privilégié, un moment où l'on découvre l'issue d'une prison. Moment à partir duquel il deviendra possible de remonter, parfois très loin, vers les origines de l'enfermement.

On ne se souvient pas de tous les moments de sa vie. Seulement des moments qualifiés d'« intéressants ». On pourrait croire qu'il s'agit d'événements particulièrement riches en sensations, perceptions, émotions. Ce qui permettrait de remonter à des stades très précoces, voire très archaïques de notre développement. C'est là une position, une option théorique, difficilement démontrable. L'effet de la rencontre avec un médecin telle qu'elle a été évoquée plus haut apporte des éléments d'intelligibilité qui se distinguent, au moins partiellement, des approximations sentimentales et impressionnistes. Les moments marquants de nos souvenirs sont ceux qui furent accompagnés de paroles. Et lorsqu'ils concernent nos débuts dans la vie, nous ne les connaissons que parce que d'autres nous les ont rappelés, parfois à maintes reprises. Au point qu'on peut se demander si ces moments particuliers ne nous ont pas été littéralement enseignés. C'est-à-dire qu'ils traduisent la vérité d'autrui plus que notre vérité. Et le discours qui nous a imposé ces parties plus ou moins fictives de notre vie est d'autant plus apprécié et d'autant plus aliénant, qu'il suggère des événements particulièrement intéressants de notre existence. Mais intéressants pour qui ? En premier lieu pour ceux qui nous les ont rapportés. Autrement dit, ces « souvenirs », précoces le plus souvent, sont des situations où nous avons été intéressants pour autrui. Des situations où nous avons été importants pour autrui, et reconnus par autrui. L'efficacité des rencontres psychothérapiques consiste à nous faire retrouver de pareils moments, et à nous en délivrer, fût-ce au prix d'un certain chagrin. Délivrance, car au moment de notre constitution en objet d'intérêt pour autrui, nous avons en même temps été condamnés à rester de tels objets, avec interdiction de bouger, d'évoluer. Pour continuer à assurer le bonheur de celui qui s'est intéressé à nous.

Retour à l'obsession ! Pourquoi viennent-ils nous trouver, ces obsédés ? Que quelques intellectuels plus ou moins « psy » ou parapsy sachent ce qu'est une névrose obsessionnelle et qu'ils se soient découverts les symptômes correspondants n'est pas tout à fait impensable. Il n'est pas rare que quelqu'un m'écrive : « J'ai une névrose obsessionnelle, je voudrais entreprendre un traitement. » Ce n'est pas tout à fait exact. On écrit plutôt : « J'ai une névrose obsessionnelle » mais la suite est le plus souvent un peu différente : « Je suis en traitement depuis six mois, depuis trois ans, depuis dix ans et je voudrais bien trouver une thérapie efficace. » Malheureusement je ne dispose pas d'un tel traitement. Ces personnes-là savent à peu près ce qu'est une névrose obsessionnelle. Mais la plupart du temps, lorsqu'on parle de névrose obsessionnelle, dans la presse par exemple, qu'entend-on par là ? Qu'est-ce qu'un obsessionnel ou un obsédé ? Celui ou celle qui ne pensent qu'à ça !

Si dans le public donc l'obsession correspond au « je ne pense qu'à ça », ce que les psychiatres désignent par obsession s'appelle dans le public manie. On a des manies. C'est-à-dire qu'on a des conduites répétitives, des gestes, des actes, des paroles qui se répètent, toujours les mêmes. On prend les mêmes précautions avant de s'asseoir, avant de se mettre à table, avant de se mettre au lit, pour procéder à sa toilette. Mais de telles habitudes, qui n'en a pas ? Observez votre proche entourage, ou faites-vous observer par un membre de la famille, et, au bout de quelques jours, faites le bilan.

On découvre que tous ces moments de l'existence sont entièrement, parfaitement ritualisés. On présume que cette mécanisation constitue une économie d'énergie. On n'a pas besoin d'y penser : ça se fait tout seul. Ça n'est pas sûr. Certes, il n'est pas nécessaire d'inventer chaque jour une nouvelle technique ou un nouveau parcours pour promener le rasoir sur son visage lorsqu'on est astreint à se raser. C'est suffisamment automatique pour qu'on puisse penser à autre chose. Mais toutes ces habitudes sont loin d'être insignifiantes ou indifférentes. Le perfectionnisme du pianiste qui déplace son siège, en règle la hauteur, du violoniste qui accorde son instrument ont des raisons professionnelles et il ne s'agit pas d'habitudes ou de rites. Mais qu'on pense au rituel du coucher. Il y eut les couchers et les levers du roi. La chose se répète dans chaque famille pour les enfants. Et les habitudes prises dans l'enfance se poursuivent : mise en place tout d'abord du matériel de couchage. Il y a des gens qui choisissent des traversins, d'autres qui prennent des oreillers. D'autres couchent à plat. Combien de temps faut-il tapoter, déplacer, plier, déplier, rouler, doubler son oreiller ? Il en va de même pour les couvertures ou les draps. Quant aux invitations à la copulation, même avec les partenaires habituels, elles laissent loin derrière elles les danses nuptiales des animaux. A ceci près que l'être humain, s'étant libéré du rut, peut répéter ces conduites aussi souvent qu'il en aura envie. L'inventivité en matière amoureuse est des plus réduites. Tous ces actes sont aussi ritualisés que les salutations.

L'obsession, les manies, font partie des éléments nécessaires à notre vie quotidienne. Elles prennent en charge de façon automatique toute une série de conduites que l'éducation, la société, le travail nous imposent.

Un dernier exemple. Tout le monde fait partie ou a fait partie de groupes de travail. Dès la troisième réunion et parfois dès la seconde, chacun a sa place. Il n'est plus question d'en changer. Et les audacieux qui tentent de changer de place entraînent un malaise aussi bien chez eux que chez les autres. Quelque chose s'est modifié.

Les obsessionnels à proprement parler ne viennent pas tellement consulter pour les petites manies auxquelles ils sont habitués. Ils viennent justement pour ce qui vient d'être évoqué. Comme dans certains contes d'enfants, quelqu'un s'est assis sur leur chaise. Quelque chose a fait qu'ils n'étaient plus à leur place ou qu'ils n'ont pas pu reprendre leur place. Tous ceux, au moins tous les hommes, qui ont une place de parking réservée savent combien on peut être irrité de voir cette place occupée. Et derrière toutes les rationalisations il convient de rechercher le dérangement des habitudes. C'est cela qu'il s'agit d'entendre chez nos obsessionnels. Ce dérangement par rapport aux habitudes ne fait pas partie des symptômes classiques de la névrose obsessionnelle. On dit cette névrose relativement rare. Parce que justement on exige un développement symptomatique complet. Le médecin praticien est certainement le mieux placé pour découvrir une foule de symptômes nouveaux, inédits, qui indiquent que l'on a à faire à une névrose obsessionnelle. Il existe une quantité de malaises, de petits troubles dont le point de départ est marqué par une date. Celle où quelque chose a été changé dans les habitudes, où quelque chose a dérangé les petits automatismes de quelqu'un.

Une psychiatrie pour le praticien et par le praticien est l'une des conditions du maintien du médecin dans sa fonction. A défaut de cet effort, toute son activité se verra vidée de son intérêt au profit soit d'une haute technicité soit de toutes les thaumaturgies qui s'offrent actuellement sur le marché et dont les malades feront les frais et seront les premières victimes. Par contre le développement d'une meilleure coopération entre praticiens et psychiatres peut donner un regain d'intérêt à leurs deux professions. Le praticien décèlera ainsi une foule de névroses obsessionnelles qui, faute d'avoir été reconnues à temps, entraîneront pour le malade des réactions dépressives, elles-mêmes souvent larvées par des manifestations somatiques. Alors qu'une meilleure connaissance des névroses aurait permis de réaliser précocement cette rencontre dont il a été question plus haut, rencontre à effet psychothérapique, libératrice. Et lorsque le médecin découvrira des situations plus graves, le recours au psychiatre se fera de façon aisée. Les soi-disant réticences du malade à l'égard des psychiatres sont en effet le plus souvent la traduction des propres réticences du médecin.

Une autre raison justifie le développement d'une psychiatrie du praticien, raison actuelle et dont l'importance ne fera que croître : c'est la dimension préventive de l'action médicale.

Il sera question plus tard de la prévention traditionnelle. Lorsqu'il s'agit de tabac, d'alcool ou de drogue, cette prévention voit son efficacité limitée par une série de facteurs ne dépendant ni de la médecine ni de l'hygiène, facteurs économiques notamment. Il existe, par contre, un secteur de la prévention qui est à développer. Non pas la prévention des névroses, car il est difficilement concevable de prévenir la constitution et les manifestations de l'inconscient, mais la prévention des réactions, ces réactions dont on parle trop peu et qui sont le lot de la psychiatrie du praticien.

On a souvent tendance à confondre de telles réactions avec des névroses. Elles peuvent avoir en commun bon nombre de symptômes, mais les névroses, il faut le rappeler, sont des modifications permanentes de la personnalité dont le début est souvent repérable dès l'enfance, alors que les réactions reconnaissent une origine précisément datable à une variation de l'entourage. Le débat d'une éventuelle prédisposition névrotique est sans grand intérêt, la prédisposition en question existant toujours à un certain taux chez chaque être humain. La névrose n'est pas une composante pathologique de la personnalité, mais un élément universel constituant une marge sur laquelle chacun peut conquérir un supplément de liberté. Le dépassement d'un malaise réactionnel peut fort bien contribuer à cette conquête sur le territoire névrotique.

La névrose elle-même, lorsqu'il lui arrive d'envahir une trop grande partie de la personnalité, peut susciter de telles réactions dans l'entourage du névrosé. Les parents fortement névrosés vont favoriser chez leurs enfants le développement de tendances névrotiques, mais il serait bien difficile de mettre en formules générales les conséquences des névroses parentales sur les enfants. Par contre, et on l'a vu déjà dans le cas de l'hystérie, certains équilibres conjugaux ou familiaux se fondent sur la névrose d'un membre du groupe ou du couple. Ce qui fait qu'on aura souvent la surprise de déclencher l'opposition de la famille lorsqu'un traitement risquera d'entraîner une amélioration trop importante.

Symptômes

On sait que l'hystérique provoque souvent des réactions de rejet, et le : « personne ne m'aime » qu'on lui attribue se trouve fréquemment justifié par la réalité. Il est remarquable, par contre, de constater la bonne tolérance du milieu à l'égard des obsessionnels qui, s'ils irritent un peu en raison du temps consacré à leurs rituels ou à leur questionnement stéréotypé et inlassable, sont en général appréciés pour leur douceur et leur gentillesse. Au point que l'on peut parler d'une véritable complicité de l'entourage, enfermant de plus en plus le névrosé dans sa prison, renforçant le garde-fou, comme si, sans en avoir clairement conscience, le milieu tenait à garder son fou.

Que sait-on du comportement des obsessionnels dans leur milieu ? On pourrait tenter de définir épidémiologiquement l'obsessionnel, c'est-à-dire fonder statistiquement un portrait-robot. On constaterait qu'il s'agit le plus souvent d'un homme, plutôt gentil, entêté, sans grande imagination, consciencieux, respectueux des lois et des devoirs. Après une telle description, on pourrait se demander ce qui distingue l'obsessionnel des autres hommes ! Il est effectivement comme tout le monde, ou, si l'on préfère, comme tous les hommes, au sens masculin, qui tous ont développé quelques traits obsessionnels. Il n'est pas nécessaire, pour parler de névrose obsessionnelle, de voir apparaître les grands moments de productivité tels que... On hésite lorsqu'il s'agit de trouver un exemple. Même si l'obsession est moins fréquente que l'hystérie, les exemples devraient être nombreux. Et pourtant, chaque fois que l'on cherche un exemple suffisamment dramatisé, c'est toujours sur l'Homme aux rats qu'on retombe. Or, au moment où cet Homme aux rats est venu trouver Freud, il venait justement de dépasser une névrose obsessionnelle avec laquelle il vivait en bonne intelligence depuis pas mal d'années. C'est là qu'il faut admirer le génie de Freud qui a reconnu la phase évolutive dans laquelle se trouvait son patient, phase qui a permis d'obtenir une amélioration remarquablement rapide. L'évolution de la névrose avait amené l'Homme aux rats à tenter de s'échapper de sa prison, comme une mouche qui se cogne aux vitres, montant un scénario de délivrance qui avait perdu toute attache avec la réalité.

Freud n'hésite pas à reconnaître des symptômes psychotiques dans les comportements de l'Homme aux rats, dans les jours ayant précédé le début du traitement et au cours des premières séances. Il dit notamment que le patient souffrait de contradictions internes, que son discours était désespérément confus, qu'il souffrait d'illusions amnésiques, de fausses reconnaissances, l'amenant à appeler à plusieurs reprises Freud « mon capitaine ». Il évoque non seulement la confusion, mais encore l'obnubilation et il n'hésite pas (2) à utiliser le terme de délire pour décrire l'état de l'Homme aux rats au début du traitement. On trouve donc dans les termes mêmes utilisés par Freud un argument de poids venant confirmer d'une part l'existence de moments évolutifs quasi psychotiques chez les obsessionnels, et d'autre part, la possibilité déjà évoquée dans le rappel des bouffées délirantes d'une utilisation thérapeutique de telles phases. On peut même légitimement émettre l'hypothèse que c'est au prix de tels moments qu'une névrose, et en particulier obsessionnelle, échappe à ses ornières. Freud était moins enfermé que nous dans des catégories nosologiques rigides et sans communication entre elles. Il était surtout plus courageux.

Notre courage n'est toutefois pas très souvent mis à l'épreuve, l'état dans lequel se trouvait l'Homme aux rats n'étant pas celui que le praticien rencontrera le plus fréquemment. Outre les petits symptômes déjà évoqués, symptômes qu'il faudra savoir écouter, car les gens, conscients de l'absurdité de ces troubles ne les avouent pas facilement, citons-en quelques autres qui ne sont pas souvent décrits.

« J'ai une chanson dans la tête » pourrait s'appeler l'un d'eux. Je ne reprends pas les symptômes largement décrits dans tous les manuels, mais j'essaie de montrer qu'il faut être prêt à entendre d'autres manifestations. Chansons, donc, qui s'imposent et insistent, qui poursuivent et dont on ne peut se défaire, et qui reviennent, pour boucher des trous. La nature de l'obsessionnel a horreur du vide. « C'est un air qui vient on ne sait d'où » disait une autre chanson. Mais il vient de quelque part, on ne l'a pas inventé. La répétition est ici imitation, imitation de ce que l'on a entendu ou de ce que l'on se représente. C'est un symptôme obsessionnel dont on parle peu. Qu'on ne croie pas qu'il s'agisse d'un symptôme hystérique. Je n'en veux pour preuve que la contagion du bâillement. « Bon bâilleur fait bâiller ». Que l'on se concentre quelques instants sur cette phrase, on verra que l'envie de bâiller survient... et qu'il est bien difficile de s'en défaire. On a réalisé un microsymptôme obsessionnel. Et si l'on s'interdit de satisfaire l'envie de bâiller, cela devient très frustrant, et l'on

(2) *Gesammelte Werke,* tome VII, p. 397.

construit des défenses contre la frustration, comme dans toute névrose obsessionnelle. Imaginons maintenant qu'on cède à la tentation de bâiller. Ce serait comme céder à la tentation de vérifier si les robinets sont bien fermés. Combien de fois faudra-t-il refaire le même geste pour être sûr que tout est bien étanche ? Où trouver des garanties, car ce sont bien des garanties que recherche l'obsessionnel ? Ce qui montre bien que l'élément fondamental, pathognomonique de l'obsession, est le doute. Doute qui fait partie également de la personnalité normale, car seul le psychotique ne doute pas. Les symptômes obsessionnels ne sont pas tous pathologiques en eux-mêmes. Ils sont les signes que quelque chose nous pose problème, un problème que nous sommes invités à dépasser. Les anciens cliniciens avaient isolé une forme clinique particulière de la névrose obsessionnelle, appelée folie du doute, l'autre forme étant le délire du toucher. S'il y a un intérêt didactique à séparer les deux formes, elles coexistent toujours dans la réalité.

L'obsessionnel doute de son innocuité, de son innocence, et comme aucun garant ne peut lui être fourni, il est entraîné à ces surenchères que sont les grands rituels, aboutissant à ce que l'on appelle parfois la névrose invalidante. Le terme n'est pas satisfaisant, car, en fait, ce n'est pas la névrose qui est invalidante, mais les mauvaises rencontres faites par le névrosé. Un tel état est la somme des ratages : traitements mal compris, entretiens mal conduits. La névrose est trop souvent une névrose iatrogène, c'est-à-dire aggravée par l'incompréhension, les thérapeutiques intempestives. Il est plus facile d'accuser le génie propre de la névrose que de reconnaître les fautes professionnelles ou les méfaits de l'entourage. On ne peut certes pas demander à un médecin praticien de traiter une névrose obsessionnelle, mais éviter de l'aggraver fait partie de son travail.

Le diagnostic de névrose obsessionnelle est plus rarement porté que celui des autres névroses. Il est souvent difficile de distinguer les conduites obsessionnelles nécessaires à l'adaptation, des obsessions qui justement s'opposent à cette adaptation. Ne nous pressons pas d'entendre cette phrase comme un plaidoyer en faveur de l'adaptation. Être bien adapté, être à l'aise dans la place qu'on occupe, être satisfait du monde qui nous entoure, quand ce n'est pas un fantasme, c'est peut-être un symptôme. Un symptôme de notre besoin d'ordre, de conformité, d'emploi du temps, un symptôme de notre soif de garanties et de sécurité, de notre bonne gestion, ce qui n'est pas très loin d'une bonne digestion où se reconnaît le caractère anal qu'on attribue aux obsessionnels.

Le caractère anal, comme tous les caractères, est une vue de l'esprit. Il n'existe pas à l'état pur. Tous les caractères sont représentés à un certain taux dans toutes les personnalités, de même que tous les symptômes névrotiques sont présents dans nos moyens d'aménager la relation à autrui. La normalité est l'aptitude à diversifier suffisamment ces modes de relation pour que nous ne nous figions pas dans un tableau invariable et sans surprise.

La vie quotidienne de l'obsessionnel

Occuper sa place, meubler son temps, classer, cataloguer : que de soucis ! Souci : ce mot résume tous les précédents, contient en lui tous les symptômes obsessionnels. A croire qu'il plairait à une foule de gens d'être un objet casable, dans une boîte ou un écrin. Plutôt une prison dont on connaît chaque pierre qu'une liberté où l'on est exposé à tous les imprévus. Les murs n'ont pas besoin d'avoir l'épaisseur d'un barrage : le moindre grillage, la moindre tenture fera l'affaire. A moins que le « prisonnier », l'« assiégé », car c'est cela que veut dire obsédé, n'éprouve le besoin de se protéger contre un extérieur qui veut le délivrer. Les murs ne seront renforcés que s'il y a menace de libération. Indication dont devront tenir compte ceux qui voudront entreprendre des traitements d'obsessionnels, ou du moins certains traitements. D'autres, qui renforceraient les servitudes, seront mieux accueillis.

Les gens, dans l'ensemble, supportent mal la liberté, la responsabilité, l'incertitude. Qu'un gouvernement hésite, discute, recherche la concertation, et l'on découvre que la majorité des citoyens demande un gouvernement fort, pour ne pas dire un homme fort, un gouvernement qui impose ses décisions, n'accepte aucun marchandage, aucun compromis, débarrassant ainsi les gouvernés de toute responsabilité, et donnant libre cours à une critique qui ne risque pas d'être suivie d'effet. Une démocratie, avec ses réformes révocables, l'aveu de ses échecs, ses changements d'orientation, est mal supportée par les obsessionnels. De même qu'elle est totalement insupportable aux autoritaires. Il y aura toujours une majorité d'obsessionnels. Même si la névrose obsessionnelle à proprement parler est rare, les tendances anales sont dominantes chez les hommes, les masculins.

Un exemple de ce souci de sécurité, de stabilité, qui n'est pas sans rapport avec la relation citoyen-Etat, est le désir très général d'être fonctionnaire, ou de voir ses enfants devenir fonctionnaires. Sécurité de l'emploi, garantie pour les lendemains, mais pas de ceux qui chantent. De ceux qui ne font que répéter la morosité d'aujourd'hui.

On sera sans doute déconcerté par une apparente confusion dans cet exposé sur la névrose obsessionnelle. Ce n'est pas tout à fait fortuit. L'enseignement, depuis l'école primaire, nous a habitués aux emplois du temps. Rappelez-vous les petites cases que les forts en thème coloriaient en rose, bleu pâle, jaune selon les matières. On ne s'en défait pas aisément. Et le système des examens par questions de plus en plus courtes ne peut que renforcer l'enfermement des connaissances dans des lieux étriqués. Chaque chose à sa place. Il n'est peut-être pas illégitime, dans une telle situation, de présenter un peu pêle-mêle les données sur la névrose obsessionnelle, avec quelques répétitions, digressions et contradictions, afin que, devant l'uniformisation qui nous menace, chacun ait une possibilité de reconstituer une clinique marquée de sa propre personnalité. Il serait plus efficace de faciliter aux étudiants l'accès à la bibliographie et à la recherche, plutôt que de les gaver d'aide-mémoire polycopiés. Il semble qu'on ait un peu oublié la tête bien faite !

L'uniformisation de l'enseignement et du mode d'enseignement, de même que le fonctionnariat entraînent la constitution d'un niveau moyen, de qualité suffisante mais sans originalité et où la créativité est assimilée à l'imprévu, c'est-à-dire qu'elle est mal vue. La créativité est incompatible avec trop de sécurité confortable. Travail régulier, place assignée. On pense aux animaux domestiques qui donnent peut-être une image du monde obsessionnel. L'animal domestique n'est pas hystérique. L'hystérie est une création humaine, peut-être féminine. L'obsession touche quelque part au monde animal. L'animal aime être casé. Il se conditionne rapidement. Et l'éducation humaine, elle aussi, utilise largement le conditionnement, pour l'alimentation, le dressage sphinctérien, les jeux de l'enfant.

La gentillesse dont il a déjà été question traduit elle aussi le souci d'éviter les sentiments excessifs et leurs manifestations. « Qu'est-ce qu'il est gentil ! » Cela peut se dire de certains médecins. Pas forcément des plus compétents, mais comme les gens qui vont les voir sont rarement malades, cela n'a guère d'importance. Gentillesse de l'obsédé encore : le gentil garçon. Bon camarade, bon époux, donc ennuyeux. Les personnes gentilles ont peur de faire de la peine. A moins qu'elles n'osent pas. Elles n'osent pas rompre une situation vidée de toute surprise, d'où l'ennui.

Il serait intéressant d'étudier les motifs qui poussent les femmes à choisir des obsédés. Bien sûr, comme elles épousent des hommes, elles n'ont pas tellement l'occasion de choisir autre chose.

Il y a toutefois des degrés dans l'obsessionalité, et de toute façon, un obsessionnel est rassurant. On est sûr de le retrouver toujours tel qu'en lui-même la névrose l'a figé. La compagne idéale de l'obsessionnel sera une femme qui a besoin d'être rassurée, donc une phobique.

Signification de l'obsession

Cela ne doit pas nous empêcher de nous interroger sur cette gentillesse. Sourire, ne pas blesser, ne pas faire de mal, ne pas heurter les opinions, les options ou les goûts d'autrui. Par peur de provoquer chez l'autre une explosion qui à son tour entraînerait la nécessité d'une riposte, de représailles. C'est alors que se révèlerait ce qui se tramait au-delà du garde-fou de l'obsession. L'obsessionnel a peur que se révèle l'insolite caché derrière la façade.

L'insolite inconscient est-il forcément inquiétant, ou bien s'agit-il déjà d'un mécanisme obsessionnel que de prêter à l'inconnu une dimension inquiétante, voire dangereuse ou horrible ? La conviction d'une horreur menaçante amène l'obsessionnel à construire ses rituels. Les grands rituels toutefois sont rares, car la vie quotidienne est suffisamment ritualisée pour dispenser l'obsessionnel de l'invention d'un symptôme nouveau. L'organisation de la vie, du travail, entraîne des conduites obsessionnelles. Toutes les activités sont entourées de soins et de soucis qui amènent l'obsessionnel à remplir par ses préoccupations son temps quadrillé, témoignant ainsi de son horreur du temps vide. Les statistiques ont montré que le degré de culture d'un groupe se mesurait à la quantité de papier consommé. Cela traduit l'idéal obsessionnel à condition qu'on veuille bien se souvenir que le papier ne sert pas seulement à écrire ou à emballer ses sandwichs.

Survienne toutefois l'évidence que ce monde rangé, bien ordonné, ne réponde pas intégralement à notre souhait d'une harmonie bien tempérée, c'est alors l'effondrement d'une leurrante sécurité, et la nécessité de colmater d'urgence les brèches d'un confortable cocon.

Le quadrillage sécurisant, qui nous mettait hors de portée de l'imprévu, en s'avérant n'être pas entièrement le reflet du monde extérieur à nous, nous oblige à des mesures protectrices. Entre la réalité et nous s'était édifié un mur, une construction obsessionnelle qui, en mettant une distance, nous permettait de croire que nous étions à notre place, dans notre case, naturelle pourrait-on dire, dans un acte de foi d'une écologie édénique.

Que s'effondrent ces mécanismes protecteurs, que l'on appelle parfois mécanismes de défense, et le monde apparaîtra avec toutes ses menaces. Mais ce que nous allons surtout y percevoir, ce seront les reflets d'une réalité psychique intérieure. Car il ne faut pas s'y tromper : cette muraille réconfortante, qui berçait de l'illusion complice, nous faisant supposer une entente cordiale entre l'environnement et la personne, était surtout destinée à rassurer cette personne, lui faire croire à sa propre bienveillance à l'égard de l'entourage. Les brèches dans les murs sont celles où s'infiltrent nos propres sentiments de désaccord ou d'hostilité, nos souhaits de meurtre, de violence ou de torture concernant les autres. C'est notre image de marque, d'homme de bien, qui se lézarde. Et derrière cet écran se découvre l'horreur. On pourrait rappeler ce vers de Rilke : « *Denn das Schöne ist nichts als des Schrecklichen Anfang* » (Car le beau n'est que l'amorce de l'effroyable). Derrière le paravent, le mal, les forces du mal. On se reportera aux travaux de Serge Leclaire, qui a pénétré cet enfer intérieur contre lequel l'obsessionnel tente de se protéger par ses symptômes (3).

Cette recherche frénétique de protection, qui mène aux symptômes et aux rituels obsessionnels, débouche également sur un ensemble de conduites, sur une attitude permanente d'exorcisme, de propitiation, dont on ne sait plus s'ils visent le milieu ou le sujet : c'est la superstition. Qu'est-ce que la superstition ? Il ne s'agit plus de considérer Lourdes ou Fatima comme des superstitions, même si l'on n'est guère tenté de partager la conviction des foules. Il y a, dans ces recherches collectives de la bienveillance, une attente d'un bienfait. La superstition par contre peuple le monde d'êtres malfaisants. La superstition met en scène les démons et leurs âmes damnées. Entre l'ange et le démon ne se passe pas simplement l'inversion du positif au négatif. Il y a une différence structurale. On parle parfois d'angélisme en psychiatrie, pour désigner le visage de certains schizophrènes autistiques, peu marqués par les traits et méplats traduisant la participation aux émotions, douleurs et jouissances humaines. Les démons par contre ont des visages ravinés, aux traits ravagés par le péché, colère et luxure, envie et orgueil. Les démons ne sont pas autistes, ils participent, ils copulent. Les anges sont tellement inaccessibles qu'il est devenu classique de s'interroger sur leur sexe. De se demander même s'ils en ont un. On prête aux anges des ailes de papillons, d'oiseaux, voire d'hyménoptères. Quant aux démons, tout le monde s'accorde à leur prêter des ailes de chauve-souris, donc de mammifères. Ils sont proches parents de l'homme.

La superstition remplace ce qu'on redoute de voir émerger, l'horreur intime. La superstition est l'armure préférée de l'obsessionnel. Certes, même la superstition, même le recours à la magie sont insuffisants, échouent à protéger le sujet contre une menace de choses qui échappent à la saisie par les mots, la parole.

Rencontre avec l'obsessionnel

Y a-t-il un moment privilégié auquel l'obsessionnel va solliciter le médecin ? On l'a dit déjà, la névrose obsessionnelle ou les tendances obsessionnelles sont plus fréquentes chez l'homme que chez la femme. Après le développement sur la fonction protectrice des constructions obsessionnelles, faut-il conclure que les femmes sont plus courageuses que les hommes ? Cela ne paraît guère contestable pour certains domaines, notamment en ce qui concerne les entreprises incertaines, riches en possibilité de doute. Qui peut garantir l'issue d'une grossesse ? Peu d'hommes assumeraient neuf mois durant pareille incertitude. Caryotype et échogra-

(3) Serge LECLAIRE : *Psychanalyser.* Le champ freudien, Seuil.

phie sont bien des inventions d'hommes, destinées à réduire le doute, ou tout au moins l'attente. Dans quelques cas, une chirurgie fœtale est concevable, mais dans tous les autres, lorsque les examens auront amené à constater une malformation, la décision ne sera plus médicale, mais éthique, du moins pour l'instant. Il n'est pas rare toutefois que des femmes soient préoccupées par l'idée d'une incapacité à procréer un enfant normal. Une analyse plus poussée montrera toujours dans ces cas un regret d'être femme, soit que l'on eût préféré être un homme, soit, plus souvent, que l'un des parents eût été déçu à la naissance de cette femme parce que c'était un fils qu'on attendait. D'autre part, il serait faux de dire qu'aucun homme ne dispose d'esprit d'entreprise ou d'exploration. On découvre que les caractéristiques masculines ou féminines ne sont pas toujours localisées dans un individu anatomiquement féminin ou masculin. Freud déjà avait parlé de bisexualité. Les recherches biologiques, endocrinologiques, physiologiques montrent que le sexe ou le genre ne sont pas des corps simples comme on avait pu le croire pendant longtemps, et que chacun d'entre nous porte en lui une part de l'autre sexe, mais le taux en est variable. Peut-être nommons-nous obsessionnel celui qui est presque totalement homme, et hystérique celle qui est presque entièrement femme. Mais c'est encore une simplification, car où placer le caractère autoritaire dont nous avons vu également la prédominance chez les hommes ? Peut-être est-il la variante « psychotique » du caractère obsessionnel. L'homme, en général, ne manque pas de courage lorsque le risque est connu d'avance. Sinon, il y a longtemps que les hommes auraient perdu le goût de la guerre. Or c'est toujours avec la même ardeur ou la même frénésie qu'ils partent pour en découdre avec un ennemi qui n'est que leur réplique en miroir. Libérer des terres, sauver l'honneur, défendre la liberté : causes perdues d'avance, et pour cause. Comme si la mort ne faisait plus peur. Parfois même elle apparaît comme un soulagement. Ce qui effraie c'est peut-être davantage la perspective de souffrance, et surtout le risque inconnu, irreprésentable, innommable. La peur de ce qui peut surgir à l'improviste. On ne peut pas dire que dans une guerre la mort ne soit pas un risque prévu. A l'inverse, on se méfiera de l'apparition de symptômes obsessionnels chez une petite fille ou une jeune fille. Non que cela soit inconcevable, mais il faut redouter des symptômes de couverture. Couverture d'une personnalité qui se détraque, couverture devant l'imminence d'un naufrage psychotique. Rappelons-nous que l'obsession peut agir comme garde-fou. L'obsession colmate une brèche : intolérance au manque à être, révolte devant le manque à avoir, indigence psychique, pour n'avoir pas reçu, l'homme ne vivant pas seulement de pain, les matériaux indispensables au petit d'homme pour devenir un être humain.

Les névroses, et la névrose obsessionnelle ne fait pas exception, évoluent par poussées, scandées par certaines étapes de la vie, étapes suffisamment générales pour que nul n'y échappe. On pense bien sûr aux étapes de la vie sexuelle ou génitale, ce qui est le cas pour l'hystérie. Mais ce ne sont pas ces moments-là qui vont, le plus souvent, s'accompagner de flambées obsessionnelles. Qu'en est-il, en fait, de la sexualité de l'obsessionnel ? Elle n'est pas très riche, dit Freud. Mais comment définir une sexualité riche ? S'agit-il des heures ou des minutes passées à faire l'amour ? S'agit-il des techniques utilisées ? Comment mesurer la quantité et l'intensité, la qualité du plaisir éprouvé ? La richesse d'une vie sexuelle ne se traduit peut-être pas en prouesses physiques, en acrobaties génitales, mais dans l'importance accordée à l'amour. Là encore, toute mesure, toute comparaison paraissent difficiles. La caractéristique de la sexualité obsessionnelle porte le sceau de toutes les activités de ces personnalités. C'est une sexualité prévue, maintenue à sa place, dans son cadre, de façon qu'elle ne déborde pas sur les autres occupations. Elle est limitée, délimitée dans le temps, le plus souvent de façon à ne pas faire « perdre de temps », et dans l'espace : chambre à coucher, divan, lit et hôtel. L'« homme aux rats » avait localisé ses ébats dans une chambre précise d'une ville d'eau déterminée et toujours avec la même personne. L'amour occupe une case de l'emploi du temps. L'amour en case, en carte, à la carte. Surtout éviter improvisation et surprise, qui mèneraient à l'échec, à la débandade.

Certes, la puberté, le mariage, les grossesses ne vont pas tout à fait sans imprévu, mais on peut le limiter, s'y préparer. Il n'est pas rare que l'obsessionnel dispose d'un modèle parental dont la vie régulière, ritualisée lui serve d'exemple. C'est donc lorsque ces exemples, lors de deuils, viennent à manquer, que l'obsessionnel va se trouver soumis à des tensions auxquelles il n'avait pas pensé. Le travail de deuil est une épreuve à laquelle nul n'échappe. Il est un peu cruel de constater que souvent, cette souffrance amène un dépassement, un renouvellement dans la vie de chacun, à la limite une libération pourrait-on dire, même si la personne décédée ne nous opprimait nullement, n'était liée à nous que par des liens respectés et affectueux.

La perte d'une présence chère nous enlève une sécurité, une protection, mais en même temps ouvre de nouvelles portes, même si lors du deuil, nous ne sommes plus des enfants. Ce que nous savons de l'obsession, de sa fonction de rempart, rend compréhensible son renforcement lors d'un deuil. Il n'y a plus personne ou il y a une personne de moins pour penser, pour prévoir pour nous.

Ces mêmes remarques peuvent s'appliquer à une autre situation où les obsessions vont connaître un renforcement, une recrudescence. Les moments où une charge nouvelle va nous incomber, en particulier la naissance d'un enfant. Il n'y a pas si longtemps que les psychiatres se sont penchés sur cette « épreuve » : l'accès à la paternité (4). On pourrait croire qu'il s'agit de restituer à l'homme un intérêt quelque peu éclipsé par la maternité, jugée peut-être trop envahissante. Il peut s'agir aussi d'une réserve pudique à reconnaître que, pour beaucoup d'hommes, la paternité ne va pas sans poser problème. Les civilisations dites primitives ont introduit des rites permettant aux pères de partager avec leurs épouses les responsabilités nouvelles. La couvade est le plus connu. Chez nous, l'arrosage suivi de cuite à la naissance d'un enfant ne semble pas faciliter au père l'accès à sa nouvelle dignité, mais témoigne d'une peur assez généralisée devant l'assomption de la fonction paternelle. L'une des raisons en est, qu'on jette un coup d'œil sur les nombreux travaux récents, qu'on ne sait pas très bien ce qu'est un père, ni à quoi ça sert.

Comment faire pour être un père à la hauteur, comment élever, éduquer son enfant, comment lui garantir un avenir satisfaisant (pour qui, d'ailleurs ?) comment l'équiper, l'armer pour la vie ? Voilà bien des questions de nature à affoler un obsessionnel, lui-même toujours insuffisamment protégé à son gré.

Les questions auxquelles on ne peut pas répondre sont l'un des plus sûrs moyens utilisés par l'obsessionnel pour se rendre la vie difficile, pour se torturer. Ça commence dès la naissance : sera-ce un garçon ou une fille ? C'est pour cela que je disais que les méthodes de plus en plus précises de diagnostic précoce du sexe étaient en partie d'inspiration obsessionnelle, comme tout notre système de garanties, d'assurances, de prévention. Le monde sécurisé, aseptisé, surprotégé, qui fait de nous des assistés à vie, est certes un monde où l'on pourrait vivre. Mais en aura-t-on envie ?

L'annonce d'un enfant, et son apparition, vont multiplier les questions sans réponse. La courbe du poids est-elle normale ? Accède-t-il à la propreté à l'âge adéquat ? Ses progrès scolaires sont-ils satisfaisants ? Et ces épreuves faites comme sur mesure pour inquiéter les obsessionnels, les examens, sans oublier cette spécialité bien de chez nous : les concours ! Inutile de poursuivre : chacun peut en cette matière établir son catalogue personnel.

Il ne sera donc pas rare de repérer, dans les débuts d'une poussée de névrose obsessionnelle, soit une naissance, soit un moment difficile dans la vie d'un enfant, éventuellement même d'un enfant de l'entourage. La prise en charge psychothérapique des obsessionnels est décevante. Il n'y a guère que la psychanalyse qui puisse parfois les délivrer. Encore de nombreux psychanalystes hésitent-ils à s'embarquer dans une aventure dont ils savent qu'elle sera le plus souvent incertaine et presque toujours longue.

---

(4) M. PATRIS : La fonction paternelle en psychopathologie. Rapport de psychiatrie présenté au *Congrès de Neurologie et de Psychiatrie de langue française* le 29 juin 1981 à Colmar. Éditions Masson, Paris, 1981.

Ce n'est sûrement pas dans ce domaine que je conseillerais à un praticien de faire ses débuts en psychothérapie. Mais rien ne l'empêche de s'entretenir avec son client en poussée obsessionnelle, afin de rechercher une source de questions impossibles à résoudre, comme celles de l'avenir d'un enfant, et de montrer à son client qu'on peut vivre sans que chaque instant de l'avenir soit garanti. C'est là une clé thérapeutique qu'il est facile d'utiliser. Il suffit, pour s'en servir, de n'être pas soi-même obsessionnel.

Est-ce à dire que devant une névrose obsessionnelle, le praticien est pratiquement démuni ? Nous avons vu que cette névrose ne constitue pas un terrain idéal pour un psychothérapeute débutant, à moins qu'il n'ait lui-même couru l'aventure d'une psychanalyse. Mais il est un traitement efficace dans un nombre de cas non négligeable, au moins pour réduire une poussée obsessionnelle. C'est le recours aux antidépresseurs. Il s'agit là d'une application bien connue des psychiatres, mais pas suffisamment répandue parmi les autres médecins. Un traitement par antidépresseurs, à doses moyennes, et même plutôt importantes, maintenu pendant plusieurs semaines, voire plusieurs mois, peut amener une amélioration considérable des souffrances obsessionnelles : scrupules, doutes, rituels. Et parfois permettre au névrosé le recours à un psychothérapeute, lequel ne sera le plus souvent pas fâché de cette association de la chimiothérapie à son propre traitement.

4. Névrose phobique ou le cercle magique

Qu'est-ce qu'un cercle ? Dépassons ses fonctions géométriques, sans les oublier. Un cercle désigne un groupe de personnes qui ont peut-être des intérêts, des idées, des caractères communs, et qui en tout cas ont été soumises aux mêmes formalités d'admission, plus ou moins astreignantes et exigeantes. Le cercle vient ainsi constituer un intérieur et un extérieur, chose que nous avons déjà rencontrée, les deux ensembles ainsi déterminés se voyant affectés de qualités spécifiques. A l'intérieur, la similitude fraternelle, à l'extérieur l'hostilité et la menace de tout ce qui est étranger. Le cercle réalise la section chère aux caractères sectaires. C'est dire que ceux qui s'y réfugient sont exposés à l'utilisation par des personnages autoritaires. Prix à payer souvent pour le sentiment d'être en sécurité parmi les siens.

Imaginons maintenant, après ce rappel d'une fonction rassurante du cercle, magique puisque sa seule présence suffit à transformer la nature de ceux qui se situent au-dedans ou au-dehors, imaginons que ce cercle soit représenté par une rampe, une main-courante le long d'un chemin escarpé, voire d'une paroi rocheuse, ou qu'il entoure une plate-forme surplombant un site, un panorama touristique, une chute d'eau. Et qu'à un endroit, cette rampe soit interrompue. Pour peu qu'on ne s'en soit pas aperçu d'avance, parce que la vue était obstruée par d'autres touristes, l'appui brusquement se soustrait à notre main. Même s'il n'y a aucun problème d'équilibre, une légère angoisse, et souvent moins légère, nous saisit. C'est l'expérience du vertige. Le vide devient menaçant, nous appelle. La même expérience, la même sensation s'impose lorsque nous nous penchons par-dessus la margelle d'un puits dont le regard ne perçoit pas immédiatement le fond. Cette angoisse, ce vertige sont des exemples, aisément représentables pour chacun, d'une phobie.

Séméiologie des phobies

Une phobie est une angoisse survenant dans une situation précise, et de ce fait redoutée et évitée par le névrosé. Un exemple caractéristique est fourni par une phobie, peut-être pas des plus fréquentes, mais loin d'être exceptionnelle : la phobie des feux rouges.

Elle est en général une découverte fortuite au cours d'un entretien, car il est rare qu'on s'en plaigne spontanément étant donné le peu de perturbation qu'elle entraîne. Elle consiste en une appréhension à l'approche d'un feu rouge, avec peur de ne pouvoir s'arrêter à temps ou de ne pas pouvoir démarrer au bon moment, ou également de heurter la voiture précédente ou d'être embouti par la suivante. Crainte de ne pas respecter un signal, qu'il soit d'arrêt ou de démarrage, et qui se retrouve chaque fois qu'un acte doit être effectué à un moment très précis. C'est évidemment le changement de couleur du feu qui constitue une véritable menace. On ne peut même pas compter sur les feux rouges puisqu'ils deviennent verts et qu'il faut à nouveau se lancer dans l'inquiétante circulation. Une barrière, une balustrade s'est à nouveau effondrée. Le vertige représente lui aussi une telle situation où la barrière protectrice manque, et où l'on peut être précipité, ou se précipiter dans le vide. On pourrait se dire que le terme de garde-fou choisi pour définir la névrose obsessionnelle eût ici pris toute sa signification. Il y a toutefois plusieurs différences à souligner. Dans la névrose obsessionnelle, la barrière est constituée par un symptôme construit par le névrosé lui-même alors que dans la phobie, la barrière ou plus exactement la défaillance de la barrière est liée à une situation réelle. D'autre part, en dehors de la situation spécifique d'engendrement de la phobie, le sujet n'est pas préoccupé par son symptôme. Enfin, ce que redoute l'obsessionnel est de nuire à autrui, alors que le phobique redoute plutôt une menace le concernant lui-même.

Il existe une situation intermédiaire appelée phobie d'impulsion dont le cas type est celui de ces femmes qui ont peur, en face d'un petit enfant, de lui faire du mal, soit en le laissant tomber, soit même en le jetant par la fenêtre. Nous restons cependant dans le cadre phobique, en particulier lorsqu'il s'agit d'une mère, car nuire à son enfant reste une façon de se nuire à soi-même. C'est la personne de cette mère elle-même qui devient la barrière vacillante sur laquelle on ne peut pas compter. On peut d'ailleurs estimer que ces phobies d'impulsion ne donnent jamais lieu à des passages à l'acte, même s'il peut arriver que par une maladresse, bien sûr inconsciemment déterminée, une mère laisse tomber son enfant. Une fois de plus, il ne faut pas trop s'obstiner à faire entrer un symptôme dans une catégorie diagnostique, ces catégories étant davantage une nécessité pédagogique qu'une réalité. Les catégories de névroses distinguées par l'observateur ne se prêtent pas à une taxonomie empruntée aux sciences naturelles.

C'est encore la tendance classificatrice qui amène à dresser des catalogues de phobies dans lesquels l'absurdité de la démarche se traduit par les termes, parfois grotesques, forgés par les classificateurs. La sidérodromophobie, où chacun reconnaîtra la phobie des chemins de fer en est un bel exemple auquel j'avais proposé d'ajouter, à l'époque où un constructeur d'automobiles français avait lancé une voiture de 4 chevaux, la tétrahippophobie.

Quelques exemples empruntés à la classification nous permettront d'éclairer un autre aspect des phobies. La phobie étant une angoisse survenant en situation, on a tenté de faire l'inventaire de ces situations, mais il est illimité, chacun forgeant sa ou plutôt ses phobies. Les plus connues sont les agoraphobies et les claustrophobies, chacun de ces termes pouvant recouvrir plusieurs situations différentes. L'agoraphobie est une peur des rues et des places, tantôt vides et tantôt pleines de monde, selon les cas. La claustrophobie, peur d'être enfermé, peut se manifester à l'égard de certaines pièces ou de certaines maisons, mais également à l'égard d'espaces clos autres que des logements : ascenseurs, cabines téléphoniques, habitacles de véhicules et en particulier d'avion ou de bateau. Le plus souvent, une phobie n'est pas isolée et les combinaisons sont infinies.

Les phobies d'animaux, connues surtout chez les enfants mais sans leur être exclusivement réservées, qu'on songe à la relation particulière entre un grand nombre de femmes et les souris, constituent une autre catégorie de symptômes à laquelle on peut ajouter la phobie des objets, notamment des couteaux, qui nous rapproche des phobies d'impulsion.

Enfin et surtout, la catégorie la plus importante, au moins sur le plan de la signification, est constituée par les phobies prenant le corps propre comme objet. On considère souvent que ces phobies sont plus graves que les autres en raison de leur proximité avec certains symptômes psychotiques et la difficulté qu'il y a à les en distinguer. Ainsi, les peurs d'être, ou d'être jugé, laid, trop gros, trop gras, trop grand, trop petit. Il est vrai que l'on est à deux doigts des craintes de transformation corporelle et de dépersonnalisation qui sont souvent des symptômes délirants ou des manifestations d'entrée dans un délire. Les craintes concernent les jugements portés par autrui sur le corps propre intéressent le plus souvent les organes génitaux. Si certaines femmes peuvent trouver leurs seins trop volumineux ou trop plats, leurs hanches trop larges ou leurs fesses trop grosses, elles sont beaucoup moins nombreuses que les hommes redoutant une insuffisance génitale, une insuffisance dans les mensurations ou les performances. Cette dernière forme de la phobie, que l'on rapprochera de peurs apparemment légitimes, et qui n'amènent jamais un patient chez le médecin, peur que les choses soient mal fixées : tableaux aux murs, lampes au plafond, valises sur les porte-bagages, permettent une première interprétation des phobies, empruntée à la psychanalyse : il s'agit d'une représentation de la castration.

La castration à l'œuvre en psychanalyse est, au mieux, une menace ou une angoisse, dont l'émasculation n'est qu'une tentative d'illustration. Il ne s'agit pas ici de développer la théorie de la castration symbolique, mais d'indiquer que les phobies ont une origine inconsciente et constituent un mécanisme fantasmatique de protection corporelle.

Une dernière phobie en relation avec le corps mérite d'être signalée : l'érythrophobie ou éreutophobie, peur de rougir. On la rencontre chez l'homme et chez la femme, mais avec des différences notables. Beaucoup de femmes ont peur de rougir, mais il s'agit rarement chez elles d'une infirmité, c'est plutôt un objet de plaisanterie qui amuse l'entourage et souvent les victimes elles-mêmes. Chez l'homme par contre, la peur de rougir peut amener une véritable désocialisation, avec retrait de toutes les relations et isolement pouvant devenir quasi schizophrénique. Ce symptôme est vécu par l'homme comme une véritable humiliation, comme un signe d'infériorité, où l'on retrouve la menace de castration signalée plus haut. Autant une femme peut éprouver cette menace comme comique et en narguer l'homme, autant celui-ci à tendance à la prendre au sérieux. Dans la théorie psychanalytique, il existe bel et bien une castration de la femme. On devine ainsi que le même terme désigne des dispositifs très différents selon qu'ils sont ou non inconscients. L'apparente transparence de ces symptômes peut induire le psychothérapeute débutant en une tentation à interpréter, à laquelle il faudra bien se garder de succomber, les réactions étant toujours inattendues et souvent démesurées.

A titre d'illustration, ajoutons ici encore une dernière phobie, qui, pour n'être pas des plus répandues, est pourtant hautement significative de cette crainte, ou de cette horreur devant les images de castration. Certaines femmes éprouvent une véritable phobie des règles. Non seulement elles sont irritables et déprimées à ces moments, mais encore elles éprouvent une honte ou un dégoût de tout leur corps et de toute leur personne, se cachant et gardant la chambre ou le lit pendant la durée de la menstruation. Comme si le sang était l'exhibition d'une castration, d'une plaie résiduelle intolérable. Le sang des règles est d'ailleurs le sujet tabou par excellence, mais ce n'est pas au médecin d'approfondir l'usage des règles comme mise à l'épreuve des amants.

Toutes les autres catégories de phobies peuvent être considérées comme des métonymies des phobies concernant le corps propre.

Les animaux, les enfants impliqués dans la phobie peuvent représenter autant de parties du corps, de même qu'ils peuvent, comme toutes les autres situations, constituer des menaces où le corps est tout entier identifié à la partie détachable. Le vertige par exemple peut fort bien amener sa victime à s'assimiler inconsciemment à une partie du corps qu'elle craint de voir se détacher d'elle.

Conduite d'évitement

Les phobies nous paraissent compréhensibles, du moins une grande partie d'entre elles. Autrement dit, nous nous reconnaissons l'aptitude à produire des phobies. Est-ce à dire que nous sommes tous névrosés ? Oui, la névrose étant une composante de toute personnalité humaine. On pourrait la comparer à tous ces produits circulant dans le sang, qui sont normaux à un certain taux, et deviennent témoin d'une pathologie une fois ce taux dépassé. On peut même pousser un peu plus loin la comparaison : la disparition totale du taux névrotique n'est pas plus normale qu'un abaissement considérable des taux de glycémie ou d'hémoglobine. La névrose n'est pas qu'une maladie : elle a une fonction de socialisation, en amenant le sujet à conquérir une part croissante de son humanité, de son adamité, l'absence de névrose invitant par contre au passage à l'acte en série, qui ne favorise guère l'insertion dans le groupe. Chacun de nous est ainsi capable d'une foule de symptômes névrotiques et de bien d'autres, sans qu'il ait à en souffrir, du moins apparemment.

Les symptômes névrotiques ne deviennent une entrave à l'existence quotidienne que lorsqu'ils ont suffisamment infiltré tous les instants et tous les actes de la vie par un tissu de micro-symptômes permanents, qui entrent en jeu chaque fois que leur victime se trouve en face d'un choix, d'une décision, même d'aussi peu d'importance que de savoir par quoi on va commencer son travail, ce qu'on va mettre comme vêtement ou manger au repas d'aujourd'hui. Cette trame de symptômes à peine ébauchés, qui servent essentiellement d'inhibiteurs, détermine le caractère névrotique. Les traits de caractère, bien connus dans la névrose obsessionnelle par la triade du caractère anal, sont moins riches, mais tout aussi efficaces dans la névrose phobique. Ils se résument en une seule rubrique, susceptible d'une très large démultiplication : l'évitement. Il s'agit d'une tendance générale, donnant lieu à une foule de conduites destinées à éviter, bien sûr, mais aussi à différer, à atténuer, à aménager toutes les situations de rencontre avec autrui.

On peut estimer qu'il existe, chez les phobiques, un sentiment d'infériorité qui transforme toute rencontre en une épreuve, laquelle peut se résumer en : l'autre va se rendre compte de mon infériorité.

Le phobique ne se demande pas spontanément ce que l'autre va faire de cette découverte. Ce n'est que dans un second temps, souvent déjà lié à une entreprise thérapeutique, que le névrosé émettra l'idée que peut-être cet autre redouté va tirer profit de sa supériorité pour l'humilier ou l'exploiter. Mais il ne s'agit que d'une étape intermédiaire. Le lien du sujet à sa névrose est en partie une représentation d'un autre lien : celui qui attache le sujet à ses parents ou à leur mémoire. C'est donc moins pour lui-même qu'il redoute l'humiliation ou l'échec, que pour ses parents, dont il se fait le champion. Être le chevalier de sa mère résume la fonction du névrosé, bien entendu dans sa propre imagination, car cet acte d'allégeance est en même temps un vœu. On conçoit ainsi que toute situation nouvelle va être marquée par une compétition et par l'exigence d'un triomphe. Apparaître dans un groupe, rencontrer des camarades, se trouver avec d'autres dans une salle de spectacle vont devenir autant de situations d'épreuve où l'on risque d'être jugé, jaugé, évalué, classé et finalement rejeté, ridiculisé.

Il y a des situations d'examen, qui ne manquent pas dans la réalité, française serait-on tenté d'ajouter, et qui vont renforcer ces attitudes d'évitement, privant souvent, par l'angoisse qu'elles engendrent, les candidats d'une partie de leurs moyens.

On pourrait d'ailleurs se poser cette question : avons-nous toujours envie de réussir nos examens, de surmonter avec succès les épreuves auxquelles nous nous soumettons ? Question qui peut étonner. Et pourtant... Freud a relevé qu'il existe un type de rêve fréquent : celui d'échouer à un examen. Il a noté aussi que le plus souvent ces rêves concernaient des examens que le rêveur avait subis avec succès. Et l'interprétation de Freud, témoignant toujours de la même géniale simplicité, est celle-ci : nous exprimons dans ce rêve le souhait de n'avoir pas été reçu à cet examen. Pourquoi ? Parce que le succès à un examen marque en réalité, non la fin d'une période pénible, celle des études, mais l'accès à un monde de réalités et de responsabilité autrement inquiétant et menaçant que le monde de l'université. Géniale simplicité, et en même temps lumineuse. Que nous ne devrions jamais perdre de vue lorsque nous élaborons nous-mêmes interprétations et théories. Le retour à une excessive complication devrait nous mettre en garde. La solution la plus complexe, la plus difficile, la plus incompréhensible n'est pas toujours la meilleure. Les mathématiciens considèrent que lorsqu'une théorie devient trop compliquée, il est temps d'en chercher une autre. Cette interprétation des rêves d'examens n'est peut-être pas généralisable à toutes les situations phobiques, mais elle ne doit pas être perdue de vue. Il s'agit souvent de l'hésitation à franchir des limites, à passer d'un domaine connu, avec tous ses inconvénients familiers, à un domaine inconnu, menaçant, insolite. Cette hésitation à franchir le pas, qui l'ignore ? Mais en même temps, malgré la petite appréhension, la petite angoisse avant de plonger, oser apporte toujours un regain d'intérêt et de joie.

TIMIDITÉ

L'inhibition névrotique se traduit par une infiltration de microsymptômes permanents, avons-nous dit. On peut y ajouter une conduite d'évitement constamment vigilante. C'est l'une des formes que prend cette invasion par les attitudes névrotiques et qui constitue le tableau trop connu de la timidité auquel nous nous arrêterons quelques instants, car il fait partie des situations que le praticien rencontre fréquemment.

La timidité est peut-être plus fréquente chez les sujets jeunes que chez les adultes. Ou plutôt : les jeunes en souffrent, car elle limite leurs aspirations, alors que l'adulte timide, ou ancien timide, s'est résigné à une réserve limitative, qui lui donne le sentiment de vivre une injuste médiocrité. Peut-être est-ce là la source de cette plainte souvent entendue : « Comment m'arracher à la médiocrité ? » Dans un monde où l'humanité se compte par milliards, que peut bien signifier la médiocrité ? Il n'existe plus personne qui puisse s'assurer une reconnaissance universelle. Même les plus grands génies, même les plus rusés orchestrateurs de leur propre publicité ne sont plus connus que d'un petit cercle. La recherche d'une satisfaction dans la reconnaissance par autrui est toujours « névrotique », et décevante. Car même après la récolte des lauriers, on reste gros-jean comme devant, et seule une acceptation minimale de nous-mêmes, par nous-mêmes peut nous donner une provisoire satisfaction. Le sentiment de médiocrité traduit toujours notre échec, inévitable, d'accéder à la satisfaction de nos prétentions. Aussi longtemps que nous luttons, nous pouvons nous leurrer de l'illusion d'égaler un jour ces prétentions. Qui, comme la série des entiers, sont illimitées. D'où cette définition corollaire de la médiocrité comme la résignation des timides qui ont renoncé à se battre. Mais il faut aller un peu plus loin dans l'observation du phénomène. On conçoit que la timidité soit proportionnelle à l'empan des aspirations, ou plutôt des prétentions : penser à Rastignac, aux Rastignacs. Prétentions... ou illusions. La phobie est l'écrin de nos illusions. Nous voulons croire à la possibilité de l'inaccessible. La timidité cache toujours la démesure de notre attente, le souhait que se réalise, non l'irréalisable, mais l'irreprésentable : princesse lointaine, carrière fabuleuse, découverte de science-fiction. Et surtout, que tout nous soit donné sans effort, par la grâce d'une bonne fée. Autrement dit, c'est encore une fois la dépendance infantile qui est en jeu : espoir en un père plus père, plus puissant que n'importe quel père, attente d'une mère plus mère, plus protectrice que n'importe quelle mère, consolatrice et salvatrice de l'humanité. L'opiniâtreté de certaines timidités traduit la volonté de ne pas renoncer aux rêveries infantiles, l'exigence puérile d'un paradis sur terre, qui nous serait offert hic et nunc par une divinité bienveillante et à notre seul service. Toutes les fantasmagories de génies à la lampe trouvent ici leur véritable origine. Le ciel t'aidera, peut-être. Mais on oublie la prémisse « aide-toi ».

Ceci dit : il n'est plus guère nécessaire d'évoquer les symptômes de la timidité, que chacun retrouvera aisément en soi : rougissement, balbutiements, ou autres troubles de l'élocution, maladresse. Le timide renverse sa tasse, fait tomber son sandwich ou sa danseuse, casse la vaisselle et fait des remarques déplacées. D'où réaction d'évitement et de fuite. Le timide engendre le malaise, parce que chacun reconnaît en lui une part de sa propre personnalité qu'il voudrait oublier.

Il s'agit, dans la timidité comme dans toutes les conduites phobiques, d'une crainte, d'une appréhension. Que le cercle magique se rompe comme une digue, et je serai exposé à l'irruption des menaces extérieures... ou de mes désirs inconscients. A l'intérieur du cercle : le conscient, le rassurant, monotone et confortable. A l'extérieur est rejeté l'inconscient qui s'ignore, avec ses menaces et l'horreur de ses fantasmes.

Devenir

La remarque précédente éclaire une partie du devenir des phobiques. Avant d'approfondir, il faut rappeler certains points qui ont déjà été signalés dans les chapitres précédents.

La névrose phobique, comme toutes les autres névroses, existe rarement à l'état pur. C'est dire qu'un phobique peut, pendant longtemps, paraître, et d'ailleurs pourquoi paraître : être, tout à fait normal, car même s'il ne se sent pas très bien dans sa peau, qu'est-ce qui lui permet de dire que les autres se sentent mieux dans la leur ? Qu'il peut aussi bien être porteur d'autres traits névrotiques. Et que rien ne le protège de passages « psychotiques », passions ou bouffées délirantes aiguës par exemple. Il ne suffit pas d'un vertige, d'une appréhension devant un examen, d'une angoisse dans la foule, pour parler de névrose phobique. Comme toujours, c'est la répétition, la constance de symptômes ou de conduites qui autoriseraient à parler de névrose. Et surtout, ne l'oublions pas, le fait de céder aux symptômes. L'appréhension devant un examen ou une situation d'examen sont des attitudes générales. Mais la plupart des gens dominent cette appréhension et affrontent la situation. Seul le névrosé recule.

Enfin, et surtout, la fonction du cercle magique, l'attitude différente à l'égard de l'ensemble inclus et de l'ensemble exclu. A l'égard des « bons », des semblables, de ceux de l'intérieur du cercle, les phobiques sont amicaux, dévoués, capables même d'être amoureux. Face aux « autres », par contre, ils sont hostiles, méfiants, racistes, sexistes. C'est avec une grande facilité qu'ils tourneraient et que souvent même ils tournent à la paranoïa.

Une comparaison s'impose avec l'hystérie. Il faut se souvenir que Freud rapprochait beaucoup les deux états, au point de les nommer tous deux hystérie : hystérie de conversion pour l'hystérie ordinaire, et hystérie d'angoisse pour la névrose phobique. Passage à la paranoïa : tous les cliniciens à qui leur âge permet d'avoir suivi pendant suffisamment d'années certains de leurs patients peuvent confirmer la possibilité d'une telle évolution. Rappelons que les hystériques peuvent devenir paranoïaques. La quête hystérique est celle d'un objet inaccessible, au point qu'on a pu dire de l'hystérique, qu'il, qu'elle souhaitait un désir insatisfait. Dans l'espoir qu'un jour ce désir serait réalisé, au lieu peut-être où les parallèles se rejoignent. Que cet objet perdu, « fugitif et toujours poursuivi », vienne à être matérialisé ou présenté comme matérialisable, l'espoir hystérique de devenir alors revendication paranoïaque. C'est un phénomène auquel on assiste dans différentes situations. En matière d'accident par exemple, de préférence accident du travail ou de la circulation, où un tiers responsable peut être désigné. Un tel accident survenant chez une personnalité névrotique ordinaire dispense la victime de rechercher en elle les causes de son insatisfaction, c'est-à-dire de son désir. Il ne s'agit plus de reconnaître une imcomplétude essentielle de l'être humain, mais de se présenter comme la victime d'un dommage infligé par un tiers, qu'il n'y a plus qu'à persécuter sans risque de voir un jour la revendication satisfaite. Car lorsque les tribunaux auront définitivement tranché le litige, l'ex-névrosé, considérant qu'il est victime d'une injustice, en voudra au monde entier, et pourra exprimer sa rancœur sous forme d'un délire de persécution dont on connaît l'aptitude à l'extension indéfinie.

Une situation tout à fait superposable se rencontre dans certains cas de chirurgie plastique. Qu'un homme soit mécontent de son nez, une femme de ses seins, et demande qu'un chirurgien répare la disgrâce. Croit-on vraiment que l'insatisfaction reposait sur des bases objectives ? Peut-être dans certains cas. Mais le risque n'est pas rare d'une insatisfaction narcissique fondamentale qui pouvait s'exprimer grâce à l'organe incriminé. Qu'un chirurgien y touche, la revendication fondamentale, et bien entendu inconsciente, ne sera pas satisfaite, mais un responsable pourra être désigné, qui sera exposé aux persécutions du névrosé devenu délirant.

Si j'ai quelque peu développé ce rappel du virage à la psychose, c'est qu'il guette certaines entreprises psychothérapiques. J'ai dit déjà qu'une névrose obsessionnelle n'était pas une indication psychothérapique pour un praticien. Nous verrons que le domaine d'élection des traitements psychothérapiques qui lui sont réservés est celui des réactions dont il sera question plus tard.

Toutes les névroses bien constituées, structurées dit-on parfois, exigent une expérience de la psychothérapie pour éviter certaines évolutions tout à fait regrettables.

Le cercle magique va nous en fournir un exemple. Il est souvent tentant de prendre en charge un phobique. « On » comprend son symptôme. La relation s'engage facilement. On a même souvent la satisfaction de constater une amélioration considérable dès le premier entretien. Le psychothérapeute sera admis comme un membre du cercle, de l'intérieur du cercle. Mais qu'il tente de rendre son autonomie à son patient, qu'il prenne des distances devant une relation qui risquait de devenir trop étroite, trop insatiable : il se verra rejeté dans les ténèbres extérieures, il deviendra l'ennemi, l'autre, et risquera de voir se développer une érotomanie persécutrice, aux conséquences imprévisibles. Le franchissement du cercle a les mêmes effets que la transformation de l'objet imaginaire de l'hystérique en un objet réel. L'ami imaginaire devient ennemi réel. De telles mésaventures guettent le psychothérapeute débutant, et s'il est possible d'en parler c'est que maints psychiatres ou psychanalystes s'y sont trouvés confrontés au cours de leur apprentissage, et parfois plus tard.

Dire l'origine des phobies ne pourrait être qu'hypothétique. Un début d'explication toutefois est concevable. L'enfant a fait un jour l'expérience d'une rampe de sécurité qui s'est rompue. Un père a failli à sa mission protectrice. Bien sûr, aucun père n'est toujours à la hauteur. Et du coup personne, comme nous l'avons vu, n'est totalement exempt de phobie. Qu'on n'aille pas croire pour autant qu'un père infaillible soit souhaitable, qu'un père idéal garantisse à ses enfants une vie harmonieuse. L'enfant a besoin de rencontrer des échecs du père afin d'atténuer les réactions de déception devant ses propres échecs. Une phobie n'est grave que si elle rencontre la complicité de l'entourage. Que l'entourage par exemple profite de la phobie de quelqu'un pour lui faire ressentir son infériorité, le limiter dans ses actions et aspirations, pour assurer sa sujétion. En l'absence de cette participation, une phobie ne dépasse pas la gravité de la peur que certaines personnes éprouvent devant les souris.

Certaines personnes : ce sont surtout les femmes. Et comme pour l'hystérie de conversion, les phobies sont plus fréquentes chez les femmes que chez les hommes, bien que l'écart soit moins grand dans l'hystérie d'angoisse que dans l'hystérie ordinaire. Rappelons-nous toutefois l'exemple de l'éreutophobie, plus grave chez les hommes que chez les femmes. Cela est souvent vrai pour toutes les autres formes de phobies, sans qu'on puisse pour autant en faire une véritable règle. La fréquence de phénomènes phobiques permet d'aborder un fait méconnu. Comment se fait-il, lorsqu'on connaît la facilité d'engendrement des phobies, qu'elles soient relativement peu fréquentes chez l'homme adulte ? On pourrait penser tout d'abord qu'elle se cache derrière des rituels obsessionnels, mais bien que le caractère obsessionnel soit extrêmement répandu chez les hommes, des symptômes aussi élaborés que des rituels ne sont pas monnaie courante. Les observateurs de petits enfants savent pourtant que des épisodes phobiques plus ou moins discrets sont habituels chez les garçons. Que deviennent les phobiques de sexe masculin ? Beaucoup d'entre eux surmontent leur phobie et apprennent, tout comme les femmes, à affronter les épreuves sans effort trop coûteux. Pour tous ceux qui ont besoin de se donner du courage avant d'oser sortir du cercle magique, la société offre différents adjuvants. Tout le monde n'a pas la chance de rencontrer à point nommé l'amour dont une chanson d'étudiants nous dit :

« On dit quelquefois au village
Qu'un cœur ça ne sert à rien du tout
Ça sert à donner du courage,
A ceux qui n'en ont pas du tout. »

Les tranquillisants ont peut-être une certaine efficacité en diminuant l'angoisse accompagnatrice des phobies, mais il n'est pas sûr que les tranquillisants soient tout à fait dénués d'effets sur les facultés intellectuelles. D'où le recours à ces satisfactions régressives et encourageantes bien connues : le tabac, l'alcool. Quand on est un homme, quand on est viril, on boit et on fume. L'affirmation mille fois répétée de ce lien entre la virilité adulte et l'alcoolo-tabagisme est, de toute évidence, une dénégation. C'est soi-même qu'il s'agit de convaincre que têter, fût-ce la cigarette ou la bouteille, témoigne que l'on est sorti de l'enfance !

L'alcool est apparemment un moyen efficace de lutter contre l'angoisse. Mais qu'on n'aille pas croire que l'angoisse ne détermine que l'alcoolisme névrotique. Ce sont les mille petites occasions d'angoisse répétitive, qui parviennent à peine à la conscience, qui ne sont jamais exprimées, qui vont induire les habitudes de l'alcoolisme ordinaire, donc de l'alcoolisme chronique. La différence entre les deux formes d'alcoolisme est que, dans l'alcoolisme névrotique, le symptôme peut s'exprimer.

Quelques mots sur le traitement des phobiques avant de terminer ce chapitre. Il a déjà été dit plus haut que, comme pour toute névrose structurée, la bonne volonté d'un débutant, son enthousiasme et surtout la foi en sa toute-puissance ne suffisent pas, et au contraire constituent de véritables obstacles. On a même pu démonter et démontrer le passage d'un transfert névrotique à l'érotomanie délirante. Ce qui ne devrait pas empêcher d'écouter ces patients pour tenter de repérer la part de complicité de l'entourage et d'user de son influence pour la limiter. Il ne faudrait pas qu'un médecin s'interdise le recours à des tranquillisants qui, non seulement sont efficaces sur le plan symptomatique, mais encore permettent de maintenir dans une extension tolérable les emballements d'un transfert, et laissent au médecin la possibilité de conserver sa position médicale, qui, si elle n'est pas toujours satisfaisante pour l'esprit face à une névrose, est tout de même moins dangereuse que celle du thaumaturge.

4

Réactions ou révoltes

1. Révoltes quotidiennes

Camps d'extermination, goulags, bombes à neutrons, tortures, boat-people. L'horreur est à nos portes, et c'est par millions que se détruisent les hommes. La somme de souffrances n'est pas représentable, mais elle risque de rendre dérisoire l'effort de soulager un seul malade, voire de s'acharner à le traiter, à le prolonger. Aucun homme pourtant n'a le pouvoir à lui seul de sauver les victimes d'institutions meurtrières. C'est pourquoi la tâche du médecin, de soulager parfois les petites et les grandes misères de la vie quotidienne, garde toute son importance, et l'éthique médicale, dont il est davantage question à mesure que le monde la réduit elle aussi à un objet de consommation, est un point d'impact précis où peut s'employer chacun de nous. Peut-être que rendre aux gens un peu de sérénité les disposera-t-il moins à rechercher leur satisfaction dans le malheur des autres. Car ne nous y trompons pas : si les États contemporains n'offrent plus à leurs citoyens de combats de gladiateurs et de moins en moins d'exécutions capitales publiques, du moins dans les démocraties européennes, les occasions de pâtures dans l'atrocité et l'ignominie ne manquent pas.

Il va donc falloir nous appesantir sur des situations susceptibles d'engendrer des états réactionnels, dont la psychiatrie traditionnelle fait en général peu de cas, et qui sont pourtant le lot du médecin praticien, le terrain où il se retrouve seul, et parfaitement irremplaçable par aucun autre spécialiste : ces mille situations qui engendrent le malaise, la misère, le malheur quotidien des hommes.

Situations

Il n'est pas dans mon intention de dresser un catalogue même approximatif de toutes les situations susceptibles de troubler l'être humain. Je ne peux qu'esquisser quelques modèles pris parmi les plus ordinaires afin de proposer un schéma à partir duquel chaque praticien pourra à son tour étudier les situations de ses malades et les souffrances qui en résultent.

La plupart du temps, la psychiatrie traditionnelle étudie l'évolution d'un trouble psychique à partir d'un sujet qui en est affecté, quitte à enregistrer les conséquences et à comptabiliser les échanges de mauvais procédés entre le malade et son environnement. On tient compte également de circonstances favorisantes, de facteurs déclenchants pour certains processus psychotiques ou névrotiques dont l'évolution pourtant est considérée comme largement indépendante de l'ambiance. Il est certain qu'on peut ramener, parfois au prix d'un coup de pouce, tous les comportements, tous les troubles du comportement, au modèle psychiatrique officiellement reconnu. C'est amener le médecin praticien à baisser les bras, à se considérer comme incompétent et à confier parfois son malade à un psychiatre alors qu'il se trouve peut-être face à une problématique que le psychiatre connaît mal et qui résulte d'une tension, d'un conflit entre le patient et son milieu, conflit qui peut s'exprimer dans des formes analogues à celles des troubles psychiques classiques, car les modes d'expression humains sont limités. Ce n'est pas parce qu'une conduite évoque un symptôme hystérique que l'on va avoir à faire forcément à une évolution hystérique. Par contre, rappelons-nous qu'au cours de son développement, l'être humain a traversé toutes les situations susceptibles de produire les névroses et qu'il a en lui toutes les possibilités d'engendrer des symptômes, ou, comme nous le verrons plus tard, des actes. Prenons un exemple banal : une femme d'une quarantaine d'années vient en consultation pour une sensation de fatigue, des lipothymies, des vertiges et une disparition de l'appétence sexuelle. Cette femme est mère de plusieurs enfants, elle a toujours exercé une profession et elle n'est pas consciente de conflits majeurs avec son mari. Le psychiatre débutant sera souvent tenté de diagnostiquer une névrose hystérique. Il aura parfois raison, mais de loin pas toujours. Quel homme aurait « tenu le coup » devant des exigences que cette femme considère comme un devoir normal : grossesses, éducation des enfants, ménage, qui constitueraient largement un plein-temps, auquel vient s'ajouter le plein-temps professionnel. Peu importe le confort ou l'aisance acquis : les conditions de vie imposées à cette femme ne peuvent qu'entraîner l'effondrement sans que pour autant on soit obligé de rechercher un conflit infantile et l'émergence de symptômes hystériques antérieurs.

Des variations dans l'appréciation diagnostique seraient sans importance si elles n'entraînaient des attitudes thérapeutiques très différentes. Si nous pensons nous trouver en face d'une hystérique et que les vagues souvenirs surnageant de nos études nous rappellent que les hystériques sont à la recherche de bénéfices secondaires, nous allons nous efforcer de remettre cette malade au travail, éventuellement en la culpabilisant par le rappel de ses devoirs conjugaux et maternels, ce qui ne fera qu'accroître la pression sous laquelle cette femme était en train de succomber. On risque de provoquer une escalade, avec aggravation des symptômes et conséquences parfois désastreuses. Si par contre, nous sommes conscients de la multiplicité des charges qui pèsent sur cette femme, nous découvrirons peut-être qu'elle mettait un point d'honneur à assumer toutes ses fonctions sans se plaindre : notre rôle de psychothérapeute ne consistera pas à jouer au gendarme, mais au contraire à permettre à cette femme de s'accorder le repos nécessaire, en la détachant des liens imaginaires dans lesquels elle s'est entravée. Tant il est vrai que l'être humain n'est que rarement paresseux : ce point de vue ne devra pas être oublié chaque fois qu'une situation conflictuelle apparaîtra dans le milieu du travail.

On dépasse donc la simple complicité de l'entourage que l'on avait déjà vue à l'œuvre dans les névroses, pour s'approcher d'une réalité, peut-être subjective, qui serait les limites de l'être humain, limites qu'il faudrait respecter afin qu'il puisse bénéficier de conditions de vie optimales.

Complicité du milieu dans l'aggravation des phobies, mais aussi complicité voire hostilité et peur, dans la chronicisation des psychoses. On reconnaît aujourd'hui que le développement et l'invétération de convictions délirantes étaient parfois dus au mode de relation avec le psychiatre. Répéter les questions concernant le délire finissait par donner à ce dernier une dimension de réalité qui en rendait le malade définitivement prisonnier. Si ces formes sont plus rares aujourd'hui, la peur inavouée ressentie par certains psychiatres devant des psychotiques peut se traduire d'autres façons. J'ai vu trop souvent de jeunes adultes ayant traversé une bouffée délirante assommés par de trop fortes doses de neuroleptiques-retard. En même temps, on les déclarait invalides aux yeux de la Sécurité sociale, leur interdisant pratiquement toute insertion professionnelle et familiale ultérieure.

Il faut ajouter à ce bref rappel de certains effets fâcheux de l'environnement l'intérêt privilégié porté aux névroses « vraies » du fait de la psychanalyse. Dans l'obscurantisme des théories et idéologies psychiatriques, la psychanalyse apporta la lumière. Certes, elle ne fut pas acceptée par tous, et aujourd'hui encore les détracteurs ne manquent pas. Certains psychanalystes ratés ou renégats apportent leurs voix soi-disant autorisées au chœur des opposants, mais dans l'ensemble, aucune théorisation autre que la psychanalyse ne rend intelligible l'engendrement des névroses et leur éventuel dépassement. Ce qui fait que les autres troubles susceptibles d'évoquer les névroses ont été, soit ramenés aux névroses, soit négligés.

L'origine des névroses se situant dans l'enfance, et davantage dans la structure familiale que dans les événements, il est clair que les psychanalystes ne seront guère tentés d'accorder aux événements de la vie adulte une autre place que celle du rappel des situations passées. Encore ces événements relèveront-ils plus souvent du fantasme que de la réalité. Or, dans les situations qui nous intéressent pour l'instant, il serait peu efficace de nier le rôle des événements et de leur éventuelle répétition. Une fois de plus, les choses ne peuvent pas être aussi tranchées. Le transfert, l'interprétation et leurs effets traduisent la continuité de l'inconscient entre la préhistoire du sujet et sa vie actuelle, même s'il importe de rappeler que l'inconscient ne constitue pas des archives perdues. Le non-dit n'est pas seulement l'indicible : il dépasse souvent l'ordre de la parole quotidienne, lui ajoutant une dimension dont l'accès est difficile. Pour ne pas faire semblant de s'entourer de mystère, il convient de tenter une précision de cet inconscient, même si elle est difficile. Ce qu'enregistre l'inconscient concerne un discours « décentré », où le sujet du discours habituel n'est plus le centre, mais où il est lui-même assujetti à une chaîne signifiante qui le dépasse. Il ne s'agit pas d'invoquer une transcendance, un dieu qui s'occuperait individuellement de chacun de nous, mais de reconnaître une évolution où les effets des uns sur les autres, parfois déterminés par une personne dominante, se traduisent par des ruptures et des ratures, des répétitions et des avènements. Qui sont parfois trop éloignés des préoccupations quotidiennes pour qu'on songe seulement à les rapprocher, ce qui les rendrait lisibles.

Les psychonévroses, ou névroses de transfert, les deux expressions étant utilisées pour désigner un même état, mais dans des situations différentes, sont donc une aptitude de la personnalité, à laquelle nul n'échappe. Freud a pu dire que la névrose obsessionnelle était un dialecte de l'hystérie. Nous pouvons entendre cette affirmation d'une façon un peu particulière, à savoir que, par exemple, dans le traitement d'une névrose obsessionnelle chez une femme, on rencontrera toujours des traits hystériques. Peut-on appliquer le même aphorisme à l'homme ? Je serais tenté de nuancer, en disant que chez l'homme la névrose obsessionnelle, ou même simplement le caractère obsessionnel, enrobe souvent quelques traces de perversion.

Il y a un autre aspect de la question que nous n'avions pas envisagé jusqu'à présent : nous avions toujours considéré la névrose phobique à l'intérieur de son cercle magique, cercle qui, bien entendu, se déplace avec le névrosé qui en reste le centre. Mais il se peut que fortuitement, par surprise, le névrosé se trouve projeté hors de son cercle protecteur, seul dans un espace vide ou dans une foule. On s'attend à ce que la réaction soit une angoisse aiguë privant la personne de ses facultés. Ou bien qu'elle se sente immédiatement persécutée et adopte des attitudes défensives ou de représailles. Tout cela est concevable, mais le plus souvent, notre névrosé, dans une telle situation, se comportera comme tout un chacun. Même dans les cas de psychonévrose « pure », c'est-à-dire largement prédominante, les conduites peuvent être parfaitement différenciées en fonction des situations.

Ce qui vient d'être développé justifie que nous nous intéressions à certains tableaux cliniques qui semblent naître en réaction à des tentations liées à l'environnement. C'est le privilège du médecin praticien, ou du moins cela devrait l'être, que de connaître cet environnement, qu'il soit familial, professionnel, ou social. Il est bon d'ajouter une glose au serment d'Hippocrate qui semble focaliser l'intérêt des médecins sur une seule personne : « Admis à l'intérieur des maisons, mes yeux ne verront pas ce qui s'y passe... » On conçoit que l'efficacité du médecin n'est guère augmentée s'il se perd en contemplation sur l'aménagement intérieur, s'il souhaite qu'on lui offre en cadeau telle pièce d'antiquité ou tel saucisson. Mais par contre, il lui est vivement conseillé d'entendre ce que dit son malade et ce que son entourage dit de lui. Le médecin récoltera ainsi une foule d'informations concernant les différents milieux où évolue son patient. Il aura ainsi la possibilité d'en tenir compte pour... pour quoi, en fait ? Il faut accepter avec la plus grande prudence une réponse qui se formulerait en un : « Mais pour aider son client à s'adapter, bien sûr. » L'adaptation d'un être vivant à un milieu semble exiger des millénaires. Il ne peut donc pas s'agir d'une transformation profonde de l'organisme à des conditions biologiques nouvelles. Nous ne pouvons pas espérer une différenciation des individus de façon à ce qu'ils s'adaptent aux atmosphères polluées, aux bruits, aux vibrations, aux radiations que leur impose la civilisation post-industrielle. Il ne peut donc s'agir que de l'adaptation au groupe, aux groupes dans lesquels il est contraint de vivre. Mais cela ne rappelle-t-il pas ce qui avait été dit à propos du cercle, en introduisant le cercle magique ? S'adapter, c'est reconnaître les autres et se faire reconnaître par eux, en échangeant des signes conventionnels, rites et usages, prouvant qu'on appartient au même ensemble. Se serrer la main, qui fait partie sous nos latitudes de la civilité puérile et honnête, serait un geste né à Venise pour prouver à l'interlocuteur qu'on ne tient pas dans sa main droite le poignard qui va l'assassiner. Certes les gauchers étaient favorisés, mais peut-être étaient-ils moins nombreux qu'aujourd'hui.

Faut-il ou non tenter de faciliter l'adaptation ? La question s'est déjà posée entre les écoles de psychanalystes où elle joue le rôle de pomme de discorde. L'adaptation implique une adhésion au milieu ambiant, donc une véritable idéologie. Ce qui fait que le médecin serait amené à convertir ses malades à ses propres convictions. La chose est loin d'être rare, car à défaut d'en faire des catéchumènes, il en fait des électeurs, le nombre de médecins siégeant dans les différentes instances du pouvoir en témoigne. Il est une autre forme d'adaptation à laquelle il est peut-être plus facile de souscrire : celle qui rendrait chacun capable de choisir, donc apte à choisir. Inventer des solutions est souvent la meilleure issue à une situation conflictuelle. L'effet d'une intervention psychothérapique se traduit autant et plus par la faculté d'imaginer de nouvelles attitudes que par la guérison des symptômes. Que le médecin ne s'offre pas en modèle, pas plus que le psychothérapeute ou le psychanalyste. Combien de membres de ces professions ne se donnent-ils pas pour des Che Guevara pour se conduire en parfaits consommateurs.

Nous allons examiner quelques situations souvent pénibles pour ceux qui y sont soumis et nous verrons dans les chapitres suivants les réactions, voire les véritables tableaux cliniques résultant, en totalité ou en partie, de telles conditions extérieures. Ces tableaux sont souvent peu développés dans l'enseignement de la psychiatrie classique, c'est-à-dire la psychiatrie destinée aux psychiatres, car, encore une fois, ils sont surtout du ressort du généraliste. Nous n'aurons que rarement l'occasion de modifier, sans don-quichottisme social, la situation elle-même. La chose est tentante en ce qui concerne l'une des sources de conflits des plus fréquentes : les conflits personnels. Chaque médecin a le droit de s'engager sur le plan social, économique ou politique, mais il n'est pas certain que sa pratique soit le lieu le plus efficace de sa lutte. Les conditions même de l'exercice de la médecine sont déterminées par la liberté de travail, liberté qui n'est ni de tous lieux, ni de tous temps. Le monde de l'antiquité est construit par les esclaves ; ils sont loin d'avoir disparu, de droit ou de fait. Les droits syndicaux des travailleurs ne sont respectés que par des démocraties parlementaires. Rappelons que sur 125 États représentés à l'ONU, il n'y a qu'une trentaine de démocraties parlementaires. Ceci pour rappeler un fait qui intervient souvent dans la relation malade-médecin, et à plus forte raison dans la relation psychothérapique, à savoir qu'appartenir à une démocratie ne doit pas nous rendre aveugles sous prétexte de tolérance : les cultures ne sont pas équivalentes. Il existe une foule de civilisations où les hommes ne sont pas égaux en droits. Le critère de la démocratie ne se situe pas seulement dans les libertés de travail, d'expression ou de conscience, mais surtout dans le statut de la femme : l'égalité des sexes ne peut être qu'une égalité absolue de droits, et non pas la négation d'une différence de genre. Ce n'est pas s'immiscer dans les affaires d'autrui que de prendre la défense des opprimés : minorités ethniques, femmes victimes de mutilations sexuelles soi-disant religieuses. Il est peu probable qu'un médecin soit aujourd'hui complice d'une clitoridectomie, alors qu'au siècle dernier encore, il s'en trouvait pour préconiser cette intervention comme traitement de la masturbation. Le regain d'intérêt actuel pour l'ethnopsychiatrie témoigne que la sensibilité des médecins à ces questions se réveille. Ce qui ne devrait pas les autoriser à méconnaître l'universel de l'humain. Les variations et les particularismes culturels ne sont en général que les marques imposées par les détenteurs et les profiteurs du pouvoir, qui peuvent varier dans le temps et dans l'espace.

Situations impersonnelles

Le terme est curieux. Il implique que l'origine de la situation mal tolérée n'est pas une personne précise, ou un groupe de personnes, mais une instance anonyme, qu'il sera toujours possible de personnaliser. Un promeneur surpris par la pluie, par exemple. Il lui sera difficile d'en rendre responsable même son plus cher ennemi. Certes, il pourra évoquer un génie malfaisant acharné à lui nuire. Mais il ne manquera pas d'agriculteurs pour célébrer cette même pluie, quittes à l'attribuer à des divinités bienfaisantes et fécondantes.

La pluie n'est qu'un exemple de situations impersonnelles, difficilement évitables, de même que la sècheresse. L'homme ayant eu le temps de s'y accoutumer depuis des millénaires, cette pluie ne sera que rarement source de malaises et de troubles, surtout dans la zone tempérée.

Il n'en va pas de même pour une série de nuisances souvent liées à la vie moderne. Ainsi des bruits.

On ne connaît que trop l'encoche à l'audiogramme produite par les bruits d'usine et déterminant un abaissement électif de l'audition chez les ouvriers. On ne s'est pas suffisamment intéressé jusqu'à présent aux éventuelles conséquences de ces bruits et aux déficits qui en résultent dans d'autres domaines. En découle-t-il des perturbations de certaines facultés ? Des diminutions d'efficacité, d'endurance, de créativité ? Des intolérances à autrui, au groupe ? Un épuisement, et qui sait, une source de maladies organiques ? Il semble qu'on se garde bien de se pencher sur certains aspects de la vie industrielle, de même qu'on sévit peu contre les chauffards, pour des motifs économiques. Un mauvais chauffeur consomme plus de voitures et plus d'essence qu'un bon !

Il y a une véritable agression par le bruit, dont les effets physiologiques relèvent d'une étude scientifique et d'une prévention. Mais les réactions individuelles relèvent souvent d'une intervention psychothérapique. L'ouvrier est souvent fatigué par les bruits de son atelier, il en souffre. Mais l'intolérance au bruit se manifestera surtout lorsque ces bruits pourront être « personnalisés ». Radio du voisin qui peut perturber le repos, chien du voisin qui le réveille par ses aboiements, enfants dans la rue, etc. Souvent c'est le même ouvrier soumis aux stridences des machines à longueur de journée qui supportera le moins dix minutes de cris d'enfants. Comme si, de pouvoir nommer, désigner un responsable, le voisin, favorisait l'expression d'une plainte.

Une histoire cocasse survenue dans un village de France en 1982 illustre cette intolérance. Un habitant de ce village avait assigné son voisin en justice, parce que son coq l'empêchait de dormir ! Le plaignant exigeait que le coq réveille-matin passât à la casserole. Je ne sais pas quel fut le verdict, mais les coqs continuent de chanter et les usines de gronder.

L'agression par les bruits, le sentiment d'effraction de la vie privée par autrui, le viol par l'oreille déclenche toute une série de comportements, tantôt défaitistes, allant de la fuite à la dépression, et tantôt sthéniques, du procès à l'autodéfense. On peut bien sûr tenter d'empoisonner le chien du voisin. Il est plus difficile de faire taire des enfants par ce moyen (1). L'important est de discerner la protection contre autrui et la défense d'un nécessaire recueillement en soi, qui devient d'autant plus difficile que croît la densité démographique, nous préparant ainsi un avenir explosif. La violence bien connue à la sortie des bals du samedi soir, si elle relève de nombreuses causes, entre autres les frustrations de ceux qui n'ont pas trouvé les partenaires sexuels escomptés, est très certainement accrue par le matraquage d'une musique hurlante. Musique qui devient une véritable drogue : il n'est que de voir combien d'étudiants ne peuvent travailler qu'avec une source musicale auprès d'eux. Les walkmen se multiplient chez les piétons, les cyclistes, les motocyclistes. Les voitures sont de plus en plus équipées de postes de radio. Il faut se garder toutefois de confondre bruit et musique. Le glissement s'est opéré lorsqu'il a été question de la violence après les bals. La musique, contrairement au bruit, peut amener ce recueillement, cet isolement dans le groupe, dans la foule. A condition que ce ne soit pas la musique de l'autre qui vous envahisse.

Ce qui a été dit des bruits pourrait se répéter à propos des lumières. Éclairs des enseignes au néon ; violence des lampes de bureau, auxiliaires habituels des interrogatoires policiers ; éclaboussures colorées des miroirs à facettes ; effets stroboscopiques enfin dont on a reconnu depuis longtemps la fonction épileptogène. Cette énumération suffit à évoquer toutes les irritations produites par des illuminations intempestives.

Par réaction, et peut-être par nostalgie d'un temps où l'on s'éclairait à la bougie ou au pétrole, beaucoup de gens tiennent aujourd'hui à atténuer l'éclairage de leur logement, de façon à ne plus distinguer les carottes des épinards, et à transformer chaque recoin en annexe de boîte de nuit. La pénombre peut être aussi mal tolérée qu'une luminosité excessive.

Bruits et lumières, nuisances ou drogues sont des facteurs, peut-être mineurs, de réactions allant de l'épuisement à la colère, dont nous pouvons attendre qu'elles sollicitent chaque jour davantage le médecin.

---

(1) Après la rédaction de ce texte, les exemples de meurtres d'enfants pour les faire taire se sont multipliés. Comme par hasard, il s'agissait le plus souvent d'enfants d'immigrés.

Quelques questions soulevées par le travail

La médecine du travail acquiert une importance constamment croissante, et tous les problèmes y sont abordés et développés. Nous ne ferons qu'en effleurer quelques-uns, où une intervention psychothérapique peut être rapidement efficace.

Quelle est l'attitude générale des hommes à l'égard du travail ? Même s'il est présenté dans la Bible comme la première malédiction : « Tu gagneras ton pain à la sueur de ton front », il est bien rare que l'homme ait une conduite systématiquement hostile au travail. Au contraire, et pour étonnant que cela soit, on constate que l'homme aime son travail, quels qu'en soient la monotonie ou la dureté, l'insalubrité ou le danger. Il y a une satisfaction à sortir le nombre de tonnes requis de charbon, à construire un mur, à tisser la toile. Les temples étaient construits par des esclaves dont la vie ne comptait pas, même pour les philosophes, et des canuts crevant de faim habillaient la noblesse et le clergé. Le travail est pour l'homme la production d'un objet, sa façon de faire des enfants. On parle bien du travail d'une femme en couches. Ce lien, cet amour pour l'objet produit garantit l'attachement de l'homme au travail, et explique une partie des réactions au chômage. L'homme masculin engage sa dignité dans le travail. Les femmes ne sont pas moins travailleuses ni moins bonnes travailleuses que les hommes, mais elles n'ont pas cette exigence qui pèse sur l'homme, de se justifier par le travail.

L'immense majorité des conflits au travail sont fondés sur des revendications légitimes de travailleurs, qui,jusqu'à il n'y a guère, étaient exploités. La réaction du petit bourgeois n'est pas rare, de s'ébahir devant une facture de réparation où il peut lire : « fournitures : 20.-, main-d'œuvre 200.- » Pour lui, comme pour beaucoup de gens, la main-d'œuvre ne devrait pas compter.

Quel que soit l'intérêt de l'homme pour son travail, certaines conditions le rendent plus pénible et sont susceptibles d'engendrer des réactions de malaise. Les tensions provoquées par le travail à proprement parler se reportent fréquemment sur l'environnement humain : coéquipiers, collaborateurs, maîtrise. Il est difficile de s'incorporer à une équipe, et les débuts sont souvent source de conflit. Lorsque l'équilibre est atteint, il suffit parfois d'une légère modification pour le compromettre et faire apparaître des malaises qui vont se manifester par des réactions de fatigue, de colère ou des passages à l'acte, parfois aussi par des refuges dans l'alcool. Ces petites modifications fourmillent dans le champ du travail et passent souvent inaperçues. Il faudra prêter attention au récit qu'en fera le travailleur, pour repérer toutes les frustrations, blessures, humiliations que peuvent entraîner les changements de personnes dans une équipe, les variations d'horaires, de cadence, des transformations de poste, les renouvellements de chaînes. Il conviendrait que le médecin ne soit pas trop étranger au monde du travail, à ses exigences et servitudes, pour entendre ce qu'un ouvrier par exemple pourra dire de ses camarades, de son contremaître, mais aussi de sa tâche et de ses machines.

Toutes ces variations constituent des changements de phases qui, chacune, exige un effort d'adaptation, même s'il ne s'agit pas d'un surcroît de travail. On sait statistiquement que les accidents surviennent souvent à de tels changements de phases, et notamment au moment de cesser le travail pour rentrer chez soi. Prendre la direction d'une mobylette ou le volant d'une voiture après avoir passé plusieurs heures sur une machine exige un changement d'automatisme qui ne va pas toujours de soi, la concentration ne se faisant pas sur les mêmes objets. Enseigner au travailleur à respecter un temps de passage entre deux phases d'activité n'appartient pas seulement au médecin du travail, mais à tout généraliste.

Il faut répéter ici que si la vie de l'homme est rythmée par les phases du travail, celle de la femme est soumise à bien plus de variations, qui, si elles entraînent la variété, exigent une disponibilité bien plus grande. Le travail professionnel est venu s'ajouter aux trois « K » que l'organisation familiale traditionnelle réservait aux femmes allemandes *« Kinder, Küche, Kirche »,* enfant, cuisine, église, qui pour les affranchis devenait : *« Kinder, Küche, Kleider »,* le vêtement remplaçant l'église. L'émancipation des femmes n'a fait qu'accroître leurs charges, quelle que soit leur langue. On pense que les états dépressifs sont plus fréquents chez les femmes que chez les hommes. Quelle ne serait pas leur fréquence chez l'homme si ces derniers avaient des obligations aussi astreignantes que les femmes. On ne peut pas davantage se faire porter pâle quand il s'agit d'élever les enfants que de nourrir le bétail ou de rentrer la récolte lorsqu'on est agriculteur. Et malgré l'aide croissante apportée à leur femme par certains maris, de plus en plus nombreux, la répartition des tâches reste dans l'ensemble très inégale.

Certaines professions, les statistiques en témoignent, exigent une disponibilité de tous les instants : enseignants ou téléphonistes par exemple. La fréquence dans ces professions de réactions psychopathologiques, significativement plus élevées que dans d'autres activités, suffit à prouver expérimentalement l'impact des situations et événements actuels sur la vie des gens, et à justifier l'intérêt du médecin-praticien pour cette psychiatrie quotidienne.

Chagrins d'amour (2)

Est-il déplacé de parler d'amour dans un ouvrage de psychiatrie du XXe siècle ? L'amour est désuet, obsolète. Chacun devrait savoir qu'il ne

---

(2) Pour en apprendre davantage sur ce sujet, on lira : François PERRIER : *La Chaussée d'Antin* (en particulier le tome II). 10/18 1978.

servait qu'à déguiser des réalités économiques. Il n'était que poudre aux yeux, illusion. Et la littérature, la chanson, l'art qui semblaient n'avoir que l'amour à la bouche étaient en fait les media d'un marketing savamment orchestré. Donc foin de l'amour. A moins que les adolescents torturés, les fiancés déçus, les maris jaloux, les femmes rompues ne soient issus d'une réserve, au sens de réserve d'indiens, qui constituerait une part importante de la clientèle médicale, sans se limiter aux psychiatres et sexologues. C'est en tous cas pour ces survivants, fossiles nostalgiques, que j'écrirai. L'amour est peut-être une maladie que la psychoprophylaxie obstétricale, la contraception, la libération des mœurs et autres vaccins sexothérapiques sont en train d'éradiquer. Je croirais plutôt qu'il s'agit d'exorcismes contre d'effrayants fantômes, qui ont en commun avec la drogue de créer une irréversible dépendance. Y avoir goûté condamne à ne plus pouvoir s'en passer. Définir l'amour serait une violence infligée à chacun, car il appartient à chacun de délimiter son propre champ amoureux, l'amour, bien que le plus radical des esclavages, restant l'un des derniers terrains de la liberté individuelle. Bien sûr, personne n'est obligé de souscrire à ma propre définition.

Est-ce normal, d'aimer, ou est-ce un signe de folie ? De folie sûrement, mais sûrement pas de psychose. De névrose, alors ? La névrose apporte à l'amour un coefficient supplémentaire de souci, doute, inhibition et crainte. Où chacun mesurera la part névrotique de ses amours, part qui ne manque jamais, pas plus que dans beaucoup d'autres activités humaines. Non, ce n'est pas normal, d'aimer. Ce n'est ni normalisé, ni normalisable malgré les louables efforts des producteurs en tous genres qui voudraient organiser l'amour, afin de lui assigner son lieu, son temps, et surtout son quota de consommation. L'amour a toujours été redouté, condamné ou méprisé par certains groupes, certains organismes, certaines institutions. La désuétude dans laquelle il semble tomber actuellement ne signifie qu'une seule chose : que la société contemporaine y a reconnu le principal agent de l'anticonsommation. Une chaumière et un cœur, l'amour et l'eau fraîche ne font pas marcher le commerce. Est-ce pour cela qu'il faut se réjouir que l'amour soit plus souvent une maladie à poussées récidivantes qu'une maladie chronique ?

Pourquoi aimer ? Le chœur des mordus de répondre : parce l'autre est mon complément, qu'avec l'autre je forme un tout. Il n'en est rien, bien sûr. La complémentarité est un leurre gros de toutes les désillusions, et la fusion un mythe qui ne se réalise qu'au niveau des gamètes.

N'empêche qu'on y croit ferme, à cette complémentarité de l'autre. Et il a fallu attendre Freud pour qu'un début d'intelligence s'introduise dans ce domaine. Encore, voir dans l'autre le complément est-il déjà une avancée impliquant qu'on se reconnaisse incomplet. Le plus souvent, on n'assume même pas la responsabilité de son amour. C'est l'autre, objet aimable tout entier, ou porteur d'un objet aimable partiel, qui nous force à aimer. Les yeux de la belle marquise ne cessent pas de causer l'amour. « T'as de beaux yeux, tu sais » est la forme peut-être plus accessible aux cinéphiles que le théâtre classique. Il n'y a pas tant de différence par rapport à la complémentarité. Si je peux trouver aimable un objet, c'est bien qu'il me manque. Ce n'est pas encore pour autant que je veuille l'avoir, le posséder. Que je le désire. La fréquence du choix d'un objet inaccessible témoigne de cette constellation. Dieu ou princesse lointaine : on ne risque pas de les rencontrer tous les jours, ni d'être dérangé dans la délectation solitaire de l'amour. De même que l'irruption des bruits représentait une pénétration par l'autre, de même l'amour est conquête de l'autre, aux deux sens du génitif, le conquis étant en même temps le conquérant. Nous acceptons certes de nous compléter par l'acquisition de la partie manquante, mais devenir l'esclave de cette partie ne va pas sans réticence. D'où l'ambiguïté inévitable de l'amour que Lacan illustrait en écrivant : l'« hainamoration ».

Par quel tour de passe-passe l'inconscient va-t-il concilier ces incompatibles ? C'est là que l'approche de Freud apporte quelqu'intelligibilité. Il distingue tout d'abord deux catégories d'amour ou deux raisons d'aimer : l'amour narcissique et l'amour par étayage. Dans l'amour narcissique, l'autre nous sert de miroir valorisant. Freud ajoute que c'est le mode d'amour habituellement choisi par les femmes. Quant à l'amour par étayage, il constitue l'enveloppe destinée à rendre tolérable la dépendance à l'égard de ce dont nous avons besoin.

Cette séparation entre deux formes d'amour est plus artificielle que réelle et répond à un besoin scientifique et didactique. Nous allons voir que dans les amours humaines les deux catégories sont le plus souvent confondues, et réciproques.

Que peut bien signifier que l'autre nous renvoie de nous-mêmes une image valorisante, une bonne image ? Cela signifie que nous avons reconnu chez l'autre un manque et que ce manque, nous détenons de quoi le compléter, le remplir. Se contenter ici de l'imagerie sexuelle serait un court-circuit excluant la majeure partie de l'amour, comme souvent l'acte sexuel, le faire l'amour, ne survient que pour mettre fin à une tension devenue insupportable : il n'est pas le couronnement de l'amour, mais sa suspension, au moins provisoire. On verra plus tard que même cette fonction peut être mise en doute. Avoir de quoi combler le manque de l'autre : on croit entendre le machiste de service déclarer en tripotant son ceinturon : « J'ai ce qu'il te faut. » C'est ce qu'on peut à la limite connaître consciemment dans l'amour, à quoi il faut ajouter cette reconnaissance qui accompagne parfois la joie qu'on vous offre. Mais que se passerait-il si l'autre, cet objet incomplet qui sertit notre excédent nous révélait qu'il se passe fort bien de nous ? Dans ce vide brusquement ouvert sous nos pas, nous découvririons la dimension trompeuse de notre conviction rassurante. L'illusion de complétude, l'illusion narcissique cachait en fait que nous ne pouvions nous passer de l'autre, que cet autre nous manquait, grâce à sa propre incomplétude, autrement dit que nous manquions de son manque. C'est ainsi que s'installe la réciprocité, la solidarité des deux catégories de l'amour : amour narcissique et amour par étayage. Ces manques marquent la place que nous pouvons occuper chez l'autre et que l'autre occupe chez nous. Ce double jeu éclaire un peu l'émerveillement de l'amour, mais en même temps nous fait mesurer sa fragilité, car rien ne nous garantit la bienveillance de l'autre ; surtout pas cet objet par lequel nous pensions le retenir, puisque cet objet s'avère être un manque. Quelle que soit notre outrecuidance, il nous est difficile de nous convaincre d'être les seuls à avoir un manque à offrir. Avoir vu une femme que l'on trouve extrêmement belle éprise d'un aveugle permettra de mieux suivre cette dialectique à qui la trouverait trop aride.

On peut parfois déplorer que l'on utilise le terme d'amour dans nombre de situations très différentes : amour de Dieu, de la patrie ; amour d'un chien pour son maître ; amour d'un enfant pour ses parents ; amour entre deux adultes. Chacune de ces formes d'amour comporte ses particularités qui viennent éclairer toutes les autres formes. Elles comportent aussi, à divers degrés, les deux composantes fondamentales découvertes par Freud.

L'amour d'un chien pour son maître est pratiquement sans réserve. Qu'on le laisse mourir de chaleur ou de soif dans une voiture, qu'on l'attache des journées entières dans sa niche, il manifestera la même joie exubérante lorsqu'on viendra le délivrer et le caresser pendant quelques minutes. Qu'un mari ou une femme n'en fasse pas autant ne signifie pas forcément que l'amour se perde.

Est-ce à dire que l'amour soit une manifestation animale, voire biologique ? Je ne le pense pas, car pratiquement aucun autre animal, à part le chien, ne manifeste un attachement aussi constant et aussi illimité. Chacun, bien sûr, connaît quelques histoires exemplaires concernant des chevaux ou des chats. On connaît aussi la fidélité de certains animaux entre eux, les inséparables... Je pencherais plutôt pour cette identification amplifiante que l'on connaît chez certains animaux domestiques, qui leur font refléter de façon caricaturale les caractéristiques de leur maître : de même, l'amour d'un chien pour son maître est une caricature qui ne peut être appelée amour que par ceux qui reculent devant le risque de la réciprocité. Il existe une extase amoureuse de l'enfant face à sa mère, extase que vient limiter la parole d'un père ou son évocation par la mère. Heureusement d'ailleurs, car à défaut de cette limitation, l'enfant va se trouver astreint à rechercher ou à craindre les moindres menaces et à déraper dans la phobie. Cette parole paternelle ne devrait pas seulement délivrer l'enfant de sa mère, mais aussi limiter l'attente usuraire de cette mère qui risque sans cela de n'être jamais satisfaite et qui, quoi qu'ils fassent, taxera toujours ses enfants d'ingratitude.

Chaque médecin est exposé à la foule de ces conflits parents-enfants, conflits résultant d'un mécompte maternel par mauvais placement de son affection. « Après tous les sacrifices que j'ai fait pour lui, il veut me quitter. Il faut que vous lui disiez quel est son devoir, docteur. » Il se trouve des médecins pour abonder dans le sens de ces mères. Sans doute ne les comprennent-ils que trop bien, pour avoir eux-mêmes de tels enfants ingrats. Heureusement, les enfants surmontent le plus souvent cette épreuve supplémentaire, à moins que les circonstances ne les aient privés très précocément de toute tentation d'autonomie. En règle générale, le rôle du médecin consistera à reconnaître que la « trahison » de l'enfant a révélé à cette mère, par un chagrin d'amour, un manque intolérable, manque que l'on croyait combler par un objet réel. De méconnaître la dimension imaginaire de cet objet amène une revendication paranoïaque, comme chaque fois qu'on tente de remplacer un objet virtuel par un objet réel. Il s'agira, sur le plan psychothérapique, de revaloriser aux yeux de cette mère ses autres investissements, qu'elle aura trop souvent, et pour toute une série de raisons, oubliés. Certaines femmes se croient bonne mère pour se consoler de n'être que mère. Or, il paraît bien difficile d'être une bonne mère sans être d'abord une femme.

Une autre forme de conflit parent-enfant à laquelle sera confronté le praticien est la relation qui s'établit avec un enfant handicapé. La blessure d'amour-propre, la blessure narcissique infligée aux parents est compréhensible. Elle ne l'est que trop, car elle implique que l'on est victime d'une injustice, que l'on ne méritait pas ça. C'est dire que l'on se défend contre un sentiment de culpabilité. En fait, une maladie congénitale invalidante, rendant l'enfant infirme dès ses débuts, est aussi absurde, aussi dépourvue de sens que n'importe quelle maladie. Dans l'immense majorité des cas et dans l'état actuel des connaissances, rien ne permet d'incriminer l'un ou l'autre des parents. Le rôle du médecin consistera à rassurer les parents, à les déculpabiliser, ce qui les amènera parfois à accepter cet enfant sans que cela se fasse au détriment des autres, par un phénomène de surcompensation loin d'être rare. Et surtout, passée la phase de sidération inévitable à la naissance d'un « monstre », ils découvriront peut-être que les possibilités de récupération ou de vicariance chez de tels enfants dépasse de loin ce que la médecine traditionnelle permettait d'espérer (3).

Il n'a pas été question, jusqu'à présent, de « vrais » chagrins d'amour. D'abord parce qu'ils ne devraient pas concerner le médecin. Mais la mentalité d'assisté qui se répand de plus en plus fait que l'on appelle « dépression » le chagrin que l'on éprouve lorsqu'une personne aimée nous quitte. Et qu'on revendique une indemnité lorsqu'un accident

---

(3) Glenn DOMAN : « *Les guérir est un devoir* », Éd. de l'Épi, 1980.

nous a fait perdre un proche. On ne pourra donc pas toujours se soustraire aux sollicitations de ceux qui, après s'être enivrés d'amour, se réveillent avec une gueule de bois. Ceci pour tenter d'illustrer l'amusante étymologie proposée par Bloch et Wartburg qui voient dans chagrin le verbe griner, qui n'est sans doute pas loin de grogner, et qui dériverait du francique « grinan », qui signifierait faire la grimace ou faire la moue. A quoi on accolerait en préfixe un chat, en évoquant le terme allemand de *Katzenjammer* (lamentation des chats). Or, ce *Katzenjammer* désigne habituellement la gueule de bois.

Il n'est pas inconcevable d'utiliser ces périodes de chagrin pour faire un bout de chemin psychothérapique, en prenant garde, toutefois, à ne pas trop s'engager : il n'est guère souhaitable de traiter un chagrin d'amour comme une maladie.

Les chagrins d'amour ne sont en général que les prologues à la multiplicité des conflits conjugaux. On pourrait rétorquer qu'il ne faut pas confondre amour et mariage. Il n'est pas interdit toutefois d'associer les deux. Encore faut-il savoir que le mariage est une institution sociale, et que l'amour, du moins l'amour romanesque, courtois et poétique, est le plus souvent tout à fait antisocial. Ce qui fait que les amoureux légendaires meurent jeunes.

Les composantes inconscientes de l'amour ont été décrites un peu plus haut. Il va de soi que si l'on ne compte que sur elles pour que cet amour devienne durable, on risque de graves déconvenues. L'inconscient n'est, en effet, pas accessible. Il ne s'agit en aucun cas de quelconques voix intérieures. C'est au contraire sous le masque d'une intentionnalité extérieure à nous-mêmes que l'Inconscient parfois se manifeste. Les conflits conjugaux se fondent souvent sur un tel mécanisme.

On a vu que le même mot d'amour pouvait désigner des situations très différentes. Peut-être n'était-ce pas à tort, car souvent l'amour entre adultes reste marqué par une relation priviligiée, en particulier entre l'enfant et sa mère. Et c'est la déception réciproque la plus habituelle de découvrir que l'autre de l'amour ne se comporte pas en mère et ne souhaite nullement le faire. On pourrait croire que l'autre en question devrait être la femme, alors que c'est l'homme qui serait l'enfant. La chose est fréquente. Les maris profitent de la situation pour jouer les enfants uniques, même lorsqu'ils ne l'ont pas été, d'où aussi leur fréquente intolérance à leurs propres enfants. Mais l'inverse est presque aussi fréquent. Une femme peut fort bien rechercher dans son mari un soutien maternel, chose que le mari a du mal à reconnaître et surtout à accepter. Le sexiste de service qui se rengorge de déclarations comme : « Elle m'a choisi parce que je la domine » comprendrait éventuellement que cette domination est en même temps une protection mais il serait fort étonné de découvrir qu'il a été choisi non pour sa virilité, mais pour sa fonction maternelle ! Cela lui expliquerait pourtant certains déboires : qui recherche une mère est rarement le partenaire escompté.

C'est une façon de faire durer l'amour que de le ramener aux liens de l'enfant à sa mère. Aussi bien les hommes que les femmes sont capables de cette régression. Elle n'est pourtant pas symétrique. Elle est plus fréquente chez les hommes car, la complicité des femmes aidant, notre monde est organisé pour maintenir les hommes, malgré leurs prétentions, ou peut-être à cause de ces prétentions, dans un état d'infantilisme. Les démonstrations de force, les idées de puissance et de pouvoir sont le plus souvent des illusions, partiellement réalisées par la violence, et surtout par la mascarade des femmes. Ce terme de mascarade est souvent utilisé pour décrire d'abord les conduites hystériques, ensuite les conduites féminines tout court. Le mot est bien choisi, les femmes ont trouvé là le meilleur moyen de rendre supportable la coexistence avec l'homme, en se conformant à l'image qu'il se faisait d'elles. Ressembler à l'image, c'est aussi se conformer à l'objet du fantasme. La femme-objet n'est pas objet, mais fait semblant de l'être, car elle estime, le plus souvent à juste raison, que l'homme serait incapable de supporter son altérité radicale. La femme en tant qu'autre n'est pas acceptable par l'amour masculin, qu'il fût narcissique ou par étayage. Seul un semblable ou presque semblable peut être accepté. Aimer une femme dans son altérité, pour son altérité exige qu'on ait dépassé tout l'infantilisme inconscient de l'amour ordinaire pour accéder à une relation située au-delà du narcissisme, transnarcissique, ce qui exige qu'au préalable l'angoisse de castration ait été surmontée. Plus facile à écrire qu'à réaliser.

Un médecin-femme sera évidemment plus à même qu'un médecin-homme à dénouer les rets dans lesquels son client se sera enchevêtré au cours de sa vie conjugale. A condition, bien sûr, que cette femme-médecin n'ait pas choisi de s'identifier à un homme. Cette supériorité des femmes s'étend à toutes les formes de psychothérapie ainsi qu'à la psychanalyse, l'inventivité et l'imagination des femmes étant moins limitées que celles des hommes par un quadrillage obsessionnel.

L'une des situations les plus banales et les plus révoltantes, celle de la femme rompue, découle en partie de cet infantilisme de l'homme. Après qu'une épouse, ou qu'une maîtresse lui ait appris à vivre, parfois en l'aidant matériellement à ses débuts, l'homme devenu grand garçon a envie de se prouver qu'il a accédé à la maîtrise et va chercher une partenaire plus jeune. Pas seulement parce qu'elle est plus « pneumatique » comme disait Huxley, bien que cela favorise le processus, mais surtout parce que, face à cette nouvelle conquête, il pourra se présenter tel qu'il souhaiterait être, chose difficile face à qui connaît tous vos petits défauts et toutes vos limites. Une psychothérapie des femmes rompues peut paraître difficile, surtout aux hommes qui n'ont que trop tendance à « comprendre » le mari de cette épouse délaissée. Ils ont bien tort.

D'abord parce que, dans la grande majorité des cas, le mari reviendra au bercail, penaud, les oreilles basses, et glissons sur la fin habituelle de l'image. D'autre part surtout, parce que cette femme, que le roman et le cinéma nous montrent désespérée et sans possibilité de refaire sa vie ou simplement de continuer à vivre, est beaucoup moins dénuée de ressources qu'on ne le croit. Qu'on veuille bien consacrer quelques séances à l'écouter : elle a beaucoup à nous apprendre. D'abord viendront les plaintes. Désespoir, la vie n'a plus de sens, le suicide est la seule issue. Puis viendra la rancœur. Elle lui a tout sacrifié, parce qu'en plus il était exigeant et jaloux. Il lui a ôté toutes ses illusions. Notez bien : ses illusions. Quand survient la rancune et la hargne, la partie est gagnée. Préparez-vous à en entendre de belles sur l'infidèle. Il y a longtemps qu'il était jugé, jaugé, que la cause était entendue. La plupart du temps, on ne restait avec lui que pour des raisons matérielles, voire de confort. Il en découlera que cette femme, sur laquelle on avait tendance à s'apitoyer, retrouve des énergies nouvelles, et qu'en fait c'est elle qui, après cette épreuve, va prendre un nouveau départ, à la barbe du mari déconfit. Il y faut néanmoins le secours d'une oreille intelligente.

Reste une dernière scène de la conjugalité conflictuelle, largement exploitée sur tous les théâtres : la jalousie. On dit qu'il n'est pire douleur que la perte de l'objet aimé au profit d'un(e) autre. On est toujours à un doigt du délire, dans les démarches entreprises, du moins, pour justifier ses soupçons. Il vaudrait mieux dire pour tenter de les infirmer. Comme disait Raymond Devos dans un sketch bien connu : « j'ai des doutes ». Ce que recherche le jaloux délirant, c'est la preuve, impossible et dérisoire. La véritable jalousie se fonde sur des réalités qui, le plus souvent, sont à peine dissimulées. Celui, celle, qui « trompe » l'autre est souvent tenté de la (le) quitter, et que l'autre le découvre faciliterait les choses, éviterait qu'on prenne une décision difficile.

Les tortures de la jalousie ne viennent pas du doute quant à la fidélité de l'autre. Elles sont une interrogation sur soi-même. Qu'a-t-il, ce rival, que je ne puisse lui offrir, moi ? Et du coup d'imaginer les délices que va offrir celle qu'on a perdue à son nouveau partenaire. Preuve que les jouissances que l'on partageait avec elle nous avaient toujours parues dépassables. J'ai supposé ici un jaloux masculin. Le féminin est parfaitement symétrique. On est renvoyé, dans la jalousie, à un sentiment d'insuffisance qui nous donne l'exacte mesure des angoisses à affronter pour assumer la castration. Pour d'autres, les affres de la jalousie sont considérablement réduites par le respect de la liberté de l'autre. Un lien amoureux ne devrait pas se confondre avec la propriété d'un bien.

Mais il est bien difficile de faire accepter ce beau raisonnement au jaloux.

Toutes les jalousies ne se ramènent pas à ce modèle. Freud a montré que, souvent, l'objet de la jalousie était le ou la rivale, en une forme inconsciente d'homosexualité. Cette conception apporte un éclairage nouveau, à condition qu'on ait réfléchi à l'homosexualité, ce qui est rarement le cas.

2. Traumatismes

Au chapitre précédent ont été abordées des situations où les conflits avaient une certaine durée. Les traumatismes dont il va être question, et qui ont mauvaise réputation en psychiatrie, sont des événements le plus souvent uniques, dont les conséquences éventuelles ne peuvent être évaluées qu'après coup. Sur le moment, il n'est pas possible d'en apprécier la gravité. Il est rare en effet qu'un traumatisme soit lié à une quelconque blessure ou lésion. Ce qui va donner à un événement la dimension d'un traumatisme, c'est son imprévisibilité, c'est-à-dire la surprise.

La surprise

La surprise est une irruption, souvent brutale, dans le déroulement uniforme, monotone du temps. Cette formule ne doit pas être acceptée sans critique. Le temps peut se répéter, il peut aussi changer, sans même recourir à la polysémie française du vocable temps. La monotonie est l'œuvre de l'homme, et surtout son appréciation. Et, qui sait, peut-être son souhait. La monotonie ne vient pas du fait qu'une heure dure inexorablement 60 minutes, mais que le temps vécu, dont on sait la variabilité, est lui-même programmé, sans surprise. Si l'on prend pour étalon l'heure de travail, celle qui sert à établir les factures du réparateur ou du garagiste, combien longue, interminable paraîtra une heure d'amour. Comment, n'est-ce pas la situation type où le temps paraît trop court ? « O temps, suspend ton vol... » Sans doute est-ce vrai dans l'intensité des premiers émerveillements. Mais dans l'amour programmé, essayez donc de dépasser le quart d'heure prévu, déshabillage compris. Que le phallocrate qui n'a jamais entendu : « tu gardes ta montre ? » ou « tu regardes l'heure ? », conteste cette affirmation.

« L'ennui naquit un jour de l'uniformité. »

Certes, mais l'ennui rassure. Il fait partie du monde organisé par l'homme masculin selon ses stéréotypes, sous prétexte d'efficacité productrice. Ce n'est malheureusement jamais de la jouissance qui est ainsi produite.

L'ennui est lié à la répétition, des mêmes gestes aux mêmes heures, des mêmes actes, des mêmes paroles, qui du coup sont vidés de sens, ne sont plus que rites ou fossiles, traces qu'ici il y a eu un jour message, événement. « Comment allez-vous ? » Ça vous préoccupe vraiment ? Et l'amour déjà évoqué, de 22 heures à 22 heures 15, n'est même plus une distraction. Émonctoire. Devoir conjugal.

La programmation se fait longtemps d'avance. Nous prétendons que l'intelligence de l'enfant se développe avec les années, pour nous cacher que, dès le début, nous équipons ce merveilleux petit ordinateur de circuits répétitifs, qui considéreront comme erreur de syntaxe toute tentative d'échapper aux formules prescrites. L'homme est animal d'habitude, de régularité. Même la religion, il la confond avec des rites qui la figent. C'est l'intérêt de certains, qui s'appuie sur les aspirations de chacun.

Les stéréotypies, dont nous faisons des symptômes lorsqu'elles évoquent trop l'automate, la mécanique, font la joie des parents et des grands-parents quand l'enfant, encore tout petit, les accomplit. On voudrait y voir un signe d'intelligence, de précocité. C'est en effet la précocité d'une singerie, d'un simulacre d'adulte. Au point que ces répétitions deviennent la règle, la conduite normale de l'enfant. Qui devrait nous inspirer quelque modestie plutôt que de l'admiration. Répétition stéréotypée des visites, des salutations, des trajets et des gestes. On va à la caisse à jouets, on choisi le même objet, le même livre, et avec les quelques mêmes mots balbutiants on va demander au même adulte de raconter la même histoire, de mettre en œuvre le même mécanisme. L'adulte est rempli d'extase et d'admiration. Parce qu'il se sent rassuré. A voir ainsi son bien le plus précieux, son enfant, réfléchir comme un miroir son propre comportement, il se convainc de la justesse, de la sagesse de son activité. Il se sent à sa place, confirmé dans son rôle et sa fonction.

Ils méconnaissent, ces adultes, que ce sont eux qui, pour une large part, sollicitent le limonaire qui fait de l'enfant un orgue de barbarie ou une mécanique à tisser, n'hésitant pas à introduire les phrases induisant la suite prévue, vérifiant que la leçon est bien apprise. « Et maintenant, que va faire le petit garçon avec sa grand-mère ? » On n'ose penser au scandale si l'enfant répondait de façon un peu personnelle. Car ne nous y trompons pas. Même si l'enfant utilise certaines aptitudes à la répétition, il s'agit pour lui d'un temps ritualisé, sacrifié aux adultes, comme celui qu'un peu plus tard, à moins qu'on n'ait déjà commencé à le lui inculquer, il sacrifiera aux dieux. Au prix de quoi il peut enfin s'amuser comme il le veut. A la plus grande surprise des adultes qui lui ont offert des jouets coûteux, alors que l'enfant préfère un bout de bois, un rond de ficelle, une vieille boîte.

Surprise, ai-je dit. Quelque chose a rompu la chaîne soigneusement ourdie, pour surgir dans cette cassure. Et ce qui risque d'apparaître fait peur. La surprise est toujours redoutée. Même si on sait qu'il en existe de bonnes. Notre passé ne serait-il truffé que de souvenirs de surprises redoutables, de moments qui font que les surprises ultérieures sont redoutées ?

S'attendre au surgissement d'un objet, d'une chose est déjà une interprétation qui traduit notre horreur du vide, de l'objet au stade zéro. Que quelque chose apparaisse, fût-elle horrible, plutôt que de nous laisser face au néant. La déception d'une attente est peut-être pire que la plus mauvaise rencontre. Il est clair pourtant que la surprise se définit non pas comme l'apparition de ce qu'on attendait, mais comme sa non-apparition. Voilà les fondements des mauvaises surprises.

Les événements ne sont pas continus. C'est nous qui cimentons les événements en secrétant entre eux un collagène qui va rétablir la continuité nécessaire à notre repos. Notre tranquillité, notre confort l'exigent, pour éviter les efforts propres à nous permettre d'assumer chaque situation nouvelle. L'adaptation, dans un certain sens, n'est pas autre chose, et on commence à deviner l'ambiguïté du terme. S'adapter à une situation nouvelle, qui fait irruption, qui nous surprend, constituerait un effort susceptible d'accroître nos aptitudes. Alors qu'on fait de l'adaptation en général une voie de facilité équivalente à une répétition qui rabote les spécificités de chaque situation. Pour un médecin, par exemple, il peut recevoir chaque nouveau client avec le même accueil, le même questionnaire, ou bien il peut tenter de transformer chaque consultation en une rencontre ne se déroulant pas selon un schéma prévu d'avance. Les sages et les raisonnables ne manqueront pas d'objecter par un « oui, mais... le questionnaire a du bon ». Il a été établi par des spécialistes, des savants, peut-être des ordinateurs. Il garantit la sécurité du client et préserve la responsabilité du médecin. Si ce dernier se laissait aller à bavarder avec son malade, il perdrait du temps, et raterait le beau diagnostic, et il pourrait découvrir que son malade souffre de la présence d'une belle-mère à son domicile, ce qui bien sûr ne le regarde pas et que de toute façon il ne pourra pas changer.

Quelle est la composition de ce collagène cimentant dont il a été question plus haut ? Pour ceux qui douteraient de son existence, commençons par la démontrer. Qui n'a jamais fait l'expérience de la « chanson dans la tête » que chantait Yves Montand. « Un air qui vient on ne sait d'où » disait une autre chanson. Un air qui s'impose, qui se répète et qui se fait d'autant plus tenace que nous essayons de nous en défaire. Il s'infiltre dans les espaces laissés libres entre nos pensées, nos occupations. Sans doute pour que n'y apparaisse pas pire que ces chansons dont l'analyse nous montrerait toutefois qu'elles sont loin d'être innocentes. Le phénomène est connu, mais il prend parfois une envergure telle qu'il constitue un symptôme obsessionnel. Rappelons une fois de plus qu'obsédé vient de « obsidio » : le siège, et que rien ne s'opposerait à ce qu'on remplace le terme d'obsessionnel par le doublet savant d'obsidional, dont l'usage numismatique confirme l'analité. La chanson pour boucher les trous n'est qu'un moment exemplaire où l'on prend conscience que ces trous sont bouchés, ou qu'il existe des trous entre nos périodes d'activité. Ces trous, s'ils étaient assumés, constitueraient autant de « *terrae incognitae* » dont la conquête assurerait à l'homme un supplément d'intelligence, d'initiative, de liberté. Sans doute un tel effort est-il trop grand, et les moellons de nos œuvres sont liés entre eux par ce tissu conjonctif d'habitudes, qu'on appelle parfois le caractère. Avoir du caractère, c'est donner de soi une image invariable, constante. La constance est sûrement une qualité, mais est aussi ennuyeuse que tous les gens qui ont du caractère. Encore faut-il s'estimer heureux lorsqu'ils ne sont qu'ennuyeux, car ils ne sont que trop souvent redoutables.

Comment un caractère se constitue-t-il ? On avait vu, au cours de l'étude des névroses, qu'on pouvait l'assimiler à un tissu de microsymptômes équivalents dans leur fonction et leur sens. Mais un symptôme est une construction qui exige du temps et de l'énergie. Aussi est-il plus simple d'emprunter un caractère à des personnages appréciés, estimés, mais aussi, souvent, redoutés. On peut aussi tout d'un bloc emprunter le personnage d'un seul autre. C'est fréquemment le cas d'enfants à l'égard de leurs parents : « C'est tout le portrait de son père. » Lorsqu'il s'agit d'élèves qui copient leur maître, on se rapproche du geai paré des plumes du paon, surtout lorsqu'à ce maître on n'a emprunté que les plumes. Habituellement, ces empreintes sont prélevées sur un grand nombre de prêteurs. Elles sont inconscientes, prennent le nom d'identification et ne nous éloignent pas des conduites obsessionnelles, conduites magiques, ou à défaut de se parer des plumes, on s'empare des armes de l'ennemi quand on ne réalise pas plus radicalement un fantasme d'anthropophagie.

Certaines de ces identifications sont calquées sur des situations particulières qui ont pu avoir à un moment l'allure ou la dimension d'une situation traumatique. Chaque fois qu'une constellation d'événements ou de personnages évoquera ladite situation, la conduite empruntée, qui a eu sans doute son heure d'efficacité, risque de réapparaître. Comme il s'agissait de comportements à visée défensive, ils prendront une allure agressive, surgissant au moindre prétexte. Devant ce caractère pénible, davantage pour l'entourage que pour le sujet, on parle parfois de névrose de caractère. Le terme est assez imprécis du fait de la multiplicité de ses définitions selon les auteurs. La répétition des conduites fait de la névrose de caractère une véritable arme à répétition. La séquence répétée est gravée comme un sillon de disque qui guide notre conduite à chaque instant, déterminant des habitudes que l'on désigne par normales, voire naturelles. Il n'y a pas de normal en soi. Il n'y a que cette référence à une copie.

Souvenirs et prémonitions

Dans l'enchaînement qui a formé une séquence caractérielle peut survenir un événement rare. Il faut se rappeler que nous nous trouvons dans la situation de l'enfant qui regarde ce qui se passe, la vie qui se déroule autour de lui. Un événement rare, qui n'a pas une place d'habitude sera incompréhensible pour cet enfant. Un trou d'incompréhension s'ouvre dans la trame quotidienne. Nous reconnaissons la surprise. Son irruption va provoquer un essai d'explication, d'interprétation. Qui souvent échoue. On pense alors à la conjuration, à la propitiation. C'est là qu'apparaît un phénomène qu'un clinicien ne devra jamais perdre de vue : la propitiation la plus efficace ne consiste pas à rendre compréhensible l'événement incongru, mais a en faire un événement habituel, répétitif. La répétition, même si elle n'est qu'imaginaire, permet à son tour l'élaboration d'un symptôme. La continuité, la répétition monotone est lassante, étouffante. L'immuabilité des conduites parentales est peut-être sécurisante pour l'enfant dans notre monde dérisoirement féru de sécurité, alors que jamais il n'a été aussi meurtrier. Grotesque des statistiques qui nous promettent un espoir de vie dépassant 72 ans comparé aux 22 millions de morts de WW II. Encore les intérêts, composés, ne sont-ils pas comptabilisés. Mais l'enfant, au départ, n'est pas contaminé par notre besoin affiché de stabilité figée. C'est pourquoi peut-être l'enfance et une partie de la jeunesse sont porteurs de cette grâce, dont on se demande où elle a passé lorsqu'on contemple les caricatures qui servent de visage à de trop nombreux adultes. Pour se sauver et les sauver de la pétrification, l'enfant va faire aux parents la grâce de les avoir connus vivants, ce qui n'a, bien entendu, pas de rapport avec leur éventuel décès. Il repérera chez eux une conduite surprenante, exceptionnelle, peut-être unique, et érigera un symptôme en guise de monument pour perpétuer le souvenir de cette conduite. Un jour, quelque chose a changé dans le rite quotidien, quelque chose comme un désir a passé dans le décor lisse des habitudes. Peut-être le père, après avoir arrosé le départ d'un collègue à la retraite, n'a-t-il pas pu attendre le cérémonial de la chambre à coucher pour trousser sa femme. Un désir avait surgi, imprévu, insolite, sorti d'on ne sait quel trou. Comme une souris. Sans doute n'en faut-il pas plus que cette perception de l'irruption du désir des parents, trop rare pour être explicable, pour que se développe la phobie des souris. La caricature fait croire que cette banale phobie traduit la crainte que ce petit rongeur ne se glisse dans les orifices naturels. C'est peut-être une phase intermédiaire de l'interprétation. Mais nous avons vu qu'elle représente bien plutôt, cette souris, l'irruption du désir là où on ne s'attendait qu'à trouver une muraille uniforme de mornes habitudes, révélant un orifice insoupçonné et inespéré : un manque chez les parents. La nécessaire répétition, dans le souvenir, d'un événement unique, se traduit fréquemment à l'investigation clinique par des déclarations comme : « mon père avait l'habitude de rentrer ivre », même si la chose ne s'est passée qu'une ou deux fois. Il s'agit toujours du souhait que se réalisât cette rupture de l'ennuyeuse régularité. Ou bien : « mon père me battait comme plâtre », affirmé par celui qui n'a peut-être reçu qu'une seule gifle dans sa vie. Le souvenir, comme le symptôme, se cristallise autour du trou dans la trame : trou de souris.

Ne jamais perdre de vue que cette généralisation d'un fait unique est fréquente, qu'il y a lieu de lui accorder toute l'attention qu'elle mérite, mais pas d'en faire une réalité.

L'exemple de surprise par le désir qui a été évoqué plus haut permet incidemment d'aborder une question à laquelle le praticien, et d'ailleurs le psychiatre aussi, est parfois confronté. Un « traumatisme » sexuel est-il susceptible d'engendrer des conséquences ? On songe au viol. Infiniment plus fréquent que ne le laissent croire les quelques procès qui parviennent à la publicité, même sous la forme de l'inceste père-fille. Le viol ordinaire ne perd rien de son ignominie de ne pas laisser chez sa victime d'autre trace qu'un renforcement du mépris pour l'homme. La catégorie des soudards et mercenaires qui violent les femmes et les filles de leurs adversaires, et parfois de leurs employeurs, n'est pas près de s'éteindre, mais leurs crimes sont devenus trop communs par rapport à d'autres atrocités pour que les médias en parlent. Il faudrait joindre l'enregistrement des hurlements des victimes pour que de tels reportages se vendent encore. Et l'inceste père-fille ? Il n'est pas rare non plus, bien qu'il faille tenir compte de déclarations parfois mensongères faites par les victimes. Il en va de même des enseignants accusés par leurs élèves, ou comme autrefois certains confesseurs dénoncés par leurs ouailles pour des crimes qu'ils n'avaient pas commis. Ces déclarations, où le fantasme est pris pour la réalité, avaient d'abord amené Freud à reconnaître un traumatisme sexuel de ce genre à l'origine de l'hystérie. Il s'était ensuite rendu compte que les pères incestueux seraient légion, et abandonna la théorie traumatique pour la théorie fantasmatique. Faut-il pour autant nier la possibilité des pères incestueux ? Non, seulement il est clair que ce traumatisme, habituellement plus moral que physique, n'engendre pas de névrose. Il fait simplement découvrir aux filles qui en sont les victimes que leurs pères sont des hommes comme les autres !

Que penser alors d'autres « traumatismes sexuels » ? Par exemple la découverte par l'enfant d'un coït parental ? Les pédagogues, éducateurs et autres spécialistes de l'enfance mettent parfois en garde contre les catastrophes provoquées par de tels spectacles, et certains psychanalystes confirment leurs craintes. En fait, ce n'est pas tant le spectacle qui est traumatisant. Bien sûr, les cris et les soupirs, les paroles et les halètements peuvent interpeller l'enfant qui se demande à quel sport épuisant il est en train d'assister. Il est vrai que le désir de témoigner à l'autre de l'intensité de sa jouissance, pour être conforme au modèle colporté par la sexologie et plus encore par la pornographie sous toutes ses formes, amène à une surenchère des manifestations, gesticulations, et clameurs de plaisir. C'est davantage l'outrance, la vulgarité, la grossièreté qui choquent l'enfant, de même d'ailleurs qu'elles choquent l'adulte. Les commentaires, conseils et ordres grivois rendent méprisables, comme les grimaces et les glapissements font horreur. De même que l'affirmation souvent entendue de la part de parents qui se promènent nus, se baignent avec leurs enfants et partagent leurs caresses au vu et au su de toute la famille, affirmation qu'ils n'ont rien à cacher, témoigne qu'ils ont perdu le sens de l'intimité, ou qu'ils ont tellement peur de la découvrir que le regard d'autrui leur est nécessaire pour se rassurer. La reconnaissance mutuelle d'un plaisir partagé ne supporte pas de témoin. L'imitation déjà relevée dans la formation du caractère comme frein à la création menace l'homme jusque dans son lit, lui interdisant de découvrir de nouvelles caresses, par exemple, qui n'appartiendraient qu'à un seul couple. C'est la trivialisation de la passion, le simulacre du désir, l'exhibition de la tendresse qui peuvent blesser un enfant et non la communion amoureuse.

Les mécanismes de répétition que nous venons de voir à l'œuvre apportent un nouvel éclairage à un problème qui passionne beaucoup de personnes, sans pour autant prétendre le résoudre définitivement. Il s'agit de la prémonition (4). Existe-t-elle ? Y a-t-il une transmission de pensée ? Faut-il croire à une parapsychologie, aux tables tournantes et aux Poltergeister ? A chacun de se faire en ces domaines sa religion ou son jardin poétique et secret.

Que cela ne nous empêche pas d'examiner de plus près un exemple fréquent.

Quelle mère n'a pas attendu avec plus ou moins d'inquiétude le retour de l'école de son enfant, le retour du travail de son mari. Peu importe que parfois il y ait eu, plus ou moins consciemment, le souhait qu'ils ne reviennent pas. De toute façon, quelque chose était attendue : retour ou non-retour. Mais dans la suite des jours, l'imprévu, même escompté, peut finir par survenir. Un retard, un incident, voire un accident. Et celle qui attendait de dire : « je le savais, je l'avais prévu ». C'est vrai, qu'elle le savait d'avance. Ce qu'elle oublie, ce sont les innombrables fois où rien ne s'est passé. Où l'attente, fût-elle du pire, a été déçue. Il faudrait invoquer l'infidélité de la mémoire, la partialité de notre jugement qui privilégie l'exceptionnel. La foule des situations où rien ne s'est passé ne semble pas avoir été enregistrée au profit de cette unique fois qui est venue témoigner qu'on n'avait pas épousé une horloge ! Le retour quoti-

---

(4) Voir à ce sujet W. GRANOFF, J-M REY : *L'occulte, objet de la pensée freudienne.* PUF, 1983.

dien, à l'heure prévue, ne laisse pas de trace : il se coule dans le sillon préfabriqué des habitudes rituelles.

Névroses traumatiques

Les névroses traumatiques sont caractérisées tout d'abord par le fait de n'être pas tout à fait des névroses. Si l'on définit la névrose comme une modification permanente de la personnalité, on devine que ce ne peut être le cas de ce qu'on désigne comme névrose traumatique. Pour des raisons de situation dans le temps. Mais surtout parce que les névroses traumatiques ne comportent pas de symptômes à proprement parler. On peut, lors de ces états, constater l'amplification de ces petits symptômes névrotiques que l'on découvre pratiquement chez tout le monde, mais non pas la création de nouveaux symptômes. Le temps, entre le « traumatisme » et l'apparition des troubles n'est pas suffisant pour l'élaboration d'un symptôme, moins encore pour la formation d'un caractère.

La cause du traumatisme est toujours l'imprévu, et peut-être l'imprévisible. Il y aurait une contradiction à vouloir dresser le catalogue de tous les imprévus possibles, mais cela correspondrait bien à la mentalité masculine, renforcée encore par ce prolongement du cerveau de l'homme que constituent les ordinateurs. Je ne sais pas si un ordinateur est capable d'inventer un imprévu. Même les ordinateurs joueurs d'échecs ont « appris » leur technique de jeu en profitant de leurs adversaires. L'ordinateur procède en explorant toutes les possibilités. L'imprévu en fait-il partie ? Imaginons que Dieu apparaisse à un croyant. Bien qu'il ait, le croyant, toujours appelé cet instant de tous ses vœux, il s'est toujours comporté comme si cette éventualité était exclue. Tout simplement, il n'y pensait pas. C'est là où apparaît la dimension inconsciente de l'imprévu : la situation qui ne pouvait pas venir à la pensée parce que des mécanismes de défense inconscients s'y opposaient.

Prenons une névrose de guerre, qui fournissait à foison des occasions de traumatismes. Je dis « fournissait » : la radicalisation des armes actuelles devrait laisser plus de morts que de blessés. Mais rappelons-nous également que Freud lui-même disait que lorsqu'il y avait eu blessure réelle, on n'assistait que rarement à l'apparition d'une névrose, névrose de guerre ou névrose traumatique. Au cours d'une guerre, on s'attend, on peut s'attendre à être blessé. Avec le souhait secret, mais combien compréhensible, que la blessure ou la mort frappe à côté. Que la chose se réalise, qu'au cours d'une embuscade ou lors de l'explosion d'une bombe, ce soit le camarade, le voisin qui soient touchés : l'événement aura fonctionné comme la révélation, l'interprétation d'un souhait auquel on ne saurait consciemment souscrire, qui ne pouvait parvenir à l'esprit, qui réunissait donc toutes les conditions pour être imprévisible. Voilà l'imprévu, la surprise, qui peut déclencher la formation de cette névrose réactionnelle qu'est la névrose traumatique. L'ordre conscient est bouleversé par l'irruption de ce qui se cachait sous la trame, sous le texte du discours officiel. D'où apparition dans la conduite de toutes les formes de bouleversement, qui vont constituer les symptômes de la névrose traumatique.

Le désarroi est le signe dominant, le plus perceptible de la névrose traumatique, autour duquel s'organisent toutes les autres manifestations observables. Désarroi que tente de pallier le renforcement de tous les microsymptômes névrotiques ayant pu exister précédemment. Renforcement par exemple de l'ordre obsessionnel, auquel le sujet bouleversé va essayer de se raccrocher. Raccrochage ovin à des rituels, parfois à des rites religieux : la religiosité s'accroîtrait pendant les guerres. Toutes les religions recommandent de remercier Dieu lorsqu'on a échappé à un danger. Les « Te deum » impliquent en même temps que Dieu ne saurait soutenir que la cause pour laquelle on combat, ou pour laquelle on a été envoyé à la boucherie. Aggravation aussi des symptômes hystériques, des symptômes de conversion, que connaissent bien les médecins militaires. Ce qui n'a pas empêché certains d'envoyer des hystériques au poteau avec le diagnostic de simulation et l'accusation de désertion. Il semble d'ailleurs qu'il n'y ait pas eu que des hystériques à subir ce sort.

Il va de soi que les phobies sont elles aussi renforcées mais il s'agit d'une réaction tellement compréhensible qu'on peut à peine parler d'un symptôme. C'est plutôt le courage, le « va-t-en-guerrisme » qui en serait un.

La rupture traumatique de la continuité fait apparaître, dans la déchirure, soit des pensées et des désirs inavouables, soit l'inconnu radical pour lequel on ne dispose pas de mots. Cette étrangeté est au fondement d'un symptôme, souvent méconnu, parce qu'il faut aller à sa recherche, mais qui est tout à fait pathognomonique : la perte des repères temporo-spatiaux. Voici une brève description du cas dans lequel j'avais pour la première fois observé ce symptôme, ces symptômes.

Un homme était tombé à la renverse dans une fosse de graissage. Or, il travaillait dans son atelier depuis de nombreuses années, mais il avait fait agrandir la fosse quelques jours auparavant. Les blessures étaient de peu d'importance, mais on notait chez cet homme un comportement qui fit d'abord penser à une désorientation temporo-spatiale. C'en était bien une, mais d'une forme particulière. Elle ne portait pas sur des repères topographiques ou sur le calendrier, mais sur les distances, les intervalles. On trouvait chez cet homme la phobie des feux rouges : il ne conduisait plus sa voiture, de peur de ne pouvoir s'arrêter à temps. Il ne pouvait plus non plus entrer dans son garage, ne sachant plus apprécier la hauteur de sa voiture, craignant de heurter le haut de la porte du garage. Il n'était plus davantage capable d'évaluer la force nécessaire pour donner un coup de marteau. Il se crispait pour couper sa viande.

On pourrait parler d'un trouble du schéma corporel. Tous ces symptômes étaient accompagnés d'une angoisse quasi permanente, entraînant des insomnies sévères. En l'absence d'une étiologie connue, traumatique, c'est le diagnostic de névrose d'angoisse qui aurait été retenu. L'angoisse de toute façon ne manque jamais dans les névroses traumatiques. Elle est en quelque sorte sécrétée par la révélation brutale d'un au-delà du discours ordinaire, par ce trou dont on ne peut jamais être sûr qu'il ait révélé tout son contenu, tonneau des Danaïdes. Et elle ne constitue pas le moindre danger de ces névroses, car pour échapper à l'horreur d'une angoisse aiguë, le suicide peut présenter un attrait, constituer un refuge.

La névrose d'angoisse mérite qu'on s'y arrête quelques instants, car ce diagnostic a eu un sort particulier en psychiatrie. Actuellement encore on porte ce diagnostic. Il apparaît en 1894 à la phase prépsychanalytique de Freud, à l'époque où il décrit les névroses actuelles, qui constituent un groupe particulier des névroses traumatiques.

Le sexe traumatique

Freud groupe sous le nom de névrose actuelle un ensemble de troubles dont il voit les causes dans la sexualité « actuelle », par opposition aux psychonévroses dont l'origine remontait dès cette époque, pour Freud, à l'enfance. Quel que soit le sort de ces névroses actuelles, quelle que soit la continuité ou la discontinuité de la sexualité humaine, en deçà et au-delà de la puberté, la problématique sexuelle a une trop grande importance pour que nous ne nous penchions pas un peu sur les premières considérations de Freud à son sujet. Chaque médecin peut se retrouver à son tour confronté aux mêmes problèmes, et les observations de Freud au début de sa trajectoire peuvent ne pas être sans intérêt. Freud commence par distinguer de la neurasthénie de Beard, alors en vogue, aussi endémique à l'époque que l'est aujourd'hui la dépression, où l'on ferait bien de repérer l'avatar de cette neurasthénie, de distinguer donc un tableau qu'il baptise névrose d'angoisse.

La neurasthénie se manifestait par une fatigabilité, une perte de l'intérêt et une multiplicité de petits symptômes somatiques et végétatifs. Cela se passait à la fin du XIXe siècle comme si les fins de siècles étaient prédisposées à donner une forme plus ou moins romantique ou plus ou moins médicale au mal de vivre, notre actuelle dépression.

Dans le groupe de ces neurasthénies, Freud avait été frappé par la prédominance de l'angoisse dans un certain nombre de cas. Il est probable que certains présupposés étiologiques avaient attiré son attention sur un tableau clinique qu'il souhaitait distinct.

En 1896, il écrit en français, dans l'article *L'hérédité et l'étiologie des névroses,* ce texte qui mérite aujourd'hui encore toute notre attention : « Chacune des grandes névroses a pour cause immédiate un trouble particulier de l'économie nerveuse et ses modifications pathologiques fonctionnelles reconnaissent comme source commune la vie sexuelle d'individus, soit désordre de la vie sexuelle actuelle, soit événement important de la vie passée » (5). La neurasthénie semble extrêmement répandue. Et Freud la rapproche d'une situation tout aussi répandue, dont il va faire la cause de la neurasthénie : l'onanisme, entendez la masturbation ; immodérée, ajoute-t-il, tout en y adjoignant les pollutions spontanées. Quant à la névrose d'angoisse il en énumère les causes, de façon particulièrement détaillée, dans un texte paru en allemand en 1894 : « *Neurasthenie und Angstneurose* » (Neurasthénie et névrose d'angoisse). Voici l'énumération des causes de névroses d'angoisse, telle qu'elle est donnée par Freud.

Chez les femmes : angoisse virginale, angoisse des nouveaux mariés, angoisse des femmes dont les maris souffrent d'éjaculation précoce ou d'une diminution de puissance, angoisse des femmes dont le mari pratique le coït interrompu ou le coït réservé, angoisse des veuves, ou de celles qui s'abstiennent intentionnellement, et finalement angoisse de la ménopause. On pourrait taxer Freud de sexisme si les hommes étaient mieux lotis. Voyons quelles sont les causes de l'angoisse et de la névrose d'angoisse chez l'homme. Angoisse des continents intentionnels, angoisse des hommes à excitation frustrée. Et Freud expliquait que cette excitation frustrée se produit au cours des fiançailles, lorsque des hommes, par peur des conséquences de l'acte sexuel se contentent de tripoter ou de contempler les femmes ; angoisse des hommes qui pratiquent le coït interrompu, angoisse de la sénéscence.

A lire cette énumération, on a le sentiment que la sexualité, à quelque moment qu'on la prenne, ne peut être que source d'angoisse. On retrouve le modèle décrit au début de ce chapitre : l'attente d'une surprise ne peut être qu'angoissante.

On ne se fait pas faute de confirmer actuellement encore la justesse des vues de Freud, mais par un biais qui ne respecte peut-être pas l'esprit du père de la psychanalyse. On pourrait croire que l'orgasme différé entraînerait l'angoisse par un processus sinon biologique du moins physiologique. On serait en présence d'une fonction amorcée qui ne parviendrait pas à sa fin, comme une suspension de la digestion ou de la respiration par exemple. Suivons de plus près l'articulation entre biologie et idéologie. Personne ne doute que la copulation, l'éjaculation, la fécondation, de même que le plaisir lié à certaines phases de ces processus ne soient inscrits dans notre nature mammifère. Mais reprenons l'énumération freudienne : fiançailles, mariage, coït interrompu, veuvage, absti-

(5) *Gesammelte Werke,* tome I, p. 414.

nence, etc. Ne voit-on pas que l'on est en présence de dispositifs spécifiquement humains, culturels, qui justement transcendent les contraintes et les limites de la nature pour apporter à l'homme son caractère unique parmi les êtres vivants. L'angoisse est-elle liée à une fonction naturelle ou traduit-elle au contraire un effet de la culture, une boîterie d'une culture incertaine ? Je ne dicterai pas une réponse, mais je voulais attirer l'attention sur l'ambiguité du concept d'angoisse à propos duquel on ne manque jamais de rappeler ses accompagnants somatiques et végétatifs : palpitations, sueurs, pâleur, augmentation du péristaltisme intestinal, diminution du tonus musculaire, etc. comme s'il y avait une nécessité de prouver une origine organique de l'affect. Et qu'on n'objecte pas que les difficultés et inhibitions sexuelles étaient réservées aux mœurs victoriennes de l'époque de Freud. Ce serait de la part de l'objecteur en question la prétention que, pour lui, il n'y a jamais eu de « problème » sexuel. Ce n'est pas du temps de Freud que la sexologie, la sexothérapie, la bioénergétique furent mises en vogue ! La confusion est encore accrue par l'exploitation de ces problèmes pour les ramener au biologisme lisible dans l'accroissement de l'intérêt et des préoccupations portées à la fécondité, à la stérilité, aux banques de sperme et au choix du sexe.

Dès le début de ses recherches, Freud met le doigt sur la période essentielle concernée par le refoulement, à savoir la sexualité infantile. Sans doute la connaissait-on avant Freud et la littérature des périodes moins bégueules que la fin du XIXe siècle n'hésitait pas à en parler. Aujourd'hui, par contre, toutes les mères, tous les parents sont censés en savoir long sur la sexualité de leurs petits enfants. C'est bien dire que l'on n'en sait rien. Qu'on essaie d'évoquer ces souvenirs concernant les expériences sexuelles de l'enfance. Que va-t-on retrouver ? Quelques jeux du docteur, quelques expériences cousin-cousine, quelques bruits perçus dans la chambre des parents, quelques mots couverts. La véritable dimension de cette sexualité infantile ne se révèle qu'au cours du travail psychanalytique, non qu'il faille l'intimité d'une longue analyse, mais le travail d'association minutieux ramène à une expérience effacée les mille sentiers entrelacés découverts pendant la cure. Tout le monde parle aujourd'hui de sexualité infantile, mais on en parle en terme de sexualité adulte. Ce qui fait que ladite sexualité infantile ne peut être que traumatique. On lui impose des mots et des formes qui ne lui sont pas propres. A la limite on pourrait croire que l'adulte tente de ramener à l'enfance la dimension traumatique de la sexualité alors qu'il s'agit du contraire, que c'est l'irruption de l'adulte, par ses actes plus encore que par ses paroles, qui introduit dans la sexualité infantile la dimension traumatique.

Il s'agit de l'implantation prématurée dans une période prépubertaire d'éléments spécifiques à la puberté et à la vie adulte. D'où la confusion, notamment, induite par le terme de masturbation. Si Freud et les auteurs allemands continuent à utiliser le terme d'onanisme, faute de disposer d'un terme courant pour désigner cette activité, l'étymologie devrait nous permettre de distinguer les deux périodes masturbatoires. Ce que condamnent la Bible et ses commentateurs n'est pas le plaisir, mais l'émission d'une semence qui ne parviendrait pas à destination. L'enfant est ainsi exclu du péché d'Onan. C'est donc bien le plaisir qui est persécuté par les modernes inquisiteurs sexuels.

Les modèles proposés par les spécialistes du comportement sexuel humain prétendent souvent renouer avec l'harmonie de la sexualité infantile. Or, ces modèles sont construits autour d'un phénomène qui manque dans la sexualité infantile : l'éjaculation ou plus généralement l'orgasme. Il faut d'ailleurs se garder de confondre les deux termes. Si éjaculation et orgasme sont fréquemment associés chez l'homme, il n'en va pas de même des femmes. C'est pourtant le déroulement d'une physiologie masculine que l'on donne comme exemple. Or, il faut toute la surdité des hommes pour n'avoir pas entendu ce que très souvent les femmes leur répètent : d'une part que l'orgasme peut manquer dans une activité sexuelle sans que pour autant il s'agisse d'un ratage, et qu'inversement les orgasmes peuvent être multiples sans qu'interviennent forcément entre chaque orgasme le repos d'un round, d'une mi-temps ou d'une hibernation. Imposer le modèle masculin peut être le fruit d'un conditionnement. Faire croire à son universalité est le résultat d'une publicité. La sexualité devient une course à l'orgasme, confondu avec l'éjaculation, afin que se termine au plus vite cette relation angoissante et inadaptée qu'est l'amour.

Il arrive parfois, lors d'une relation thérapeutique, qu'un homme découvre, d'une part que la masturbation ne le satisfait plus, d'autre part que son amour pour une femme lui permet de ne plus se précipiter en toute hâte vers la fin d'une relation sexuelle, et qu'il peut la poursuivre au-delà de cette éjaculation qui en marquait habituellement l'arrêt.

Ce n'est étonnant que pour l'homme. Les femmes auraient pu le lui dire depuis longtemps et les enfants sans doute aussi. En effet, cette scansion de la sexualité qui est en fait une coupure, une suspension, est une spécificité masculine. L'aptitude à dépasser cette interruption exige peut-être l'arrachement au cloisonnement obsessionnel par ce dérangement maximal qu'est une passion amoureuse. En dehors de cet engagement et des risques qu'il comporte et faute d'accès à une sexualité partagée, on reste dans la condition d'engendrement de ce que Freud appelait les névroses actuelles.

C'est pour cela que la sexualité reste souvent traumatique.

3. Dérives autour de la névrose

Dérives autour de la névrose : cette désignation aurait déjà pu s'appliquer à ce qui a été dit des névroses traumatiques et des névroses actuelles, qui n'offraient pas toutes les caractéristiques des névroses « pures », des psychonévroses. Elle s'appliquera également à ce qui sera décrit par la suite sous le terme de dépression.

La névrose exige des conditions particulières, précises, pour se développer, c'est-à-dire pour atteindre l'extension qui attire sur elle l'intérêt de l'entourage, puis éventuellement des médecins : un conflit, une tension dans l'enfance et même la petite enfance, tension durable, mais en même temps érotisée, investie d'un intérêt lié au plaisir, plus souvent des parents que des enfants. La solution, l'issue de ce conflit est pour l'enfant la prise en symptôme, la prise d'un symptôme, comme on parle de la prise d'une mayonnaise. Et de même que cette préparation culinaire, le symptôme peut rater. Si le symptôme est en partie lié à la protection contre l'angoisse, il s'avère qu'il n'est pas un verrou efficace, et que l'angoisse fuse souvent autour du symptôme. On pourrait rêver à un symptôme parfait, qui interdirait toute forme d'angoisse. Serait-ce l'idéal névrotique ? Nous verrons qu'il y en a d'autres.

L'acte

Pour que se constitue un symptôme névrotique, il faut une situation infantile, maintenue pendant longtemps. Il faut en outre, que cette situation soit érotisée. Mais cela ne suffit pas encore. Un élément fondamental manque à la constitution du symptôme. C'est la possibilité de représenter la situation, et en même temps, dans un même ensemble ou dispositif, sa solution. Ou tout au moins l'une de ses solutions, qui conserverait dans sa formule une inconnue, à résoudre plus tard, ou plus souvent à conserver comme un signe d'un temps révolu, signe aussi de plaisirs perdus.

La parole est le mode de représentation le plus souple, bien que largement imparfait. C'est elle qui va exprimer, décrire les symptômes. C'est ce qui se passe dans la névrose obsessionnelle et la névrose phobique. Et dans cette dernière déjà, la parole n'est plus suffisante, puisqu'il faut évoquer la situation d'apparition du symptôme, et éventuellement la décrire. Intervient un facteur que Freud appelait les « égards pour la représentation » « Rücksicht auf Darstellbarkeit ». Cet effort de mise en images permet dans le rêve la conversion des processus primaires de la parole. Et puisque conversion il y a, c'est dans l'hystérie de conversion que ce processus va prendre toute son importance, dispensant parfois l'hystérique de parler de ses symptômes, comme le veut le tableau de la « belle indifférente ». Le symptôme hystérique peut n'être pas exprimé en paroles, il implique pourtant qu'il soit parlé par l'autre : décrit, commenté, décrié. Il ne peut exister sans parole. Tout symptôme névrotique a ainsi une fonction de lien qui circule dans le groupe, grâce à sa mise en paroles par le névrosé lui-même ou par autrui.

Il faut donc que la parole soit préalablement investie, qu'elle ait acquis une valeur fiduciaire. La prise en symptômes accompagne la prise en paroles et la prise de parole. Cette exigence est loin d'être fréquemment remplie. Les situations ne manquent pas où la parole, sans être dévalorisée, n'est tout simplement plus nécessaire. Chaque travailleur immigré est capable de faire ses achats dans un pays d'hébergement dont il ne connaît pas la langue. Il en va de même des touristes. On peut pousser plus loin ces exemples « parlants ». Ce même travailleur immigré comprendra les consignes de son contre-maître, soit par gestes, soit en voyant les outils, soit en voyant les autres travailleurs accomplir leur tâche. Plus loin encore, on découvre que parfois des gens se marient sans parler la même langue. Bien sûr, ils l'apprendront, s'ils en ont le temps. Ce dernier exemple n'est caricatural qu'en apparence. Les gens se marient plus souvent par nécessité, et il ne s'agit pas ici des mariages hâtés par une grossesse prématurée, mais des nécessités sociales et économiques. De toute façon, la parole est de plus en plus monopolisée par les médias et les civilisations ne manquent pas dans lesquelles elle est réduite, cette parole, à un échange de formules rituelles ne véhiculant plus aucun message.

L'information est nulle dans une conversation de salon, car il n'y a rien à transmettre. Dans ces conditions, même si la mise en image est possible, il manquera l'alchimie du verbe pour que se constitue un symptôme. Et en l'absence de parole, le conflit devra se manifester dans ce qui se dit aujourd'hui, et non, par exemple, dans l'expression corporelle, à laquelle beaucoup reconnaissent une valeur thérapeutique.

La parole assure une fonction d'articulation et d'inscription dans le monde, d'insertion dans le groupe et de relation avec autrui. Les dérives autour de la névrose vont être des dérapages de la fonction expressive de la parole. Elles vont s'exprimer non plus par des symptômes, mais par des actes. Le névrosé est peut-être le seul être humain à vouloir à tout prix être inséré dans un groupe, à considérer que sa place peut être marquée, à croire qu'il existe une place pour lui. Le névrosé croit à l'existence de relations humaines. Ou faudrait-il dire qu'il croit en l'existence de relations humaines ? Le groupe, la société constituent pour le névrosé une référence contraignante et rassurante à la fois. Avoir réussi á prendre des distances par rapport à sa névrose n'implique pas qu'on va mépriser le groupe, ou s'isoler, mais qu'on n'en attend plus cette fonction de guide où l'on reconnaît aisément la marque du surmoi. On est libre de régler son investissement du groupe. On n'en est plus dépendant, on peut choisir.

Ce dépassement d'une dépendance se fait par la parole, par l'explication, qui n'exige ni la brutalité ni la violence. Lorsque l'usage médiatisant de la parole fait défaut, l'indépendance ne peut se marquer que par la rupture, où nous retrouvons l'acte déjà mentionné. La parole, ou le symptôme névrotique, économisent l'action, laquelle peut toujours être revêtue d'une parure de force virile. La nécessité de la défroque reste un signe de dépendance par rapport à l'opinion de l'entourage, qu'il s'agit de séduire, de menacer ou de conquérir.

Les actes, ou les actions suppléant à la parole, peuvent être étroitement conditionnés, se répéter de façon stéréotypée, sous forme d'une conduite tellement spécifique qu'elle devient un caractère de la personne. On peut parler, dans ces cas, de névroses de caractère. Elles ne sont pourtant qu'une forme clinique, pourrait-on dire, de l'aptitude générale à passer à l'acte, ou de l'inaptitude à l'éviter. Résoudre une situation, une tension par la rupture, la fuite, la destruction est un comportement qui n'a en soi rien de pathologique, que chacun de nous a pu utiliser à l'occasion. Comme pour la névrose, il ne devient « anormal » que s'il est systématique, s'il ne peut, pour un sujet donné, exister d'autre mode de relation. L'analogie avec le symptôme névrotique se manifeste encore dans un autre domaine. Le passage à l'acte, comme le symptôme névrotique, est l'une des tentatives d'éviter l'angoisse. Où l'étonnant n'est pas qu'elles échouent, mais qu'elles réussissent parfois.

Ce recours systématique à l'acte, qui s'accompagne parfois d'une rupture par rapport aux règles établies, peut amener son auteur devant le psychiatre. Lequel est embarrassé à plus d'un titre. D'abord au point de vue diagnostic. On a deviné, devant le tableau qui s'ébauche, qu'on est en présence d'un groupe de gens difficiles à « classer ». Les termes proposés pour les désigner sont plus insatisfaisants les uns que les autres. A une époque constitutionnaliste, on parlait de psychopathes « constitutionnels ». Le ridicule du vocable lui vaut d'être plus ou moins relégué. Mais l'attitude raciste qu'il révèle n'a guère changé. On parlerait plutôt actuellement de déséquilibrés, ou de déséquilibrés caractériels. La banalité du terme souligne la part de subjectivité pour ne pas dire d'arbitraire d'un tel diagnostic, qui est en fait un jugement. C'est d'ailleurs souvent en tant qu'auxiliaire de la justice, c'est-à-dire en tant qu'expert, que le psychiatre rencontre ces « psychopathes ». Que dire alors d'un traitement ? Il va confiner au pire emploi des psychiatres : celui d'adapter les rebelles par contrainte, avec parfois le secours des forces de l'ordre.

Clinique du recours à l'acte

Le psychiatre ne rencontre le « déséquilibré » que dans les mêmes circonstances où d'autres personnes le consultent, soit au cours de réactions dépressives ou de moments psychotiques. La psychopathie ne semble d'ailleurs pas favoriser de telles décompensations, bien que certains cliniciens du XIXe siècle aient évoqué la facilité de délires aigus ou chroniques chez les « dégénérés ». C'est aussi en tant qu'expert, comme nous l'avons déjà dit, qu'on rencontre le psychopathe. Il est intéressant de souligner qu'on a pu dire la même chose de ceux qu'on appelle les pervers, qui partagent avec les psychopathes et les hystériques un héritage d'opprobre. C'est dire que le psychiatre ferait bien de s'abstenir de toute intervention qui risque d'évoquer un contrôle policier. Le médecin généraliste, par contre, n'a aucune raison, ni aucune possibilité d'éviter la confrontation avec les psychopathes, soit qu'il ait été appelé pour eux-mêmes, soit pour leur entourage. C'est donc une fois de plus le praticien qui sera le mieux placé pour limiter les dégâts d'un certain type de comportement.

Ce comportement, je l'appelle ici recours à l'acte afin de le distinguer de ce qu'on appelle en psychanalyse passage à l'acte sans qu'il s'agisse obligatoirement des mêmes conduites. Pour l'instant, il s'agit de rappeler l'existence de ces personnes marquées par une aptitude particulière aux passages à l'acte.

Un certain nombre de psychiatres, en particulier de l'école allemande, ont tenté de décrire différents types de personnalités déséquilibrées ou psychopathiques, en ne réussissant guère qu'à donner une galerie de portraits, ne faisant que répéter, le talent en moins, les « Caractères » de La Bruyère. Toute tentative d'enfermer les gens dans une typologie traduit le souci d'enfermement, cher au caractère autoritaire, dont il confirme également le racisme et le sexisme, car de quoi s'agit-il d'autre lorsqu'on définit arbitrairement les aptitudes et les limites d'une ethnie ou d'un sexe.

Plutôt que de tenter de décrire des formes cliniques, il vaut mieux établir la trajectoire moyenne de la vie d'un « psychopathe », non pas pour le reconnaître, mais pour y reconnaître le chenal relativement étroit d'une vie humaine. Le recours à l'acte apparaît ainsi comme la tentative désespérée d'élargir ce chenal par une recherche maladroite de changement, par une peur de la monotonie que n'a pas réussi à rompre la libération par la parole. Cette dimension éthique sera développée au chapitre : « L'homme malade de la parole ».

Dans la description, la caricature qui va suivre, chacun peut se reconnaître dans certains passages et assumer les occasions qu'il a saisies ou perdues de se taire, de parler ou d'agir. Tant il est vrai qu'aucun des actes des psychopathes ne portent en eux-mêmes la marque d'une pathologie, et même quelques délits, voire crimes, ne relèvent pas exclusivement d'un déterminisme morbide, malgré les espoirs de certains criminologistes.

Le même souci d'uniformisation hante les taxinomistes depuis le Siècle des Lumières, où il s'agissait d'enfermer tous ceux dont la conduite faisait injure à l'harmonie de la civilisation. Or, si les hommes naissent égaux en droit, ils ne le sont pas en fait. Les êtres humains ne sont pas égaux au sens où ils sont différents les uns des autres. La faible fécondité de l'espèce humaine ne permet pas d'avoir des portées homogènes telles que les souhaitent les chercheurs de laboratoires. Il y a donc toujours des différences. Non seulement d'un individu à l'autre, mais dans la biographie de chacun. Lorsqu'on établit l'anamnèse d'un tel sujet, on ne manque jamais de relever des dissociations familiales : enfant abandonné, naturel, parents divorcés, père absent ou tyrannique, mère trop légère ou trop pesante, etc. Une telle description est un acte de foi. On veut croire qu'une telle biographie est déterminante. Ce qui impliquerait que les autres ont des biographies différentes.

Il n'existe en fait aucune biographie où l'on ne rencontre une foule d'événements qui auraient pu expliquer l'avènement d'une psychopathie qui ne s'est jamais avérée, ou dont on n'a jamais éprouvé le besoin de porter de diagnostic.

Les repères biographiques ne sont jamais des facteurs de prédiction. On établit le roman du psychopathe après que le diagnostic ait été porté. On m'opposera qu'il existe des tables de prédiction qui permettent de prévoir, par exemple, la délinquance d'un sujet de façon statistiquement significative. A quoi je répondrai par un récit talmudique. Une femme vient trouver un docteur de la loi parce qu'elle est stérile et elle raconte un rêve. Je ne sais plus le contenu de ce rêve : ces contenus n'ont jamais d'importance. Après avoir entendu l'exposé du rêve, le rabbin dit à cette femme : « rentre chez toi, et dans un an, tu auras un enfant ». Quelque temps après que l'enfant soit effectivement venu au monde, la femme retourne voir le rabbin et lui expose qu'elle a fait le même rêve. Même réponse, même conséquence. La chose se répète un certain nombre de fois, jusqu'au jour où cette femme ne rencontre pas le rabbin, absent, mais un de ses disciples. Elle lui raconte son rêve invariable, et l'apprenti lui répond : « cela veut dire que ton mari mourra et que ta maison brûlera ». Ce qui ne manque pas d'arriver. A son retour, le maître, ayant appris la chose, dit à son élève : « C'est toi qui as tué le mari de cette femme et brûlé sa maison. »

Le début clinique de la psychopathie apparaît souvent dès la scolarité et l'apprentissage. Les capacités intellectuelles ne sont pas limitées, mais la discipline laisse à désirer, l'enfant ou le jeune homme se rendent insupportables et se font renvoyer, à moins qu'ils ne prennent les devants pour changer d'école, d'employeur, ou fuguer en commettant quelques premiers larcins. Instabilité, indiscipline, tendance à la violence, impulsivité vont se retrouver tout au long de la carrière de notre homme avec, malgré tout, des périodes de calme, de bonne insertion, pouvant survenir à des moments surprenants. Par exemple, pendant le service militaire durant lequel le psychopathe, s'il ne déserte pas, devient un bon soldat. Forte tête, mais bon cœur. Il s'illustre dans les commandos, se rengage pour quitter l'armée en fin de contrat et avec un certificat de bonne conduite et une petite rente qui lui permettra d'arborer ses médailles et son alcoolisme sous les traits caricaturaux de l'ancien légionnaire ne pouvant plus se réinsérer dans la vie civile. Hormis cette période bienheureuse du service militaire, la carrière du psychopathe se déroule avec la même monotonie. Changements fréquents de profession, entrecoupés de périodes de chômage de plus en plus longues, mais aussi ruptures sur le plan affectif, multiplication des liaisons souvent sanctionnées par un mariage, dans le but parfois avoué de se forcer à la stabilité. Il n'est pas rare que les complications croissantes et les interférences professionnelles et affectives, après que soient épuisées toutes les rationalisations, justifications, explications et bonnes excuses pour tous les échecs, ne se terminent par des tentatives de suicide, parfois réussies.

Ce schéma simplifié à l'extrême permet toutes les additions en fonction des rencontres qui parfois stabilisent pendant quelque temps le déséquilibré. Un éducateur au cours d'un placement, un co-détenu au cours d'une peine de prison, mais aussi une femme, parfois plus âgée que lui.

Les ruptures qui jalonnent une telle existence sont nombreuses, elles ne sont pas variées. Il s'agit de tentatives de changement qui se ramènent toutes à des répétitions.

Engendrement

Ce ne sont pas là des passages à l'acte tels qu'ils peuvent survenir au cours d'une psychanalyse. On serait plus près d'un « acting-out », que Lacan a distingué du passage à l'acte parmi les modes d'agir venant parfois émailler et entraver un travail psychanalytique. Le recours à l'action se rapproche de l'acting-out en raison de ce suffixe « out », si difficile à traduire en français, mais que l'on rencontre aussi bien en anglais qu'en allemand. Des psychanalystes américains, devant la persistance des recours à l'acte, ont utilisé le terme de « living-out ». Passer sa vie à recourir aux actes. Out, ce qui sort. Ballon de football, ou boxeur envoyé au tapis pour le compte. « Aus », en allemand. Piège pour le traducteur, que certains verbes affectés du préfixe « aus ». Hors de, ex-, comme exprimer. Une pensée ou un citron.

Le recours à l'acte vient à la place d'une expression. On pourrait croire que l'expression, la faculté d'expression est déficiente. Mais la réalité est sans doute plus nuancée. Le « psychopathe » ne manque pas d'expression, il a trop à examiner, à faire sortir de lui-même, à offrir aux autres. On en aura confirmation dans les moments de confiance, de confidences, loin d'être rares, où la prolixité évoquera parfois la logorrhée avec souvent une touche de fuite des idées. La familiarité est de règle, comme si une légère ébriété présidait aux effusions. Mais l'alcool, bien que pouvant aider, n'est pas nécessaire. L'alcool agit comme certains tranquillisants : il lève l'inhibition névrotique, de même que la réserve ou la timidité. Ici apparaît le véritable moteur des recours à l'acte : la levée, ou l'absence, de freins inhibiteurs.

Rien n'arrête le psychopathe, ni peur, ni angoisse. Voyons d'abord ce qu'il en est de l'angoisse. Tout se passe comme si l'acte prenait l'angoisse de court, comme s'il prévenait l'angoisse, surprenait son moteur, le désir, avant qu'il ne se traduise par l'inquiétant affect qui est habituellement son signal. C'est en ceci que l'acte, comme le symptôme névrotique, évite l'angoisse. En la liant dans le symptôme, en la court-circuitant dans l'acte.

Et la peur ? Rappelons-nous : le psychopathe « légionnaire », les « commandos ». Même le risque de mourir ne le fait pas reculer. Le psychopathe serait-il un héros ? La question est posée à l'envers : les héros sont-ils des psychopathes ? Il ne sont en tout cas pas des névrosés, amis de l'ordre et de la régularité. Combien de saints n'ont-ils pas commencé leur quête par une carrière d'aventurier ! Le héros ne reste pas prisonnier du quadrillage obsessionnel, de la gentillesse anale. L'acte, la rupture sont nécessaires pour enfoncer certaines portes, briser certains liens. Il y eut une époque, en psychanalyse, où l'on déconseillait, ou parfois interdisait, aux analysants de prendre des décisions importantes durant la cure : mariage, divorce, changement de profession. Bien sûr, il s'agissait de protéger (qui ?), de se prémunir contre les passages à l'acte. Mais leur déterminisme étant inconscient, lié à une surdité passagère de l'analyste, la mise en garde était une bien inutile précaution, tout au plus susceptible de provoquer ce qu'elle voulait conjurer. Une psychanalyse où rien ne se passerait permettrait peut-être d'aller très loin dans l'exploration de l'inconscient, mais on pourrait douter des effets d'une analyse qui ne se traduirait pas par des décisions, des options ou des actions. L'inventaire désabusé et confortable des occasions manquées, ou évitées, ne me paraît pas un critère suffisant pour évaluer une analyse.

En tout cas, Œdipe n'a jamais reculé devant l'action. Un héros, certes. La structure normale préfère traduire les désirs d'Œdipe en symptômes et inhibitions plutôt qu'en actes calqués sur le modèle mythique. Et s'il faut absolument des passages à l'acte, la société les canalisera, dans les bordels et les terrains de sport. Je parle de ces sports où quelques professionnels s'affrontent pour permettre le « défoulement » de dizaines de milliers de spectateurs, qui pendant un temps oublient leurs soucis. Panem et circenses. Je ne souhaite pas vivre dans un monde où chacun serait « psychopathe », où chacun, sans angoisse ni inhibition, ferait tout ce qui lui plairait, ou du moins chercherait à le faire. Un monde entièrement obsessionnel serait tout aussi mortel. Les deux formes ne seraient que des variantes d'un « faire » fondamental. Il est d'autres accès à la jouissance. Mais un sens de la vie ne peut être imposé à personne. C'est pourtant un tel sens que revendiquent les névrosés... et les psychopathes.

Ils agissent, ces psychopathes, par excès d'expression. Par inaptitude à différer le moment de donner libre cours à cette expression. Intolérance à la frustration, dit-on. Devrions-nous devenir, du médecin au psychanalyste, des rééducateurs de la frustration ? Acceptez les frustrations, le Bon Dieu vous les rendra au centuple. Assumez la frustration et vous serez sauvés. Frustrés de tous les pays... Claire Bretecher a montré la dimension imaginaire de la frustration.

La frustration en question ne suffit pas à engendrer la psychopathie. Mais l'excès de vie à exprimer, d'où vient-il ?

La question peut se formuler autrement : de quelle complicité le psychopathe a-t-il bénéficié ? Dès le début des descriptions, et pas seulement de la mienne, on a relevé des périodes où notre passeur à l'acte était bien adapté. Périodes militaires, entre autres. Est-ce le milieu viril par excellence qui lui convenait ? Non pas. L'armée est plus souvent, pour ceux qui s'y trouvent, un vaste sein maternel, plein de sollicitude, et permettant tous les ébats.

C'est la mère qui vit à travers son psychopathe de fils, qui vit sa vie. Living-out. La mère envoie dans le monde ce prolongement, ce pseudopode vivant, vivace, viril. Elle jouit de ses conquêtes. Peut-être est-ce pour cela qu'il est insatiable, parce qu'il n'en jouit pas lui-même. Parce que sa mère le frustre de ses succès, qu'elle consomme pour son propre plaisir. Les millions de lecteurs de San Antonio ne s'y sont pas trompés, qui se reconnaissent dans la figure de l'infatigable héros, et qui découvrent la mère idéale dans la bonne Félicie.

Faire vivre un roman à sa mère. Qu'il soit d'amour, de cape et d'épée ou d'espionnage, de science- ou de politique-fiction. Fantasme tellement général qu'il n'est pas possible de trancher les limites de la psychopathie. Chacun se veut psychopathe, au moins sous les formes de l'aventurier, du héros ou du saint. Déjà pour les névrosés nous avions vu qu'il était artificiel de tirer une frontière entre le névrosé et le soi-disant normal. C'est encore plus évident pour la psychopathie, qui est une composante de la normalité. On pourrait imaginer que la normale est un mélange, harmonieux, mais individuel, de névrose et de psychopathie. Avec un brin de psychose et un zeste de perversion, si l'on veut. C'est surtout l'absence totale de névrose ou de psychopathie qui font apparaître l'autre caractère comme pathologiquement dominant. Et comme toujours, au refrain, que faisait le père pendant que le fils faisait des romans à sa mère ? Quoi qu'il fît, quoi qu'il ait fait, il n'en aura jamais fait assez.

Mais alors, il n'y aurait que des hommes psychopathes ? Pourquoi ? Qu'est-ce qui empêcherait les femmes de donner des sensations fortes à leurs mères ? Seulement, la complicité est plus discrète, plus immédiate, et se passe d'un certain exhibitionnisme.

4. Aujourd'hui la dépression

Toutes les descriptions cliniques faites jusqu'à présent pourraient nous dispenser de parler de la dépression. Le langage courant s'est emparé du mot avec les complicités des médecins en général et des psychiatres en particulier, pour désigner toutes les formes d'accidents psychiques qui peuvent affliger l'humanité. C'est un phénomène actuel qui traduit certaines tendances permanentes : d'une part éviter les termes psychiatriques qui, s'ils n'engendrent pas la crainte et la honte, continuent à peser désagréablement, d'autre part le mot n'a pu prendre la place qu'il occupe qu'en raison de la pseudo-précision de la terminologie psychiatrique qui n'a pas pu s'imposer dans le discours de la science.

Aujourd'hui, la dépression est devenue à la fois une explication et un droit.

Un terme trop général

Les causes de la dépression, dans la mesure où il est encore nécessaire de les préciser après ce qui a été dit de toutes les autres perturbations, seront évoquées par la suite. Mais il est un effet particulier qui prend à son tour valeur de cause, qu'il faut d'emblée souligner, car le médecin praticien plus encore que le psychiatre le rencontrera tous les jours. Le succès du signifiant dépression l'a fait rentrer non seulement dans le langage courant, mais dans l'argot familier. La déprime fait partie du jargon de notre fin du XXe siècle. Elle fait flipper, ne menace plus seulement les nanas, mais aussi les mecs. Elle ne disparaît pas par le simple recours à la baise ou à la défonce. N'étant pas Victor Hugo, je n'ai pas la possibilité d'introduire un chapitre entier dans la langue des teen-agers, ce que j'aurais pu faire si l'on avait adopté le terme de primdé, en verlan, ou de léprimedem, à consonnance pharmaceutique, en louchebem, voire en javanais. Peu de termes psychiatriques ont eu cette gloire d'être intégrés au langage le plus vivant. Lorsque la psychanalyse commença à se révéler en Allemagne, ce furent les intellectuels qui s'y intéressèrent les premiers. Là aussi, on assista au surgissement d'un signifiant. Il était devenu courant parmi les étudiants de parler de son « minko » : *Minderwertigkeitskomplex* (complexe d'infériorité). Il faut reconnaître que le mot agglutiné méritait un sérieux raccourci, lequel donne en même temps droit de cité au concept véhiculé par lui. La déprime, donc, est mise à la portée de tous, comme aurait dû l'être la Volkswagen. La déprime est-elle la Volkswagen d'aujourd'hui ? C'est une question qu'on peut se poser. En tous cas, chaque citoyen y a droit. Et d'en profiter largement, pour le plus grand profit des psychiatres, et de tous les autres médecins qui ont découvert les formes larvées de la déprime afin de ne pas rater le coche (6).

D'où vient cette promotion des malaises intitulés dépression ? Le phénomène n'est pas nouveau, et j'y ai fait allusion en parlant des névroses actuelles. C'est ainsi que la neurasthénie eut son heure de gloire. Dire heure est un euphémisme, car le terme apparaît dans la deuxième moitié du XIXe siècle et son usage n'était pas encore tombé en désuétude avant la Deuxième Guerre mondiale. Sans doute existe-t-il aujourd'hui encore des personnes d'un certain âge qui n'ont pas échangé leur neurasthénie contre une dépression. Un journaliste me posait un jour la question : « La dépression est-elle le mal du siècle ? » Ce qui pouvait s'entendre comme la maladie vedette de notre époque, ou comme la succession du mal du siècle romantique.

Les hommes ont souvent, sinon toujours, éprouvé des difficultés à vivre. Le « malaise dans la civilisation » a en partie élucidé ces difficultés, en montrant en même temps que le remède n'était pas simple. Puisqu'il vient d'être question de remède, on peut se demander si, outre toutes les causes de malaise, la dépression ne connaît pas sa vogue grâce à la révolution thérapeutique introduite par les thymoanaleptiques. Autrement dit les antidépresseurs. Il n'y a pas si longtemps encore, c'était surtout la mélancolie que l'on appelait dépression. Cette mélancolie était déprimante pour tout le monde, aussi bien pour l'entourage que pour le médecin. L'opiniâtreté de la maladie, les risques de suicide qu'elle présentait, l'ambiance affligeante qu'elle suscitait ne contribuait pas peu à la réputation d'inefficacité de la psychiatrie. « Vous exercez une profession bien décevante, docteur. » Au point que c'est la mélancolie qui bénéficia de certaines des thérapeutiques les plus malfamées, et apparemment les plus agressives inventées par les psychiatres : chocs de toutes natures, où les électrochocs font figure de péché véniel. Non sans quelques succès, il faut bien le reconnaître. On perçoit ici encore les effets du signifiant connotant un retour du refoulé. Quel devrait être le sentiment de culpabilité des psychiatres pour former des termes comme électrochocs, convulsivothérapie, sismothérapie, voire anéantissement pour désigner les électro-

(6) En 1983, le Club Français des Monnaies et Médailles, organisme qui a relancé l'art et le goût de la médaille en France, propose dans sa sélection du numéro 80, une médaille intitulée : « La déprime ».

chocs subintrants. On ne peut s'étonner qu'une marchandise présentée sous des étiquettes aussi effroyables ait mauvaise presse. Le terrain était bien préparé pour la venue du messie imipraminique (il ne s'agit pas d'une divinité aztèque). C'est bien ainsi que furent accueillis les premiers tricycliques. Tous les psychiatres, qui avaient en traitement des mélancoliques lors de l'apparition de l'Imipramine, en 1957, se souviennent du sentiment de miracle devant la guérison obtenue par le nouveau médicament, souvent en quelques jours.

Une discipline qui jusque-là était plutôt frustrée de satisfactions thérapeutiques se jeta sur la nouvelle médication comme la vérole sur le bas-clergé. C'est à partir de là que, dans un mouvement bien compréhensible, les psychiatres permirent l'extension et la généralisation du diagnostic de dépression, de façon à étendre l'usage de la nouvelle panacée. Ils durent déchanter, mais l'impulsion était donnée au lancement de la déprime. On entend dire parfois que la vente des antidépresseurs régresse. Il ne faudrait pas que des considérations de cet ordre fassent croire que les antidépresseurs ont perdu leurs qualités. Ils les conservent intégralement dans des cas bien précis. Ce n'est que leur utilisation anarchique qui a entraîné le désenchantement des consommateurs. Même s'il est vrai qu'il est parfois difficile de distinguer entre une dépression psychotique et une dépression « névrotique » grave, même si dans de tels cas l'épreuve thérapeutique par antidépresseurs est légitime, rien ne justifie la distribution de ces médicaments à toutes les catégories de troubles psychiques, à tous les symptômes et surtout à toutes les plaintes des malades. Une étude linguistique mériterait d'être faite, qui révèlerait l'usage ubiquitaire que font les gens du terme de dépression. Il est déplorable que les médecins soient complices de cette généralisation. On ne peut certes pas l'éviter dans le langage profane, mais elle devrait être exclue du langage technique.

Une voie finale commune

La banalisation du terme de dépression constitue une difficulté supplémentaire dans la démarche du psychiatre. Pourquoi le terme de mélancolie, par exemple, est-il actuellement si peu utilisé pour désigner les phases « négatives » d'une psychose maniaco-dépressive, qu'elle soit mono- ou bipolaire ? Le terme de mélancolie paraît-il trop hippocratique ou trop molièresque ? Combien d'autres termes savants, cacophoniques et grotesques ne devraient-ils pas alors être supprimés, non seulement en psychiatrie, mais dans toute la médecine.

L'imprécision ou plutôt la banalité des symptômes dépressifs apporterait un argument à l'envahissement par la dépression. Ceci interpelle la nosologie psychiatrique qui a pris pour habitude de fonder ses descriptions sur des tableaux synchroniques. La récolte des symptômes se réfère aux modèles, pas tellement lointains, de la méthode anatomo-clinique. En psychiatrie, la référence anatomique fait défaut. Mais l'espoir n'est pas éteint de trouver un modèle approchant, ou analogue. A défaut de l'anatomie, la physiologie et la biologie, en précisant les sites d'action de certaines molécules, pourraient bien un jour faire découvrir les mécanismes de quelques symptômes ou syndromes, offrant enfin des fondements solides à une discipline qui semble pour l'instant rétive à son incorporation dans la science.

L'observation médicale ne se contente pas d'un bilan au temps de l'examen. Elle recherche les antécédents, personnels et familiaux. La psychiatrie en fait autant, et les dossiers de malades sont souvent bourrés de recherches biographiques, dont on ne sait en général que faire. Elles pourraient servir à l'établissement d'arbres généalogiques, mais c'est à peu près tout. Si l'on parvenait pourtant à établir ces biographies en s'arrachant au modèle médical, elles contiendraient des informations précieuses, qui permettraient de prendre le symptôme pour ce qu'il est, une sorte de voie finale commune, relativement pauvre et étroite, mais qui, réinsérée dans une trajectoire, pourrait être lue de façon moins linéaire. Ce qui importe dans une biographie ne sont pas les repères précis. De même l'histoire a-t-elle renoncé à être un apprentissage de dates, une chronologie. Ce qui intéresse l'historien est le changement des mentalités, le passage d'une période culturelle à une autre. A plus forte raison ce processus concerne-t-il le psychiatre : ce qui a changé le cours de la vie d'une personne, et pourquoi cela a changé. Il est plus important de découvrir pourquoi quelqu'un a choisi un travail, en a changé, l'a suspendu, que de faire l'inventaire de ses différents emplois, par exemple, pour s'en tenir à des données apparemment objectives. On verra combien la subjectivité intervient dès ce niveau. A plus forte raison lorsqu'il s'agit de la « vie affective » du sujet. Bien sûr, il ne pourra pas « tout » dire, d'abord parce qu'il estimera, à juste titre, que ça ne regarde pas le psychiatre, et ensuite parce qu'il ignore lui-même une grande partie de ces motifs et de ces moteurs.

Insérés dans une trajectoire, les symptômes, souvent semblables d'un patient à un autre, prendront une dimension spécifique, personnelle. Ceci est vrai pour tout symptôme psychiatrique, mais particulièrement pour les symptômes « dépressifs », où, compte tenu du nombre de personnes qui se plaignent de dépression, les symptômes sont peu diversifiés, présentés de façon monotone. En grande partie parce que nous omettons de les situer dans une évolution et n'en considérons qu'une « coupe » à un moment précis, et non leur origine et leur développement. Il ne sera pas question ici, pas plus que dans les autres chapitres, de faire un bilan des symptômes. Il existe des manuels de psychiatrie que chacun a eu l'occasion d'étudier, et sinon, le moment est venu de le faire. Ce livre ne prétend pas se substituer à eux, mais simplement permettre au praticien de s'en servir plus efficacement, en appliquant leur enseignement à son domaine particulier, qui l'amène à recueillir une foule d'informations qui manquent aux psychiatres.

Une série de situations, apparemment sans liens entre elles pourront de cette façon être lues, reliées, en tenant compte d'une intentionnalité souvent méconnue par le sujet lui-même, sans relation avec le « réalisme » exigé par une bonne adaptation professionnelle, sociale ou familiale. De cette façon se révèlera parfois une personnalité insoupçonnée, ne tenant pas compte de nécessités objectives, mais satisfaisant des tendances secrètes, cachées ou ignorées du sujet. Des vicissitudes de ces tendances s'ajouteront aux situations déjà connues, et éclaireront souvent la naissance d'un symptôme, en particulier dépressif. Derrière la trajectoire apparente officielle, on en découvrira une seconde, plus personnelle, plus investie et plus déterminante pour le sujet. L'examen n'est plus une récolte de symptômes, mais la découverte d'un dynamisme, d'une dynamique.

Il en irait de même du problème de la normalité. Poser la question du sujet normal part d'une idéologie statique, celle-là même que j'ai désignée à plusieurs reprises comme le quadrillage obsessionnel, la stabulation obsessionnelle. Il n'y a pas d'homme normal. Il y a la trajectoire de chacun, qui comporte forcément des accidents de parcours. La normale serait une trajectoire absolument rectiligne, sans qu'il n'y ait jamais eu d'hésitation, de rebroussement, de rupture. Est-ce souhaitable ?

Une difficulté supplémentaire dans l'étude de la dépression résulte de ses origines, de la multiplicité de ses origines, qui font vraiment de ses symptômes une voie finale commune. Nous allons retrouver toutes les voies d'engendrement déjà relevées au cours des chapitres précédents, soit principalement le déterminisme ancien, névrotique et les réactions à des situations actuelles. Mais en matière de dépression, il faut y ajouter un facteur héréditaire. Cette dimension paraît actuellement confirmée par certaines mélancolies s'inscrivant dans le cadre de psychoses maniaco-dépressives. Mais on ne peut pas, malheureusement pour la nosologie, limiter l'hérédité à la psychose. Il existe des formes de dépression, tout à fait « névrotiques », où la dimension héréditaire, la répétition sur plusieurs générations, semble incontestable. Et pour compliquer les choses, il peut arriver que, selon les générations, ou selon un groupe de collatéraux, on soit en présence tantôt de tableaux plutôt névrotiques, tantôt plutôt psychotiques. Il est indispensable d'introduire dans notre clinique la multiplicité des facteurs, des plus biologiques aux plus situationnels.

L'aspect biologique n'a guère retenu notre attention jusqu'à présent. Il semble minime, dans l'état actuel de nos connaissances, pour tout ce que nous avons décrit sous les rubriques névroses et réactions. Peut-être n'en va-t-il pas de même en matière de dépression. Le succès bruyant des antidépresseurs a quelque peu caché un aspect thérapeutique, peut-être plus discret, mais peut-être aussi plus gros de promesses en matière de recherche scientifique. Il s'agit de la lithiothérapie. L'expérience acquise aujourd'hui dans ce domaine ne permet plus de douter de ses effets, qui sont bien particuliers. Contrairement à de nombreuses thérapeutiques, le lithium n'a que très peu d'effets symptomatiques. Par contre, il semble bien agir à un niveau plus essentiel, en augmentant l'intervalle entre les crises, voire en supprimant les récidives. Il y a là un exemple pratiquement unique en psychiatrie d'une action biologique, non plus sur les effets, mais apparemment sur la cause des troubles.

Est-ce à dire que les psychoses auraient une origine héréditaire et biologique ? C'est encore s'enfermer dans les schémas usés que de poser la question sous cette forme. Quelque chose est probablement héréditaire et biologique. Dire que c'est la psychose limite le champ d'investigation. Il paraît plus efficace, sur le plan de la recherche, de laisser pour l'instant toute son imprécision à ce quelque chose, qui pourra sans doute un jour être défini et dénommé. Pour l'instant ce quelque chose peut, dans certains cas, donner naissance à des états psychotiques. Peut-être y faut-il la conjonction avec une constellation familiale, avec des situations sans rapport avec l'hérédité. Sans ces conditions « favorables », ce quelque chose ne se manifesterait peut-être que par des oscillations d'humeur banales.

Symptômes

La déprime est un tableau tellement connu qu'il est à peine nécessaire de la décrire. Voire. C'est peut-être parce qu'il est indescriptible. Chacun « comprend » trop facilement que l'on soit « déprimé » en traversant certaines situations. Car toutes les situations sont déprimantes. Situations d'échec ou de deuil, de souffrance ou de désarroi. Mais les autres aussi : situations de joie ou d'amour partagées, de vacances ou de réussites. Pourquoi ces dernières seraient-elles déprimantes ? Simplement parce qu'elles s'arrêtent et que l'on replonge ensuite dans la monotonie quotidienne. Bien sûr, c'est là une description parfaitement fausse, marquée elle-même par une inspiration dépressive véhiculée par une idéologie qui fait de la terre une vallée de larmes et de l'existence terrestre la salle d'attente d'un paradis. Ces effets d'un espoir naïf peuvent-ils être contournés ? C'est d'autant plus difficile que notre enfance en a été bercée et notre intelligence assoupie.

Ce n'est pas la seule raison qui rende difficile la description d'un symptôme dépressif : la dépression est une ambiance qui affecte chaque moment de notre existence, chaque acte de notre vie. Elle est un aspect de cette « humeur » qu'il a toujours été bien difficile de définir. Il conviendrait avant tout d'interroger notre part de responsabilité dans cette humeur. Qu'elle soit en partie déterminée par un état biologique, c'est ce qu'indiquaient déjà nos remarques sur le lithium. Mais sommes-nous totalement incapables de modifier cette « *Stimmung* » ? Qui n'a jamais fait l'expérience de s'extraire de sa morosité et de l'oublier dès qu'une activité intéressante l'eut occupé ?

Intéressant : c'est le maître-mot. Inter-esse. Etre dans ce qu'on pense ou ce qu'on entreprend. Autrement dit, être capable de s'engager, sans qu'immédiatement un afflux de prudence vienne nous freiner. Il n'y a pas d'engagement sans risque. On peut éviter tout risque à condition de renoncer à tout intérêt. La dépression est l'état de ceux qui ont renoncé au risque. Au risque de perdre quelque chose : argent, situation, confort, amour.

Quelle est la plainte la plus symptomatique de tous les déprimés ? « Je n'ai plus envie de rien. » Plus envie de se lever, de se rendre à son travail, de faire son ménage, de faire ses courses, sa cuisine. Plus envie de rencontrer les autres, plus envie de se rendre à un spectacle, d'ouvrir un livre, de marcher, de faire du sport, de penser. Plus envie non plus, évidemment, de toute forme de rencontre amoureuse. On reste calfeutré dans son lit le plus longtemps possible. Clinophilie, dit-on. Et on se traîne jusqu'au moment où on pourra à nouveau réintégrer ses draps et se réfugier derrière ses portes et fenêtres, volets clos.

Circonstance aggravante : le déprimé est parfaitement conscient de son état et de sa conduite, et dans un cercle vicieux aggrave son état par un sentiment de culpabilité. Il se reproche de négliger son travail, sa famille, ses devoirs. Il n'est évidemment pas en état de découvrir que le devoir à lui seul suffirait à engendrer la dépression. On peut faire de toutes les nécessités, mais aussi de tous les choix des devoirs, excluant ainsi toute intentionnalité personnelle, pour n'être plus assujetti qu'à des exigences tyranniques dont aucune satisfaction n'est à escompter. Qui voudrait d'une vie réduite à cet esclavage ? D'où le possible recours au suicide. Pourtant, les esclaves, les prisonniers, les déportés se suicident peu. Qu'est-ce à dire, sinon que dans les pires situations l'homme peut se trouver des raisons de vivre. Mais les dépressions ne surviennent pas dans les pires situations, elles surviennent dans la banalité quotidienne. Il devient du coup difficile d'invoquer une baisse de l'« élan vital », de la « pulsion instinctuelle », de l'« intensité de la libido ». Tous ces témoignages verbaux d'une dépendance de l'homme par rapport à une transcendance mystique ou métaphysique ne font que traduire le souhait qu'une telle instance existât. Ne pas se précipiter trop vite dans des interprétations théologiques peu exigeantes : il ne s'agit pas de l'étincelle divine en chaque homme qui se manifesterait ainsi, mais du souhait régressif de retomber sous la protection de bons parents qui prendraient en charge tous nos soucis.

Ne soyons pas trop sévères à l'égard des déprimés. Bien sûr, il entre une part de démission, d'aucuns diraient de lâcheté, dans de tels états. Il est probable que bon nombre d'entre eux sont favorisés par la véritable publicité orchestrée autour de la dépression, et que ces cas-là pourraient « s'en sortir seul », pour reprendre une expression fréquente. Mais l'effort à faire, le sursaut à réaliser peut être rendu plus difficile par les dispositions « humorales » de l'instant. Et même le recours à la foi peut échouer : c'est à désespérer de Dieu, une dépression.

Désinvestissement, avec comme corollaires la culpabilité et toute la parure de la tristesse. Ces symptômes semblent moins précis, plus fluctuants qu'une obsession ou un délire. On ajoutera au tableau que tout effort consomme une énergie décuplée, d'où la fatigue, l'asthénie, l'épuisement.

On pourrait objecter qu'il est difficile d'investir un travail monotone : ce n'est pas vrai. Nous avons vu déjà que l'homme aimait son travail. Peu importe l'interprétation de cet amour. Entre autres que cet amour du travail est un engagement anal, répétitif et rassurant. Tout le monde ne peut pas être hystérique.

Il existe une autre catégorie de symptômes dépressifs. Bien que leur présentation, leur expression soient parfois très proches des précédents, il convient de les repérer, car ils offrent une possibilité psychothérapique intéressante. Il s'agit des symptômes traduisant le sentiment d'un rejet par autrui. Du « personne ne m'aime » de la mendicité affective au « on me rejette », prologue à « on me persécute ».

Cette catégorie de symptômes témoignerait de la persistance du désir, même si l'on paraît avoir renoncé à le poursuivre. Le désintérêt a fait place aux craintes d'insuffisance, d'incapacité, d'ignorance. On pourrait redouter les sentiments d'indignité propres à la mélancolie, à cette différence, de taille, près, que le délire d'indignité mélancolique se fonde souvent sur des arguments déréels, sans commune mesure avec la plainte, alors que le sentiment d'insuffisance, proprement névrotique, est un appel à la contestation. « Je ne sais rien, je ne vaux rien. » L'interlocuteur habituel est contraint aux « mais si, mais si ». Au psychothérapeute de découvrir par rapport à quel idéal s'exprime l'infériorité. C'est-à-dire par rapport à quelle prétention.

Avant de terminer ce parcours séméiologique, il convient de dire un mot de la dépression larvée. On conçoit que les plaintes dépressives, surtout lorsqu'elles s'adressent au médecin, prennent la forme habituelle à l'échange malade-médecin, celle de plaintes organiques.

Toutes les névroses, toutes les réactions conflictuelles peuvent s'exprimer par cette voie. Pour certains psychiatres, des plaintes organiques sans substrat lésionnel, mais particulièrement rebelles, devraient faire rechercher un état dépressif caché et parfois méconnu par le patient lui-même. On peut se demander si cette méconnaissance n'est pas liée à l'attitude du médecin qui n'entend le discours d'autrui qu'à travers le filtre médical traditionnel. A qui ne s'intéresse qu'au corps malade, on ne va pas confier ses préoccupations plus personnelles. Comme chacun peut l'éprouver, l'intimité psychique est infiniment plus grande que l'intimité corporelle, et il est fréquent qu'un psychiatre entende la remarque : « je me sens plus nu devant vous que chez mon médecin traitant ». Il est donc possible que les formes larvées de la dépression soient réservées à certains médecins. Raison de plus pour les déceler et les traiter comme telles. L'intérêt particulier porté à ces formes témoigne lui aussi d'un souci très « médical » : la crainte du suicide. C'est à cette extrémité que risquerait d'aboutir une dépression que l'on n'aurait pas reconnue à temps. Pourquoi parler d'attitude médicale ? N'est-ce pas là un souci légitime ? Il va de soi qu'il est du devoir du médecin de prévenir cette éventualité si faire se peut. Mais il ne faut pas pousser plus loin l'analogie avec le diagnostic précoce du cancer. Il n'y a pas de stade zéro ou infra-zéro de la dépression, pas plus qu'elle ne risque de métastaser. L'observer avec l'objectivité de l'anatomiste face à des cellules néoplasiques serait une erreur. Nous n'entendrons la plainte dépressive que si nous nous offrons comme interlocuteur à nos patients. C'est rappeler aussi que nous n'obtiendrons aucune information spontanée si nous harcelons notre malade de questions. Il ne peut y avoir de forme larvée de dépression que là où la parole est obligée d'avoir recours à ce stratagème.

Variantes cliniques

Les différents symptômes évoqués constituent déjà des variantes cliniques. D'autres variantes sont constituées par ce qu'on pourrait appeler les causes déclenchantes. Même lorsque ces causes ne sont pas aisément repérables, il ne faut pas oublier qu'elles existent, ce qui permet de distinguer névrose et dépression. La névrose, comme la psychopathie, est une constante, repérable depuis la jeunesse du sujet, au moins depuis son adolescence, alors que la dépression apparaît brusquement et devrait se ranger ainsi dans la catégorie des réactions. Il n'est toutefois pas interdit de parler de dépression névrotique. Rappelons-nous que le symptôme névrotique assure une protection contre l'angoisse et aménage la relation à autrui, mais il ne suffit pas toujours à sa tâche. Le désarroi du névrosé devant la faillite de ses symptômes peut fort bien se traduire par un état dépressif. Il en va de même pour le psychopathe dont il a été question dans le précédent chapitre.

Il reste une catégorie de dépression qui, à vrai dire, ne concerne que rarement le médecin praticien, et c'est pourquoi un chapitre spécial n'a pas été consacré à ce domaine : la dépression survenant chez les pervers. Le terme de pervers est aussi mal choisi que beaucoup d'autres termes psychiatriques, car comment aborder ces états avec une désignation empruntée aux préjugés moraux ? Les pervers sexuels peuvent se trouver dans des situations déprimantes pour la bonne raison qu'il n'y a pas de frontière évidente entre le pervers et le normal, sinon, comme toujours, que le pervers répète inlassablement son scénario, alors que le « normal » peut en changer. Dans la gamme des perversions, il y en a pourtant une qui s'est, en quelque sorte, spécialisée dans la dépression, c'est le masochisme. Peu nous importe ici la conduite des masochistes, quel que soit leur sexe, face à leur partenaire sexuel. C'est en tant que médecin que nous les rencontrons, et leurs plaintes auront une allure dépressive.

Il s'agit le plus souvent d'hommes, et le « personne ne m'aime » devient plutôt un : « je ne suis pas capable d'aimer » qui s'ajoute à toute une liste d'incapacités : de produire, de créer, de s'exprimer, de réussir. Ce qui distingue ces masochistes des déprimés ordinaires, c'est que leurs plaintes sont en contradiction flagrante avec la réalité. Il s'agit souvent de personnes occupant des positions enviables, apparemment heureuses dans leurs relations familiales et affectives. Et pourtant leurs plaintes sont convaincantes. C'est même là leur but. La perversion consiste ici, non pas à chercher un traitement pour le tableau dépressif, mais à induire chez l'interlocuteur une angoisse qui est le bénéfice guetté par le masochiste, son mode de satisfaction. Il est probable que nous ne guérissions pas sa dépression, mais nos efforts lui feront très plaisir.

En résumé, on a vu qu'avec une foule de variantes, la dépression oscille entre la tristesse et l'ennui. Contrairement à ce qu'on pourrait penser, c'est l'ennui qui donne naissance aux formes les plus graves de dépression. Il traduit effectivement, non pas l'inaptitude à trouver un centre d'intérêt, mais la perte de tout moteur à un intérêt quelconque. On rencontre parfois des gens qui ont miraculeusement échappé à une tentative de suicide qui n'aurait pas dû pardonner. Ces gens paraissent vivre dans un autre monde, ou plus exactement ils ne vivent plus. Malgré son échec physique, leur suicide a pourtant réussi. Ils sont incapables de partager les intérêts de quiconque. Mais peut-être auront-ils la chance de rencontrer le psychothérapeute ou la psychothérapeute capable de faire apparaître, dans ces formes les plus graves de dépression, ce qui n'était plus prévisible : le désir de vivre.

5

Prévention et psychothérapie

1. Réhabilitation de la psychothérapie

Une place à prendre

Réhabiliter la psychothérapie, est-ce vraiment nécessaire ? Cela voudrait dire qu'elle a été discréditée, rejetée. Ne devrait-on pas croire, à des signes certains, qu'elle n'a jamais été aussi florissante ? Cela se comprend. Notre époque, avec son rythme de vie harcelant, avec ses menaces permanentes pour la sécurité de l'emploi, la stabilité de la monnaie, avec l'insécurité à l'intérieur et les menaces de guerre atomique, met les nerfs de nos contemporains à rude épreuve. La consommation des tranquillisants le prouve. Mais chacun sait qu'ils n'atteignent tout leur effet qu'accompagnés d'une psychothérapie. Les psychiatres en particulier le reconnaissent puisque, de plus en plus, on ne parle plus d'hôpitaux psychiatriques, mais de centres psychothérapiques.

Toutes les revues, professionnelles, mais aussi littéraires, ou destinées à tous les publics, citent ou décrivent les succès étonnants obtenus par une foule de psychothérapies nouvelles, utilisant la parole, la musique, la peinture, le théâtre. Elles s'adressent à la personne, au couple, au groupe, mettent en jeu l'observation du corps, le mouvement, le contact. Le psychothérapeute occupe des niveaux d'activités variés, et met à la disposition de ses clients des énergies nouvelles. Tout cela ne constitue-t-il pas une démonstration éloquente de la vitalité psychothérapique ? Cette variété, cette diversité, illustrent les multiples aspects des êtres humains et leurs problèmes. Mais ce fourmillement de techniques nouvelles, il ne se passe en effet pas d'année qui n'en voit surgir plusieurs, prouve surtout qu'il y avait une place à prendre, c'est-à-dire qu'auparavant il n'y avait rien, ou pas grand-chose ! C'est là une affirmation étonnante, et même choquante. La psychothérapie n'est-elle pas aussi ancienne que la médecine ? A vrai dire, elle l'a même précédée : toute l'efficacité de la médecine magique, préscientifique, reposait sur une psychothérapie, peut-être moins néconnue par ses auteurs qu'on aurait tendance à le croire aujourd'hui. En médecine, les connaissances ont évolué, de théorie en doctrine, de recette en pratique, jusqu'à édifier le savoir médical contemporain, qui est loin d'être parfait et définitif, mais qui en maints domaines commence à devenir une science.

Il n'en va pas de même en matière de psychothérapie. Le terme lui-même est relativement récent. Il n'apparaît en Allemagne qu'au XIXe siècle et Robert le signale en France à partir de 1907. Quant au terme de psychothérapeute il est résolument du XXe siècle. Aucun des deux termes ne se rencontre dans les tables des 25 premières années des « Annales médico-psychologiques ».

Et seule la psychanalyse a permis la formulation de concepts intelligibles. Non sans dystocie, mais il faut reconnaître que l'enjeu était de taille. Nouvelle révolution copernicienne, la psychanalyse freudienne révélait que les moteurs de l'homme ne baignaient pas dans la claire lumière gréco-latine de la conscience, mais dans les enfers de l'inconscient.

Le monde n'était pas prêt d'accueillir ce décentrement de ses certitudes et de son confort. On ne peut qu'admirer le courage de Freud, d'avoir osé persévérer. Il partagea à ses débuts, et pendant fort longtemps, le sort de tous ceux, artistes notamment, qui heurtent de front les modes officielles. De même que les refusés du salon se retrouvent au Louvre, Freud fit école. La France fut particulièrement longue à l'accepter. L'histoire des débuts de la psychanalyse en France (1) est édifiante. Elle témoigne de l'esprit conservateur, et même rétrograde, des milieux qui auraient logiquement dû accueillir la psychanalyse avec reconnaissance. Mais la limpidité, la transparence de l'esprit français, de la pensée française, ne pouvait pas accepter l'origine innommable de la psychanalyse.

On peut tenter une histoire de la psychanalyse et en particulier de la psychanalyse en France. L'histoire de la psychothérapie serait sans doute plus difficile à établir. Là encore, l'exigence de clarté, où la psychanalyse nous a appris à lire les illusions du moi, rendait pratiquement impossible que le monde scientifique et médical français s'intéressât aux sombres bas-fonds de la personne humaine. Il n'y avait donc pratiquement pas de tradition psychothérapique en France, pas plus à l'avènement de la psychanalyse qu'à l'apparition des multiples techniques évoquées plus haut. C'est dire que les préjugés n'ont pas disparu et que les soupçons vont aujourd'hui encore entourer toute entreprise psychothérapique. C'est dire surtout que l'appareillage critique ne peut être qu'improvisé et impressionniste. Aux yeux de toute une partie du monde scientifique, on ne devrait confier une entreprise psychothérapique qu'à des spécialistes dûment reconnus et qualifiés. On ne se pose évidemment pas la question

(1) J.-P. MORDIER : *Les débuts de la psychanalyse en France*, 1895-1926, Maspéro, 1981.

de l'instance qualifiante. Mais une tentative d'introduire les médecins généralistes à la psychothérapie ne peut qu'entraîner un renforcement de la méfiance et un redoublement de critique.

Objections psychiatriques

On pourrait aussi intituler ce chapitre : un remède pire que le mal. C'est du moins ce qu'estimeront de nombreux psychiatres devant la prétention d'offrir, d'ouvrir la psychothérapie aux praticiens. Et ils auraient tout à fait raison s'il s'agissait de pousser ces praticiens à prendre en charge des malades relevant spécifiquement de la psychiatrie : grandes psychoses, névroses solidement constituées. Mais il existe grand nombre de ce que les questions d'internat d'autrefois appelaient, assez niaisement, les « petits mentaux ». Il est permis de souhaiter que les questions des futurs internats et l'esprit qui les anime soient plus judicieux. Ces « petits mentaux » constituent une énorme proportion de la clientèle de n'importe quel praticien. Cette psychiatrie du praticien représente la « spécialité » dans laquelle il sera le plus souvent sollicité, et pour laquelle il est le moins préparé. Les modules de psychiatrie qu'il a dû traverser ne l'ont guère sensibilisé qu'à la psychiatrie « classique », « lourde ». C'est l'un des inconvénients fondamentaux d'une pédagogie tout entière orientée vers la docimologie, autrement dit d'un enseignement qui n'a en vue que les examens. A peine l'examen passé, le cerveau humain « oublie » le fardeau dont il s'est déchargé devant l'examinateur, comme on oublie tous les moments désagréables accompagnant certaines étapes de la vie, les attentes dans les aéroports ou les douanes, au cours des voyages. Mais aussi les douleurs de l'accouchement et les soucis de la grossesse après que l'enfant soit né. C'est pourquoi ce livre est anti-pédagogique, et ne se prête ni à une préparation d'examens, ni à l'établissement de « questionnaires » systématiques, ni aux leurres du « bilan ». Il veut « imprégner » d'une psychiatrie et d'une psychothérapie pratiques ceux qui voudront bien dialoguer avec lui. Son incomplétude même devrait amener le médecin à consulter les vrais manuels de psychiatrie, et surtout à développer la collaboration avec le spécialiste en psychiatrie et en psychothérapie, de même qu'avec les psychanalystes. Mais en les abordant, non plus sur le mode ambigu de celui qui attend de l'autre un savoir, mais du chercheur qui a des expériences à échanger avec un pair. Ces expériences sont celles des situations et réactions de la vie quotidienne, auxquelles le psychiatre est beaucoup moins confronté que le praticien. Il n'y a donc pas à redouter une concurrence, que la démographie médicale en général et psychiatrique en particulier rend plus âpre, mais au contraire une meilleure intégration des différentes disciplines, dont le plus grand bénéficiaire sera évidemment le patient, qui ne sera pas

« psychiatrisé » de façon abusive, mais qui ne sera plus non plus traité en gêneur.

Cette situation idyllique est toutefois loin d'être généralisée, et la méfiance réciproque entre généralistes et spécialistes n'est pas encore apaisée. Il n'est pas sans intérêt de se pencher un peu sur les objections fréquemment émises par les psychiatres devant l'introduction des médecins à la psychiatrie. Un certain nombre de confrères, toujours les mêmes, et qui finissent par se ressembler, ne cessent de mettre en garde contre les erreurs de diagnostic. On pourrait croire qu'il s'agit des médecins s'adressant aux psychiatres. C'est parfois le cas. Mais certains psychiatres entonnent le même refrain d'une primauté de l'organique.

Il s'agit d'une attitude tout à fait ambiguë à l'égard du propre engagement du psychiatre, et notamment à l'égard de la psychothérapie, qui apparaît comme un stigmate un peu infamant. Il ne devient tolérable que serti de science. Sinon, il reste marqué d'origines douteuses, mystiques ou magiques, toujours superstitieuses. Le psychiatre ne veut pas tenir compte de l'intérêt amusé des gens pour la sorcellerie sous toutes ses formes. Elle est une sorte de poésie, rendue nécessaire par les formes efficaces et sans ambiguité que suscite la vie actuelle. Forme des objets et forme des discours. C'est un jeu que de regarder son horoscope, mais la plupart des journaux, même les plus sérieux, ne manquent pas d'en proposer, à côté des pronostics du tiercé, de la météorologie et du résultat du loto. Attrait du risque, qui prenait d'autres proportions à l'époque, dite moyenâgeuse, où les sorcières risquaient leur peau, face à des inquisiteurs qui eux aussi connaissaient la règle du jeu. Qu'on supprime sorcellerie et contes de fées, elles renaissent sous forme de science-fiction et de très sérieux instituts de para-psychologie. On prête même aux militaires des grandes puissances l'intention d'utiliser des télépathes dans les prochaines guerres mondiales. Ils n'ont pas encore compris que la télépathie ne marche qu'entre un homme et une femme, sinon comment sauraient-ils qu'ils ont envie de s'aimer. Télépathie ou phérormone ? A moins qu'ils n'y soient toujours prêts !

Certains rejettent la psychothérapie du côté de la sorcellerie et de ses avatars, jeu ou mystification. Bonne raison pour n'y pas aller voir. En soutenant, comme pour l'hystérie, qu'elle est indéfinissable. Or, ce n'est pas parce qu'un champ est mal délimité, faute d'une exploration suffisante, qu'on ne peut le définir. Encore faut-il être prêt à recevoir une définition qui ne relève pas de la psychopharmacologie ou de l'anatomo-clinique, du moins pour l'instant. Nos cloisons ne sont heureusement pas étanches, et n'ont pas la vocation de préservatifs évitant la fécondation d'une discipline par une autre.

On pourrait définir la psychothérapie très simplement comme une rencontre, qui fait que le patient n'est plus tout à fait le même après cette rencontre qu'avant. Il peut bien sûr en aller de même du médecin. Découvrir par exemple qu'on a pu parler de sa maladie autrement qu'on ne l'avait fait jusqu'à présent signifie qu'il y a eu acte psychothérapique, ne fût-ce que d'écouter, aussi bien en matière de plaintes somatiques que de malaises psychiques. Il serait désolant que le médecin praticien renonce à cette possibilité. Une psychothérapie se juge à ses effets.

L'autre versant, apparemment plus sérieux, des objections psychiatriques, consiste dans la crainte inverse de celle qui a été exprimée précédemment : « Ils vont rater le diagnostic de psychose. » En fait, il s'agit d'une seule et même objection, qui, sous prétexte de protéger le malade, confirme au psychiatre son statut de médecin, dont il doute parfois, devenant le psychiatre honteux pour qui les « maladies mentales » sont des « maladies comme les autres ». Ce qui ne peut être qu'un sophisme. S'il y a intérêt à dépister un cancer au stade le plus précoce possible, le dépistage en matière de psychose par exemple ne suffit pas à obtenir un consentement du patient à la thérapeutique, au sujet de laquelle d'ailleurs l'accord est loin d'être réalisé. Il ne manque pas de psychiatres pour avoir poussé la prévention des psychoses au traitement des mères à « haut risque », entendez haut risque de produire des enfants psychotiques. On médite la proposition d'entreprendre le traitement de ces mères deux ans avant une grossesse. Elle rappelle, l'humour en moins, une maxime talmudique. Celle-ci déclare qu'on peut se repentir de ses erreurs jusqu'à la veille de sa mort.

Autre chose apparaît dans cette nécessité d'assimiler le diagnostic psychiatrique au diagnostic médical : le souci de classer les psychotiques, de les caser, et surtout qu'ils ne sortent pas de leur case. Éliminer le psychotique de la vie sociale. Parce qu'il constitue un danger ? Les statistiques montrent qu'il y a moins de délinquance et de criminalité dans la population « psychiatrique » ou « psychiatrisée » que dans la population « normale », c'est-à-dire qui vit dans des normes conformes. Le fou ne fait plus tellement peur à cause de la menace physique qu'il constitue, qu'en raison de son étrangeté, de son altérité qui menace le confort moral et intellectuel. On pourrait donc vivre autrement, « comme ça ! ». Surtout ne pas prendre conscience de la minceur d'une différence. Avoir vu les foules galvanisées pour la guerre et le meurtre par un dictateur, et avoir retrouvé, trente ans plus tard, ces mêmes foules mobilisées pour chanter et hurler ensemble par un animateur de jeux radiophoniques ou télévisés, à l'occasion d'une victoire en football du club local, montre que les cloisons entre nos conduites ont bien besoin d'être renforcées par des cloisons nosologiques. Il est curieux que des Français qui tiennent à leur individualisme, qui font peu d'efforts pour promouvoir une vie de groupe soient en même temps ceux qui ont le plus besoin actuellement des murs de la ségrégation. L'humanisation des procédures pénales et des prisons fait peur aux Français, comme les fous leur font peur, comme la psychothérapie leur fait peur : il s'agit d'une manifestation d'intolérance, qu'il faut éclairer, ce qui sera le meilleur moyen de la combattre.

La psychothérapie est une rencontre dont l'un des principaux effets est la libération de celui qui s'est et qu'on a conformé dans une alvéole nosologique. Lui restituer le choix de sa folie ne l'aliène pas davantage que l'enfermement dans les habitudes sociales et les rituels de la consommation. Les techniques dites de créativité l'ont bien compris, en utilisant comme l'une de leurs méthodes l'introduction dans le groupe d'un élément hétérogène. C'est à partir de la tolérance que l'homme retrouve son imagination, que je préfère appeler poétique, plutôt que créatrice.

Renoncer à nos préjugés, c'est aussi, peut-être, le moyen de survivre dans un monde qui devient difficile pour la civilisation occidentale.

Objections des psychanalystes

Détenteurs de la mieux conceptualisée des méthodes d'investigation de l'inconscient, et peut-être la seule, les psychanalystes sont en droit d'émettre des objections quant à la psychothérapie, ou quant à son emploi anarchique dans des domaines qui devraient relever spécifiquement du champ psychanalytique. Les critiques psychanalytiques sont plus variées, et sans doute plus nuancées que les critiques psychiatriques. Aussi n'est-il guère possible d'en faire un inventaire complet.

Freud a plutôt critiqué les déviations ou les dissidences par rapport à la psychanalyse. Ses successeurs ont également tenté de protéger la psychanalyse, en essayant vainement de trouver les critères de la dignité psychanalytique. Faute d'y parvenir, ils ont fait de la psychanalyse une institution, qui n'a plus à se justifier, à partir du moment où elle trouve des adhérents.

Lacan a souvent émis des critiques à l'égard de certaines pratiques de la psychanalyse, que l'on peut étendre à la psychothérapie. Entre autres, la formule : « Nourrir le symptôme de sens ». Ce qui revient à ancrer le névrosé dans son symptôme, en y ajoutant un sens supplémentaire par l'interprétation. Ou plutôt, en lui donnant un sens, rendant difficile le renoncement à ce sens. La libération par rapport au sens n'est pas forcément la reconnaissance du seul non-sens, mais l'accès à la polysémie qui supprime le sens unique. L'unilinéarité comme idéal de discours est la plus grande menace pour la liberté humaine. L'écoute plurilinéaire d'un discours tel que la pratique la psychanalyse a retrouvé le fondement de cette monumentale illustration de la plurilinéarité qu'est le Talmud (2). L'objection du « nourrir le symptôme de sens » peut donc être retenue.

---

(2) G. HADDAD : *l'Enfant illégitime*. Sources talmudiques de la psychanalyse, Hachette, 1981.

Mais il est arrivé à Lacan d'être plus sévère et de mettre directement en cause la psychothérapie en tant que telle, par exemple en affirmant : « La psychothérapie est un tripotage réussi. » Condamnation apparemment sans appel, car il est vrai qu'on ne sait pas ce qui va déterminer des effets, et notamment des effets favorables. Seulement, on peut en dire autant de la psychanalyse, à ceci près que ceux qui la pratiquent se prétendent parfois indifférents aux effets, et aux conséquences de leur travail.

Il y a une autre façon de réinterroger la phrase lacanienne. La psychothérapie, y est-il dit. Or, il n'y a pas de psychothérapie. Il y a éventuellement des psychothérapies. Il y a surtout des psychothérapeutes, et la phrase devient une incitation à la méfiance à leur égard. Du coup, tous les psychanalystes, qui étaient bien obligés de pratiquer des psychothérapies, continuèrent à le faire, sinon clandestinement, du moins de façon discrète, sans en parler, et sans tenter d'en tirer d'enseignement, ce qui est très regrettable.

Le jugement devient injure s'il ne s'applique qu'à une ou des personnes précises, dans l'esprit de Lacan, au moment où il prononçait cette phrase. Il devient insulte à être généralisé et l'on retrouve la fonction de toute insulte. Les réserves émises à l'égard d'une pratique deviennent attaques contre des personnes. Toutes les insultes se fondent sur le racisme, lui-même généralisation craintive du sexisme. L'autre, de l'autre couleur, pour ne pas dire, parce qu'on n'ose pas, de l'autre sexe, est le porteur du mal. On retrouve le besoin d'exclusion exercé tout à l'heure à l'égard des psychotiques. Par l'insulte, on dénonce et on désigne le mal chez l'autre. D'où la tendance à faire d'une critique individuelle la condamnation générale des psychothérapeutes par les psychanalystes. Comme si, par cet acte d'exorcisme, de purification, les psychanalystes se retrouvaient tous ensembles, tous bons, efficaces et parfaitement formés. La formation est un des thèmes préférés des institutions psychanalytiques. Par ce processus d'élimination, certains psychanalystes ont trouvé leur juif dans le psychothérapeute. Je dis certains psychanalystes, car en fait, ils n'ont pas besoin des psychothérapeutes : les querelles entre groupes de psychanalystes, querelles d'école ou de marché, leur fournissent amplement d'ennemis à critiquer. Comme les pirates d'Astérix, qui n'avaient plus besoin des Gaulois pour se ridiculiser.

Au-delà de ces objections liées à des positions théoriques, et dont on a vu la légitimité partielle, qui peut servir d'appel à la prudence et surtout au discernement, il y en a une que tous les psychanalystes, tous les psychiatres et mêmes les profanes pourraient faire aux psychothérapeutes. C'est « attention au transfert ». « Ils vont déclencher des réactions transférentielles interminables et incontrolables. » Peut-être est-ce vrai. Peut-être est-ce pour cela aussi que les psychanalyses sont devenues si longues. Dans l'attente d'une libération venue de l'extérieur.

Il ne faudrait pas confondre le transfert psychanalytique, qui place l'analyste en position d'interlocuteur imaginaire, ce qui permet à l'analysant de parler, et la sympathie que peut éprouver le patient pour son médecin. Le « check-up » annuel ou semestriel devient monnaie courante. Certains malades chroniques : épileptiques, rhumatisants, diabétiques, cardiaques, fréquentent régulièrement leur médecin une, deux ou trois fois par an. Pourquoi crier au scandale si l'on en fait autant pour son psychothérapeute ?

La théorisation de la psychanalyse ne devrait pas devenir théorisme ou terrorisme. La révolution freudienne, les apports de Lacan ne devraient pas mener à des condamnations et à des ostracismes. Car si la psychanalyse devenait intolérante et autoritaire, les découvertes de ses fondateurs seraient pour longtemps enterrées.

Du psychothérapeute

S'il n'y a pas de théorie satisfaisante en matière de psychothérapie, il y a des doctrines, d'autant plus impérieuses ou sollicitant d'autant plus de croyance, qu'elles sont moins fondées.

Le phénomène est bien connu en médecine. Asseoir sa puissance sur des dogmes autoritaires plutôt que sur des faits fut longtemps le seul moyen d'établir le pouvoir de la médecine. Encore les faits ne manquent-ils pas : c'est ce que ne devraient jamais oublier les psychothérapeutes. Toutes les médecines, non scientifiques ou pré-scientifiques, obtiennent des résultats, car les malades non plus ne sont pas scientifiques. Il y a une complicité entre médecins et malades pour établir ce que Knock appelait le triomphe de la médecine. Si l'effet le plus immédiat paraît être un renforcement du pouvoir médical, une amélioration de la position sociale du médecin, il faut un autre moteur pour justifier et éclairer la connivence entre le médecin et ceux qui ont besoin de lui. Toutes les sociétés réservent une place particulière à leurs malades.

La fonction médicale se limite-t-elle à lutter contre certaines formes de souffrance humaine ? Elle serait suffisante, et nécessaire, même en se bornant à un tel projet. L'idée de guérison, dont on sait combien elle est difficile à définir, va plus loin que le soulagement des misères. Elle s'articule avec un salut, lui-même ambigu, car il implique aussi bien le monde d'ici-bas que l'au-delà. Cette frontière mystique de la médecine, qui n'est plus évidente de notre temps, l'était autrefois, et ailleurs. On ne parle guère de la lutte du médecin contre la mort. C'est cette lutte que nous avons effleurée dans certains aspects de la médecine psychosomatique. Ce n'est pas un hasard d'évoquer cette discipline, alors qu'il est question de psychothérapie du praticien. Chaque médecin a pu faire l'expérience de l'évolution différente d'une même situation pathologique en fonction de la personnalité du médecin traitant. Cette seule constatation devrait suffire, non seulement à justifier, mais à rendre indispensable la prise de conscience et l'étude du rôle psychothérapique de chaque médecin. De trop nombreux médecins veulent aujourd'hui méconnaître cette dimension de leur activité, et souhaiteraient n'être que scientifiques, les implications de leur profession en ces confins mystiques leur paraissant intolérables. Leurs malades font parfois semblant de les approuver et de les suivre sur ce terrain, car eux aussi sont avides de transparence.

Toute l'ambiguité de la psychothérapie apparaît à ce moment où le travail, non seulement éclaire ce que méconnaissait le malade, mais aussi ce que le médecin pouvait se cacher à lui-même. Cette exigence de vérité est une attitude morale que nous rencontrerons tout au long des exposés concernant la psychothérapie. « Le redressement des mœurs n'est pas autre chose que le traitement de l'âme et de ses facultés. » La formulation de cet aphorisme peut paraître désuète. Elle en a le droit puisqu'elle date du XIIe siècle et qu'elle est empruntée à un auteur rarement cité bien qu'il ait été médecin et philosophe : Maïmonide (3).

Est-ce le début des « théories morales » qui devaient si longtemps inspirer la psychiatrie, et même toute la médecine ? Il suffit de lire l'ouvrage de Pierre Darmon (4) sur les fantasmagories concernant le sexe, qui traînèrent jusqu'au XIXe siècle, pour mesurer la place toujours disponible chez les scientifiques pour les ratiocinations morales. C'est une toute autre dimension qu'introduit Maïmonide en ajoutant : « Comme les malades conscients de leur maladie consultent les médecins, ainsi ceux qui ont une maladie de l'âme doivent consulter les savants qui sont les médecins des âmes. » Il s'agit bien sûr de replacer ce texte dans l'ensemble de l'œuvre, qui est une certaine critique à l'égard de l'aristotélisme. Il faut y entendre l'âme, non pas au sens ou non-sens qu'on lui donne aujourd'hui, mais partiellement au sens de l'esprit et de ses parties. Et pour une autre part au sens de la tradition biblique. « Et l'homme devint une âme vivante » (*Genèse.* 2,7). Mais la traduction araméenne de ce passage apporte une importante précision : « Et il y eut dans l'homme un souffle de parole. » Dès ce moment est articulé que le propre de l'homme est la parole qui l'anime. Les Sages auxquels le médecin Maïmonide adresse ses clients sont les docteurs de la loi, dont lui-même faisait partie. Il n'est nullement besoin de solliciter le texte pour entendre que les maladies de l'âme, les maladies de la psyché, résultent d'une défaillance par rapport à cette loi, ou d'une corruption de la loi elle-même.

La pratique médicale marque toujours un certain retard par rapport au niveau scientifique ambiant, et les théories morales n'ont pas tout à

(3) MAÏMONIDE (1135-1204) : Traité des huit chapitres, in *Guide des égarés*, page 645, Éd. Verdier, 1979.

(4) P. DARMON : *Le mythe de la procréation à l'âge baroque*, coll. Points, Histoire, Seuil, 1981.

fait cessé d'exercer leur attrait et leur action. Mais il s'agit le plus souvent d'une morale arbitraire, celle qui convient au médecin au moment où il l'invoque. La loi invoquée par Maïmonide est d'une autre nature. Il s'agit de l'obéissance à la loi traditionnelle, la Tora, celle que justement certains psychanalystes cherchent à retrouver dans les processus de l'inconscient, loi de texte et de parole, dépourvue du sentimentalisme et de l'effusionisme qui font des morales usuelles le repaire de tous les dévoiements. S'il y a un risque pour le psychothérapeute, c'est de donner libre cours à ces dévoiements, pour sa plus grande jouissance. Et en toute méconnaissance de cause. Il n'en serait pas de même pour l'homo psychanalyticus, s'il existait. S'il n'était pas un idéal ou une idole.

Contraintes du groupe

Le dévoiement des théories morales est de résumer les fautes entraînant les « maladies de l'âme » à des péchés, c'est-à-dire des fautes contre la divinité, la providence. Or il est peu probable que Maïmonide ait envisagé principalement ces fautes-là, mais bien plutôt les fautes de l'homme contre l'homme. Ou de l'homme contre le groupe. Ou aussi du groupe contre l'homme.

C'est à ces fautes, à leurs effets, qu'est confronté quotidiennement le praticien, qui, quoi qu'il fasse, quoi qu'on lui objecte, ne peut pas éviter sa fonction psychothérapique. Il ne peut que la négliger. Une fois de plus il faut rappeler que le procès d'intention fait aux praticiens non psychiatres qui voudraient se lancer dans la psychothérapie est une mauvaise querelle, méconnaissant que les champs d'application de la psychothérapie du praticien et de la psychothérapie du psychiatre sont radicalement différents. Il ne s'agira pas pour le non-psychiatre de prendre en charge, comme on dit, des psychoses ou des névroses d'origine infantile et évoluant depuis longtemps, mais des états réactionnels résultant de conflits actuels. Ces états réactionnels peuvent emprunter des symptômes névrotiques, mais la biographie du sujet ne sera pas celle d'un névrosé de longue date. On retrouvera dans ces situations de conflits toutes les dérives autour de la névrose, et surtout l'immense foule des déprimés, dont on ne refera pas ici le tableau. Une systématisation de ces troubles serait prématurée. Il s'agit d'abord dans une collaboration entre généralistes et psychiatres d'en faire un premier inventaire. Cette coopération pluridisciplinaire devrait amener un nouveau développement de la pratique médicale. Il y aura certainement des escarmouches de frontière jusqu'à ce qu'on renonce à la conception confortable, mais protectionniste et rétrograde, de frontière bien délimitée. On a vu tout au long de l'exposé clinique combien ces frontières étaient artificielles.

Ces conflits qui opposent des individus entre eux, ou un individu à un groupe, sont suscités par les règles règnant dans ce groupe, règles variables dans le temps et l'espace, qu'il convient de ne pas confondre avec la Loi évoquée plus haut. C'est la conformité à ces règles qui permet de mesurer l'adaptation de l'individu au groupe. Elles sont contraignantes et agissent un peu comme certaines thérapeutiques comportementales, par conditionnement associant éventuellement des sanctions ou des gratifications à l'adaptation. Cette concession faite au groupe ne va pas toujours sans laisser de traces, surtout si le sujet a perçu que les règles auxquelles il doit sacrifier, et parfois même se sacrifier, sont émises au profit d'une partie seulement de la communauté. Ces règles de vie, présentées comme normes, traduisent l'idéologie du pouvoir. Il en résulte pour l'individu des traumatismes, traumatismes actuels pour reprendre la terminologie introduite dans l'étude des névroses. L'effet n'en sera pas la constitution de syndromes névrotiques, car les consignes contraignantes s'assortissent souvent de mesures restreignant l'accès à la parole ; c'est donc au niveau de l'acte que se traduira l'effet des règlements. Conduites, comportements, passages à l'acte sont autant de modes réactionnels à des situations conflictuelles. Ceci donne une première indication de ce que pourrait éventuellement être une prévention. On verra aux chapitres consacrés à ces préventions que les propositions d'action sont en général insuffisantes, pour ne s'intéresser qu'à l'individu exposé aux tentations. Ce sont en effet des tentations que les drogues, l'alcool ou la délinquance. Mais à l'entendre ainsi il devient clair qu'une part de responsabilité incombe au tentateur. Responsabilité n'est pas ici à traduire comme culpabilité, mais comme dépendance. Je suis responsable de ce qui se passe autour de moi dans la mesure où aucune action, aucune production ne peut s'effectuer sans concerner le milieu dans lequel elles surviennent. La tour d'ivoire, la splendide isolation n'existent pas. Je ne peux jamais dire : « ce que je fais ne concerne que moi ». C'est là une prétention dont les conséquences, parfaitement inattendues, sont parfois tellement effrayantes qu'on préfère les contester. C'est pourquoi les attitudes psychothérapiques ou prophylactiques des médecins praticiens devront fréquemment impliquer non seulement leur « patient », mais encore son entourage. Faire comprendre à des parents qu'ils ne sont peut-être pas tout à fait étrangers à des tendances toxicomaniaques ou délictueuses chez leurs enfants, est difficile à faire admettre, d'autant que les ressorts secrets de ces effets sont très généraux et peuvent également interpeller le médecin lui-même. Proposer par exemple des modèles de vie, une « Lebensanschauung » à ses enfants, tout en tâchant de tricher le plus possible avec ses opinions affichées, ne peut pas passer inaperçu auprès du proche entourage. Affirmer qu'il faut être capable de s'intéresser à quelque chose dans la vie, alors qu'on n'a jamais soi-même pris le risque d'un intérêt puissant, d'une passion ou d'un engagement, détermine les plus fâcheuses conséquences. C'est la dissonance entre le discours officiel et les pratiques réelles qui détermine les plus efficaces des traumatismes. On a vu, en étudiant les névroses traumatiques, que Freud avait cru, pendant un certain temps, à l'origine traumatique de l'hystérie, le traumatisme étant constitué par une séduction des pères à l'égard de leurs filles. Freud a renoncé à l'hypothèse du traumatisme lorsqu'il découvrit le fantasme inconscient. Est-ce à dire que le traumatisme n'existe pas ? Sûrement pas. L'attitude séductrice des pères à l'égard de leurs filles, allant jusqu'à l'inceste, est loin d'être rare. On s'est souvent posé la question des conséquences éventuelles de ces « traumatismes sexuels ». Elles sont heureusement moins graves qu'on aurait pu s'y attendre. Lorsque ces conséquences surviennent, elles se fondent sur un mensonge, sur une escroquerie morale. J'ai déjà cité ailleurs le cas de cet homme qui devenait initiateur sexuel de ses filles lorsqu'elles atteignaient la puberté. L'une d'elles réagit par une tentative de suicide. Lorsqu'elle put s'exprimer, elle expliqua que son père lui avait dit : « c'est pour ton bien ». C'est cette phrase qui détermina l'acte suicidaire : « Je n'ai pas supporté qu'il ne reconnaisse pas que c'était pour son plaisir. » On voit mieux par cet exemple la différence qu'il y a entre le discours officiel, celui des idéaux, des modèles et la conduite réelle, dictée par la recherche de satisfaction personnelle, égoïste devrait-on dire.

Les symptômes sont nombreux, d'une recherche de règles non perverties. Ceci ne veut pas dire que cette recherche mène toujours aux choix les plus sûrs. On parle beaucoup des retours aux sources, d'une quête de pureté naturelle, non sophistiquée. Certaines sectes exploitent ainsi sans vergogne la naïveté de leurs adhérents. Il n'est pas certain non plus que de grands mouvements humanitaires ne soient pas manipulés à des fins politiques. Il n'en reste pas moins vrai que des retrouvailles avec la Loi soient concevables. La découverte de milieux très structurés a parfois une étonnante action thérapeutique. Ce sont ces changements de milieux qui ont parfois amené des améliorations, imputées à tort à des changements d'air, à la valeur curative de la mer, du soleil, du climat ou des sources. L'existence de milieux non entièrement pervertis par la recherche du pouvoir ou de l'argent, leur efficacité thérapeutique, démontre a contrario l'effet pathogène des autres groupements et environnements.

Oser ne pas savoir

Les liens de confiance qui se nouent dans de tels groupes méritent qu'on leur accorde quelqu'intérêt. La crédulité béate ne devrait pas suffire. Freud nous dit en parlant de Dora qu'elle avait confiance en son médecin traitant, car il ne serait pas venu à l'idée de ce dernier de deviner les secrets de sa patiente. On peut d'ailleurs se demander de quel côté se trouvait la confiance. Il ne devrait en tout cas pas s'agir de cette confiance-là dans les relations et les visées psychothérapiques. Dire à quelqu'un : j'entreprends un travail avec vous, est une déclaration qui implique une certaine confiance, mais qui n'exclut pas une conscience des limites de l'autre. Même si au cours d'un travail psychothérapique, une certaine dépendance se crée qui nous infantilise quelque peu à l'égard du thérapeute, nous faisant croire qu'il est tout-puissant et omniscient, elle ne dépasse guère les affirmations de l'enfant : mon papa est le plus fort. L'affirmation nous fait plaisir, comme certains rêves. Elle n'entraîne pas une conviction. Nous permettons à l'autre, à l'interlocuteur, d'avoir ses limites, ses insuffisances. Accorder cette faveur à autrui entraînera plus d'indulgence à notre propre égard.

Accorder sa confiance n'est pas forcément faire acte de crédulité ou de naïveté. Il peut aussi s'agir d'une audace. Prendre un risque. Se confier à quelqu'un, confier son corps au chirurgien, parier sur un amour : toutes ces situations ont un point commun. On renonce à la garantie totale. C'est un risque de cet ordre qu'on prend en incitant quiconque à pratiquer la psychothérapie. Il est curieux de constater que ceux-là mêmes dont la profession est pavée de risques, émettent le plus de craintes devant le médecin psychothérapeute, ou devant un psychothérapeute tout court.

Une attitude plus courageuse entraînerait sans doute un ralentissement de la sollicitude forcenée, de la sécurisation à tout prix, qui infantilise notre société. Pour effacer sans doute la déshumanisation des objectifs et la déculturation.

On sait la fréquence des procès intentés outre-Atlantique aux médecins, chaque fois que survient un incident imprévu. Au point que les médecins se bornent à un domaine de plus en plus limité, balisé, et préviennent leurs malades de tout ce qui peut leur arriver, aussi bien faute de traitement, qu'à la suite d'un traitement. Et les psychothérapeutes ne sont pas épargnés. On comprend, dans de telles conditions, que l'atmosphère ne soit pas créée pour assumer des risques et pour réintroduire l'imagination, l'inventivité dans la pratique médicale.

Occuper la position d'un savoir garanti et sûr, c'est peut être ce qu'exige une certaine clientèle. C'est ce que peuvent espérer certaines organisations professionnelles de médecins. C'est surtout se priver du véritable moteur de la découverte, qui ne peut survenir que sur un fond de non-savoir. L'exploration exige qu'on reconnaisse l'existence de « terrae incognitae », d'un continent noir, comme disait Freud pour la sexualité féminine, sans avoir bien sûr pu prévoir l'ambiguïté de la traduction française. La curiosité exige un désir de connaître, et le courage de ne pas tout savoir. L'histoire des sciences, et de la médecine, sont pleines des sottises inventées par les « savants » pour s'éviter d'aller y voir. Ou y entendre.

Le médecin qui oserait dire « je ne sais pas » perdrait peut-être quelques clients déjà conditionnés par l'american way of life, ou par certains de ses aspects grotesques. Il gagnerait par contre l'estime de ceux qui n'ont pas encore renoncé à vivre en leur nom. Dire « je ne sais pas » permet à l'interlocuteur d'inventer la réponse alors qu'un « je sais » l'infantilise. Ou pire : le prive de son entendement, de son imagination, de sa confiance en lui. Ne pas faire croire à l'autre que nous détenons ses réponses, ce n'est pas seulement une attitude psychothérapique. C'est surtout la seule façon de témoigner notre respect envers cet autre qui sollicite notre aide.

Ce savoir que tout médecin tend trop souvent à exhiber a la fonction de toute exhibition : ne pas mettre à l'épreuve l'objet qu'on montre, comme dans certaines parades guerrières et animales. Trop d'examens ont fait perdre au médecin l'audace d'un non-savoir créateur. Il lui faut un savoir conforme à celui de l'examinateur, mais juste un peu moins développé. Seulement, ce savoir-pour-les-examens s'efface le lendemain des épreuves, ne laissant même pas une vague « culture », car il n'a pas été acquis par une découverte, mais par un rabâchage. Savoir médical, abêti au point de prétendre faire de la psychothérapie matière d'examen, de préférence par QROC ou par QCM (questions à réponses ouvertes courtes ou obligatoirement courtes ; questionnaire à choix multiples). Savoir classificateur, découpant, sectionnant, sectaire, savoir obsessionnel, savoir mort : est-ce tout ce que nous avons à offrir ?

Le temps

Le savoir qui ne dure que le temps d'un examen entraîne d'autres dégâts. Il ne peut tenter d'enregistrer et de classer que ce qui est conforme à un catalogue, à un inventaire. Le souci de classement qu'on retrouve dans tous les modèles et questionnaires médicaux méconnaît, bien entendu, l'inclassable, c'est-à-dire l'individuel, le personnel. Par contre, pour forcer le matériel recueilli à rentrer dans les cases préfabriquées, ce savoir n'hésite pas à recourir à l'analogie ou à l'approximation. Cette homogénéisation de la masse des consultants est déjà regrettable en médecine générale. Elle est parfaitement désastreuse dans le champ psychiatrique. Un exemple que chaque médecin a rencontré est celui de la psychiatrisation des déviants scolaires. De nombreux enfants ont été canalisés, dans les circuits préfabriqués de la réadaptation pour de petits retards, de petits troubles de la lecture ou de l'orthographe, qui auraient pu disparaître grâce à une pédagogie plus individualisée. Ce souci de gagner du temps, de ne pas perdre de temps en redoublant des classes ne devrait pas pouvoir s'appuyer sur la complicité du psychiatre. L'obsession du temps comme le souci de l'argent et de la sécurité sont des symptômes de cette névrose obsessionnelle caractéristique de notre civilisation contemporaine. Le compartimentage, peut-être nécessaire dans les stratégies de rendement, devient au niveau du sujet un mécanisme de défense névrotique qui vise à donner le sentiment d'avoir bien rempli ses cases, son temps. Tout est fait pour empêcher le temps de s'écouler, pour faire croire qu'on peut freiner le temps, le stocker, l'engranger pour plus tard. Temps ou argent, c'est un véritable souci de conservation de la matière qui est à l'œuvre. Que rien ne se perde.

A. Corbin (5), dans un livre consacré à l'odorat, montre les réserves de la bourgeoisie à utiliser des parfums, c'est-à-dire ce qui part en fumée. L'éducation et la scolarisation sont fondées sur des principes d'économie. Comme toujours, le rôle du psychothérapeute consistera à mettre en lumière, non pas des explications, mais, dans la pratique, ce que cachent les principes qui paraissent entraîner l'adhésion de la majorité. L'économie du temps occulte cette générosité qui se perd trop souvent chez l'adulte et l'homme mûr, générosité du temps que l'on offre, que l'on s'offre. On enseigne à conserver : « ne casse pas tes jouets ». On enseigne à accroître ses biens. Mais on n'apprend pas à vivre au présent, à dépenser les réserves excédentaires qui sont bien le fondement des plus graves de nos maladies : excès de cholestérol, de sucre, d'urée... Oser perdre, apprendre à perdre, c'est apprendre à jouer. Pourquoi la psychothérapie ne serait-elle pas une redécouverte du jeu ?

2. Prévention

« *Prévenir toujours les désirs n'est pas l'art de les contenter, mais de les éteindre* »
J.-J. Rousseau (*Julie,* V, II)

Les campagnes de mendicité publique et officielle pour la lutte contre les fléaux naturels ne datent pas d'aujourd'hui. Elles sont une très ancienne et très solidement ancrée manifestation de la solidarité d'un groupe, d'une nation. Elles ont déjà eu de nombreux effets incontestables : régression ou disparition des maladies infectieuses par la vaccination, développement de l'hygiène sous toutes ses formes, amélioration des conditions de vie et de travail, etc. Dans le cas de la tuberculose, où les campagnes anti-tuberculeuses, la vente des timbres anti-tuberculeux sont dans toutes les mémoires, c'est plutôt la découverte d'antibiotiques spécifiques qui assurèrent la considérable régression de la maladie, allant

(5) A. Corbin : *Le miasme et la jonquille*, collection Historique, Aubier-Montaigne, 1982.

jusqu'à quasiment faire disparaître sanatorium et préventorium, au point que la spécialité médicale est devenue aujourd'hui pneumologie et non plus phtisiologie.

La plupart des domaines pourtant qui relèveraient aujourd'hui d'une prévention : cancérologie, cardiologie, drogue, délinquance, n'en sont qu'à leurs débuts en matière de prophylaxie. Et le grand espoir né pour certains contemporains de Freud d'une prophylaxie des névroses semble aujourd'hui fort réduit. Ce modèle devrait peut-être amener quelques réflexions utilisables dans les autres champs de la prévention.

L'officialité de cette prévention donne lieu à des « journées ». Qui risquent parfois de n'être que des journées du souvenir. N'empêche que des campagnes de lutte contre certaines habitudes, certaines méconnaissances d'une hygiène élémentaire, accompagnées d'affiches, de timbres-poste, de meetings, peuvent fort bien contribuer à l'information et à la rééducation. Le vin commence à ne plus faire partie du couvert dans de nombreux ménages, ce qui prouve une efficacité certaine de la prévention. Examiner de plus près certains de ces aspects ne peut qu'accroître cette efficacité, et peut-être l'étendre à des domaines qui jusqu'à présent lui échappent.

Du terme

Prévention dérive du verbe prévenir. Mais le substantif n'est pas le seul à reconnaître une même origine. Il y a aussi prévenance. On est prévenant à l'égard des personnes âgées pour leur éviter certains efforts. On est prévenant à l'égard des dames pour bien prouver la supériorité du mâle. En fait, et pour éviter tout soupçon de machisme, chacun de nous devrait être prévenant face à tout ses contemporains, à condition que lesdits contemporains fassent les mêmes efforts. La prévenance généralisée de cette façon aurait certainement des effets préventifs. Imaginez que la civilité puérile et honnête devienne la règle des conducteurs de véhicules automobiles. Passée la première période de surprise, car les injures, les refus de priorité, les queues de poisson nous manqueront certainement au début, une nouvelle façon de conduire pourrait s'inaugurer. Utopie. Parce que nous n'en avons peut-être pas envie. Une voie de recherche pourrait s'ouvrir sur ce thème, que nous essayerons de développer un peu par la suite.

S'il existe une intersection entre prévenance et prévention, la plus grande partie des domaines représentés par les deux termes sont disjoints, à quoi la polysémie de prévention contribue largement. En médecine, prévention se superpose en grande partie à prophylaxie : ensemble des conduites pour éviter l'apparition d'une maladie. Mais en droit, la prévention est déjà une mesure judiciaire. Le prévenu est suffisamment suspect pour qu'on le place en détention préventive. Et cette suspicion s'étend à tout ce que concerne le terme de prévention dans le langage courant. On a une prévention contre quelqu'un, ou contre un groupe, parce qu'on a été prévenu contre ces gens. On a le plus souvent oublié qui nous a prévenu et pourquoi on l'a fait. Ce qui fait que la prévention rejoint le préjugé, que nous avons vu à l'œuvre dans le caractère autoritaire. On ne peut éviter que la prévention entraîne derrière elle cette suspicion, ou ce jugement péjoratif. Toute prévention de quelque chose est prévention contre. Et quel médecin contesterait qu'il est prévenu contre les maladies, même si elles le font vivre. Mais tout change lorsqu'on a à faire à ces états pour lesquels le terme de maladie est lui-même déjà une interprétation. Les fumeurs, les drogués, les homosexuels sont-ils des malades ? L'attitude morale, l'option plutôt, montre le bout de l'oreille. On peut imaginer une prévention de l'avortement. La distance avec la prévention contre est très faible. Et le caractère autoritaire reparaît : ceux qui permettent l'avortement ne l'imposent à personne, ceux qui veulent par contre le supprimer l'interdisent à tout le monde, souhaitant imposer à chacun des attitudes fondées sur des conceptions préscientifiques de la médecine. Les médecins se sont en effet souvent illustrés par des conceptions grotesques, fondées sur l'autorité des Anciens. On retrouvera aisément des exemples, en matière de prophylaxie. On se trouve dans une situation qui n'est pas sans évoquer la double contrainte. A qui la prévention s'adresse-t-elle ? Qui s'agit-il de protéger ? La personne qui risque de tomber malade, ou le groupe ? Dans la prévention de la drogue, par exemple, s'agira-t-il d'amener les éventuels consommateurs à se méfier de ces poisons, ou à en faire un bon usage, ou bien s'agira-t-il d'arrêter les trafiquants ? Si le but est peut-être le même, les attitudes sont différentes. Il faudra choisir entre la chasse aux sorcières ou l'information, qui n'est pas aussi facile à acquérir qu'on le dit. La tentation qui guette le militant de la prévention le dévie aisément vers d'autres combats dans lesquels il ne s'agira plus de protéger une personne menacée, mais de s'en protéger en intervenant. Les homosexuels ou les travailleurs immigrés remplaceront les lépreux d'autrefois ou les phtisiques d'hier.

Les préventions dont il va être question ont toujours un certain rapport avec le plaisir, un plaisir qui attire et fait peur. Ces deux éléments d'attrait et de crainte sont présents dans l'alcool, le tabac et la drogue. On est à nouveau à deux doigts d'une lutte contre le péché au nom d'un idéal moral, religieux, et l'officialité des attitudes prophylactiques fait méconnaître les options autoritaires qu'elles impliquent.

Prévention de l'alcoolisme

La double contrainte déjà évoquée est ici la plus flagrante. Le préventionniste se trouve, tout particulièrement dans notre pays, en proie à deux impératifs opposés. Diminuer la consommation d'alcool par la population d'une part, préserver la production et le pouvoir d'achat des producteurs de vins et d'alcools d'autre part. On a, bien sûr, considérablement restreint la publicité alcoolique, mais elle est avantageusement remplacée par la lutte des laborieux producteurs de vins français qui occupent de nombreuses colonnes dans la presse. Cette presse est d'ailleurs susceptible de mobiliser les foules. On l'a bien vu lorsqu'il s'est agi de dénoncer les « veaux aux hormones ». Il s'en est suivi une véritable grève des consommateurs. La consommation du veau a baissé de façon sensible et l'alimentation de ces aimables ruminants a été contrôlée de façon efficace. Il ne s'est pas agi d'interdire la consommation du veau, pas plus qu'il ne s'agira d'interdire la consommation du vin. La limiter, par contre, à un usage exclusif de produits de qualité s'avèrerait très rapidement avantageux aussi bien pour les consommateurs que pour les producteurs. On pourrait faire défiler ici tous les scandales alimentaires. Il ne s'agit plus tout à fait de prophylaxie, sans que pour autant ce terrain soit abandonné. La force constituée par les consommateurs est une arme qu'il ne faudrait ni sous-estimer, ni négliger.

En matière d'alcool, il existe une évolution incontestable, tant sur le plan de la prévention que sur le plan du traitement. Il faut rappeler l'exemple du *delirium tremens*. Cette maladie a considérablement régressé depuis la découverte des neuroleptiques et des tranquillisants. Cela faisait trente ans au moment de la rédaction de ce texte (6). Bon nombre de médecins se souviennent toutefois de ce qu'était le delirium tremens avant son traitement moderne. Et dix ans plus tôt encore, lorsque les méfaits de la déshydratation et des troubles électrolytiques n'avaient pas été reconnus, la mortalité dépassait les 50 %. En étudiant de plus près les conceptions concernant l'alcoolisme à une époque pas tellement ancienne puisqu'elle était encore la nôtre, on retrouverait ce foisonnement fantasmagorique qui a toujours été le propre de la pensée médicale face à une question non résolue. Occulter le problème par des solutions tantôt poétiques et tantôt cocasses, mais rarement fondées, a toujours retardé l'abord direct de l'inconnu. On ne retrouve plus aujourd'hui les encéphalites psychosiques qui sont allées rejoindre la combustion spontanée au magasin des souvenirs. On ne pratique plus davantage l'autohémothérapie dans le traitement du délirium que l'administration de la paraldéhyde formique. Il est heureux que la thérapeutique progresse et avec elle les conceptions générales de la pharmacothérapie. Mais la prévention en est encore à ses débuts dans certains domaines, et elle s'empare avidement de toutes les propositions qui peuvent s'offrir è elle.

(6) MM. Th. KAMMERER et A. WACKENHEIM : Le stress du delirium tremens traité par le Largactil. *Congrès des Médecins Aliénistes et Neurologistes*, Nice, 5-11 septembre 1955.

C'est ainsi que la remarque judicieuse de certains psychanalystes concernant la difficulté d'accès à la parole pour l'alcoolique a été généralisée en un : l'alcoolique n'a pas de parole. Quelle fascination par la parole, justement, a-t-il fallu pour que cette affirmation, déjà déviée par rapport à son origine, fasse méconnaître les monceaux, les mondes, les univers de littérature produits par les alcooliques. In vino veritas. Que devient l'image de l'ivrogne familier et bavard qui vous révèle ses déboires et, le cas échéant, les vôtres, dans ce mutisme alcoolique ? Ce silence de l'alcoolique ne survient que lorsqu'on veut lui imposer une place précise. Lorsqu'on exige de lui qu'il parle de la place de l'alcoolique, qu'il incarne l'image d'un être humain lié ou relié exclusivement à la bouteille. Mais ceci est notre image, l'image que nous voulons nous faire, que la société veut se donner de l'alcoolique. Le silence que nous rencontrons ne traduit que l'impossibilité pour autrui à parler nos propres fantasmes.

Qu'est-ce que l'alcoolisme ? Passé l'étonnement devant cette question, qu'on essaie d'y répondre. Les autres médecins sont souvent étonnés de la facilité avec laquelle les psychiatres proposent ce diagnostic. Les somaticiens exigent à juste titre un minimum de signes organiques : gastrite, troubles hépatiques, début de polynévrite, etc. Or, en psychiatrie, le diagnostic est souvent porté en l'absence de tous ces signes. Ceci ne veut pas dire que l'alcoolisme psychiatrique n'existe pas. Mais il convient de souligner la part subjective du médecin dans sa démarche. Il fut un temps où l'on décrivait l'alcoolique comme celui qui, n'osant prendre la parole à son lieu de travail, rentrait chez lui pour exercer ses violences contre ceux qui ne pouvaient se défendre : sa femme et ses enfants. Le schéma n'a pas disparu et les colonnes de faits divers sont là pour le corroborer. Nous sommes tous mordancés par cette caricature au point que les plaintes réelles d'une victime de l'alcoolique va faciliter chez nous le diagnostic, même en l'absence de tout signe objectif, lesquels pourtant ne manquent pas. A défaut de légers tremblements, d'une langue chargée, de quelques crampes dans les mollets, de cauchemars, la description d'une colère clastique, une ecchymose suffit parfois à imposer le traitement. Or, il arrive que l'attitude de certains médecins soit loin d'être exclusivement médicale. Combien de fois n'entendons-nous pas : « Moi, je ne supporte pas les alcooliques. » Et la sanction ne manque pas, qui se traduit par un tarif progressif de la durée d'hospitalisation, nullement proportionnelle à l'efficacité thérapeutique, mais n'allant pas sans évoquer les peines de prison, croissantes pour les récidivistes.

On n'est pas tellement éloigné de la détention préventive, et c'est là que reparaît l'ambiguïté de la prévention. Il ne s'agit pas de contester l'existence de l'alcoolisme chronique, avec ses troubles du caractère, son affaiblissement intellectuel, sa baisse du « sens moral ». Il faut entendre par là que les barrières éthiques sont partiellement effondrées, et surtout que la dimension suicidaire qui accompagne les abus de certaines substances entraîne une indifférence aux conséquences des actes. Face à un alcoolisme chronique, il ne s'agit pas de prévention, mais de traitement. La prévention prendrait par contre toute son importance en matière d'ivresse, c'est-à-dire d'alcoolisme aigu. L'ivresse concerne-t-elle le médecin ? Le respect des droits de l'individu le conteste. Les magistrats ne considèrent pas l'ivresse comme une circonstance atténuante. Il a fallu l'introduction de l'ivresse pathologique pour médicaliser cet état. Encore faut-il qu'il s'agisse d'un premier accès et que la personne ait ignoré les effets déclenchés chez elle par l'alcoolisation. Comme toujours, la limite entre l'ivresse normale et l'ivresse pathologique sera fluctuante. Il sera toutefois difficile de contester l'action facilitante de l'acool et de l'ivresse sur les accidents de toute espèce et sur les délits. La prévention de l'ivresse reste pourtant difficile et nous n'avons guère progressé depuis les Lacédémoniens qui offraient à leurs enfants le spectacle des ilotes ivres pour les dégoûter de la boisson.

Affirmer à ses enfants qu'il n'est pas beau, qu'il n'est pas bien, qu'il n'est pas sain de s'enivrer ne fait pas le poids à côté d'un seul récit paternel de prouesses réalisées grâce à l'alcool. Il y eut des époques et des lieux où l'usage des épices, condiments et aromates était réservé aux classes possédantes. Le sel lui-même était protégé et donnait droit aux légionnaires romains à l'allocation spéciale d'un salaire. L'adjonction au salaire actuel d'un « vinaire » résoudrait-elle le problème d'une prévention de l'ivresse ? Ce serait oublier que le désir n'a pas de prix. Introduire le désir permet de relancer un débat là où il n'y avait apparemment plus rien à dire. Parler d'alcoolisme sans s'interroger sur ce qui pousse l'être humain à boire, c'est se condamner à une méconnaissance radicale. Les médecins se contentent trop souvent de distinguer entre l'alcoolisme d'habitude, le plus fréquent, et l'alcoolisme névrotique qui donne droit à la sollicitude réservée aux névrosés. On veut bien que dans certains cas l'alcoolisme ait servi de recours contre l'angoisse, se substituant en quelque sorte, et largement avant la lettre, aux tranquillisants. On admet l'alcool comme prothèse de mécanismes de défense ayant échoué à museler ou limiter de trop compréhensibles inquiétudes. Or il existe chez tout alcoolique une part d'alcoolisme névrotique, de même qu'il existe une part névrotique chez tout être humain, même si cette part est acceptée comme une caractéristique inévitable. Comme si l'on ne voulait pas s'appesantir sur la tendance autodestructrice qui fait apparemment partie de notre bagage commun.

Un souci, une volonté de ne pas entendre, nous mobilise souvent dans nos campagnes de prévention. Il ne s'agit pas seulement de voler au secours de celui qui est en train de sombrer, de se détruire par l'alcool. Il s'agit de le faire taire, d'où l'accent mis sur ce silence de l'alcoolique. Il en ira de même pour toutes les autres préventions où s'insinuera un plaisir ambigu et mortel. Faire taire l'alcoolique pour qu'il ne dise pas tout haut ce que nous redoutons d'entendre dans notre for intérieur : il faut tuer le temps pour ne pas s'apercevoir d'un monde où l'on s'ennuie. L'alcoolique névrotique est un privilégié qui a réussi à édifier en raison de vivre la lutte contre ses propres fantasmes et angoisses. Celui-là a, dérisoirement, trouvé un sens à sa vie. On retrouvera ces attitudes et leurs variantes en étudiant d'autres préventions. L'alcoolique ordinaire, par contre, n'a pas ce prétexte de lutter contre des fantômes intolérables. Quand boit-il, cet alcoolique de tous les jours ? Pendant les pauses d'un travail harassant, sur les routes ou la voie ferrée, dans les champs ou au chantier. Il boit du vin ou de la bière, parce que c'est encore la boisson la moins chère que lui propose la cantine. Il boit aussi pour ne pas se désespérer devant un travail monotone et éreintant. Vérité qu'il faut faire taire, qu'il faut cacher par les rappels de la dignité du travail, du devoir de travail, et par les promesses de récompense, d'augmentation de salaire, qui ne pourront jamais compenser l'épuisement et l'ennui d'un trop grand nombre de besognes.

Il existe des travaux qui justifient l'investissement d'un intérêt. Beaucoup de travailleurs aiment leur travail, leur équipe. La véritable prévention de l'alcoolisme, qui sera en même temps prévention de la drogue, du suicide, de toutes les attitudes suicidaires, consistera à fournir à chacun un travail qui satisfasse la quête d'intérêt, la curiosité, l'inventivité propre à l'espèce humaine.

L'alcool sert à effacer une certaine tristesse du monde, ou une tristesse certaine, à laquelle n'échappent que ceux qui assument leur humanité. Encore faut-il que les circonstances existent qui fassent de l'« homo » un « sapiens ». Trop souvent, l'accès à l'intérêt, l'implication du désir dans une activité est réservé à une mince classe de privilégiés. C'est pourquoi une grève de médecins n'aura jamais la même portée, n'entraînera jamais la même compréhension ou adhésion active qu'une grève d'ouvriers à la chaîne. Il reste vrai que, même dans les pays les plus industrialisés, les plus « riches », une trop grande quantité de travailleurs sont condamnés à une activité ne permettant pas l'investissement d'un intérêt personnel. Le travail, trop souvent, reste un labeur épuisant tant physiquement que moralement, par l'ennui et la routine.

Une compensation à l'ennui, avec peut-être une diminution de la durée de vie, fonde l'alcoolisme habituel. C'est un alcoolisme réactionnel aux conditions d'existence et de travail, car on pourrait trop souvent répéter de la vie de famille ou de groupe ce qui a été dit de l'activité professionnelle. Une revalorisation de cette vie, et des loisirs, permettrait peut-être une prévention renforcée et plus facile contre les tentations suicidaires. Mais il ne suffit pas de dire : « Vous avez une femme, des enfants, la télévision. Que vous faut-il de plus pour être heureux ? »

Cette phrase encourageante a déclenché plus de tentatives de suicides que les dépressions.

L'alcoolisme névrotique est d'un accès plus facile, ou du moins plus intelligible. Ce n'est pas par hasard que des groupements de lutte contre l'alcoolisme, et qui réunissent souvent d'anciens buveurs, n'ont pas la prétention de s'adresser à tous les alcooliques. Il ne se savent efficaces que face à des alcooliques névrotiques, et ils ont sur les médecins l'avantage d'offrir à ces buveurs le support d'une même expérience personnelle. Ils ont traversé les mêmes affres, succombé aux mêmes angoisses, triomphé des mêmes tentations. Ils savent que l'alcool donne du cœur au ventre, qu'il permet de dépasser ses appréhensions, sa timidité. L'alcool facilite les déclarations d'amour comme il facilite les déclarations belliqueuses, les sorties des tranchées. Cette audace, cette apparente aisance de l'alcoolique suscite l'ire et la vindicte des moralistes. La prévention conserve souvent des aspects de lutte et d'oppression, voire d'éradication. La chasse aux sorcières était déclenchée par le prétexte d'empoisonnements de puits ou d'avortements de vaches, mais en réalité elle était la vengeance contre celles qui connaissaient, lors des sabbats, des jouissances secrètes, à elles seules réservées.

On retrouvera un peu plus bas quelques autres considérations sur l'alcool, mais pour l'instant passons au tabac.

Tabac

Le but des campagnes antitabac, c'est évidemment la prévention des cancers, cardiopathies et autres troubles vasculaires. Aucun médecin ne trouvera à y objecter, même si nous ne connaissons pas grand-chose pour l'instant au déterminisme du cancer. La publicité pour les tabacs a beaucoup diminué ces dernières années, principalement pour les tabacs français d'ailleurs. Ce qui n'empêche pas l'État de conserver son monopole des tabacs et de tirer profit d'une certaine intoxication collective. Les choses changeront sans doute un jour ou l'autre : il fut un temps où les maisons de tolérance étaient également une source de revenus nationaux.

La publicité pour le tabac, si elle a disparu de la presse française, fleurit de plus belle dans la presse étrangère, notamment anglo-saxonne. Cela ne signifie pas que les Anglais ou les Américains méconnaissent les risques liés au tabac. Ils donnent au contraire des tableaux détaillés de la teneur en goudron, nicotine et autres produits cancérigènes ou cardiotropes. Ils ajoutent également une formule qui dit à peu près : « Le département de la santé avertit que fumer entraîne des risques. » On peut remarquer tout d'abord que ces mises en garde ne figurent pas sur les publicités pour les cigares ou les tabacs à pipe. Et même pas sur toutes les cigarettes. Peut-être seulement sur certaines d'entre elles. On pense à ces films classés « catégorie X », que personne n'irait jamais voir, tant les acteurs sont vulgaires, les dialogues imbéciles et les situations stéréotypées, s'il n'y avait l'attrait, non du danger, mais de la petite transgression : « Interdit aux moins de 18 ans. » Pour les cigarettes, le rappel d'un risque, d'un danger, constitue un appât, qu'on renforce par les ressorts les plus usés de la publicité la plus rétrograde. Visage mâle du cow-boy qui fume la cigarette Y, en faisant cuire sur feu de bois une nourriture saine et naturelle, entendez la boîte de corned-beef, le hot-dog ou le hamburger surgelé. Pour ceux qui l'auraient oublié, on rappelle à intervalles réguliers le goût des dames pour les cow-boys en question. Qui hésiterait dans ces cas à se parfumer au cow-boy. Comme autrefois au sable chaud. Et quand ce ne sont pas les visages virils et mal rasés qu'on utilise, ce sont les images de vamps, tout aussi rétrogrades, aux visages mangés par les cernes, aux joues marquées, et encore pantelantes de la dernière étreinte.

Il est viril de transgresser, la prouesse sexuelle restant l'étalon de la virilité. Il est viril de prendre des risques. De fumer. Comme tout à l'heure de boire. Il aurait fallu ajouter, en parlant du *delirium tremens*, que les vieux infirmiers disaient des malades à une certaine phase de ce *delirium* : « ils travaillent ». Il est vrai qu'un bon nombre de ces délirants effectuait des gestes professionnels et les accompagnait des paroles habituelles à leur profession. Encore un signe de virilité : le travail. Tabac + travail + pinard = virilité, et peut-être même virilité française, dont on sait qu'elle est la plus puissante, la plus irrésistible.

Oralité

Il est viril de transgresser, de prendre des risques. Jusqu'à présent, les maladies qu'il s'agissait de prévenir étaient véhiculées par des produits d'ingestion orale : alcool, tabac. Les psychanalystes ont forgé le terme d'oralité, pour désigner ce stade, et ce qui le rappelle, où le petit enfant porte tout à sa bouche et en éprouve visiblement d'intenses satisfactions. L'oralité constitue également une sorte de lien qui attache d'abord l'enfant à sa mère, et qui peut se reproduire sous différents avatars durant toute la vie du sujet. Mais l'oralité reste mal connue. Mélanie Klein a étudié les fantasmes du petit enfant et a mis en évidence de nombreux éléments relevant de l'oralité. Il s'agit de repères techniques utilisés en psychothérapie d'enfant, qui n'est pas non plus du ressort du praticien. Cette oralité peut-elle intéresser le médecin généraliste ?

On évoque l'oralité chaque fois que l'on est en présence d'un trouble de l'alimentation : obésité par boulimie, par mauvaise hygiène alimentaire, mais aussi anorexie, mais aussi toutes les maladies dites de la nutrition. On a parlé du morcellement caractéristique d'une relation d'objet oral. Mais en fait, ce qui persiste comme satisfaction orale chez l'adulte, c'est la réplétion, la sensation d'être rempli. Bourré, plein, se dit de l'homme ivre, saoûl. En Allemagne « voll sein », être rempli.

Il n'est pas rare que dans les familles rurales on laisse auprès de la mère vieillie l'enfant le mois déluré, le moins doué et que cette mère continue à le nourrit, à l'abreuver d'un biberon qui s'est transformé en vin, en échange de son travail. Cette relation orale se retrouve entre certains alcooliques et leurs femmes.

Avoir fait le plein, cela donne une certaine autonomie de route ou de vol. Et lorsque l'homme est plein de vin, il est pendant un certain temps moins dépendant de l'autre, il se suffit à lui-même. L'angoisse de ne pas trouver l'autre au moment où on en aurait envie, ou besoin, est calmée pour un temps. Angoisse de solitude, qui peut être renforcée dans la foule, dans un groupe. C'est l'angoisse que connaissent tous les alcooliques névrotiques, celle que dissout l'alcool justement. On n'a plus besoin de l'autre, on se suffit : satisfaction solitaire, que l'on va retrouver dans tous les paradis artificiels. On est dispensé, dans cette régression orale, de partager, d'échanger un plaisir : le risque d'être exposé à l'autre est effacé.

Plaisir sans risque, du moins sans risque relationnel, c'est ce que procure toute l'oralité. Qu'on mange ou qu'on boive, l'autre n'est qu'un comparse. La vogue des plaisirs gastronomiques et oenologiques, qui a bien sûr toujours existé, mais jamais à l'échelle actuelle, se fonde sur cette satisfaction sans risque autre que d'être déçu par la table ou la cave. Jamais le discours sur la nourriture ou la boisson n'a été aussi développé qu'aujourd'hui. Les thèmes alimentaires se rangent à côtés des sujets traditionnels des conversations entre hommes : les voitures et les femmes. Sans doute les risques inhérents à ces intérêts sont-ils devenus trop grands. La nourriture ne comporte pas de risque, du moins apparemment. Ce n'est que l'excès qui est suicidaire. Revoir « *La grande bouffe* ».

La relation à l'objet oral n'engage pas à l'égard d'autrui. Relation sans engagement : c'est là que gît le lièvre. Le recours à toute une série de conduites suicidaires larvées ne vise qu'à éviter l'engagement. Toute prévention doit découvrir l'objectif de l'acte, de la conduite à prévenir. Pour proposer à sa place la possibilité d'un investissement relationnel, la découverte d'intérêts et de plaisirs partagés.

Dire que l'oralité n'engage pas demande une précision. On ne peut, en effet, pas dire que le petit enfant ne soit pas lié à sa mère, mais le lien oral est assuré par le propre corps de la mère. On sait toute la dépendance qui en découle. Il n'en va plus de même pour les adultes qui partagent un repas. L'ambiance des banquets peut, bien sûr, créer des liens de sympathie, on peut estimer celui ou celle qui ont composé ou préparé le menu, mais il ne se créera pas de lien de dépendance, si ce n'est à l'égard de l'objet consommé.

L'une des manifestations, l'un des symptômes pourrait-on dire, qui traduit la persistance de l'investissement oral, outre les signes déjà évoqués, est l'avidité. Il suffit d'observer la façon dont un grand fumeur privé de tabac depuis quelque temps se précipite sur la première cigarette retrouvée. Cet exemple montre que ce n'est pas que la soif ou la faim qui déterminent ce comportement avide. On ne peut donc pas se contenter d'évoquer la satisfaction de besoins plus ou moins physiologiques. L'oralité, de même que toutes ces fixations archaïques, se traduit par une dépendance par rapport à l'objet. Se défaire de cette dépendance permettra à ceux qui en seront affligés de nouer des liens non plus avec les objets, mais avec d'autres êtres humains. On comprend que cette perspective puisse inquiéter, et que l'on préfère en rester, ou retourner, à l'oralité. La précipitation par laquelle se manifeste l'avidité ne se comprend que s'il existe une menace d'angoisse à laquelle il s'agit d'échapper en bouclant au plus vite la béance du désir, bien illustrée par l'ouverture de la bouche. Boucher le trou, faire taire le désir, prévenir l'angoisse, voilà ce que peut réaliser par exemple la cigarette. Le nombre de cigarettes consommées est proportionnel à l'angoisse à combattre, ou plutôt à éviter. Et dire que d'aucuns considèrent la consommation de tabac comme un signe de virilité ! Il s'agit en réalité du recours à un anxiolytique. La cigarette comme prévention de l'angoisse : les campagnes antitabac deviennent donc une prévention de la prévention, une barrière contre une barrière. On mesure à cette formulation le peu d'efficacité réservée à une prophylaxie qui méconnaîtrait la signification de ce contre quoi elle se bat. On peut être certain que dans de tels cas, la personne qu'on amènerait à renoncer au tabac aurait rapidement recours à d'autres moyens de lutte contre l'angoisse, ces moyens pouvant être la constitution d'un symptôme phobique. Tous les fumeurs ne sont pourtant pas des gens qui luttent contre une angoisse ou qui la préviennent. Bien que cela ne soit pas toujours dit, il existe parmi les fumeurs les mêmes catégories que parmi les buveurs. Il existe un tabagisme ordinaire et un tabagisme névrotique, les deux tendances étant probablement toujours plus ou moins représentées, mais dans une proportion variable, chez chaque fumeur.

Le lien oral avec la cigarette, par exemple, permet de développer un peu les mécanismes mis involontairement en jeu dans la prévention. Et volontairement dans d'autres champs. Combattre la consommation de tabac pour des raisons d'hygiène parfaitement justifiées agit comme la cape dans une passe de tauromachie. La fougue du taureau est déviée pour ne pas emporter le toréador. Tout l'effort de la prévention porte sur l'objet consommé, mais non sur la cause déterminante de cette consommation. Une prévention qui ne tient pas compte de l'angoisse contre laquelle luttent le tabac, l'alcool, et, comme nous le verrons plus loin, la drogue, est vouée à l'échec. A son insu, la prévention agit comme le fait intentionnellement la publicité, en remplaçant cet « obscur objet du désir » par l'objet très précis du besoin. Au niveau de l'oralité, la confusion entre désir et besoin peut se faire, car on aura beau jeu de montrer que l'objet oral satisfait, sinon d'abord, du moins en tout cas, un besoin. L'attrait inépuisable de l'objet du désir est dévié vers l'objet du besoin, objet consommable. Mais il n'y a pas plus d'objet du désir en vente dans les grandes surfaces que dans les magasins de luxe. Ce n'est qu'un leurre, tout comme les femmes nues qui garnissent, dans la publicité, les salles de bains et les lits ou les tapis qu'il s'agit de faire acheter. Ne peut-on dire pourtant que l'envie d'un manteau de fourrure ou d'une montre en or ne soit pas un désir ? Comme toujours, les catégories ne sont pas tranchées et une part de désir est certainement en jeu. Mais il ne suffit pas que le désir effleure un objet pour que cet objet devienne objet de désir. On est en présence d'une partie dévoyée du désir, d'un désir monnayable, d'un désir vénal. Le niveau de vénalité, amoureuse bien entendu, situe le mieux la confusion entre désir et besoin, confusion soigneusement entretenue, car sans elle, on ne vendrait plus grand-chose.

On retrouve ici, à un niveau soi-disant génital, ce qui a été dit déjà de l'oralité. L'amour vénal, et qu'on ne se rassure pas trop vite en le limitant à la prostitution, est dépouillé du risque amoureux, c'est-à-dire du lien, de l'engagement. N'est-ce pas l'idéal ? Un amour sans chagrin d'amour, limité au pur plaisir. Sans même invoquer l'immoralité ou la pornographie, il suffit de remarquer que cet amour, tel qu'il est véhiculé par le procédé littéraire jamais nommé de l'amour-fiction, retrouve toutes les caractéristiques des plaisirs oraux, sauf peut-être la têtée, d'être des plaisirs solitaires, même s'ils se pratiquent à plusieurs. On pourrait objecter que la communion fréquemment passe par la bouche, mais il est bien rare que l'aliment partagé soit un plat gastronomique.

Une fois de plus, j'ai évoqué la publicité. L'étude des mécanismes qu'elle met en œuvre serait probablement fort utile au psychothérapeute débutant, certainement davantage en tout cas que des descriptions cliniques savantes et statiques. La publicité a repéré et promeut les moments dynamiques qui font basculer un souhait dans la conviction que ce souhait peut être réalisé. Il se produit une véritable transformation de l'énergie qu'on pourrait comparer à la domestication de la force des torrents ou de la puissance des marées. On canalise l'énergie du désir pour la rendre efficace et utile. Le désir devient outil. Que la vie en société exige une canalisation partielle de l'énergie libidinale, c'est déjà ce que constatait Freud dans le « Malaise dans la civilisation ». Trop souvent, cette transformation de l'énergie fait perdre tout sens à la vie, et paradoxalement, tout dynamisme. La dépression la plus banale tire son origine de ce qui, pour beaucoup de gens, constitue une véritable amputation. Retrouver le désir là où il a été canalisé, comme ces rivières dont on bétonne le cours durant la traversée des villes jusqu'à les rendre souterraines, est la visée fondamentale de la psychothérapie. Beaucoup de gens pourtant, qui sont adaptés au monde obsessionnel, se satisfont de la substitution du besoin au désir. Quelqu'un qui n'a pas de désir, mais qui a des besoins, on dit de lui qu'il sait ce qu'il veut. Savoir ce qu'on veut est une des règles de la vie contemporaine. On l'enseigne même aux enfants. Désirer, ce n'est sûrement pas savoir ce que l'on veut. Cela ne veut pas dire que l'on ne veuille pas quelque chose, mais si l'on sait ce qu'on attend, en particulier de l'autre, on se situe dans le domaine du besoin et de l'amour émonctoire. La production des objets du besoin élimine le risque, la surprise et l'imagination. La publicité occupe toute la place de cette imagination en donnant à voir, en en jetant plein la vue. La programmation des ordinateurs permet actuellement de produire, grâce à ces machines, des figures et des dessins animés. Les premiers utilisateurs de ces techniques nouvelles dont le domaine ne fait que s'ouvrir ne sont pas les artistes, ce sont les publicistes. La publicité veut devancer l'imagination, veut aller plus loin que tout ce qu'on peut imaginer, pour bien saturer et convaincre le client qu'elle seule a la possibilité de produire de nouvelles images, de nouveaux objets de consommation. On comprend aussi du même coup que la concurrence par les drogues, notamment psychédéliques, soit considérée comme parfaitement déloyale.

De la drogue

Il est temps de parler de ces drogues qui constituent l'un des chevaux de bataille de l'entreprise préventive. Que savons-nous des drogues ? Pratiquement rien pour 90 % des gens et pas grand-chose pour les autres. Ce n'est pourtant pas faute d'en parler. La presse est pleine d'information sur le marché de la drogue. Il n'y a pas de jour où l'on ne saisisse la plus grande quantité d'héroïne, de cocaïne ou de haschich depuis qu'a commencé la chasse aux trafiquants. Les films montrent le sort lamentable des misérables dépendant de leur poison. La littérature décrit une innombrable faune marginale qui se réunit dans les hauts lieux de l'opium ou du chanvre. La drogue fait peur, ou plus exactement on effraie les populations à propos des drogues, au point de faire de la prévention un objectif politique qui n'a évidemment plus rien à faire avec la prévention, mais devient de la prohibition ou de la répression. La montagne d'informations ne véhicule guère de précisions ni de connaissances sur l'effet de ces substances et c'est davantage un signifiant contre lequel on se bat, qu'une maladie ou un fléau connu. La réaction des gens à l'égard de ceux qu'on nomme les drogués est caractéristique : mélange de crainte et d'intérêt, que l'on dissimule comme si l'on en avait honte. Il y a une fascination par la consommation de produits psychotropes. Le signifiant drogue, ou drogué, faute de connaissances, se charge d'un contenu raciste. Les drogués prennent la place des minorités sexuelles ou des races inférieures qu'il s'agit d'éliminer ou de sauver, ce qui dénote des attitudes identiques.

Que ceux qui entreprennent de lutter contre la drogue, de traiter les drogués, de protéger la jeunesse contre la menace, commencent par essayer ces drogues. Cela a l'air d'une boutade. Ce serait pourtant l'une des voies qui permettrait d'enrichir les connaissances de ces produits et de leurs effets. A-t-on tellement peur de ne plus pouvoir s'en passer après y avoir goûté ? C'est en tout cas un thème rebattu de la science-fiction : des drogues telles qu'après une seule absorption, il faille y recourir constamment sous peine de mort. Or rien sur le plan chimique ne distingue les drogues des substances utilisées en pharmacothérapie. Aussi la proposition faite aux médecins d'essayer les produits doit s'étendre à tous les psychotropes. Il s'agit en effet de classes thérapeutiques tout à fait distinctes des autres substances, qu'elles soient cardiotoniques, antibiotiques ou laxatives, etc. Produire des effets sur la subjectivité humaine ne saurait s'étudier exclusivement sur des rats, des cobayes ou même des singes. Combien de psychiatres ont-ils eu la curiosité d'essayer par exemple les neuroleptiques, sédatifs ou incisifs, dont ils abreuvent leurs malades ? Les objections ne manqueront pas. Tout d'abord celle-ci : les médecins ne sont pas des psychotiques, les neuroleptiques ne pourront pas avoir sur eux les mêmes effets que sur les malades. Cette objection est sous-tendue par une idéologie, pour ne pas dire une conviction, à savoir que la psychose est une maladie comme les autres. Maladie peut-être, dans certains cas, mais sûrement pas comme les autres, car si toutes les maladies peuvent avoir des conséquences sur le psychisme, la psychose se cantonne entièrement dans le domaine psychique. Or, il est exceptionnel que le plus fou des fous soit fou en permanence. Il y a des moments où sa parole et sa conduite ne le distinguent en rien de tout un chacun. Peut-être grâce aux médicaments. On sait pourtant que les neuroleptiques en question ne sont pas inoffensifs et qu'ils induisent une véritable maladie extra-pyramidale. Évidemment, l'aspect des syndromes neuroleptiques n'incite pas à la consommation. Une autre objection se fonde sur la loi pharmacologique des effets différentiels selon les grandes ou petites quantités de médicaments. On affirme souvent que les petites doses de neuroleptiques entraînent beaucoup plus de syndromes secondaires que les fortes doses. Je ne verrais aucun inconvénient à ce que le médecin scrupuleux qui souhaiterait éprouver ce que ressentent les malades neuroleptisés prenne de fortes doses de médicaments. Phénothiazines et opiacés ne déclenchent certainement pas les mêmes réactions. L'une des conséquences du signifiant drogue est de présenter les drogués comme une population homogène. Ce qui n'est évidemment pas le cas. L'héroïne, la métaqualone, les amphétamines, les colles, ne procurent pas les mêmes sensations. Les conduites observables sous l'effet de ces différentes substances sont aisément distinguables. Peut-être est-ce mieux ainsi, car qui sait les mésusages qu'entraîneraient de telles observations. Certaines de ces drogues, je ne dirai pas lesquelles, essayez, amènent les gens à se contenter de peu, c'est-à-dire de ce qu'ils ont. L'euphorie niaise provoquée par divers produits permettrait de faire passer les périodes de morosité !

Qui se drogue aujourd'hui? La tentation est forte, surtout parmi les psychiatres, de rechercher un type de personnalité, voire une catégorie de troubles psychiques qui favoriseraient la quête de substances psychotropes. On reconnaît une démarche dès longtemps dénoncée qui ferait localiser le « mal » à une partie spécifique de la population. Cet espoir est heureusement déçu. Il n'y a pas plus de structure de la personnalité spécifique des drogués que des buveurs ou des fumeurs. Même la référence à des concepts aussi impressionnistes que les personnalités fortes ou faibles ne signifie rien. Le mensonge officiel consiste à faire croire que le danger de dépendance est toujours présent. Une foule de gens, intellectuels, artistes, étudiants, cette énumération n'étant pas limitative, ont recours à de nombreuses substances réputées drogues sans plus d'inconvénient qu'ils ne consomment de l'alcool ou fument un cigare. Il existe donc un bon usage de la drogue qui est davantage lié à des habitudes culturelles qu'à une appétence morbide. L'opium était d'un usage traditionnel en Chine ancienne. Les substances hallucinogènes sont employées rituellement. Le khat du Yemen est une véritable institution nationale à laquelle participent déjà des enfants et ceci de façon quotidienne. Le peyotl est largement utilisé chez les Indiens d'Amérique ainsi que la psilocybine sans que ces usages n'entraînent de catastrophe au niveau de l'individu. On peut se demander si ces usages rituels ne sont pas le paravent derrière lequel se cache une fonction autrement importante de la drogue : celle de coupe-faim. La coca en Amérique du Sud, le hasch ou le kif du pourtour méditerranéen, la marijuana des Portoricains, la colle des enfants des favellas tentent de compenser une alimentation déficiente, et il y a gros à parier que les effets toxiques de ces drogues sont proportionnels à l'état de sous-alimentation. La colle des enfants, dont on sait à quelle vitesse elle s'est propagée dans les pays les plus industrialisés, dépasse évidemment la compensation alimentaire et dénonce les carences affectives qui accompagnent toujours la déstructuration et la déculturation. Les carences affectives ont évidemment des effets plus graves encore que les carences alimentaires. Le nivellement et l'homogénéisation des populations occidentales, notamment, les transforment en masses assistées et infantilisées. Quoi d'étonnant si les parents issus de ces groupes sont incapables d'apporter à leurs enfants l'intérêt et l'affection à laquelle ils ont droit, tant ces parents sont avides pour eux-mêmes d'un intérêt parental ou pseudo-parental. Les frustrés ne se trouvent pas que dans les bandes dessinées de Claire Bretecher. La lutte contre la drogue traduit une fois de plus la nécessité de faire taire les grincements de la mécanique sociale. Aussi bien les causes socioéconomiques que les causes affectives de la drogue sont intolérables pour les supporters de la civilisation, non seulement en raison des menaces qui pèsent sur l'individu, mais surtout en raison des menaces qui pèsent sur la civilisation. Si nous avons besoin de paradis artificiels, c'est que le monde dans lequel nous vivons ne représente pas le paradis, alors que toutes les propagandes voudraient nous le faire croire. Certaines civilisations sont un échec. C'est ce qu'il ne faut pas dire, et c'est pour cela qu'il faut absolument présenter la drogue comme le mal, comme l'enfer. Les états de toxicomanie et surtout les idées qui en dérivent ne peuvent qu'être inspirées par le malin. Elles amènent à se poser des questions sur l'excellence de notre culture, mais qui pis est, et qui fait l'immoralité de la toxicomanie, c'est que cela ne sert à rien. La drogue n'est rentable pour personne, sauf pour les trafiquants. La drogue menace de gripper les rouages de la production-consommation, qui, comme on sait, s'inscrivent dans le droit fil des morales religieuses occidentales. « Croissez, multipliez et enrichissez-vous. »

De telles considérations sont-elles à leur place lorqu'il est question de prévention de la drogue ? Certainement, car elles nous obligent à nous poser la question des motifs de ces luttes. Certes, il est légitime de protéger les enfants contre les propositions des dealers. Mais faire de la prophylaxie et de la thérapeutique des drogués une activité comparable à la lutte contre l'alcoolisme, ou même plus importante qu'elle, fait croire que le nombre des victimes des deux fléaux est comparable. Il n'en est rien. Lorsque les victimes de l'alcoolisme se chiffrent pas milliers, en France, celles de la drogue, au moins par overdose, se bornent à quelques centaines. Il est certain que chaque mort est un mort en trop. Il est tout aussi certain que les intoxiqués auraient trouvé d'autres modes de suicide s'ils n'avaient pu avoir recours à la drogue. C'est diminuer aux yeux du public la menace constituée par l'alcoolisme que de l'effacer au profit de la drogue. Il n'est pas sûr qu'une telle attitude aille dans le sens d'une vraie prévention.

Les gens s'effrayent, et à juste titre, de la difficulté de récupération des drogués et en particulier des adolescents drogués. La plupart du temps les psychiatres déclarent forfait. Des expériences plus ou moins spectaculaires, copieusement commentées dans la presse et la littérature, sont le fait de personnes inspirées, parfois d'anciens drogués, et ne portent généralement que sur une poignée de sujets. La vraie difficulté ne réside pas dans une quelconque particularité liée à la pharmacologie des toxiques, mais au refus d'adaptation à la société d'un certain nombre de jeunes. Le fait que certaines tentatives de traitement, pour ne pas dire de salut, relèvent de groupuscules évoquant fortement les sectes, traduit bien la mendicité affective à laquelle la drogue apportait une réponse dans ces cas précis.

Que peut faire le médecin sollicité de participer à une campagne de prophylaxie de la toxicomanie ? Savoir tout d'abord qu'il sera beaucuop plus impliqué qu'il ne le croit. En effet, l'efficacité collective de ces campagnes, où l'information tient une place assez importante, ne touche que ceux qui sont bien décidés à ne pas plonger dans l'univers de la drogue. Quant à ceux qui s'y sont déjà adonnés, ils ne relèvent plus de la prophylaxie, mais de la psychothérapie. Le cheminement est long, qui mène à abandonner la crainte inspirée par l'autre jusqu'à la réconciliation avec lui. On retrouve la régression aux satisfactions orales déjà relevées. La drogue permet d'éviter le risque de la relation. Peut-être certaines psychothérapies de groupe ont-elles plus de chances de succès que les psychothérapies individuelles, mais ceux qui en ont l'expérience ne paraissent pas démesurément optimistes. Le généraliste sera souvent consulté en premier. Il pourra se servir de toutes les remarques qui précèdent pour déjouer la dramatisation qui se développe dans une famille autour d'un enfant qui se drogue. L'effet indirect du changement d'ambiance familiale pourra parfois détourner l'enfant ou l'adolescent de ces expériences. On a vu aussi qu'il s'agissait parfois de tendances suicidaires, témoignant d'altérations de la personnalité d'autant plus graves qu'elles sont plus précoces. Dans ces cas la collaboration avec un psychiatre, plutôt que le recours pur et simple au psychiatre, pourra parfois avoir des conséquences favorables.

Le comportementalisme, c'est-à-dire l'étude de l'être humain comme organisme dans un environnement, qui a observé d'abord les paramécies pour s'élever progressivement dans l'échelle animale, atteint actuellement l'homo sapiens. Il y a une jouissance à l'étude « objective », phénoménologique de l'homme. Jouissance voyeuriste, mais aussi jouissance d'un pouvoir fondé sur le savoir. On sait comment l'autre se comporte dans une situation donnée, et du coup on peut se sentir supérieur à lui, puisqu'il est devenu prévisible, croit-on, et qu'on se permet d'inférer d'une conduite isolée à toutes les autres. Le comportementalisme, s'il est utilisé comme doctrine non critiquée, est le début de la réduction de l'homme à l'animal le plus simple, voire à la machine, d'où l'inquiétant relent autoritaire qui se dégage de ces traitements comportementaux.

Une revue visant à informer les médecins, à leur enseigner des techniques de prévention parlait, en juin 1983, de la « dépendance comportementale » en matière de tabac. « La consommation d'une cigarette nécessite toute une suite de gestes : recherche du paquet dans la poche ou le sac à main, ouverture, choix d'une cigarette, sortie de la cigarette, recherche du briquet ou des allumettes, allumage, inspiration, expiration, puis extinction dans le cendrier ou sous la semelle, sans compter tout ce que le fumeur peut faire avec sa cigarette pendant les 7 à 8 minutes que dure sa combustion. » Tous ces gestes entraîneraient une « dépendance comportementale » plus grande encore que la dépendance pharmacologique. On pourrait à la rigueur admettre cette conclusion, à condition de se rappeler qu'un geste quelconque n'existe pas à l'état isolé, mais qu'il s'inscrit dans une suite de gestes, ou plutôt dans des suites de gestes comme un mot dépend de sa place dans la phrase, qu'il constitue aussi le lieu d'intersection d'une infinité de phrases possibles. C'est ce que méconnaît le comportementalisme. La description de la consommation d'une cigarette rappelle l'enchaînement impératif des gestes militaires, comme par exemple la charge et la mise à feu d'une arquebuse. Le drill militaire vise à transformer l'homme en machine, ayant éliminé non seulement la vie affective, mais surtout la subjectivité. Il convient de toujours penser à cet exemple face au comportementalisme dont le nombre d'adeptes ne fait que croître. Leur bonne foi n'est pas en cause, mais elle ne saurait servir d'excuse au manque de discernement.

La tendance suicidaire déjà décelable dans l'alcoolisme et le tabagisme va atteindre le plus fort de son développement dans un autre domaine où il faut également soulever la question de la prévention : il s'agit des accidents.

Accidents

Prévention des accidents du travail : nous n'en sommes pas encore là. Du moins au sens d'une préparation du sujet. Pourtant, les statistiques nous apprennent que ce sont toujours les mêmes qui sont victimes des accidents, les maladroits de naissance. Une psychanalyse préventive, préalable à l'embauche, règlerait peut-être le problème du chômage parmi les psychanalystes. Encore faudrait-il qu'ils aient complété leur formation par un stage sur les chaînes de montage ou dans les galeries de mines. Certaines maladresses sont vraisemblablement d'origine inconsciente, mais le monde du travail n'est guère ouvert à la psychanalyse, pas plus que la psychanalyse n'est à la portée du travailleur moyen. Il faudra une considérable évolution pour qu'une prévention psychanalytique dans tous les domaines cesse d'être une utopie grotesque. Certains collaborateurs de Freud avaient tenté des préventions de la névrose. Ils n'ont abouti qu'à des théories ridicules ou des pratiques délirantes.

La suppression de la maladresse marquerait une harmonie entre le corps et les conduites, qui est pour l'instant l'apanage des animaux, les conduites imposées à l'homme n'ayant rien de naturel. Certaines psychothérapies fondées sur l'expérience des corps ou l'expression corporelle entraînent en général une série de gesticulations cocasses peu convaincantes de l'efficacité de cette démarche. Même l'élégance de certains arts martiaux n'est perceptible que par référence à des conventions culturelles. Il y aurait même beaucoup à dire sur l'esthétique et l'harmonie de la gestuelle et de la mimique érotique, gymnastique pourtant. C'est dire que la prévention des accidents du travail est, pour l'instant, davantage affaire de sécurité que de préparation humaine. L'aménagement des horaires, bien sûr, mais surtout la prise de conscience que les accidents surviennent au moment des changements de phase. Imaginons deux types d'activités successives, la première sur une machine-outil, la seconde sur un véhicule. On ne peut pas éviter que pendant quelque temps les automatismes utilisés sur la première machine soient reportés sur la seconde, d'où gestes inappropriés, maladresses et accidents. Un temps de repos devrait être imposé lors de ces changements de phase et notamment à la fin du temps de travail, lorsqu'il s'agit de reprendre son véhicule pour rentrer chez soi. Les accidents du trajet sont parmi les plus fréquents des accidents du travail. L'homme est pressé de rentrer chez lui. Il éprouve surtout le besoin d'échapper à la machine. Or les véhicules à deux ou quatre roues restent des machines. Cette non-congruence fondamentale rend si dangereuses les sorties du travail. Les accidents du trajet nous amènent à une autre catégorie d'accidents.

Il va s'agir d'un des plus grands fléaux du monde contemporain : les accidents de la circulation. L'importance en est telle, plusieurs dizaines de milliers de morts par an en Europe, que tous les efforts de prévention deviennent indispensables, même s'ils sont difficiles à concevoir. Or, curieusement, ce plan de la prévention est beaucoup moins développé que dans les domaines des substances toxiques. Il est certain que l'alcool est responsable d'une grande partie des accidents de la circulation. C'est donc indirectement qu'une prévention est déjà en place, mais il semble qu'on hésite à aborder de front les problèmes de la circulation. L'industrie automobile est l'un des plus beaux fleurons de l'industrie française. C'est pourquoi il faut le protéger. D'où la faiblesse des sanctions concernant les chauffards meurtriers. Tout se passe comme s'il y avait des organisations syndicales de chauffards. Alors qu'il n'y a pas d'organisation syndicale des praticiens de l'homicide. A chaque mesure proposée pour rendre la circulation un peu moins dangereuse, les syndicats de chauffards se rassemblent et trouvent souvent des parades efficaces pour faire rapporter les mesures projetées. Ils sont sûrs de pouvoir s'appuyer sur un large soutien de la population, grâce au fameux individualisme français. Qu'on prenne l'exemple de la ceinture de sécurité. Cet instrument est accepté sans problème dans de nombreux pays européens. Le Français par contre réagit en disant : « Me prendriez-vous pour un Allemand, un Scandinave, un Suisse ? » Il y aurait certainement un travail à faire sur le Français en voiture. Il n'est probablement pas le pire des chauffeurs, mais sûrement pas le meilleur. L'esprit de clocher trouve à s'exprimer chaque fois qu'un étranger au département est cause ou victime d'un accident de la circulation. Les provinciaux disent : « Naturellement, c'est un Parisien », et inversement. Ils le diront aussi bien pour les habitants des départements limitrophes, pour les campagnards ou les citadins. La réaction, on pourrait parler de prévention, à l'égard de la ceinture de sécurité, probablement confondue avec une ceinture de chasteté, s'étend à toutes les règles de prudence : limitation de vitesse, respect de priorité, feux rouges, etc. Il y a une véritable complaisance à l'égard des mauvais conducteurs et pour une raison bien simple : les chauffards cassent davantage de voitures que les bons conducteurs, donc ils en consomment davantage et contribuent plus efficacement à l'essor de l'industrie automobile.

Les réactions d'hostilité bien compréhensibles que suscitent les mauvais conducteurs lorsqu'ils deviennent homicides, peuvent souvent laisser sceptique. Combien de fois ne rencontrons-nous pas en cours d'expertise, ne lisons-nous pas dans la presse, les revendications de survivants qui ont perdu un proche dans des accidents de circulation. Ce qu'ils semblent exiger, c'est un renforcement des mesures de sécurité, une garantie, comme s'il était concevable à la suite de toutes ces mesures d'atteindre la sécurité absolue, c'est-à-dire d'éliminer tout risque, tout risque de mort. Ce n'est pas par la poursuite du fantasme d'immortalité que l'on préviendra les accidents de la circulation.

La question se pose, comme pour les situations précédentes : qui provoque les accidents de la circulation ? Chacun citera ici sa bête noire : les routiers, les femmes, les sportifs. Mais le chœur le plus étoffé est celui des gérontes : « Les grands responsables des accidents de la circulation sont les petits jeunes. » C'est presque avec satisfaction que ces vieillards relèvent dans les faits divers le nombre de jeunes gens et de jeunes filles tués sur la route. Les assurances semblent leur donner raison, en élevant les primes à payer par les moins de 25 ans, voire en refusant de les assurer. Les faits sont là. Et pourtant, le plus souvent, les jeunes conduisent mieux que les vieux. Ils sont nés avec les voitures légères et rapides, et s'en servent bien, comme ils se servent bien des ordinateurs et de l'informatique en général, pour le travail ou le jeu. Le conducteur posé s'irrite parfois à se voir dépassé de tous côtés par de petites voitures plus rapides et plus maniables que la sienne. Il est certain que le danger réside dans ces petites voitures « poussées » au-delà des limites de sécurité. Chaque constructeur en propose toute une gamme, parce que ces voitures sont les plus demandées, les plus à la portée des jeunes budgets.

Pourquoi ceux qui ont la vie devant eux prennent-ils ainsi des risques ? On retrouve les tendances suicidaires latentes, déjà repérées dans toutes les conduites qui exigent une prévention. Conduite suicidaire par goût du risque, mais, encore une fois, pas n'importe quel risque. On se réfugie derrière un risque matériel, calculable, pour éviter les surprises du risque relationnel. Il y a un déplacement du risque, qui peut être goûté à l'état pur, sans que l'on soit exposé au bon vouloir d'autrui. On est maître de sa voiture, c'est d'ailleurs ce qu'exige le code de la route. On n'est jamais maître d'autrui, quoi qu'on puisse croire.

Cette illusoire maîtrise fait assumer aisément les risques de la conduite automobile. Alors que si l'on n'est pas le maître, l'angoisse reparaît. Combien de conducteurs n'éprouvent-ils pas une appréhension à prendre l'avion, où ils mesurent combien ils sont livrés à la machine. On n'a pas le sentiment de risquer sa peau en voiture, car la coque, bien nommée, devient une seconde peau. Le déplacement du risque se fait sur la carrosserie. On devient un insecte à l'abri derrière sa carapace, un mollusque dans sa coquille. A l'intérieur des blindés, ces véritables cercueils roulants, il arrive qu'on ait un sentiment de sécurité totale, troublé seulement par une suspension un peu défectueuse. D'où la publicité de certaines marques de voitures qui se rapprochent des cuirassés en vantant l'épaisseur de leur tôle. Comment résister à l'attrait d'une peau aussi renforcée. Illusion donc de l'invulnérabilité. Même Panoramix n'en proposait pas autant à ses guerriers.

Peut-on invoquer le plaisir de la vitesse ? En moto, sur un gros cube, sûrement. Mais en voiture, la chose est moins évidente. On n'a guère le loisir, en conduisant, de voir défiler rapidement le paysage. De même qu'en avion on ne prend conscience ni de la vitesse, ni de la direction du vol. Il s'agit probablement de satisfactions fantasmatiques qui se cachent derrière l'argument de la vitesse. On affronte, on provoque, on défie l'autre. Et cet autre est anonyme. Il y avait autrefois, dans les foires, des manèges d'autos tamponneuses, qui donnaient libre cours à ce plaisir d'agresser. Qu'on se rappelle la scène des autos tamponneuses dans « Quai des Brumes ».

Ces jeux sont peut-être un peu périmés. On les a perfectionnés. Chaque voiture peut désormais être déguisée en auto tamponneuse, par adjonction de maquillage de formule 1. Rayures multicolores, numéros, nom d'un sponsor. Le chauffeur s'identifie à la voiture, et la voiture elle-même est considérée comme un projectile. La conduite devient jeu électronique, au point qu'on en a fait l'objet d'un film, d'ailleurs en partie dessiné et colorié par ordinateur : le chauffeur réduit à un mobile de jeu électronique. Mais essayez donc de conduire après avoir passé quelques heures à jouer au billard électrique ou à ses descendants sophistiqués. C'est exactement ce qui se passe pour l'ouvrier qui a travaillé toute une journée sur une machine rapide et qui se retrouve à son volant, sur une autoroute encombrée. Les choses en sont au point qu'elles ont désormais infiltré le langage : vivre à 12 000 tours, à 200 à l'heure, traverser la vie comme une bille d'acier. Slogans qui marquent une époque.

Ce marquage des voitures est un phénomène général. Les bagages, les vêtements portent des griffes. Autrefois, on s'ingéniait à cacher le nom du fabricant, aujourd'hui il s'étale sur les chemises, les ceintures, les cravates, les sacs de voyage, les robes. On peut s'interroger sur cette vogue. Nécessité d'arborer un nom, comme si nous étions en manque de nom, comme si le nôtre ne nous suffisait plus. On retrouve ce qui avait été dit plus haut concernant ces parents trop infantilisés pour assurer leur fonction, laquelle ne se limite pas à pourvoir aux soins matériels et aux besoins de l'élevage, mais à transmettre l'appartenance à une lignée, donc à donner un nom. Le marquage par les griffes est un moyen gribouillesque de sortir de l'anonymat : tous le même nom. On va voir un de ces jours la vente de vêtements dégriffés portant le nom du dégriffeur. Quant au chauffeur, chacun sait les transformations subtiles que subit l'aimable être humain à partir du moment où il s'asseoit derrière un volant. Un élément de la prévention pourrait peut-être consister à brancher un haut-parleur sur chaque voiture, de façon à ce que la foule admirative puisse bénéficier des pensées et des paroles exprimées par le chauffeur solitaire chaque fois que quelqu'un le double, lui fait une queue-de-poisson, déboîte sans avertir ou refuse une priorité. Ou bien sans aucune raison. La conduite d'une voiture est un excellent test projectif, révélateur spécifique du caractère autoritaire, raciste, qui gît, sans sommeiller, au cœur de chacun. Il suffit d'écouter le chœur de tous les chauffeurs devant la conduite sans égards décrite plus haut : « Vous venez de décrire la façon de conduire des femmes. » Le racisme et le sexisme sont présents, sources d'énergie qui ne peuvent hélas remplacer le carburant. Il me souvient d'avoir traversé Paris dans un taxi piloté par un très aimable et adroit chauffeur africain. C'était l'été, et l'on entendait par les fenêtres ouvertes : « Tu te crois dans ta brousse — retourne à tes guenons. » Sans compter le banal : « Va donc, eh bougnoule. » Et mon chauffeur se contentait de me dire : « Vous les entendez ? » C'est une ignominie imbécile de croire que seuls les Blancs soient de bons chauffeurs ou de bons pilotes d'avion ; c'est une stupidité de prétendre que les femmes conduisent moins bien que les hommes, alors que les statistiques prouvent que c'est exactement le contraire. Les femmes éprouvent beaucoup moins que les hommes le souci d'exhiber leur supériorité, leur puissance. Elles prennent moins de risques, conduisent avec plus de sûreté et elles ne connaissent pas les angoisses des hommes lorsqu'il s'agit d'arriver à l'heure ou de trouver une place de parking. Elles sont moins sujettes à l'alcoolisme qui, il faut le redire, est l'un des plus grands responsables des accidents de la circulation.

Les accidents, surtout ceux de la circulation, entrent dans les catégories précédemment décrites par une dimension précise, qui va maintenant mériter toute notre attention. La circulation comporte une dimension de roulette russe, mais occultée. Par le déplacement de la propre peau à la carrosserie de la voiture, le conducteur a le sentiment que le risque est à proprement parler écarté de lui, reporté sur la tôle. Ce risque est littéralement désubjectivé. Mais cela n'est vrai qu'en partie, parce que l'inconscient du sujet est partie prenante, d'autant plus que le danger sera non seulement méconnu, mais contesté, rejeté sur autrui. « Ça n'arrive qu'aux mauvais chauffeurs, donc ça ne risque pas de m'arriver, à moi. » Un flirt avec le suicide se révèle, qui va peut-être apporter un éclairage nouveau à toute la question du suicide, même s'il ne s'agit pas de tous les suicides.

Questions pour une prévention du suicide

Il existe une question préliminaire, indispensable, mais pour certains impensable, inepte. Question que le terme même de suicide semble éliminer, rendre nul et non avenu. Il faut pourtant la poser, et y répondre, car de cette question dépendront toutes nos attitudes, tant préventives que thérapeutiques. Cette question peut se formuler de la façon suivante : « Le suicidant veut-il se donner la mort ? » Question étonnante, voire choquante. Comme si l'on doutait de la bonne foi d'un être humain au moment où il commet son dernier acte, au moment où il annule son existence, où il s'anéantit, pour peut-être, une seule fois, donner libre cours à un désir.

Il ne manque pourtant pas de raison de douter. Non de la bonne foi du suicidant, mais la bonne foi de l'être humain se borne à sa conscience, c'est-à-dire à la partie émergée de l'iceberg de son psychisme. La meilleure foi du monde, d'autant plus qu'elle est plus sincère et plus convaincue, est tout à fait coupée de cette réserve de motivations qu'est l'inconscient, dont les motivations elles-mêmes sont leurrantes jusqu'à l'ultime pellicule.

Existe-t-il un souhait de mort ? Il paraît difficile de souhaiter pour soi-même une chose dont aucune connaissance n'est concevable. On peut se représenter la mort de l'autre, et le souhait de mort, sous forme de souhait de meurtre, est des plus fréquents. Il lui arrive même de passer à l'acte : les faits divers fourmillent de ces homicides, ou de ces assassinats même, qui paraissent au lecteur ou au témoin parfaitement gratuits, totalement monstrueux. Homo sapiens, lorsqu'il a raté le coche de la sagesse, c'est-à-dire de la parole, est un animal tueur. Non pour manger ; là, il ne tue que des animaux, mais pour se venger, pour venger son honneur, pour satisfaire sa haine. Il est vrai qu'on lui apprend aussi à tuer pour faire son devoir. Mais de là à se représenter sa propre mort, il y a un gouffre, même si la peur de la mort est parfois très atténuée, et nous verrons pourquoi. On ne peut pas se représenter soi-même en mort, puisque cette représentation même est acte de pensée et la mort arrête toute pensée. Il est fréquent qu'on imagine ses propres funérailles, le deuil de ceux qui nous ont aimés, le dépit de ceux qui nous ont fait du mal et nous ont parfois acculés à disparaître de la scène. Dans toutes ces représentations, nous continuons à occuper un coin de l'image, bien vivants, comme ces donateurs, ces peintres, ces metteurs en scènes qui apparaissent parfois, plus ou moins incognito, dans le tableau.

Cette impossibilité de se représenter la réalité de la propre mort entraîne une conséquence capitale, immédiatement applicable à toutes les formes de suicide : nous ne pouvons pas croire à notre propre mort. Bien sûr, nous savons, de façon parfaitement abstraite, que nous mourrons un jour, ce qui peut se dire aussi : que nous allons mourir, mais cette dernière formulation ne nous convient guère. Le suicidant peut savoir qu'il veut, qu'il va se tuer. On peut entrevoir ce qu'on quitte, ce qu'on souhaite quitter. Mais l'au-delà de ce passage n'est plus peuplé que de nos fantasmes. Autrement dit, on ne croit pas à sa propre mort. C'est un savoir sans adhésion, sans investissement. On peut dire de tout suicidé qu'il ne croyait pas à sa mort.

Ne pas croire à sa mort faute d'y avoir songé, par difficulté majeure d'y penser, est encore favorisé par une circonstance sur laquelle on n'insiste jamais suffisamment, et qui devrait pourtant interpeller toutes les tentations de prévention dans tous les domaines, lesquels jouxtent toujours la mort par certains côtés : c'est la facilité. Facilité du recours à la drogue, à l'alcool. Facilité aussi du suicide. Certes, on décrit, complaisamment d'ailleurs, quelques suicides, surtout mélancoliques, ayant entraîné des mises en scène compliquées, douloureuses, horribles. Tous les adjectifs de l'abjection trouvent ici leur place. Ces tableaux grandguignolesques servent à cacher une réalité autrement effrayante : dans la majorité des cas, dans l'immense majorité des cas, le suicide est d'une facilité dérisoire, révèlant que la vie humaine ne tient véritablement qu'à un fil. N'importe quel petit chagrin, amplifié par le chœur antique de l'entourage, peut pousser le premier jeune homme, la première jeune fille venue à absorber des comprimés qui font désormais partie de la pharmacie familiale, à les avaler avec un verre de whisky, et à se cacher pour mourir. Il n'existe pas d'instinct qui nous arrache au dernier moment à l'acte suicidaire, pas de providence qui nous amène in extremis au service de réanimation. A moins bien sûr que cela ne fît partie de la mise en scène, ce qui est le cas le plus fréquent.

La plupart des suicides est réalisée aujourd'hui par l'absorption de drogues, ou de médicaments plutôt, ce qui montre combien la frontière entre les deux catégories de substances est arbitraire. C'est là que gît la première étape de cette facilité. Quiconque a eu l'occasion d'avaler quelques comprimés, quelques cachets, quelques pilules, quelques gélules, peu en importe le contenu, sait que cette absorption se fait sans difficulté, sans réticence. Aucun avertissement, aucun memento mori, aucun signal d'alarme ne retentit au moment où l'on avale le poison. Même pas une amertume particulière, ni une difficulté accrue pour sortir le produit de son emballage. Dans un deuxième temps, la plupart de ces substances entraînent même une sorte d'euphorie. C'est le moment où l'appel à l'aide, prévu dès le départ, peut prendre place. « Docteur, je viens d'avaler deux boîtes de (chacun y mettra son poison favori), je voulais vous dire adieu. » SAMU, lavage d'estomac, éventuellement intubation, quelques jours d'hospitalisation. Et à la sortie, souvent, un mieux-être inattendu. Ce scénario est heureusement le plus fréquent, témoignant que le suicidant non seulement n'a pas connaissance de la, de sa mort, mais surtout qu'il n'en veut pas. Mais où il est parfois pris au piège, c'est lorsque les effets euphorisants des médicaments absorbés le plongent dans une sorte d'ivresse qui le pousse à persister dans son apparente intention initiale. Il arrive alors que le suicidant écrive des lettres d'adieu, lettres empreintes parfois de sagesse, de poésie ou de mondanité, parfois aussi d'imprécations projectives et vengeresses, jusqu'à ce qu'il s'endorme sur sa chaise, pour ne plus se réveiller si personne n'intervient. L'euphorie, parfois un peu confuse, qui suit l'absorption de ces médicaments, constitue peut-être le plus grand danger de toute tentative de suicide. Si au départ existait un défi, une provocation, un appel, voire un jeu, ces sentiments encore insérés dans une existence quotidienne risquent de disparaître dès les débuts de l'intoxication, poussant le sujet à des extrémités, à l'extrémité de ce qu'il ignore lui-même. La mort n'est pas en effet le but recherché, mais un inconnu, un ailleurs auquel on nous a conditionnés à croire. Le suicide, au théâtre, au cinéma, dans la littérature, même très ancienne, est souvent mis en scène par un simulacre : le jeu avec la mort, le défi lancé à la mort ou au diable. Qu'on se souvienne de la partie d'échecs avec la mort, dans le « Septième sceau » de Bergmann. Le suicide devient un pari dont l'enjeu est la vie, mais on se laisse une chance de gagner, l'adversaire étant anthropomorphe, humain. Lorsque le sujet engagé dans un processus suicidant perd de vue l'enjeu, il n'en devient que plus inquiétant pour les témoins, ou plutôt pour ceux qui se représentent le processus, car il n'y a généralement pas de témoin à proprement parler. Il ne peut plus y avoir que des complices. Car il est certain que les suicidants sont souvent depuis longtemps un fardeau pour une partie de leur entourage. Mais pas toujours : c'est l'entourage qui est parfois devenu tellement pesant qu'on préfère s'en aller. S'en aller toutefois implique qu'il y ait un lieu où se rendre.

Le témoin médical, qui n'a pas assisté au suicide, mais à qui on le rapporte, est souvent angoissé par cette mort si facilement acquise, et contre laquelle il se sent impuissant. D'où l'importance accordée à la prévention du suicide, avec toutes les recherches, les associations, les précautions qui en découlent. Il s'agit de protéger les gens contre une tentation qui semble pouvoir guetter tout le monde, et contre laquelle le médecin en général et le psychiatre en particulier ne sont peut-être pas à l'abri. Le nombre de suicides parmi les psychiatres est loin d'être négligeable. Ce qui ne laisse pas d'être inquiétant pour tout le monde.

Le jeu du suicidant se joue contre un adversaire auquel la littérature et l'image donnent une figure. Mais qu'en est-il de cette mort dans la réalité ? Il n'y a pas de partenaire, ni d'adversaire appelé mort. Pas plus de vieillard à la faux que de jeune fille porteuse de germes mortels. Pas de fantôme, ni de démon. La mort n'est qu'un mot, un signifiant vide de tout sens, de tout contenu imaginable. Du moins pour le sujet qui entreprend le pari délirant de lutter contre la mort. Statistiquement, phénoménologiquement, nous savons en effet qu'une personne morte n'existe plus, qu'elle a cessé de vivre. Cette première lapalissade, originelle, ne peut être, pour une personne donnée, qu'une vérité abstraite. Elle n'est concrète que pour les autres, les survivants.

La facilité donc, et la gratuité, de toutes les formes d'autodestruction patente dans la tentative de suicide, latente dans les drogues, la vitesse et de nombreuses autres activités, mobilisent le zèle des préventionnistes de toute origine, médecins, enseignants, prêtres, travailleurs sociaux. Si cette menace s'impose si aisément, qui peut nous garantir que nous n'y succomberons pas ? Une prévention n'est jamais dirigée seulement vers autrui. Elle nous protège également. Il n'y a pas que l'autre que nous voulions maintenir en vie, et nous avons certainement plus besoin que le suicidant d'assurances et de garanties. Ceux qui construisent ainsi d'illusoires barrières prophylactiques savent bien que le suicide est à la portée de tous et que se donner la mort pour éviter la décrépitude est peut-être un acte de foi narcissique, mais n'est pas réservé aux paranoïaques. Ou alors il y en a bien davantage qu'on ne le croit. Il faut en outre souligner un fait statistique : plus on multiplie les organismes de prévention contre tous les fléaux que l'homme s'inflige lui-même, plus on accroît l'efficacité des centres de traitement, plus s'élève la courbe des tentatives de suicide, et partant le nombre des suicides réussis. On dira peut-être que les suicides réussis sont des tentatives de suicide ratées, c'est méconnaître la facilitation, la fascination qui s'engendrent au cours même des tentatives de suicide.

Un autre facteur de suicide mérite d'être souligné : la contagion. Le suicide est contagieux par l'identification et l'imitation qu'il suscite. On connaît les épidémies de suicides à la mort de telle idole, théâtrale ou cinématographique, à la publication de certaines œuvres littéraires, comme les « Souffrances du jeune Werther », à l'apparition de certaines chansons. On sait moins qu'il a existé, et qu'il existe peut-être encore, des associations de suicide, des pactes de suicide. La presse est généralement, et à juste titre, discrète sur ces événements. Un groupe de jeunes gens, souvent lycéens, se lient dans un contrat par lequel tous les mois, par exemple, un membre est tiré au sort et reçoit l'ordre de se suicider. Tous les associés sont prêts à se tuer. Et pour tous ceux qui les connaissaient, rien ne laissait prévoir cet acte. Pas de trace de folie, sauf peut-être pour le leader.

Qui se suicide ?

La question et la réponse deviennent répétitives. Elles sont les mêmes pour toutes les menaces sociales décrites jusqu'à présent. La prévention serait plus facile et plus efficace si l'on pouvait savoir d'avance qui protéger. Si l'on pouvait dire : les malades, on rassurerait certainement les préventionnistes, mais on commettrait un mensonge. Peut-on dire au moins que ceux qui ont peur du suicide, ce qui pourrait être connu par enquêtes, ne se suicident pas ? Même pas. Certes, le suicide fait partie, sinon des symptômes, du moins des complications de la mélancolie, mais ces malades sont en général suffisamment bien surveillés, lorsqu'ils sont reconnus, pour que les suicides dans ces cas soient très rares. D'autres psychotiques, ainsi que des déments, peuvent se suicider, mais dans l'ensemble des suicides, les malades mentaux avérés ne représentent qu'une faible part.

Il est tentant de dire qu'on se suicide à des moments de dépression, profitant en plus de l'imprécision du concept. Non seulement le terme s'applique à une foule de tableaux de nature et de gravité variables, mais surtout, la dépression, les dépressions plutôt ne comportent pas le suicide parmi leurs complications. On ne peut évidemment pas empêcher ceux qui ont envie de se rassurer d'affirmer devant chaque suicide qu'il s'agissait de dépression : suicide de chômeur, suicide de vieillard, suicide de solitaire, suicide d'abandonné, mais aussi suicide d'infirme, de cancéreux, de faillis, de détenus. Les plus fréquents des suicides pourtant sont des suicides sans raison apparente, sans raison satisfaisante ou rassurante pour l'entourage. La dépression, dans la mesure où elle traduit une rupture dans le mode de vie habituel du sujet, une chute de ses investissements, entraîne des plaintes qui sont appel à l'aide, et non prémisses de suicide. Que cet épuisement survienne chez un névrosé pour qui la vie est une lutte de tous les instants est une chose concevable, mais bien malin qui tracera la frontière entre cet état apparaissant chez le « névrosé » et le mal de vivre ordinaire.

La vie comme lutte de tous les instants n'est peut-être pas le propre du névrosé, mais le souci de réussite permanent, la nécessité constante de perfection, de rassurement, de reconnaissance, le doute incessant quant à son propre droit à l'existence et à l'estime d'autrui sont proportionnels au taux de névrose résidant en chacun de nous. Toutes choses égales d'ailleurs, la difficulté de vivre varie en raison de la névrose de chacun. Un autre trait caractérise une attitude névrotique fréquente : le regret qui suit chaque acte, chaque décision. Qu'il s'agisse de l'achat d'un vêtement, du choix d'une profession, d'un changement amoureux, certaines personnes regrettent systématiquement toute option. Qu'on ne s'évertue pas à en rechercher la cause dans l'objet ou l'attitude incriminée. Le sujet n'est pas lié à la robe achetée, au partenaire élu, à l'activité adoptée, mais essentiellement à l'action commise. Ce que la névrose empêche de supporter, c'est l'aspect définitif, irréversible de toute conduite. On a décidé, on ne peut plus revenir en arrière, on est enfermé, pris au piège. On aurait pu mieux faire, ou plus exactement faire autre chose. Toute décision, tout choix impliquent le renoncement à toutes les autres possibilités.

Le souci, le regret pour ce qui aurait pu ou pourrait être deviennent symptômes névrotiques et empoisonnent l'existence, et marquent les événements et les idées d'une importance qui tente de donner un sens à la vie. Le mal de vivre qui en découle n'est pas une spécialité contemporaine. L'expression date de l'époque romantique, mais on retrouve l'état bien avant la lettre. La question du « qui-se-suicide ? » devient : qui est déçu par la vie ? Ceux pour qui la vie n'a pas de sens, ceux qui ne savent pas pourquoi ils sont sur terre.

Une foule de déprimés, névrosés, anxieux, posent au médecin la même question : « Docteur, pouvez-vous me dire pourquoi nous sommes sur terre ? » La fréquence de cette question ne la rend pas banale. Elle est au contraire extrêmement précieuse. Elle va même nous servir de test. Ceux qui seront capables de répondre à cette question pourront envisager d'entreprendre avec succès des cures psychothérapiques. Essayez de répondre à la question du sens de la vie avant de continuer votre lecture.

Ne croyez surtout pas que je détienne la réponse à cette question. Ce qui ne signifie pas que je ne sache pas y répondre. « Quel est le sens de ma vie ? » disent-ils. Mais à qui posent-ils cette question ? Là se trouve le ressort de la réponse, et de toute l'entreprise psychothérapique. Poser la question implique chez celui qui la pose une foi ou un espoir que quelqu'un soit là pour l'entendre et lui répondre. Quelqu'un pourra me dire pourquoi je suis sur terre, et sans forcer beaucoup la question, elle devient, adressée à cette entité providentielle : « Que dois-je faire ? Que veux-tu que je fasse ? » On peut mesurer à cette nouvelle formulation l'emprise que l'on obtient sur quelqu'un en lui demandant quelque chose. Demander quelque chose à quelqu'un, c'est donner un sens à la vie de cette personne. Celui qui dit : « Fais mon travail » ou « Taille-moi une pipe » ne sera pas rejeté comme esclavagiste ou machiste, mais aimé parce que grâce à lui on sait pourquoi on est sur terre. Je n'ai pas dit que ces mots d'ordre doivent être la réponse du psychothérapeute. Je me suis contenté d'interpréter la question posée par qui cherche un sens à sa vie. Il y a sûrement d'autres réponses, mais la plupart seront structurées sur le même modèle. Ce n'est pas le contenu de la réponse qui importe, mais la position prise, qui permet de croire à l'existence d'un répondeur.

Répondeur-maître, protecteur, parent, divinité. Toutes les formes et toutes les fonctions du surmoi apparaissent, dont le rôle déterminant dans toute attitude névrotique ne fait de doute pour personne. On voudrait croire que quelqu'un détient la réponse à la question qu'on a soi-même formulée. Or, personne n'est là pour donner un sens à notre vie, c'est à nous de le définir, de le choisir. Ce surmoi tyrannique connaît aussi une autre face. Si nous obéissons à quelqu'un dans tous les actes de notre vie, il nous devient facile de l'accuser de tous nos échecs. D'où la tendance à rejeter la faute de tous nos malheurs sur nos parents. Croire qu'on se conduit d'une certaine façon parce qu'on a été élevé, éduqué, dressé, conditionné est une conviction qui rend difficile tout accès à un changement. Si le déterminisme était entièrement explicable ou lisible, il n'y aurait plus de place pour le sujet. Nous serions des produits totalement prévisibles. Dans les conditions de contrainte qui sont les conditions de l'éducation, les pires étant peut-être à rechercher dans la soi-disant éducation libérale, il reste au sujet une partie à jouer. Peut-être y a-t-il des situations où il ne peut mener ce jeu. La question n'est pas actuellement résolue de repérer des facteurs échappant au discours. C'est le cas pour certaines perturbations héréditaires par exemple. Mais dans les cas ordinaires, le sujet à son rôle à jouer, c'est-à-dire qu'il a un pas à franchir pour dépasser un stade que j'appellerai la parole-maladie. La parole rend malade ceux qui, ou ne rend malade que ceux qui escomptent encore en la magie de la parole.

La toute-puissance du verbe est nécessaire à qui veut conserver la foi en sa complétude. Plutôt que d'abandonner cette illusion, on est prêt parfois à tout perdre. Plutôt conserver le fantasme d'un monde conforme à notre souhait, car le prix de l'abandon est trop élevé. L'indépendance, un minimum d'indépendance n'est concevable qu'en acceptant des brèches dans le narcissisme. Mais tout fragment de narcissisme, d'amour-propre, d'amour de soi, se paye en monnaie d'angoisse. La tolérance à l'angoisse est faible. Combien de vieux beaux, angoissés par la résistance d'une jeunesse, ne viennent-ils pas nous trouver, comme si le monde allait s'effondrer. L'angoisse, toujours la même, pousse les gens vers le médecin, et le médecin à son tour, trop souvent cède à l'angoisse, ne faisant par là qu'aggraver l'état de son client en pensant le guérir. Il s'ensuit l'escalade bien connue des consultations, des médicaments, des opérations. Alors qu'il en va de l'angoisse comme des drogues : il faut y avoir passé pour la connaître. On découvre alors qu'une angoisse, cela s'assume.

Échec sans mat

Rappelons tout d'abord que le terme mat signifie mort dans les langues sémitiques, d'où il tire son origine. L'accroissement de l'angoisse, qui culmine dans le recours aux drogues ou au suicide, traduit un ratage, l'échec d'une rencontre. C'est pourquoi on a si peur de prendre un risque, de parier sur un, sur une autre. Un, ou une, autre radicalement différent de nous, l'image même n'est pas faite pour rassurer. Nous verrons par la suite que cette altérité radicale est la fonction des femmes. D'où la terreur qu'elles inspirent et le sexisme qui en découle, moyen de défense inventé par les hommes pour tenter d'apaiser leur angoisse. Parmi toutes les préventions, il en est une qui, sans dire son nom, est souvent pratiquée. Préparation à l'amour, préparation au mariage, information sexuelle : il s'agit d'armer les jeunes contre les périls qu'on ne leur interdit plus aujourd'hui d'affronter, mais que l'on ne redoute pas moins. Prophylaxie des échecs amoureux, des chagrins d'amour. On serait tenté de parler de préservatif. Cette prévention de l'amour est surtout une prévention contre l'amour. D'avoir un jour publié un livre sur l'hystérie m'a valu un déluge de lettres, de coups de téléphone et de consultations de la part d'hommes convaincus que c'était leur femme que j'avais décrite, et qui cherchaient remède. Il faudrait faire précéder tout livre d'une éducation à la lecture. Comment faire comprendre à ces hommes que ce qu'ils cherchaient dans une femme, c'était leur propre image, c'est-à-dire un homme à sexe de femme. C'est sur l'exploitation de ce fantasme, et sa commercialisation, que se développe le système prostitutionnel. Dans ce cas là au moins, on sait ce que l'on recherche et on l'obtient en en payant le prix. Prophylaxie de l'amour : l'armée américaine, au cours de la Deuxième Guerre mondiale avait pourvu ses soldats de « prokits ». Il s'agissait des précurseurs de nos kits actuels, à partir desquels on peut tout construire soi-même, de la bibliothèque à l'automobile. Les prokits en question étaient de petits nécessaires contenant tout ce qu'il fallait pour éviter les blessures de l'amour, celles que Brassens appelait les coups de pieds de Vénus, c'est-à-dire les maladies vénériennes. Les inesthétiques et grotesques gesticulations qui accompagnaient l'introduction ou l'application des pommades contenues dans le sachet étaient suffisamment efficaces pour qu'après trois ou quatre répétitions de ce scénario on renonce à toute rencontre sexuelle. Bien sûr, il ne s'agit pas d'amour, mais bel et bien de la prévention de l'amour. Les chansons et les psychanalystes parlent des ratages amoureux. Est-ce parce que le lien créé n'est jamais définitif ? Il faudrait encore une fois l'intervention d'un surmoi qui s'occuperait de garantir la pérennité de l'amour. Or, une fois de plus, c'est à chacun des partenaires de décider de cette durée, de la rendre possible en acceptant que l'autre soit différent de l'un. Il faut pour cela assumer la perte d'un fragment de narcissisme, d'un morceau de cette idole, et dépasser l'angoisse issue de cette opération inconsciente. Le mythe d'un lien définitif, qui se maintiendrait sans la volonté des partenaires, fait que les grands amoureux de la légende meurent jeunes. Ou alors, le cœur qui bat est protégé par une gangue de pierre, voir « Les

Visiteurs du soir ». Mais pour un Philémon et Baucis, combien de Roméo et Juliette ! C'est aussi pour éviter ce piège angoissant de l'amour qu'on est précipité vers l'acte, vers l'acte amoureux, où l'on peut ainsi reconnaître un passage à l'acte, destiné à couper court au développement de cet intolérable qu'est le sentiment. Une chanson dit qu'un cœur, ça sert à donner du courage. Chacun acquiesce, et pourtant les interprétations sont multiples. Les amoureux se sentent la force de déplacer des montagnes, de reconstruire le monde, voire, ce qui est infiniment plus difficile, de fonder un foyer. Le sentiment partagé, le bonheur partagé peuvent donner cette énergie. Mais parfois aussi se mêle à l'amour un sentiment de culpabilité, que les amours soient légitimes ou non, et le pardon n'est octroyé, encore une fois par le surmoi, qu'au prix de l'héroïsme. Peut-être aussi certains couples tentent-ils ainsi de proclamer leur amour, espérant s'en convaincre après en avoir convaincu le monde. Combien de fois la recherche de témoins ne vient-elle pas trahir une boîterie de l'amour. Si l'amour est effectivement le terrain d'élection des rencontres ratées, c'est que trop de gens y apportent la même attente d'un plaisir solitaire qu'ils demandaient à la drogue et à toutes les autres conduites qui justifiaient une prévention. On pourrait varier le thème en parlant de prévention du divorce, et s'indigner de l'injustice dite de la femme rompue. Il n'est pas sans intérêt de relever que ce thème est né dans un milieu qui prônait l'amour libre, s'en vantait, l'exhibait. Et où, bien entendu, on échangeait des vieilles contre des jeunes.

On avait vu déjà combien l'assomption de l'autonomie devenait difficile dans notre société d'assistés. Les statistiques avaient montré que plus une société était protégée, plus les suicides étaient fréquents, mieux les voitures étaient construites et plus les suicides étaient fréquents, et surtout que, plus l'amour était libre, plus le suicide était fréquent.

Cette véritable sollicitude sociale évite la reconnaissance de l'autre, pour la bonne raison que le sujet lui-même ne se reconnaît plus, n'accède plus à la subjectivité.

Ces quelques réflexions visaient à situer différemment les attitudes et les entreprises préventives dans tous les domaines.

On pourra m'objecter que je ne parle pas de prévention de la délinquance. Pas plus que je ne parle de gérontopsychiatrie, de pédo-psychiatrie, de défectologie, ni de chimiothérapie. Des gens beaucoup plus compétents que moi l'ont fait.

3. L'homme malade de la parole

La parole définit la condition humaine. Une parole irréductible à toute autre forme de communication : langage des fleurs ou des animaux, langage linéaire d'une soi-disant objectivité.

L'accès au langage est une seconde naissance, peut-être plus douloureuse, traumatisante, violente que la première. Quoi d'étonnant que cet accès soit toujours incomplet, en devenir. Et les lacunes, les boîteries vont déterminer ce que nous appelons les maladies mentales ou troubles psychiques. Et peut-être permettre leur « traitement ».

L'homme naît dans la parole. C'est sur quoi se fonde la psychanalyse. C'est ce que montre aussi l'observation des petits enfants. Dès sa naissance, le petit d'homme est plongé dans un bain de paroles. Dès avant sa naissance, même, disent certains, qui considèrent que les vibrations vocales de la mère se transmettent au fœtus in utero, et qu'elles ne sont pas sans effet sur son devenir. Il ne fait pas de doute que le petit enfant distingue très tôt la parole et l'isole du monde, du flot de sensations qui l'assaille. Mais cette reconnaissance de la parole ne va pas de soi. La pression parentale l'impose. Elle est presque une violence faite à l'enfant, nous allons voir pourquoi.

Au jardin d'Éden, la fonction de nomination est adamique, la plus grande des tâches humaines est assumée d'emblée. Mais elle se perdra du fait qu'Ève aura écouté la parole non humaine, la parole publicitaire de l'animal rusé, ou de l'animal nu, comme permet de l'entendre la philologie biblique.

Ève est tentée par le fruit. C'est ce que voudrait nous faire croire la lecture « linéaire » déjà énoncée. Le fruit était là, dès le premier jour. Dès le troisième plutôt (*Genèse* 1, 11), soit bien avant Ève. Pour qu'Ève soit tentée, il faut que la parole publicitaire du serpent lui fasse miroiter un avantage au-delà de l'apparence : « Vous serez comme Dieu » (*Genèse* 3, 5). Exactement comme si, pour faire vendre des baignoires, pour forcer la main à l'acheteur, on présentait l'ustensile garni par l'objet du désir. Vous pensiez peut-être que l'idée était d'aujourd'hui ? Elle apparaît en même temps que la parole. La parole porte en soi toutes les potentialités de déviation, de dévoiement.

La pomme est signe, que quelque chose est comestible, agréable à manger. La parole promet autre chose en supplément, un au-delà. Pour l'enfant qui naît, dans de bonnes conditions, le monde est plein de signes, qui sont caresses. Un bain de tendresse maternelle stimule tous les sens de l'enfant : contact, vue ouïe, goût, odorat. Sur ce fond, confondu au départ, l'ouïe apparaît rapidement comme privilégiée. L'évolution l'a certainement favorisée. Il faut néanmoins un certain temps, aussi court soit-il, pour que, parmi tous les autres stimuli qui entourent l'enfant, la voix prenne sa position spécifique. L'enfant reconnaîtra d'abord les sons, puis la voix d'une personne déterminée. Il est alors au seuil de la grande découverte, du pas le plus formidable qu'il aura jamais à franchir : entendre la parole, puis la répéter, puis la faire sienne. Avec quelle avidité les parents guettent les premiers balbutiements. S'ils savaient, s'ils pouvaient se souvenir !

La parole prépare l'homme à son rôle : « Qu'il domine... sur toute la terre et sur tous les êtres qui s'y meuvent » (*Genèse,* 1, 26). Comme toujours une lecture linéaire découvrirait ici une apologie du pouvoir, alors qu'il s'agit d'une tâche, d'un devoir imposé à l'homme. Devoir qui se répète chaque fois qu'un homme apprend à parler. Qu'on ne s'étonne plus s'il y a quelque résistance.

La parole, à partir du moment où elle est distinguée de toutes les autres stimulations, du bain de caresses, opère une transformation radicale pour l'enfant. Une coupure entre la parole et toutes les autres stimulations, toutes les autres sensations. La parole constitue un écran, elle fait disparaître ce qui caractérisait l'univers de l'enfant avant sa reconnaissance, sa distinction : l'immédiateté. Avant la parole, rien ne s'insère entre l'enfant et l'objet du plaisir. Le goût du lait, l'odeur de la mère, le sein de la mère. A partir du moment où il accède au langage, un écran s'interpose entre l'être humain et ses objets. Plus jamais l'homme parlant ne fondra de plaisir en portant à sa bouche l'objet que sa main aura saisi, plus jamais il ne s'endormira sur le sein de sa mère, et quand même un scénario amoureux reproduirait-il cette scène, elle ne serait au mieux qu'une copie, peut-être conforme, d'après nature, mais postérieure à la nature, médiatisée par la parole, fût-ce par la face cachée de la parole : le fantasme.

Avant la parole, il se passe sans doute quelque chose, des jouissances ineffables aux souffrances indicibles. Aucun langage n'en communiquera jamais l'intensité dans l'horreur ou la volupté. C'est peut-être ce qui nous rend si attentifs à l'émergence du cri dans les situations les plus érotisées. Mais le passé pré-verbal est perdu. Il vient même constituer l'ensemble de ces objets perdus dont l'investigation psychanalytique met la quête en évidence, et que tous les mythes humains tentent de faire revivre. Mais aucun discours ne restituera la chose néantisée. Il n'est que trop aisé de convaincre l'homme qu'il est condamné à la rechercher, vainement, parmi les ronces et les épines, en un labeur sans fin.

La parole est le meurtre de la chose. La désignation fait disparaître le monde innomminé. C'est un effet de parole. Dire ce monde perdu est en fait une interprétation qui tente de représenter la genèse du désir. Ce n'est peut-être pas tant la nostalgie d'un passé immémorial qui attire l'homme en arrière par sa pesanteur.

C'est plutôt un souhait de se défaire du désir, cet aiguillon qui ne nous laisse aucun repos et que nous tentons de court-circuiter, de lier, d'atténuer par les passages à l'acte, les symptômes et les options aliénantes.

La parole qui vient d'apparaître comme la cause du désir est en même temps son frein le plus efficace. Cette parole est évidemment parole pleine par opposition au bavardage. C'est dire aussi qu'il s'agit de faire sienne cette parole que nous n'avons pas créée. A nous de faire que ce qui nous était initialement imposé, nous soit légué.

> *Was du ererbt, von deinen Vätern hast,*
> *Erwirb es, um es zu besitzen.*
> (Goethe, *Faust :* Nacht)
> Ce dont tu as hérité de tes pères,
> Acquiers-le, pour le posséder.
> (Goethe, *Faust :* La nuit)

Cette conquête de la parole n'est jamais terminée. Elle est menacée d'une part par les tendances régressives, retour à la parole d'autrui, et d'autre part par la réduction à une communication linéaire, retrouvaille mythique du langage animal. Le langage humain ne se limite pas à un échange d'informations, quel que soit le souhait de certaines psychologies. Chaque échange verbal fait naître une foule de pensers nouveaux et de sens inédits. La communication, par contre, est largement imparfaite. Parler, c'est toujours offrir plus qu'on ne croit dire et moins qu'on ne veut dire.

Quelques pièges de cette parole deviennent maintenant compréhensibles. Les évoquer permettra de les retrouver dans tout ce qui a été dit précédemment de l'engendrement des troubles psychiques. Leur évitement fonde les possibilités psychothérapiques.

Il y a... suivrait un inventaire prévertien de tous les mésusages de la parole, de toutes les paroles captives, c'est-à-dire qui n'ont pas cessé d'appartenir à l'autre, que nous n'avons pas faites nôtres, et de leurs origines. Y a-t-il un moyen, un truc, une méthode pour mener à bien cette appropriation ? Non. Elle est liée au devenir de chacun, à la constitution du sujet. S'il n'y a guère moyen d'enseigner cette acquisition de la parole, on peut par contre en constater les effets. Les mots que nous employons ne sont pas les nôtres, mais leur disposition, leur scansion, le style, nous appartiennent. Qui ne connaît ces intarissables moulins à paroles, qui pérorent de tout et de rien, colportant le bruit de fond de la conversation publique, et que l'on a envie d'interrompre à chaque instant en plantant dans leur phrase le point ou la virgule qu'ils ne sont pas capables de placer. C'est un authentique symptôme à partir duquel on pourrait en décrire d'autres. Une véritable séméiologie de la parole serait à faire qui cernerait de plus près que notre séméiologie traditionnelle les achoppements de la personnalité. Une telle séméiologie aurait en outre une fonction prospective qui mettrait en lumière les points d'articulation avec une éventuelle psychothérapie. Ce travail aurait des effets difficiles à évaluer d'avance.

Une autre altération de la parole a déjà été évoquée. Elle est suffisamment grave et fréquente pour qu'on y revienne. Elle utilise la nostalgie inhérente à la prise de parole pour la transformer en promesse leurrante projetée dans un avenir accessible, achetable. On reconnaît la publicité lorsqu'il s'agit de vendre des objets, de pousser à la consommation. Et plus encore la propagande fondatrice du pouvoir. Là encore, un inventaire devrait être établi de ces mots, de ces phrases, de ces thèmes, martelés, matraqués par les médias, qui font partie des méthodes de lancement d'un « tube » et qu'on retrouve dans notre langage quotidien. Phrases qu'il s'agit de prononcer lorsqu'un reporter nous interroge à brûle-pourpoint et qui pourraient ainsi rapporter beaucoup d'argent, mais qui constituent en fait le modèle, le moule dans lequel devrait se couler tout notre discours, s'il était adapté au monde qui nous est proposé. Pour l'instant, nous avons encore la chance que ces modèles de mondes, pour n'être ni très attractifs, ni très subtils restent diversifiés. Le jour où une voie unique nous serait imposée, la parole se retrouverait dans ce domaine subversif qui lui est coextensif, à savoir la résistance. Ce détournement de la parole est suffisamment insinuant pour corrompre ce que cette parole a de plus personnel : syntaxe, intonation, scansion. Qui n'a pas observé l'apparition dans les séquences publicitaires télévisées d'une phrase banale en soi, mais prononcée de façon inusitée, déplaçant les accents toniques et les syncopes. Au début, une telle articulation choque, surtout lorsqu'elle est accompagnée ou soutenue par une mimique, une gesticulation intentionnellement vulgaires. Puis on s'y fait. Après suffisamment de répétitions, le slogan, et la mode qu'il véhiculait, trouvent des représentants bénévoles. La séquence imposée est entrée dans les mœurs, et la consommation qu'elle entraîne nous fait croire à l'existence d'un besoin qu'il ne tient qu'à nous de satisfaire.

La publicité prend la place laissée vide par le silence du serpent. Le « langage » animal toujours préside à la chute. Retrouvailles de la nature, appel du sang, retour à la terre, tentation de l'instinct : thèmes dont il n'est pas nécessaire de rappeler l'usage qui a été fait, mais dont il faut souligner l'exploitation actuelle et future. La thématique en apparence anodine véhicule en fait la plus grave des menaces, et la chasse aux sorcières dans ce domaine ne serait pas déplacée.

Est-ce de l'intolérance ? L'inquisition totalitaire ne guette-t-elle pas, ne menace-t-elle pas les intentions les plus démocratiques ? Je n'en sais rien. Une parole qui déboucherait sur une certitude est toujours proche de l'oppression. L'hésitation, l'incertitude sont le propre de la parole humaine, ambiguë dès l'origine, plurilinéaire à chaque instant, jamais réductible à la pure transmission d'une information. Seul le dictateur, ou parfois le fou, ne doutent pas.

On pourrait, on voudrait croire à la possibilité d'un choix : ou la communication, ou la poésie. Communication animale ou émission de signifiants ouverte sur l'inconnu : mythologie des origines ou son dépassement.

Croire que l'on peut retrouver l'intégrité d'avant le langage, la pureté initiale, ou accepter l'incomplétude, le clivage. Entre la folie de se croire l'égal de Dieu et l'affliction sur le malheur de vivre, le chenal est étroit.

La condition humaine serait-elle pathologique ? Cette hypothèse éclairerait en tout cas les échecs des civilisations, les errances des doctrines, la quête d'une vérité aliénante et rassurante, les répétitions de la violence et de la cruauté. Plutôt que de se reconnaître dans l'humanité, on préfère croire que le prochain, autre ou semblable, détient l'objet du bonheur. Qu'il nous a peut-être dérobé. D'où la nécessité de le lui reprendre, par la guerre, le vol ou l'oppression.

On peut se ravager indéfiniment à contempler ce qui nous manque. Il semble plus difficile de se réjouir de l'acquis. Le « contente-toi de ce que t'a accordé la Providence » sonne comme une foi fataliste. Mais ce que l'homme acquiert ne consiste pas en biens matériels. Ce sont les publicités qui le lui ont fait croire, éventuellement en créant des besoins spécifiques à l'homme mais besoins malgré tout. Le fruit du labeur de l'homme est conquête de parole.

La résignation est une chute devant un devoir de tous les instants, le devoir de s'arracher à l'état de nature, le devoir d'adamisation, de devenir homme. Devenir. Ce n'est pas un devoir religieux. Chacun peut y contrevenir. Chacun tente d'y échapper, et la conquête n'est jamais assurée. Toutes les chutes, toutes les rechutes sont tapies à nos portes. Ce n'est qu'en obéissant à la loi du devenir perpétuel que l'homme échappe au nivellement de la pathologie. Le « normal » ne saurait être le fixe et le définitif. Le durable, l'immuable est un souhait névrotique, anal. L'humain est le dynamique. La stabilité est la caractéristique de tous les troubles que nous avons décrits. Leur répétition inévitable, sans dépassement possible, et non pas leur nature, constitue la maladie. « On ne naît pas femme, on le devient » écrit Simone de Beauvoir. Ayons l'indulgence d'étendre ce projet à l'homme au sens de toute l'humanité, de tout être humain. Je ne sais pour qui, femme ou homme, le chemin est le plus difficile. On a vu que le monde était organisé pour le confort de l'homme masculin, et il lui sera plus pénible de dépasser ses habitudes.

Devenir Adam, compléter une création qui laisse sa chance à l'homme est un chemin ardu. Il n'y en a pas d'autre. Il débouche sur une éthique : ne pas retourner à la nature, ne pas céder aux chants des sirènes, à l'attrait des idoles. Ce qui permet d'entendre le « ne pas céder sur son désir » où Lacan a proposé une éthique de la psychanalyse, comme ne pas le ramener au besoin. C'est la loi de tout être humain.

4. Principes et ressorts de la psychothérapie

La rencontre

Jusqu'à présent, il s'est agi d'une préparation à la psychothérapie, par imprégnation, en créant une ambiance psychothérapique, en se dégageant des limites qui seraient imposées par l'utilité et les nécessités. En se défaisant aussi des cadres, des barrières. Aucun des chapitres précédents n'est strictement délimité. Il n'est pas possible de s'en servir comme aide-mémoire. Ils sont incomplets, anarchiques, parfois contradictoires, comme la pensée vivante. Ce qui rend un enseignement de la psychothérapie quasi impossible, c'est la diversité des situations. Il en va de la psychothérapie comme de l'alimentation des populations dans les pays dénutris : ou on leur donne du poisson, ou on leur apprend à pêcher. On n'enseigne pas la psychothérapie en offrant au candidat psychothérapeute une doctrine toute faite, qu'il n'aurait qu'à appliquer, mais en tentant de dégager des points communs à toute situation psychothérapique. Les effets, incontestables, de nombreuses psychothérapies, ne sont pas dus au hasard. Mettre en évidence les voies et les ressorts de telles entreprises les rendront moins inquiétantes et moins malfamées.

Demandons-nous tout d'abord s'il est possible de préciser les, ou des conditions préalables à l'engagement dans... dans quoi ? Faut-il dire carrière ? Sûrement pas. Dans cette expérience ? Peut-être. Et en tout cas, dans cette rencontre.

Il n'y a pas de psychothérapie sans rencontre et l'aptitude à cette thérapeutique se superpose à l'aptitude à la rencontre. Si nous tentons de résumer les plaintes des névrosés ou de tous ceux qui se plaignent du mal de vivre, c'est toujours la difficulté de rencontrer autrui qui sera portée au premier plan. La formule générale pourrait se résumer à : « je suis incapable de rencontrer autrui ». Toutes les variantes sont concevables : actif ou passif, modulation de l'aptitude, du mode de rencontre et de l'autre éventuel. Parmi les variations les plus connues, rappelons le : « personne ne m'aime » qui n'est que la forme projective d'un : « je n'aime personne » à peine inconscient. Autre variante où pointerait l'ennui si l'on ne décelait pas la peur de l'inconnu : « il ne m'arrive jamais rien ». On envie ceux dont la vie semble émaillée d'événements sans se rendre compte qu'on se défend justement contre le surgissement de l'imprévu.

Un corollaire de cette attitude défensive mérite d'être mis en lumière car il va révéler l'une des conditions fondamentales de cette aptitude à la rencontre dont il est question. On envie peut-être les gens-à-qui-il-arrive-quelque-chose, mais on se rassure en affectant ces événements d'une petite touche d'opprobre. Il faut être une femme un peu suspecte pour qu'il vous arrive des aventures. Les situations imprévues sont réservées aux héros de romans d'aventure, aux agents secrets, c'est-à-dire à des gens dont la brièveté de vie est compensée par l'intensité. Les gens heureux n'ont pas d'histoire et le bourgeois qui vit selon les règles de la morale traditionnelle espère vivre plus longtemps que les autres. Ce qui apparaît, chez ces gens à qui rien n'arrive, c'est une pointe d'envie et d'ébauche de calomnie : l'incapacité de parler d'autrui sans médire. Cette tendance constitue le frein le plus efficace à toute rencontre, laquelle exige un minimum de courage et d'audace. Il faut prendre le risque de parier sur autrui. Trop souvent, les psychothérapeutes débutants, quêtant l'approbation d'autrui pour se permettre d'exercer une activité où l'on se sent parfois en position d'imposture et plus fréquemment encore d'ignorance, se parent du discours de leurs malades, l'exhibant, le critiquant. Cette attitude témoigne d'une inaptitude à la rencontre, comme ces partenaires amoureux, ou soi-disant tels, qui prennent autrui à témoin de leurs prouesses, comme si l'échange entre les partenaires ne suffisait pas. Critiquer ou admirer ce qu'à pu dire un malade, ou même simplement en parler comme s'il s'était agi d'une banale conversation, d'un colportage de ragots, montre qu'on n'a pas saisi la dimension spécifique de la psychothérapie, d'être différente du bavardage ordinaire. La conversation implique une égalité des deux interlocuteurs alors que le psychothérapeute n'est pas à l'affût des informations transmises sur un tiers, mais de ce que le patient révèle sur lui-même. Toute la scène est réservée à la personne qui parle, mais ce qu'elle nous dit ne nous est pas destiné, ne nous appartient pas. Cette non-ingérence, cette non-possession est le seul moyen de témoigner notre respect à qui prend le risque de s'exposer à nous.

Peut-on tenter de théoriser les conditions d'aptitude à la psychothérapie ? On a beaucoup parlé des conditions requises pour être psychanalyste. Il ne s'agit pas de faire un bilan des critères proposés, aussi insatisfaisants les uns que les autres, mais de se rendre compte de la particulière subversion qui accompagne le terme « être » dans la locution « être psychanalyste ». Il n'y a pas d'être psychanalytique, pas plus qu'il n'y a d'être psychothérapique. Il y a tout au plus des conditions qui permettent, et non pas de façon permanente, de pratiquer la psychanalyse. On peut préciser ces conditions techniques pour constater qu'elles sont parfaitement insuffisantes pour l'exercice de la psychothérapie. Les exigences de la rencontre, notamment, sont plus lourdes que la neutralité, même bienveillante, du psychanalyste. Il y a sans doute des conditions communes, mais la psychanalyse exige plus de connaissances, la psychothérapie plus de disponibilité.

La rencontre ne peut avoir lieu que si elle respecte certaines limites.

Une rencontre n'est jamais une totalité, il faut éviter de permettre le développement de cette illusion. Le psychothérapeute n'est pas le seul partenaire de son patient, la rencontre n'est pas son seul moment vivant. Cette réserve est indispensable à toute entreprise psychothérapique. Il n'y a aucune issue possible si les autres moments de l'existence ne sont pas pris en compte dans ce travail. Il faut dire et répéter que le psychothérapeute n'est pas tout. Il faut que cela ne fasse aucun doute pour lui, car le patient va consacrer tous ses efforts pour le mettre à cette place. Ce qui manque au patient, cet interlocuteur qu'il revendique dans le « personne ne m'aime » ou dans le « il ne m'arrive jamais rien » n'est pas un égal, un semblable, mais un protecteur bienveillant, sinon tout-puissant, du moins suffisamment puissant pour satisfaire ses demandes. Place du Père Noël auquel il prétend ne plus croire, mais qu'il espère malgré tout. Il se peut que pour certains médecins, occuper une telle place soit tentant, car le médecin, lui aussi a ses fantasmes de dévouement et de bonté infinie dont il attend le paiement, non seulement en argent, mais en reconnaissance. Faire la part de cette conjonction de fantasmes relève davantage de l'art, voire de l'artisanat, que du savoir. Déjouer cette tentation, c'est renoncer, non seulement au fantasme, mais aussi à certaines satisfactions. Que le psychothérapeute soit convaincu d'abord que ce n'est pas lui qui est concerné dans l'attente, dans la demande de son patient. Peut-être cette place a-t-elle un jour été occupée par une mère, plus probablement même cette place n'est-elle restée disponible que parce que jamais personne ne l'a occupée, et tous ceux qui tenteraient de le faire ne pourraient entraîner que déception et rancœur. Ne rien attendre d'autre donc que l'éventuelle rémunération et renoncer à toute autre satisfaction. Il y a de quoi se récrier. Comment ! Ne même pas attendre de satisfaction légitime devant un succès ? Comme si le chirurgien n'avait pas le droit d'être satisfait de la réussite d'une opération. Une fois de plus, le modèle médical est mauvais conseiller. Si nous avons à définir la psychothérapie comme une rencontre, il est difficile d'appliquer cette définition à la relation entre le chirurgien et son opéré. Une rencontre peut se définir par le fait qu'elle ne laisse pas le sujet tel qu'il était auparavant. On pourrait par boutade dire que c'est bien le cas de l'opéré, ce qui serait faux dans la plupart des cas. Ce n'est pas le sujet que modifie le chirurgien, mais son organisme. Les modifications éventuelles consécutives à une psychothérapie ne peuvent pas être non plus le résultat d'une intervention modelante du psychothérapeute. Le risque de pygmalionisme n'est pas très grand. Par contre, si la transformation du sujet est considérée par le psychothérapeute comme un succès, la victime de cette opération va se trouver liée à ce succès même. Elle se retrouvera dans la situation que connaissent une foule d'enfants qui ne peuvent se délivrer du succès dans lequel leurs parents, leur mère, les ont enfermés. Ce succès est en effet la réussite de la mère dont l'enfant devient le garant. Parvenir à l'indifférence à l'égard du succès d'une psychothérapie n'implique pas l'indifférence à l'égard du patient. C'est respecter sa liberté, car lui seul peut dire, mais pas d'avance, ce qui va constituer pour lui une réussite qui peut fort bien être l'affranchissement du devoir de succès, le droit à l'échec. Si les satisfactions professionnelles sont interdites, les satisfactions scientifiques sont-elles permises ? Limiter la psychothérapie à un acte scientifique serait, encore une fois, réduire l'autre au statut d'un objet d'observation, donc le restreindre, éventuellement, à la partie animale, le priver de son humanité. Enfin, les satisfactions affectives sont à proscrire. Cela peut paraître évident, mais là encore, certains principes, tout à fait légitimes dans la pratique médicale, demandent à être nuancés. Il ne s'agit pas tellement de la sympathie, de l'aversion ou de la séduction, mais de l'émergence d'un signal qui n'entre que rarement en jeu dans les autres situations médicales : la peur. Je ne dis pas que la peur inspirée par certains patients rende toute entreprise psychothérapique rédhibitoire. Encore convient-il d'analyser préalablement les causes de cette peur. Elles peuvent être liées, soit à la personnalité du patient, soit au réveil, chez le psychothérapeute, de fantômes qu'il croyait enterrés, mais qui n'étaient en fait qu'enterrés vivants.

L'intérêt pour le patient ne se fonde pas sur tel aspect de sa personne ou de sa personnalité, mais sur ce que nous reprendrons in fine, à savoir une éthique, éthique de l'autre homme, dans laquelle Emmanuel Levinas nous enseigne que la meilleure façon de rencontrer l'autre, c'est de ne même pas connaître la couleur de ses yeux.

Tous ces principes peuvent faire croire qu'une entreprise psychothérapique doit être ennuyeuse. Il faudrait alors rappler qu'ennui vient de odium, la haine. Il ne s'agit pas de s'ennuyer, mais de ne pas oublier non plus que la psychothérapie est un travail. Le travail, c'est la première malédiction qui a frappé l'homme. C'est étymologiquement un instrument de torture. C'est aussi l'ouvrage de charpentier dans lequel on enfermait le cheval à ferrer. C'est enfin la phase douloureuse de l'accouchement. On a donc le choix des significations. C'est pourtant au travail qu'on s'adresse le plus souvent pour donner un sens à son existence. Il m'arrive fréquemment de demander à de jeunes confrères s'ils seraient capables, toutes choses égales d'ailleurs, et notamment le salaire, d'abandonner leur activité pour en exercer une autre. Il ne s'agit bien entendu pas d'improviser des connaissances nouvelles, mais par exemple de passer d'un travail clinique à un travail de gestion ou de recherche. La plupart du temps, la réponse est un non catégorique. Or si l'activité paraît irremplaçable, il ne s'agit plus de travail, mais de jouissance.

Une autre condition encore est nécessaire à l'exercice de cette psychothérapie, à la pratique de la rencontre. C'est une condition indiscrète, ad hominem, qui concerne le psychothérapeute dans sa vie privée. Il est indispensable qu'il ait trouvé des investissements, des attaches suffisantes, pour qu'il ne soit pas obligé de compenser dans son travail ce qu'il a raté ailleurs. Le XIXe siècle avait été friand de ce qu'on appelait des « physiologies ». Il s'agissait de descriptions de personnalités, de portraits. Il y avait des physiologies de l'écrivain et de la lorette, du sacristain et de l'apothicaire. La physiologie du psychothérapeute n'aurait pas manqué s'il avait été suffisamment connu à cette époque. Il appartient à chaque psychothérapeute de découvrir que les difficultés qu'il rencontre se situent toujours dans le même domaine. S'il a le courage de cette observation, il trouvera également celui d'y porter remède, c'est-à-dire d'entreprendre pour lui-même une psychanalyse. Il n'y a d'ailleurs pas que les patients du psychothérapeute avec lesquels une rencontre peut se mal dérouler. L'entourage proche, et notamment les enfants du psychothérapeute en question, peuvent, comme les enfants de n'importe qui, paraître souffrir des relations avec leurs parents. Il faut dire paraître, car en fait personne ne peut juger de l'évolution des enfants. Les critères généraux de réussite scolaire ou sociale ne traduisent aucunement le succès d'une éducation. Il s'agit souvent de cet enfermement dans le succès déjà dénoncé, alors que seul le droit à l'échec confère le courage du risque relationnel nécessaire pour que se développe une insertion dans le groupe, satisfaisante pour le sujet. Les attaches dans la vie privée ne correspondent pas forcément à des effusions idylliques, au 7e ciel ou au nirvana. Le droit à l'échec se manifeste par l'aptitude à renoncer, à se défaire de ses illusions. Ceci se manifeste par une indication pratique dont la portée est trop souvent méconnue. On n'est pas apte à se défaire de ses illusions aussi longtemps qu'on n'a pas fait l'expérience du deuil. L'exigence peut paraître cruelle, monstrueuse, inhumaine, mais il est certain que le deuil, notamment le deuil des parents, permet au psychothérapeute de franchir une étape. Tous les chagrins d'amour peuvent, bien sûr, fournir une expérience proche du deuil, d'un deuil particulier, mais l'objet d'amour est toujours remplaçable. Seuls les parents sont uniques, et leur perte, pour douloureuse qu'elle soit, apporte à l'homme une liberté nouvelle. Il n'a plus à rendre compte de sa vie, ni à garantir ses succès. La chose, bien sûr, ne va pas de soi, car plutôt que d'assumer cette solitude libératrice, nous avons vu que la majorité des gens contestent leur deuil, et remplacent les parents par un surmoi providentiel.

Le risque relationnel implique le respect de l'autre, nous l'avons déjà dit. Il est évident que le psychothérapeute doit être exempt de tout mépris. Il y a là une option éthique, car certains choix du psychothérapeute impliquent des hostilités, des antipathies, des rejets dédaigneux. La psychothérapie est-elle compatible avec le racisme ? La question reste ouverte de l'aptitude de certains caractères autoritaires, donc racistes, de se soumettre à une psychothérapie.

Il est peu probable qu'un psychothérapeute hésite à traiter un patient, qu'il soit blanc, noir, jaune ou rouge. De même, s'il n'a pas la possibilité d'assumer lui-même le traitement d'un de ses malades, il ne regardera pas à la couleur du confrère auquel il adressera son client. Mais hésitera-t-il à conseiller un psychothérapeute femme ? Cet ultime refuge du racisme, qui est en même temps son fondement, peut éventuellement marquer la limite d'un travail. Il est évident que je déconseillerai pour ma part de choisir un psychothérapeute chez lequel serait décelable la moindre trace de sexisme. Je n'en dirai pas autant des psychanalystes, car il me semble inconcevable de se dire psychanalyste si la moindre idée de racisme ou de sexisme peut nous effleurer.

Une dernière question se poserait éventuellement : pourquoi choisit-on de devenir psychothérapeute ? Pourquoi choisit-on, sinon de devenir psychothérapeute, du moins d'exercer de temps en temps la psychothérapie ? Je n'en sais rien. Peut-être a-t-on un jour parié sur une possibilité d'existence, sur un monde où la vie serait possible parce qu'on ne serait mû par aucune certitude.

Parler

Quelles sont les techniques dont le psychothérapeute peut disposer ? Il y en a une foule. Elles peuvent se pratiquer en groupes, ou individuellement, par la mise en jeu du mouvement, de la mise en scène, par l'utilisation de l'appareillage audiovisuel. Ceux qui souhaiteront être informés d'un certain nombre de ces techniques se réfèreront au livre de Jean Guyotat, justement intitulé les « *Psychothérapies médicales* » (7). Il ne sera question ici que de psychothérapie individuelle verbale. Ce sont les plus simples sur le plan matériel, mais peut-être les plus exigeantes sur le plan de l'implication personnelle.

« On va parler ». Telle est la proposition à faire à celui, à celle qui nous a choisis pour partenaire dans cette rencontre. « On va parler de vous ». Rappelons-nous que l'homme est toujours malade de la parole. C'est donc toujours cette maladie-là qu'il va s'agir de traiter. D'où la nécessité de revoir une fois de plus les fonctions et l'usage de la parole.

A maintes reprises déjà, il a été question de la communication. Cette communication est le véhicule, la transmission d'informations ou d'intentions. La fonction de la communication est évidente, et les gens sérieux souhaitent probablement que ce soit là l'unique fonction de la parole. Ceci nous permettrait de reprendre notre place dans l'échelle zoologique, car les autres espèces animales communiquent entre elles de façon bien sûr plus efficace qu'homo sapiens. On ne sait pas si homo faber ou

---

(7) J. GUYOTAT : *Psychothérapies médicales.*
Tome I : Aspects théoriques, techniques et de formation
Tome II : Situations de pratique médicale. Masson, Paris, 1978.

homo erectus communiquaient mieux, mais une foule d'animaux disposent d'un langage simple et direct, sans ambiguité, qui leur permet d'éviter les malentendus qui sont à la base des conflits humains. Dans la ruche ou le troupeau, on ne doit pas se sentir seul. Il n'y a pas de schizophrène dans un essaim d'abeilles ou dans un banc de sardines, et le machiste de service pourra toujours rêver qu'il est un dix-cors menant sa harde, ou un phoque entouré de ses femelles.

Chacun peut observer autour de lui avec quelle difficulté s'acquiert le langage humain. L'amour qu'on porte à ses enfants permet de ne pas mesurer le temps consacré à leur apprendre à parler, à redresser leurs erreurs, de syntaxe diraient les ordinateurs, pour leur inculquer les nôtres. Au cours de ce développement, tout ce qu'il faut pour que la parole achoppe, trébuche ou se contredise est enseigné en même temps que la simple communication des besoins animaux. L'une des façons d'être malade de la parole consiste à considérer que ces hésitations, ces ornements, ces lapsus sont des limitations, alors qu'il s'agit en fait de fonctions supplémentaires à la communication. Prenons l'exemple d'une situation apparemment simple. Un chef d'équipe distribue les consignes à un groupe de travailleurs ou à une équipe sportive. Rien apparemment dans cette distribution de rôles ne devrait échapper à la communication. Pourtant, cette distribution va entraîner une identification variable aux rôles proposés. La façon dont ces rôles vont être effectués, joués, sera fonction d'un lien non-dit, non exprimé avec celui qui aura distribué les rôles. Le rendement sera fonction de la sympathie inspirée par le leader. Cet exemple montre clairement que l'activité la plus objective, la communication la plus simple se double d'une inévitable subjectivité. La subjectivité est à la fois la source, la terre nourricière de toutes les fonctions de la parole autres que la communication, mais c'est en même temps le champ que cette parole cultive et féconde. Déplorer cette subjectivité, c'est renoncer à son humanité. Elle constitue le domaine à conquérir par chacun de nous, je dirai presque le domaine de la liberté de chacun. L'une des principales visées de la psychothérapie est d'amener à prendre possession des fonctions du langage. Se servir donc de cette parole pour dépasser l'enceinte dans laquelle nous enferme la communication obsessionnelle. Le message ne se limite pas aux mots, ou il se limite à peu de mots. La parole n'est pas seulement véhicule d'informations, elle est jouissance. Elle est tendresse ou soufflet. Il y a des mots caresses ou des mots poignards. La parole est aussi matériau sonore, de l'invention poétique comme des jeux verbaux des enfants, jeux d'autant plus voluptueux qu'ils provoquent les adultes, lesquels ont perdu cette aptitude, à moins qu'ils n'aient choisi de la retrouver par le biais coûteux de la schizophasie.

Une autre fonction encore mérite d'être soulignée, car on la méconnaît trop souvent. C'est la fonction de nomination dont l'effet ne se cantonne pas non plus à la communication. Dans l'exemple cité plus haut, il a été question de l'identification au rôle. Dans le travail spécialisé des adultes, dans les sports d'équipe, où chacun occupe pratiquement toujours la même place, la nomination n'est pas déterminante, ou plutôt, son rôle est très limité. Dans les jeux d'enfants, par contre, elle recouvre sa véritable fonction ontologique : tu seras le gendarme, tu seras le voleur, mais aussi bien, tu seras la locomotive ou tu seras ma femme. La nomination donne un sens, même lorsqu'on la formule soi-même pour soi-même. Le projet humain se fonde souvent sur une nomination. On peut très bien se dire : je serai médecin, sans avoir la moindre notion de ce qu'on attend de cette profession et de ce qu'on entend par sa désignation. Accomplir le rôle qu'on s'est ainsi fixé est une jouissance qui nous berce de l'illusion de l'être.

Délivrer

Toutes les fonctions de la parole qui viennent d'être évoquées, et il y en a bien d'autres, constituent une première libération par rapport à un usage limité de cette parole, une parole limitée à la fonction efficace au niveau de la production, de l'organisation du groupe, mais amputée de ses dimensions de jeu, de jouissance, d'ouverture et d'aventure. Parler est devenu pour l'homme un parcours balisé, enseigné, réduit, stérilisé, alors que, s'il existe quelque part en l'homme une étincelle de créativité, c'est dans la parole qu'elle réside. Si parler est la voie royale de la psychothérapie, l'usage de la parole qui s'y produit en est le ressort, qui est libération. Délivrer l'homme d'une parole restreinte est une première libération, dont toutes les autres ne sont que métonymie. C'est là que gît tout ce qu'on peut appeler « technique ». Permettre à l'autre de retrouver une parole plus libre, sans qu'il éprouve l'envie de s'excuser s'il parle mal, s'il parle de choses sans intérêt, est l'acte fondamental de toute psychothérapie verbale, même si, parfois, le psychothérapeute l'ignore.

Pour délivrer l'autre de l'enchaînement d'une parole ustensile, il faut bien sûr avoir dépassé soi-même cette position. Échapper aux tentations du sens, c'est-à-dire en définitive du jugement de valeur, du jugement sur la personne d'autrui, ses actes et ses choix. Renoncer à se dire que l'autre, ou ce qu'il dit, est bien ou non. C'est pourquoi écouter, même en silence, a une valeur psychothérapique. Le silence a d'autres effets encore, à condition qu'il ne soit pas érigé en technique systématique comme on le fait parfois, surtout d'ailleurs en psychanalyse, car le silence absolu face à quelqu'un qui nous interpelle a tôt fait de devenir une attitude inquisitoriale peu tolérable. Écouter, en psychothérapie, n'est pas une activité naturelle, naïve. On n'écoute pas pour trouver sa place, enchaîner sa propre réponse dans une conversation, on est à l'écoute du langage, non pas de son message. On s'intéresse au contenant, pas au contenu. Il ne s'agit plus de tout « saisir », de tout « appréhender ». L'important n'est pas le sens du discours de l'autre. Dans cette position, comprendre devient une véritable erreur technique. On se tromperait moins en se mettant dans la peau de l'auditeur d'un concert, d'un récital de musique. Apprécier la voix, les modulations, la mélodie, percevoir éventuellement des fausses notes est plus près de l'attitude psychothérapique qu'écouter ce qui se dit, pour le classer en commérage ou bavardage. Laisser jaillir la parole de l'autre, sans contrôle ni consigne, sans souci d'efficacité, en respectant d'éventuels silences, parfois très longs, sans se soucier de les meubler, en évitant que l'interlocuteur se sente obligé de parler dans un projet de rendement, va lui faire retrouver, ou découvrir, toute l'ampleur et tout l'effet d'une parole délivrée, non asservie. Elle devient chant, cette parole, hymne de joie, mais aussi imprécation, incantation, formule magique. Elle invente des pouvoirs, qui, s'ils ne font pas apparaître démons ou bonnes fées, nous transforment suffisamment nous mêmes pour que ces auxiliaires reprennent leur juste place, qui est toujours un avatar ou un succédané de parents, d'un aspect parental au moins, ou aussi bien d'un appel aux parents qui n'a pas été entendu, de l'exigence d'un rôle parental qui n'a pas été joué. Libérer la parole permet de nouveaux accès à la jouissance, la découverte de jouissances nouvelles. Limiter la parole à la communication compréhensible, c'est la réduire à l'analité, connue et rassurante, qui se prête aux bilans et à la comptabilité, en évitant l'aventure où l'on s'embarque à deux, quitte à essuyer des tempêtes.

La libération de la parole est la matrice et le modèle de toutes les autres libérations qu'assure une psychothérapie lorsqu'elle est elle-même aventure dont on a pris le risque. Libération par rapport aux modèles imposés quels qu'ils soient. Affranchissement par rapport aux idéaux et aux exemples parentaux bien sûr, dont on a vu déjà combien ils pouvaient être ambivalents, les parents pratiquant souvent le « fais comme je dis mais ne fais pas comme je fais » où l'on reconnaît la désastreuse double contrainte.

Libération aussi par rapport aux modèles sociaux dont on rebat les oreilles des enfants dès qu'ils sont en âge de les comprendre. Ces modèles ont été choisis par leurs parents en fonction de leurs propres aspirations déçues, qui les amènent à comparer leurs enfants aux enfants des autres, frères, cousins, voisins. Ils méconnaissent, dans ces exigences ou supplications adressées à leurs enfants, qu'ils demandent les redressements de leurs propres insuffisances, des échecs qu'ils ne se pardonnent pas. « Regarde ta cousine, ton cousin, quel plaisir, quel orgueil les parents peuvent-ils tirer de pareils enfants », même si cela mène lesdits enfants au suicide. Car c'est une voie qui prépare au suicide, de vivre une vie au tracé imposé par les parents. Chaque médecin, chaque psychiatre connaît des parents qui viennent se plaindre des déviances de leurs enfants, drogue ou marginalité. « Ce n'est pourtant pas ce chemin que nous avions voulu, pour elle, pour lui. » Ce serait une cruauté inutile de leur dire « Que ne l'avez-vous suivi vous-même, ce chemin », mais ce serait la vérité. Le chemin de l'échec social était la seule voie qui restait à l'enfant, la seule qui n'ait pas été balisée, occupée par leurs parents ou leurs projets. La faute, il faut bien l'appeler ainsi, la faute de ces parents est d'avoir raté, méconnu la gratuité, source de toutes les joies. Ils n'ont eu en vue que l'efficacité, la productivité. Chiffrer les résultats : j'ai 10 usines, 50 petits-enfants, 100 kg d'or. Les ratons-laveurs surnuméraires se comptent en infarctus, en atrophie du rire et de la générosité, en une vie toute entière de corvées.

Ce ne sont pas les « traumatismes », le plus souvent, qui empoisonnent la vie, mais les paroles qui endettent. Payer au centuple la déception des parents qui n'ont pas eu la chance d'avoir des enfants aussi merveilleux que les cousins ou cousines cités en exemple. Méfions-nous, nous médecins, de ne pas en faire autant, de ne pas imposer à nos clients le modèle médical : sollicitude anxieuse, à la place de courage, conversation grandiloquente au lieu de connaissance, prétention faute de modestie. N'écrasons pas nos malades sous les inquiétantes explications du bavardage médical, ce bavardage qui fait le tissu conjonctif de nos rencontres habituelles : congrès ou soirées amicales. Demandez donc à vos convives ce qu'ils pensent des conversations de médecins entre eux. Échanges de recettes, commentaires du dernier article lu (ça peut remonter à vingt ans), ragots de poujadistes intellectuels : rien n'est plus affligeant qu'un enregistrement pratiqué à l'insu des participants à un repas de médecins. J'ai mis longtemps à me remettre d'un banquet où s'étaient retrouvés les quinquagénaires de la Faculté : il n'avait été question, durant tout le repas, que du rachat et de la revalorisation des points de retraite. Qu'on ne s'étonne pas trop si les enfants des médecins y regardent à deux fois avant de suivre les voies de leurs pères, si les conjoints vont voir ailleurs si les tables et les lits sont plus drôles. Bien sûr, je n'ai pas dit que cette caricature concernait tous les médecins. Seulement un trop grand nombre.

Une forme particulière du bavardage médical nous vient des États-Unis, où l'organisation d'un véritable racket contre les médecins oblige nos confrères d'Outre-Atlantique d'expliquer par le menu à leurs malades tout ce qui peut survenir au cours d'un traitement ou faute de traitement, ce qui ne peut que renforcer l'attitude paranoïaque des clients. Ces explications, qui pourraient être simplement ennuyeuses, sont en fait inquiétantes. L'énumération de tout ce qui peut s'abattre sur son corps constitue pour le patient une sorte de poésie angoissante et envoûtante, comme les prédictions des sorcières. Le médecin s'empare des objets contenus dans le corps, et leur assigne un devenir, les transformant, dans les meilleurs des cas, en signifiants sur lesquels l'autre ne pourra que projeter ses terreurs.

Il peut arriver aussi que le médecin, dans une visée psychothérapique, mais on ne sait trop pour qui, se serve de son malade pour mesurer son propre bonheur. En faisant mine d'en savoir long sur le bonheur en général. Ce qui peut l'amener à se répandre en obscénités en prétendant enseigner le bonheur sexuel. La plupart du temps, la conviction d'un savoir sur le bonheur se traduit par la phrase : « Vous avez tout ce qu'il faut pour être heureux », que le destinataire peut entendre soit comme un « si j'étais à votre place, je serais heureux », qui n'est que niais, soit comme un « contentez-vous de ce que vous avez » qui n'est pas tolérable.

Les différentes techniques psychothérapiques proposent d'autres assujettissements aux modèles médicaux, chaque fois qu'elles ne sont que les voies publicitaires d'un certain idéal de vie. Elles deviennent alors contraignantes, ne reculant ni devant l'injonction, ni devant la menace. Les Messieurs Purgon ne sont pas morts, et trop de médecins ont raté leur vocation de voyageur-représentant-placier, que ce soit en produits pharmaceutiques, qu'on se souvienne des cadeaux faits autrefois par les laboratoires aux médecins, ou en doctrines existentielles. L'adaptation à certaines représentations, dans certains systèmes comportementalistes par exemple, ne fait que réaliser le monde de « 1984 » de George Orwell. Les propres hésitations du médecin, refoulées par de véritables formations contraphobiques, se traduisent par des attitudes et des formulations psychothérapiques autoritaires. « Il faut que », « vous devez », rappelant le « je veux » impératif de l'hypnotiseur de foire. Or, s'il y a une condition qui s'oppose à la pratique de toute psychothérapie, et ici on peut sans réserve étendre cette restriction à la psychanalyse, c'est bien le caractère autoritaire, qui est la grande nuisance de la vie collective. Et pourtant la propagande politique n'a jamais fait que proposer des personnages autoritaires comme idéaux politiques. Il est vrai que les gens tolérants sont peu tentés par cette activité. Il y en a heureusement quelques-uns.

Peut-on donner des conseils en psychothérapie ? Sûrement, s'ils sont bons ! Ne pas se donner en modèle, mais tenter de déchiffrer les hésitations, qui sont souvent une entrave à la libération du sujet. Ce problème des conseils devrait amener le psychothérapeute à un retour sur lui-même, sans complaisance ni grandiloquence. L'une des voies de ce retour est la psychanalyse. Peut-être après une psychanalyse le goût de donner des conseils est-il atténué.

Une autre libération ne concerne plus les modèles, mais soi-même. Il a été question plus haut de la fonction de nomination, qu'on peut mettre soi-même en œuvre dans une déclaration qui devient guide de vie ou idéal. Le narcissisme tend à nous rendre égal à l'idéal du moi. Le narcissisme n'est pas simple jouissance de son propre corps, plaisir pris à sa personne. Il n'est pas autoérotisme, mais projet, espoir qui peut se servir d'autrui pour parvenir à ses fins. Le véritable narcisse n'est pas aujourd'hui le héros plus ou moins romantique qui se perd dans la contemplation de sa propre image, mais le personnage qui veut réussir et s'imposer, plus Rastignac que Werther.

Nommer quelqu'un, se nommer, proposent, imposent des objectifs. Le « tu es mon fils » enferme le destinataire de cet ordre dans une représentation qui ne correspond pas, le plus souvent, à celle que le donneur d'ordre imaginait, et il ne se reconnaîtrait pas dans le tableau qu'il aurait suscité. Le même risque menace le patient dont le médecin aura formulé des phrases oraculaires. « Il a dit que je ne guérirai jamais. — Il a tout de suite vu que c'était le foie, la thyroïde, le grand sympathique. » Ces phrases sont des pièges narcissiques. Elles confèrent un être à qui les reçoit, à qui sa névrose facilite la réception. Etre celui qui... qui ne guérira pas, qui est malade du foie, peu importe. La déclaration du médecin anoblit le malade en lui conférant des armoiries. Il pourrait en dessiner le blason, élaborer la devise. Il n'est pas nécessaire que les phrases prononcées soient négatives. Des expressions laudatives sont tout aussi incarcérantes : « il a dit que j'avais toujours raison. — Il a dit que j'étais la plus belle. » Cela enferme, limite autant qu'une conviction d'être laid.

Si la psychothérapie peut mettre en évidence la phrase qui a ainsi épinglé quelqu'un à cet édifice narcissique, la délivrance sera amorcée. Mais on ne renonce pas facilement à de vieux vêtements, à d'anciennes chaînes, à des prisons connues. Il se produit un deuil, même à la perte d'une personne peu aimable, même à l'achèvement d'une corvée, deuil pendant lequel il importe d'accompagner son malade. S'il n'est guère de paroles consolantes au moment d'un deuil, la présence d'une personne disponible évite le désespoir et le désarroi.

On retrouve dans le deuil la dette imaginaire déjà évoquée. Libérer quelqu'un de cette dette, de façon à ce qu'il ne vive plus chaque instant de sa vie pour s'acquitter de cette dette est l'acte le plus positif de la psychothérapie. Restituer aux gens le droit à vivre pour eux, sans être liés par une dette au souhait d'autrui, c'est lui permettre de vivre en son nom, et, pourquoi pas, lui permettre d'accéder au droit à l'échec. L'échec, quel qu'il soit, n'est ni une faute, ni un péché. Il n'entraîne ni excommunication, ni peine capitale, bien qu'on puisse concevoir des cultures ou des règles de groupe qui se fonderaient sur de tels principes d'élimination, d'ostracisme. Il ne s'agit pas tant de souhaiter à quelqu'un d'échouer dans ses entreprises que de le délier par rapport à un futur au nom duquel il sacrifiait l'actuel, pour l'amener à vivre au présent. Ce pourrait être une devise de la psychothérapie : « vivre au présent », pour éviter de projeter une vie future que nous n'atteindrons peut-être jamais. Le « carpe diem » n'est pas d'aujourd'hui. Il n'est pas d'un accès plus facile. Il s'agit de rendre toute leur valeur à nos actes quotidiens.

On pourrait traduire autrement l'affranchissement par rapport à un narcissisme dérivé en rigidité de la personnalité. Il s'agit des relations à l'égard du fantasme de complétude, de totalité. S'en défaire relève de ce qu'on pourrait appeler la parabole du verre à moitié vide. Devant un verre à demi plein, deux attitudes sont possibles : déplorer la moitié manquante ou se réjouir de la moitié restante. Est-ce à dire encore une fois que je vais me mettre à prêcher le renoncement, la résignation ? On verra plus tard ce que ces mots peuvent receler.

Revenons-en à l'hydraulique du verre à moitié rempli. A quel type de plainte pouvons-nous l'appliquer ? Les gens ne viennent habituellement pas nous dire : « Je n'ai que la moitié de ce que je souhaite. » S'ils étaient capables de cette formulation, la réponse thérapeutique tomberait sous le sens. La moitié déjà acquise ne leur aura pas toujours été donnée. Ils l'ont, le plus souvent, obtenue par leurs propres moyens. Mais on sera étonné de la difficulté, pour beaucoup de gens, d'accepter qu'ils aient des moyens. Fréquemment, ils invoquent la chance, le hasard, une protection providentielle. Plus souvent encore, le propre verre sera encore plus éloigné. Tout est caché derrière la contemplation envieuse du verre d'autrui. Ce qui accapare la pensée, c'est la richesse, le bonheur, l'intelligence ou la beauté de l'autre. Les autres ont la plus grosse voiture, les plus belles robes ; le mariage des autres est le plus heureux, la carrière des autres la plus intéressante. Les autres ont tout, moi je n'ai rien. Tout au moins rien qui me plaise ou me satisfasse. C'est vrai pour tous les autres ensemble. Il est certain qu'à se comparer seul au reste du monde on se découvre perdant. On pourrait sûrement trouver des parades à toutes ces plaintes, qui résultent du même discours de la totalité.

Le souhait, le vœu d'une possible totalité ne vient pas tout seul. Il nous est imposé, par des contraintes, par une longue préparation. Il est véhiculé par le langage ambiant, au moins par sa partie officielle, consciente. Cette totalité est exigée de nous. Qu'une intervention, éventuellement sous forme de boutade, ce qui n'est pas facile, vienne libérer quelqu'un de cette exigence, on assistera à une délivrance avec effet immédiat de libération d'énergie. Une femme, un homme viennent se plaindre que leurs enfants ne réussissent pas à leurs examens. « Vous avez des enfants, n'est-ce pas plus important que des examens ? » Bien sûr, ce genre d'idées ne vient que si vous êtes vous-mêmes convaincus. Une telle intervention surprend, peut même choquer. Il faut oser affronter ce risque, d'être mal compris, de passer pour stupide. Se trouver, pour un patient, face à un médecin qui n'hésite pas à dire parfois des sottises, cela aussi a des effets thérapeutiques. Mais que peut-on escompter d'une remarque comme « vous avez des enfants » ? Une interrogation, comme si on ne le savait pas ! Peut-être bien qu'on ne le savait pas. On pensait qu'il y avait là quelqu'un dont la fonction était pour l'instant de passer des examens. On escomptait un bénéfice de gloire, des lauriers récoltés sur les différents champs où les humains vont cueillir cette carotte à faire marcher les ânes, qu'on appelle la gloire. On parle du champ d'honneur, méconnaissant qu'il s'agit d'un euphémisme pour cacher le champ de bataille, le champ de la mort, le cimetière. Le champ du travail est peut-être moins dangereux, mais il a lui aussi ses accidents. Même le champ des conquêtes scientifiques ou amoureuses ne va pas sans déboires. On objectera que les parents ne souhaitent pas ça à leurs enfants ; n'empêche qu'ils sont déçus à voir les lauriers accumulés par des parents qu'ils trouvent plus chanceux. La parabole du verre à demi-plein s'applique aussi aux enfants qui, pas plus que n'importe quel objet d'amour, n'apportent de satisfaction totale et perpétuelle. Croire que la loi du tout au rien s'applique aux relations humaines est une coûteuse illusion.

Le fantasme de totalité se rencontre partout où l'objet d'investissement est devenu fétiche. Partout, le psychothérapeute gardera à l'esprit son verre à moitié vide pour ramener son interlocuteur à la raison. Fétichisme du savoir qui exhibe la grandiloquence et l'hermétisme. Les méfaits en sont peut-être plus perceptibles dans les sciences humaines que dans les autres, et chaque spécialiste reconnaîtra dans son domaine le recours à des paroles qui cachent le plus souvent une ignorance. Faire accepter le non-savoir est le seul moyen de dégager la place pour des découvertes. La libération par rapport au savoir est en fait une libération par rapport à la tricherie du savoir. Je ne dis pas que le savoir n'existe pas. Je ne dis pas non plus qu'il faille être totalement ignorant pour accéder enfin à cette vérité qu'on oppose au savoir, parce que le résultat de cette opposition est bien qu'à force de vérité, il n'y a plus de savoir du tout. Le fantasme du savoir révèle le plus souvent un savoir tricheur qui repose sur des actes de foi. On peut douter de ces actes de foi, mais il est rare qu'on le reconnaisse. Ils sont à l'œuvre, encore en cette fin de XXe siècle, dans l'éducation des enfants.

La chose était perceptible dans l'exemple banal rapporté plus haut de l'échec aux examens. Les examens, on commence très tôt à les imposer aux enfants. Chaque fois qu'ils rencontrent un adulte, on les surveille : vont-ils dire bonjour au monsieur ou merci à la dame ? Mais l'examen se double d'un autre mensonge, comme la plupart des examens d'ailleurs, où le jury serait bien incapable de répondre aux questions posées. La personne qu'on veut faire saluer par l'enfant peut fort bien vous être tout à fait indifférente, voire antipathique, ce qui lie l'enfant à une double contrainte : il entend la consigne de saluer la dame, mais il sait bien que vous lui seriez très reconnaissant d'être impertinent. Les actes de foi fondateurs du savoir s'ancrent sur le mensonge. La vérité consisterait peut-être à reconnaître que l'enfant a raison de ne vouloir dire ni bonjour, ni merci. L'expérience montre d'ailleurs que ces enfants apprennent plus rapidement les gros mots et les jurons que les vocables même plus faciles. Sans doute ont-ils été sensibles au plaisir éprouvé par celui qui jure. Ils sont sûrs le plus souvent de trouver un complice dans l'un au moins des parents.

Ne pas tout savoir, accepter de ne pas tout savoir, c'est accepter son verre à demi plein. Et pourquoi quelqu'un ne vous proposerait-il pas de remplir votre verre ? Il y a de bonnes surprises. Réserver une place pour une boisson fraîche ou des connaissances nouvelles, c'est être prêt à la surprise. On peut même être surpris par ce qu'on est en train de dire. Se laisser surprendre par une trouvaille, par un site, par une variation musicale, par la courbe d'un corps. Ces surprises sont des libérations et des enrichissements plus grands que le savoir systématiquement accumulé.

Oser ne pas savoir implique d'abord qu'on accepte de détenir un certain savoir, et partant d'en connaître les limites. Il existe un vrai savoir rejetant l'opposition entre savoir et vérité, vrai savoir qui a dépassé le fantasme de totalité et qui se sait donc incomplet, limité, humble. Oser ne pas savoir implique aussi une relation d'amour à l'autre. On ne se protège plus contre cet autre qui peut nous surprendre. Face à cet autre, il y a un risque à prendre. C'est ainsi qu'une voie se libère pour une découverte, que le lien d'amour par exemple, n'est pas forcément érotisé. Encore une surprise. Il apparaît que le récit de l'autre peut être source de courage, et l'imprécision de cette phrase implique qu'il s'agit d'un effet réciproque. C'est même sur cette constatation que se fondent les seuls moments déterminants d'un discours. Qu'on surprenne l'autre en se surprenant soi-même, cela peut survenir dans toute conversation. Cela devrait être parfois possible en psychothérapie. Il ne faut pas s'attendre à ce que l'interlocuteur vous dise : vous venez de me surprendre, mais c'est un peu plus tard qu'on enregistrera les effets d'une telle intervention.

Un dernier aspect de la libération, c'est de défaire les chaînes qui nous attachent à nos habitudes. Il y a des habitudes de travail, les habitudes professionnelles. On pourrait se dire qu'elles sont indispensables. Aussi n'est-ce pas de cette part indispensable qu'il s'agit de nous défaire, mais d'une autre fonction de ces habitudes. Les activités professionnelles deviennent une chaîne inconsciente lorsqu'au delà du moyen qu'elles constituent pour assurer notre vie, elles deviennent fin en soi. On retrouve la recherche du sens déjà évoquée. Le travail, la profession, la carrière, remplissent notre vie de raisons de vivre confirmées par toutes les morales et par tous les pouvoirs. Faut-il rappeler le désarroi des hommes qui ont travaillé toute leur vie lorsque vient le moment de la retraite ? La sollicitude des pouvoirs publics entoure activement le 3e âge.

Et il est vrai qu'on n'a guère eu l'occasion au cours d'une vie de travail d'apprendre à ne rien faire, à prendre des loisirs. Le terme de loisir lui-même est une illustration de cette nécessité d'occuper le temps. Les loisirs doivent être constructifs, positifs, enrichissants, et en tout cas organisés. Or, le terme de loisir n'est que la transformation en substantif du vieux verbe signifiant : « être permis », licere. Le temps des loisirs, c'est le temps qui nous est permis, c'est-à-dire celui qui ne devrait plus dépendre de qui que ce soit, qui ne devrait plus être occupé utilement. Ceci mérite d'être mentionné. Mais revenons au troisième âge. Quiconque a eu un jour à s'occuper de ces organismes, et c'est le cas sans doute de la plupart des médecins, n'aura pu éviter cette constatation : il n'y a qu'une petite minorité d'hommes qui profitent du troisième âge. Les autres sont morts ou trop décrépits pour participer à quoi que ce soit. Peut-être y a-t-il biologiquement des raisons qui expliqueraient la plus grande longévité des femmes. Des motifs plus psychologiques ne peuvent pas manquer de s'ajouter à ces raisons biologiques. Nous avons largement insisté sur la dimension obsessionnelle de la vie de l'homme. L'attachement à l'ordre et à l'emploi du temps, la rigidité des conduites, le manque de fantaisie et d'imagination, font que trop souvent la vie de l'être humain masculin est monolithique, sans ouverture, sans fenêtre, sans surprise. Aucun temps de répit n'est ménagé. Déjà en parlant de l'activité professionnelle, la nécessité de ces fenêtres entre les différentes phases du travail avait été soulignée. Sans doute sont-elles loin d'être respectées, d'où cette usure prématurée de l'homme et son inaptitude à profiter d'une vie qui n'est plus scandée par des horaires de travail. Il serait faux de dire que les femmes sont moins actives que les hommes, mais c'est peut-être la multiplicité même de leurs activités qui leur rend plus faciles les transformations, les changements de décor. Délier l'homme de ses habitudes est donc non seulement psychothérapique, mais encore prophylactique. S'il existe une préparation aux loisirs, elle ne peut pas éviter de passer par cette libération. Se délivrer des habitudes, c'est aussi une certaine façon de devenir adulte, ou plus adulte, pour reprendre un terme un peu galvaudé. Généralement, devenir adulte signifie imiter les modèles d'adultes qui nous sont proposés, de les habiter comme s'il s'agissait de vêtements de confection. Ce qui précède nous indique que devenir adulte ne peut pas consister en imitation de modèles idéaux. On voit que les modèles sont toujours parentaux, et que s'y conformer est tout le contraire de devenir adulte. Encore faut-il s'entendre. C'est une chose de se conformer à un modèle parce qu'on n'a pas pu en imaginer un autre, c'est autre chose de choisir un modèle, fût-ce celui qu'offrent les parents. Ce n'est pas la docilité de l'imitation, mais l'aptitude au choix qui définit l'indépendance, donc l'âge adulte. L'indépendance ne signifie pas l'anarchie qui serait encore marquée par une opposition infantile à l'égard des modèles disponibles. L'indépendance c'est tout d'abord l'aptitude à choisir, mais elle n'est acquise que lorsque le choix est assumé. La vie encastrée dans les cases d'un emploi du temps nous fait oublier qu'un choix nous est demandé presqu'à chaque instant. On peut décider, pour des raisons de morale ou de confort, de ne pas remettre constamment en question un choix professionnel ou affectif. Par contre, le monde dans lequel nous vivons nous impose à chaque instant des options et des engagements. La multiplicité de ces choix menace de nous angoisser, de nous coincer pour utiliser un terme actuel. C'est là qu'entre en jeu le dernier ressort, le plus important de la psychothérapie, l'humour.

L'humour

Choisir est toujours un moment redoutable pour l'être humain. C'est là qu'il convient de se rappeler cette petite histoire enfantine. Une petite fille dans son bain montre le zizi de son frère et dit : « J'en veux un aussi. » Sa mère lui répond : « Si tu es sage tu en auras un quand tu seras grande. » « Et si je ne suis pas sage ? », dit la petite fille « Alors tu en auras beaucoup ». L'humour rend tolérable tout ce que la formulation ou la nomination rend dramatique. La visée psychothérapique est toujours la libération, ou plutôt, comme nous l'avons vu, les libérations. La dernière des libérations, mais qui peut concerner toutes les autres, c'est l'affranchissement par rapport au sérieux. Tout le thème de l'opposition entre sérieux et gaîté pourrait être repris ici. L'humour en psychothérapie marque la complicité et brise la solitude. On découvre qu'il peut y avoir un autre à qui parler et surtout que ce qu'on lui dit n'est pas tellement important et que ce qu'il répond l'est encore moins. Si l'on s'en rapporte aux fonctions de la parole, le message véhiculé ne pèse pas lourd. C'est là qu'intervient, dans cette frange plus large que le tapis lui-même, la possibilité d'introduire, dans tout ce que la parole évoque ou fait naître, le sourire, la joie et pourquoi pas, parfois, un peu de bonheur. Ces termes sont bien peu scientifiques. Peut-être découvrira-t-on un jour le site où l'application d'une molécule précise nous fera voir la vie en rose. En attendant, nous n'avons pas d'autre moyen de déclencher ce processus qu'en laissant pour un temps le sérieux au vestiaire. Écouter l'autre lui donne sa place. Occuper une place précise n'est pas toujours rassurant, car on est rapidement assailli par le doute quant à notre aptitude à détenir cette place. Il n'y a en effet aucune garantie, ni de nos capacités, ni de l'avenir. L'humour permet de rendre cette place tolérable. Ces dernières considérations résument toute l'action psychothérapique. La difficulté de l'humour tient à ce qu'il ne s'enseigne pas. Pas plus qu'une foule d'autres choses, dont la psychothérapie et l'amour. Mais les aptitudes dans tous ces domaines peuvent se développer. Autre point commun à toutes ces situations : c'est qu'il y a toujours une première fois, pleine d'angoisse, d'appréhension et d'intérêt. Il appartiendra à chacun que chaque répétition soit, à nouveau, une première fois. Autre difficulté : éviter de blesser, de tomber dans l'ironie. L'humour révèle nos limites, notre acceptation d'un non-savoir. Il exige l'humilité déjà évoquée. L'ironie est une révolte contre ces attitudes de faiblesse.

Accepter ses faiblesses ne doit pas être un sujet d'affliction ni de résignation. S'il est un domaine où la faiblesse apparaît comme une menace, c'est bien le sexe. Or, l'humour y a sa place. Peut-être pourrait-on dire que l'humour est le meilleur moyen de rendre supportable les astreintes sexuelles. Les astreintes ou les limites. Plaisanteries, blagues, anecdotes concernant la sexualité ont une fonction commune de rassurement. Il arrive que ces récits contiennent un peu d'humour. Il est parfois affligeant ou sinistre de découvrir les mines sérieuses et sombres de couples d'amoureux. Au point que le psychothérapeute est tenté de leur conseiller une séparation d'urgence. En tout cas, la foule des chagrins d'amour, en général imaginaires, tirent largement profit d'un accueil souriant par le psychothérapeute qui délivre par son humour de la fascination, de l'apitoiement sur soi-même, de la tendance la plus générale à se prendre au sérieux. Les échecs amoureux tirent leur comique de l'idôlatrie des hommes pour leur appendice sexuel. Avoir mis tous ses espoirs, toute sa gloire, tout son honneur, et le diable sait quoi dans un pénis, ne peut que prêter à rire. L'apparition de l'organe sexuel masculin fait toujours rire, et c'est bien ainsi que l'utilisait le théâtre romain. Il semble bien que l'humour dans ces situations comporte une dimension de résignation, de renoncement, d'échec. L'humour deviendrait ainsi l'arme ou la vengeance des faibles. C'est ce qu'on pourrait, à la limite, lire dans « *Der Witz und seine Beziehungen zum Unbewussten* » (Le mot d'esprit et ses rapports avec l'inconscient). On objectera que le mot d'esprit n'est pas l'humour ; à quoi je répondrai que sans humour, il est bien difficile de faire des mots d'esprit, ou alors il s'agit de pataquès qui ne font rire que les autres. Il n'est d'ailleurs pas exclu qu'un psychothérapeute, drôle ou clownesque à son insu, ne tire une certaine efficacité de sa bouffonnerie. L'humour comme arme des faibles ? C'est peut-être ce que disent les forts. On n'a pas de pétrole, mais on a des idées. Qui est fort ? L'inventeur de la formule. Trouver des énergies nouvelles dans ce qui apparaissait comme faiblesse nous invite à nous interroger sur ce qu'on appelle une faiblesse. Domaine redoutable, qu'on n'ose guère explorer, ce qui révèle une partie de son origine. Est considérée comme faiblesse, ce que le regard d'autrui n'est pas venu entourer de son admiration. Cela peut être le sexe de la petite fille dont la mère et/ou le père attendaient un garçon. Les attributs de la petite fille ne peuvent être exhibés, non pas tellement parce qu'elle n'en a pas que parce que le regard des parents l'a habituée à cacher. C'est même l'origine du mystère féminin. On peut concevoir d'autres parties du corps qui n'auraient pas été valorisées par le regard admiratif : couleur des cheveux, taille. Ce sont toujours ces parties du corps qui vont être considérées comme des faiblesses. On connaît la difficulté, même en psychanalyse, à aborder une disgrâce ou une malformation physique, et on retrouve l'origine de cette difficulté dans l'effort considérable à fournir par les parents pour parler d'un handicap, le plus souvent caché, peu perceptible, chez l'un de leurs enfants. Il n'est pas certain que les faiblesses dont il s'agit existent réellement. Nous nous faisons la victime docile des autres en acceptant leur verdict. Ce n'est pas seulement dans le domaine physique que telle « faiblesse » entraîne des attitudes de secret, d'évitement, c'est-à-dire des attitudes névrotiques, mais aussi dans le champ des aptitudes psychiques. Il fut un temps où, dans le monde bourgeois, les tendances artistiques se situaient plutôt du côté des faiblesses. Être artiste, c'est à la limite une perversion. Même le public cultivé est prêt à croire que les homosexuels par exemple ont plus de génie artistique que les autres. En tout cas, l'art n'est pas une activité sérieuse. C'est tellement vrai que la publicité s'en est emparée pour faire en même temps un clin d'œil au psychothérapeute. La séquence, dessinée ou télévisée, montre dans un premier temps les parents désolés à qui un directeur de collège présente un cahier de leur enfant, cahier qui aurait dû être consacré à des matières sérieuses, et que le rejeton indigne a couvert de dessins. La suite montre ce même enfant qui a persisté dans sa voie et dont les productions « design » ont conquis le marché ! On n'a pas de pétrole, mais des idées. Reconnaître ses limites c'est parfois renoncer à se battre dans un domaine pour oser en choisir un autre plus conforme à ses aptitudes et ses goûts. Oser ne pas s'obstiner, s'obséder, n'est pas forcément un abandon, une lâcheté. C'est parfois un acte d'intelligence qui peut être plus difficile qu'un stérile entêtement.

On dit souvent que les hommes ont plus d'humour que les femmes. La chose est peut-être vraie lorsqu'il s'agit du goût pour la bande dessinée. Il ne semble pas toutefois que l'évolution de ces BD aille vers un accroissement de l'humour. Plus intéressante est l'affirmation : les femmes ne comprennent pas les mots d'esprit. Il vaudrait mieux dire : certains mots d'esprit, qui sont devenus un code, une langue réservée aux hommes et destiné justement à exclure les femmes, à constituer ce monde fraternel et homosexuel que résume la chanson : « Sans ces garces de femmes nous serions tous des frères. » Il y a plus grave. On pourrait entendre de façon restrictive la phrase rabelaisienne que le rire est le propre de l'homme. L'entendre comme : le rire est une condition de nécessité, de survie de l'homme masculin. Sans ce rire, sa conviction lui paraîtrait parfaitement insupportable. Peut-être alors essaierait-il d'en changer, en découvrant que le secret de la vie, se sont les femmes qui le détiennent.

Demain les femmes

Il y a plus de dépressions chez les femmes que chez les hommes. Du coup toutes les considérations sur la vitalité des femmes ne sont-elles pas réduites à néant ? Ce serait sûrement rassurant pour les hommes. Il y a pourtant une autre interprétation, pas rassurante du tout celle-là. Les femmes viennent consulter le médecin pour leurs états dépresssifs parce qu'*elles les considèrent comme pathologiques.* Il faut aller jusqu'au bout. L'homme qui rentre de son travail exhibe souvent sa mauvaise humeur. Cela va des cris aux coups, des colères à l'alcool. Cette même humeur, cette dysthymie, comme on dit, ferait parler de dépression chez les femmes. La dépression des femmes est l'humeur normale des hommes. D'où chez ces derniers le recours forcené au sens de la vie, à l'importance de l'action, la recherche insatiable de reconnaissance, titres, médailles, la volonté constante d'exhiber un supplément par rapport aux autres. D'où aussi et surtout l'acceptation des guerres et des armements, des prisons et des tortures, et surtout des brimades et de l'oppression à l'égard des femmes. Peut-être parce qu'elles ont la vie plus dure que lui. C'est du moins ce qu'on pourrait entendre dans le film turc « Yol » (la permission), véritable fresque de la stupidité des hommes et du sexisme. La cruauté et l'injustice des hommes envers les femmes est à lire comme un symptôme. Lorsqu'il l'aura reconnu, un premier pas sera franchi vers des conditions de vie possible. On relira, si l'on désire illustrer cette affirmation, « Le Turbot » de Günter Grass. Deux phrases de Prévert, un peu artificiellement isolées de leur contexte, pourraient résumer ce développement :

> « L'homme certainement a envie de partir...
> de disparaître... de mourir...
> mais la femme a une furieuse envie de vivre. »
> (*Paroles :* Rue de Seine)

Il y a donc de bonnes raisons pour suivre l'enseignement des femmes. Elles ont à nous apprendre aussi bien l'amour qu'un art de vivre, et en ce qui concerne la médecine, elles sont ou elles peuvent être plus aptes que les hommes à pratiquer les psychothérapies. Probablement peut-on étendre cette constatation à la psychanalyse. Les femmes ont plus de courage et d'audace que les hommes, courage devant la mort et la douleur, devant le travail et la maladie, devant l'amour et l'avenir. Elles nous montrent que la psychothérapie ne saurait être une discipline imposée. Il ne faudrait jamais forcer qui que ce soit à choisir cette pratique. Elle devra rester une discipline optionnelle parce qu'il faut oser y prendre des risques. Les pères sont en général plus anxieux que les mères pour leurs enfants, même si certaines mères, ayant renoncé en partie à la féminité, ont accaparé pour elles-mêmes tout le lot d'angoisse ou d'inquiétude de la famille. Le risque à prendre dans toute psychothérapie est celui de l'indépendance du sujet. Il n'est peut-être pas tellement différent de celui que peut prendre une femme en acceptant de mettre un enfant au monde. Pour le psychothérapeute, le risque est de déstabiliser une personne pour lui permettre d'orienter autrement son existence. Le public ne voit dans ce risque que ce qu'il considère comme une menace pour la société : ils vont se suicider, ils vont divorcer. A propos du suicide, il a été dit déjà au cours des chapitres consacrés à la prévention que toute prévention est une psychothérapie. Il est possible, heureusement, en cours de psychothérapie, de diminuer le sentiment de culpabilité et la conviction de solitude qui sont les grands fournisseurs du suicide. Il n'est malheureusement pas toujours possible de les réduire suffisamment pour éviter un passage à l'acte, sans qu'on puisse pour autant en faire le reproche au psychothérapeute. D'autant plus qu'il n'a pas, comme le psychanalyste, la possibilité de choisir. Quant au divorce, on aura l'occasion un peu plus tard de répéter ce qu'en disait Freud.

Le risque assumé par le psychothérapeute est la garantie de son efficacité. Risque d'abord et toujours de reconnaître l'autre. On peut se demander de quel droit et de quelle place nous pouvons reconnaître qui que ce soit. Peut-être d'avoir reconnu notre propre humanité, de l'avoir acceptée, d'y avoir passé. C'est une formule de renoncement : accepter d'être un homme et renoncer à être un dieu. On pourrait se dire qu'Eve n'y avait pas renoncé. A moins qu'elle n'ait jugé nécessaire de faire perdre à son époux sa place au paradis, pour lui faire traverser toutes les étapes de l'humanité, pariant sur l'aptitude d'Adam à en retrouver le chemin.

Les multiples aspects, les différentes phases de la vie des femmes ont déjà été soulignés. Le travail, bien sûr, comme égal de l'homme, mais aussi la maison, les enfants, et quoi que disent et fassent pour l'instant les nouveaux pères, ils n'ont pas encore enfanté. Inversement, certaines femmes se plaignent de ne pas savoir produire, visant par là des domaines scientifiques, littéraires et artistiques. Si cette plainte témoigne du chagrin de certaines femmes, il serait tout à fait erroné de la prendre au pied de la lettre. Il y a une production artistique et scientifique des femmes qui n'a rien à envier à celle des hommes. Il est souhaitable que ces productions soient différentes, alors que la plainte en question n'est pas véritablement de ne pas produire, mais de ne pas produire comme les hommes. Il est évident qu'un monde fait pour les hommes, et souvent par les femmes, réserve aux hommes une position plus facile, plus confortable. Il n'est pas étonnant que certaines femmes soient tentées par une telle position, mais il ne peut s'agir que d'une fausse route. La libération des femmes et la libération des hommes dont il ne cesse pas d'être question dans ce chapitre de psychothérapie passera par la manifestation, la révélation de la différence des femmes. Peut-être découvrira-t-on un jour que certaines formes grammaticales, et pourquoi pas le présent de l'indicatif, sont essentiellement féminines. Une chose est certaine : les femmes sont moins attachées à l'analité que les hommes, c'est-à-dire qu'elles en ont moins peur. Une petite mise au point est en effet nécessaire : si les hommes s'attachent comme on l'a vu aux différents aspects de la personnalité anale, ce n'est pas tellement par goût de la fécalité, mais par défense contre elle. Le souci de l'ordre, de l'économie, sont autant de moyens d'éloigner le spectre de l'excrément. Peut-être ces efforts traduisent-ils le plus profond des désirs, ce qui ne ferait que confirmer la peur dont le caractère masculin témoigne. La peur des femme étant moindre, il leur est plus facile de se laisser surprendre, de permettre à l'autre de les surprendre, en évitant de succomber à cette tentation masculine : prévoir l'imprévisible.

Ce nouveau retour à l'analité permet d'aborder deux questions que certains soulèveront peut-être : celle du temps et celle de l'argent. En faire des questions est une importation psychanalytique. Il y a des raisons en psychanalyse de s'en tenir à un certain rythme, de s'interroger sur la durée des séances, d'étudier la fonction du paiement. Il ne faudrait pas que la psychothérapie soit un plagiat édulcoré de la psychanalyse. Les psychothérapies interminables sont une création récente qui commence à envahir d'autres domaines, comme certaines psychothérapies de groupe, la sexothérapie, l'acupuncture. Les médecines dites douces sont menacées de la même évolution si les praticiens ne font pas l'effort de discerner ce qui s'y joue. Il ne faut pas trop vite conclure de là que les psychothérapies de longue haleine soient des échecs. Il arrive qu'à ce prix, on évite au malade des hospitalisations ou des désinsertions professionnelles ou familiales. Mais nous ne sommes plus là dans le domaine de la psychothérapie du praticien. Contrairement à ce qui se passe en psychanalyse, il sera souvent bénéfique de fixer d'avance la durée d'une psychothérapie. Cela évitera de favoriser la tendance au parasitisme et à l'infantilisme de certains patients. Ne pas prolonger non plus la durée des séances. On retomberait dans l'analité. La séance rappellerait le temps qu'il faut visser l'enfant sur son pot pour qu'il devienne propre. A moins qu'on ne traduise cette tendance obsessionnelle dans le registre oral à savoir le temps qu'il faut laisser l'enfant au sein pour qu'il soit rempli. Temps, fréquence et durée ne peuvent pas en psychothérapie obéir à des règles et chaque praticien les déterminera en fonction des particularités des multiples situations rencontrées.

Cette fixation au temps et à l'argent est encore une caractéristique masculine. Les femmes beaucoup moins que les hommes y sont attachées. Le Talmud lui-même l'a reconnu en dispensant les femmes des obligations religieuses liées au temps.

5. De la tolérance

L'accueil réticent fait par la France, aussi bien aux psychothérapies qu'à la psychanalyse, traduit une méfiance d'autant plus marquée qu'elle est plus universitaire. Les différentes techniques psychothérapiques n'ont, malgré cela, pas appris ou pas retrouvé la tolérance dont notre pays s'enorgueillissait. Les différentes méthodes se livrent une petite guerre, se dénigrent mutuellement pour se déclarer chacune être la seule efficace. Le procédé est admis en publicité, bien que se donnant souvent les gants de la plus grande courtoisie. Par contre, c'est sur la scène politique que la violence est la plus manifeste. La démocratie devrait se caractériser par la possiblité pour chaque parti, pour chaque tendance, de se faire entendre. Or, chaque groupe considère les autres comme des adversaires, et même comme des adversaires dangereux qu'il s'agit d'abattre, d'éliminer. Prétendre à la démocratie, alors qu'on attise l'intolérance, crée un climat qui s'étend à toutes les activités. La pluridisciplinarité tant prônée en médecine s'assortit d'une solide méfiance, souvent teintée d'hostilité entre toutes les disciplines. Partout où une collaboration serait souhaitable, partout où les différences devraient servir à enrichir la pensée, l'imagination, les actions, le bénéfice se perd dans des querelles mesquines. L'art officiel contre l'art du XXe siècle, la médecine universitaire contre les médecines hérétiques, la psychiatrie contre la psychanalyse, la psychanalyse contre la psychothérapie, et le tout réciproquement, perdent toute possibilité de fécondation croisée dans un repli peureux sur des positions que l'on considère comme acquises ou conquises, pour les protéger contre les convoitises des autres.

Se défaire de cette attitude de méfiance généralisée et ragoteuse à l'égard d'autrui est une condition sine qua non de toute pratique psychothérapique. Une psychothérapie implique le risque d'une collaboration avec autrui, et non une défense contre lui. Le spectacle de la télévision nous met chaque jour en présence des visages haineux de la plupart des politiciens à l'égard de tous ceux qui ne partagent pas intégralement leurs options. Or, le fondement de la démocratie est de dépasser le concept totalitaire, qu'à l'intérieur du clan tout est bon et à l'extérieur tout est mauvais. La tolérance à la française a d'ailleurs été toujours ambiguë. Voltaire était antisémite, et les révolutionnaires de tout poil s'envoyaient réciproquement à la guillotine. Autrement dit, la tolérance n'est le plus souvent qu'une clause de style, qu'à la rigueur on est prêt à exiger pour soi, mais sûrement pas à accorder aux autres.

Vouer aux gémonies le psychothérapeute concurrent implique que l'on ne sera pas plus tolérant à l'égard du client et qu'on ne saura pas s'empêcher de le juger en fonction de ses propres options. Que des psychothérapeutes en arrivent à mépriser leurs patients, à parler d'eux de façon dérisoire ou même simplement anecdotique, témoigne d'une fausse route.

Chaque groupe, comme par exemple psychiatres-biologistes, psychanalystes de différentes obédiences, comportementalistes, bio-énergéticiens, comporte dans son sein un certain nombre de personnes qui considèrent que leur groupe seul détient la vérité. Cette vérité vise toujours à réduire l'humanité à une théorie unique et totalitaire. Or, il n'est pas concevable que la complexité humaine pût se réduire à une théorie, aussi élaborée fût-elle. Cette évidence qui s'impose à tout observateur neutre échappe le plus souvent aux tenants exclusifs de chacune de ces positions doctrinales. On connaît de véritables convictions délirantes de scientifiques prétendant détenir l'unique voie de la recherche. En matière de psychothérapie, toute théorie ne vaut que ce que vaut celui qui l'applique. L'appartenance à telle ou telle école n'est en rien synonyme de la qualité ou de l'efficacité d'un travail. Ceci ne signifie pas que les théories soient équivalentes. Elles doivent être passées au crible du discernement, de l'intelligibilité et de l'érudition afin qu'on ne présente pas comme nouveauté révolutionnaire des résurgences de pensées antiques ou moyenâgeuses. Néanmoins, ce n'est pas à la somme de ses connaissances, qui risque de se transformer en récitation de catéchisme, que peut se juger un psychothérapeute. Évaluer les résultats est également difficile, tant les situations sont diverses, et mesurer le bonheur et le malheur d'autrui n'est guère précis. Le critère de la tolérance, par contre, garde toujours toute sa valeur. L'intolérance est un produit d'homme, un produit masculin. Elle traduit la lutte pour la production, l'argent et le pouvoir. On retrouve l'analité à quoi s'oppose le défi hystérique auquel on se reportera. L'emprisonnement dans les barrières de l'autoritarisme masculin transforme parfois la générosité féminine en attitude de provocation revendicatrice. C'est souvent la seule issue qui reste à certaines femmes pour tenter de s'arracher au monde de cadavres qui nous est offert. L'inaptitude à tolérer le partage, le souci de possession totale est au fondement de l'intolérance.

Techniques

La rivalité commerciale est peut-être une tare moins lourde que l'intolérance dont elle est le prétexte. Ce sont ces travers qui rendent si insupportable la concurrence entre les différentes formes de la psychothérapie, car elles sont multiples. Cette intolérance, qui dégénère parfois en haine, a fonctionné trop longtemps entre les différentes écoles de psychanalyse. Elle n'est pas éteinte, mettant en jeu ce que Freud appelait le narcissisme des petites différences. Les différences sont minimes en effet, entre tenants d'une même doctrine, et l'on a assisté parfois à des schismes pour des querelles de mots entraînant un anathème réciproque, alors que la solution intelligente eut été une fédération qui aurait permis à chaque psychanalyste de choisir l'ambiance et l'interprétation doctrinale lui convenant le mieux, tout en lui faisant comprendre que la psychanalyse est un ensemble, où les différences ne dépassent pas la diversité du vêtement, les visées communes dominant de loin d'infimes divergences. Ces querelles de mots font perdre de vue la cause à défendre, face à une scientificité et à une pseudo-objectivité menaçantes. Que des querelles de personnes soient souvent à la base de pareilles ruptures ne fait aucun doute.

Une certaine utilisation, il vaudrait peut-être mieux dire exploitation, de la science contemporaine risque d'écraser la spécificité humaine, en la ravalant à une série de comportements repérables chez les animaux et pas seulement supérieurs, comme si l'originalité humaine était intolérable à d'aucuns. La psychanalyse, où qu'elle soit et quelle que soit sa forme, représente l'alternative, qui risque de sombrer dans le ridicule du fait de querelles intestines parfaitement incompréhensibles pour le profane qui n'y voit que l'entre-déchirement des héritiers lors d'une succession. C'est en effet d'une succession qu'il s'agit : celle de Freud. Or, il en va de la psychanalyse comme de n'importe quel héritage : il perd son sens d'être dispersé. L'œuvre de Freud, et par suite celle de Lacan, perdent toute leur richesse, toute leur valeur incitatoire à la recherche, d'être réduites à un seul moment, à une seule lecture. Il en va comme de l'œuvre des grands créateurs artistiques. Celui qui possède une seule toile de Picasso, par exemple, ou de n'importe quel autre artiste ayant traversé plusieurs périodes au cours de son existence, ayant abordé des thèmes et des techniques multiples, détient pour son plaisir personnel une belle pièce, mais ne peut prétendre connaître et faire connaître tout le travail du maître. Il y faut ces rétrospectives qui permettent une saisie de l'intégralité de l'œuvre. Les groupuscules psychanalytiques font comme les collectionneurs qui, faute de moyens, sont obligés de se contenter d'un seul tableau. Le génie se caractérise de dépasser les aptitudes compréhensives d'une seule personne, d'un seul groupe. La confrontation et la discussion sont indispensables pour faire retrouver ne fût-ce qu'une partie de la richesse de pensée que les grands fondateurs ont léguée. Or, les groupes psychanalytiques se comportent le plus souvent en avares méfiants et craintifs, qui ont peur de compromettre leur part d'héritage en osant la comparer à celle des autres. Il est sûr que, par ces attitudes, on perd la portée d'ensemble de la transmission. On peut prédire que la psychanalyse ne jouera son rôle libérateur que s'il redevient possible à chaque psychanalyste, quelle que soit la partie du champ qu'il ait été capable de cultiver, de se considérer comme membre d'un ensemble.

Ces lamentables querelles rappellent non seulement les guerres de religion, mais surtout le grouillement des schismes et des sectes qui, sous prétexte de divergences à propos de vétilles, servaient d'abord la soif de pouvoir, de gloire, voire de martyre, d'un chef cupide ou illuminé. Ce qui est vrai pour la psychanalyse l'est aussi pour les psychothérapies. Elles sont multiples et ne constituent pas des groupements suffisamment importants et homogènes pour que les querelles explosent au sein d'un même groupe. Il s'agit plutôt de rivalités commerciales entre différents groupes, entre différentes techniques, car elles s'adressent à peu près aux mêmes clientèles. Ces techniques ont déjà été évoquées. Répétons que l'un des ouvrages de référence est celui de Jean Guyotat et ses collaborateurs. On y découvrira ce qu'on pourrait appeler les nouvelles psychothérapies. Comme il y a les nouveaux pères, les nouveaux philosophes, une nouvelle droite, une nouvelle cuisine, et comme il y a eu les nouveaux riches. L'utilisation du terme « nouveau » n'a rien de nouveau. Tout ce qui troublait le confort, tout ce qui venait gêner l'ordre établi, a souvent été taxé de nouveau avec une nuance péjorative qui n'est justifiée que dans quelques cas. Ces techniques ne sont nouvelles, comme toutes les autres nouveautés, que pour ceux pour qui tout est nouveau. On serait tenté de parler des nouveaux analphabètes qui limitent leur savoir et le savoir à leur petit domaine. Il y a un reproche à faire à un certain nombre de ces nouvelles psychothérapies, c'est de se fonder, sans le dire, et pire encore, sans le savoir, sur des doctrines anciennes et parfois discutables. L'usage que l'on propose ou que l'on promeut pour certains de ces traitements peut faire hésiter à les employer. Souvent, ce qu'on promet, c'est une jouissance immédiate, et comme on fait de cette jouissance immédiate une doctrine pour notre temps, ces techniques risquent de devenir un moyen d'asservissement, une véritable drogue. Ces thérapeutiques s'adressent souvent à des groupes, ce qui les fait considérer comme mieux adaptées à notre époque surpeuplée, donc plus efficaces. Or, des effets de groupe vont renforcer l'assujettissement. A force de répéter quel doit être le succès de la méthode, un certain nombre de participants du groupe finissent par les ressentir, et ceux qui n'atteignent pas le résultat promis éprouvent un sentiment d'échec, entraînant honte et culpabilité. D'où la difficulté, pour ne pas dire l'impossibilité, d'évaluer l'effet du travail accompli. Ou bien on se sent incapable d'obtenir les résultats escomptés, et partant, coupable de cette incapacité, ou bien la honte ressentie, pour les mêmes raisons, face aux autres membres du groupe fait qu'on s'accroche, qu'on multiplie les séances de traitement, qu'on recommence. En outre, il est souvent difficile de dire aux personnes, amis, médecins qui nous ont envoyés dans cette galère que leur conseil ne nous a procuré aucune amélioration. On peut éprouver cette même hésitation devant le meneur du groupe pour peu qu'il nous ait paru sympathique. On risque ainsi de se trouver embarqué dans des traitements aussi interminables que la psychanalyse à laquelle on reproche sa durée.

Nous verrons un peu plus bas à qui s'adressent ces traitements. En fonction du choix, ou plus exactement de la non-sélection des participants, des conséquences peuvent être des plus graves.

Ces réserves ne doivent pas faire rejeter systématiquement ces nouvelles psychothérapies. Il n'y a pas que la psychanalyse pour restituer à l'homme l'énergie liée dans son inconscient, et une foule de situations qui ne justifieraient pas l'entreprise d'une psychanalyse peuvent tirer des bénéfices importants d'une psychothérapie. La psychanalyse elle-même n'atteindra toute son efficacité qu'à reconnaître ses limites. Elle s'adressait au départ essentiellement aux structures névrotiques ou à la part névrotique contenue dans cette combinaison qu'est la personnalité de chacun. D'autres éléments encore composent ces personnalités, et il n'est pas impensable, pas impossible que des techniques bioénergétiques, que le cri primal, que des méthodes dites catathymiques, n'aient pas, elles aussi, un champ d'application. Signalons en passant un phénomène linguistique tout à fait curieux. L'aptitude de la langue allemande à forger des termes nouveaux par agglomération de radicaux permet d'exprimer de façon concise et parfois percutante des concepts qui, traduits en français, deviennent lourds, exigent des périphrases et perdent beaucoup de leur attrait, par ces seules questions de désignation. Il existe ainsi en allemand toute une série de « körperbezogene Therapien ». Körperbezogen ne peut pas être traduit en français par un seul adjectif. Le mot signifie « en relation avec le corps ». Parler de thérapie en relation avec le corps est maladroit et perd la spécificité de l'adjectif allemand construit pour la circonstance. Cette difficulté contribue probablement au peu d'intérêt suscité en France par des traitements qui, bien conduits, peuvent apporter des améliorations surprenantes à une série de gens « mal dans leur peau », et où ce mal se traduit par maladresse et gaucherie, par des dysharmonies même, dont le poids sur le psychisme, par le biais du sentiment d'infériorité, est souvent disproportionné.

Comme dans toute psychothérapie, l'équation personnelle du psychothérapeute prend toute son importance, et une fois de plus, on découvre la plus grande aptitude des femmes à mener ces cures. Ces psychothérapies ne sont en effet pas codifiables, et de nombreux psychothérapeutes « corporels », il serait plus juste de dire de nombreuses, m'ont déclaré que non seulement elles ne savaient pas en début de séance quels exercices elles allaient proposer à leurs patients, mais qu'à chaque moment du travail elles ne savaient pas ce qu'elles allaient faire à l'instant suivant. Cette apparence d'arbitraire contribue largement à entretenir et développer la méfiance à l'égard de ces techniques, surtout dans le public français qui suit la recommandation de Boileau : « Ce que l'on conçoit bien s'énonce clairement. » Il est clair que la psychothérapie n'entre pas précisément dans le catalogue des choses qui se conçoivent bien, et il est heureux qu'il n'y ait pas de formulaire des interventions. C'est pourquoi j'ai renoncé, ce qui serait pourtant la règle dans un ouvrage médical, à présenter des cas afin qu'ils ne deviennent pas des modèles susceptibles de dévier la libre invention de chacun.

Il y a pourtant un exemple que je citerai. Il ne s'agit pas d'un cas personnel, mais d'un emprunt à une œuvre documentaire et poétique sans aucun rapport avec la psychothérapie. Il s'agit d'un passage tiré du livre d'Elie Wiesel intitulé « *Célébration hassidique* » (8). L'auteur relate des épisodes de la vie des maîtres du hassidisme. Il s'agit ici du magid de Kozhenitz.

« Une femme le supplia de prier pour elle : elle n'avait pas d'enfant.

— Ma mère fut aussi malheureuse que toi, et pour les mêmes raisons, lui dit-il. Jusqu'au jour où elle rencontra le Baal Chem Tov (9). Elle lui fit cadeau d'une cape. Je naquis une année après.

— Merci, dit la visiteuse radieuse. Je ferai comme votre mère. Je vous ferai cadeau d'une cape.

Le magid de Kozhenitz sourit :

— Non, ça ne servirait à rien. Vois-tu, ma mère ne connaissait pas cette histoire. »

C'est ça, la psychothérapie. Indications folles et interventions délirantes. On pourrait me dire qu'il s'agit d'un exemple inspiré par la psychanalyse. Seulement, l'histoire est antérieure à la psychanalyse. Si la psychanalyse a tiré une partie de son efficace de ce qui se trouvait dans la parole bien avant elle, cette source n'est interdite à aucune technique.

Mise en pratique

Comment pratiquer la psychothérapie ?

On ne l'a sûrement pas appris au cours des études. A peine si le mot a été prononcé. Aujourd'hui, alors que le volume horaire de l'enseignement psychiatrique a considérablement augmenté, trois heures d'enseignement sont probablement un maximum, encore ces trois heures comprennent-elles, outre l'enseignement de la psychothérapie, celui de la psychanalyse, de la relaxation et de quelques autres techniques. Ceci en ce qui concerne les étudiants en médecine. Mais les psychiatres en formation ne sont guère mieux lotis, et s'il existe pour eux une formation psychothérapique, c'est grâce à l'initiative de quelques aînés, souvent psychanalystes, qui organisent autour du thème « psychothérapie » des séminaires de contrôle et de réflexion. Encore sont-ils en butte à la critique de leurs pairs et collègues.

---

(8) Élie WIESEL : *Célébration Hassidique,* page 139, Points, Seuil, Sa 3, Paris.

(9) Rabbi Israël Ben Eliezer, le Baal Chem Tov, en abrégé le Becht, le Maître du bon nom, ou du bon renom, fondateur du hassidisme.

Ceci signifie deux choses : d'une part, on estime que l'improvisation peut constituer une bonne introduction à la psychothérapie, d'autre part qu'un enseignement codifié s'avère difficile et parfois incompatible avec l'esprit d'une certaine psychanalyse.

Les médecins sont pourtant conscients de l'importance que la psychothérapie devrait prendre dans la pratique, et c'est une demande fréquemment adressée aux organisateurs de formation continue ou post-universitaire que celle d'un enseignement de la psychothérapie.

Les principes peuvent s'exprimer en quelques lignes, bien sûr totalement insuffisantes, mais des volumes entiers consacrés au sujet seraient illisibles et ne constitueraient pas une meilleure initiation.

On pourrait concevoir un enseignement de la psychothérapie, mais il ne saurait en aucun cas s'adresser à des auditeurs passifs. Il en va comme de tous les apprentissages. La théorie est utile, mais le travail sur le tas est indispensable. Les conditions d'une pratique ne sont pas réunies en cours d'étude.

On peut exprimer les exigences minimales d'une telle formation. Il faut tout d'abord pouvoir suivre son patient pendant un certain temps. A la rigueur, la durée d'un stage hospitalier serait suffisante. La condition fondamentale pourtant n'est pas réalisée : il faut être seul face à son malade, seul à le traiter, seul responsable. La hiérarchie hospitalière, le personnel soignant ne permettent pas de donner à la relation psychothérapique cette dimension de liberté, d'indépendance où il n'y a aucun recours à espérer pour les deux partis, pas de patron, pas d'infirmière, on est seul face à l'autre, c'est-à-dire face à soi-même. Le psychothérapeute, s'il intervient en son nom, ne parle pas de lui. Il restitue au patient les paroles que ce dernier veut bien lui confier. Il s'agit là d'une situation pratiquement unique dans les relations humaines. Même la confession n'accordait pas au confessé pareille indépendance, puisqu'elle impliquait une allégeance à la divinité. Une situation aussi insolite va fréquemment angoisser le patient, qui ne sait littéralement plus à quel saint se vouer, et qui est parfois tellement submergé par la liberté, le loisir, qui lui sont accordés, qu'il réagira souvent à son émotion par le silence. Du côté du médecin, les choses ne sont pas plus faciles. A tout instant, les questions l'assaillent. Comment réagir à telle interpellation directe du patient ? Que penser et que dire de tel récit ? Et surtout, l'incertitude permanente qui l'amène à se prendre pour un usurpateur. L'une des phrases que l'on entend le plus souvent proférées par de jeunes psychothérapeutes : « Quelqu'un de mieux formé que moi aurait sûrement su quoi dire ou quoi faire. » Le principe médical du travail efficace ne lâche pas aisément sa proie et les réflexions du patient ne feront qu'ancrer le médecin dans ses doutes. « Je ne vois aucun progrès », « Après l'avant-dernière séance ça allait mieux, mais depuis la dernière je suis à nouveau plus anxieux, ou plus déprimé, ou plus préoccupé ».

Toutes ces expressions, qui ont de quoi effrayer un débutant, sont pourtant autant de signes, non seulement qu'une psychothérapie a été entreprise, mais encore que le patient a investi ce traitement et qu'il en attend quelque chose. Pour un praticien plus chevronné, ces légères critiques seront d'interprétation facile. Le patient exprime devant une assemblée imaginaire et silencieuse que le traitement est pénible et n'a pas encore porté ses fruits. Il s'agit de faire entendre à tous ceux qui, tout au long de sa vie, l'ont empêché, en réalité ou en imagination, de faire ce qui lui plaisait, que le traitement entrepris n'est pas un plaisir, qu'il s'y soumet à contre-cœur, mais qu'il le fait pour son bien et pour le bien de son entourage. Qu'on ne s'y trompe pas. Pour l'environnement, le patient fait tous ses efforts pour reprendre sa place dans la société ou dans la famille. Mais derrière les plaintes d'une inefficacité, se déroule un jeu nouveau, celui de cette découverte inouïe, qu'on a le droit de parler de soi, pour soi, et peut-être pour ne rien dire, pour jouir de la parole. Loisir, licet, il est permis de. D'où l'importance pour le praticien à ses débuts de ne pas tenter de soulager sa propre angoisse par des débordements de sollicitude, qui se traduisaient par des séances trop longues ou même de durée croissante. Ce serait faire régresser le patient à une période de sa vie où le jeu représentait la part la plus importante de son activité, grâce, le plus souvent, au bon vouloir de sa mère.

Une foule de questions incontestablement sérieuses surgissent à chaque nouvelle psychothérapie. Peut-on prévoir ou prévenir un suicide, l'apparition d'un délire, un divorce, un accès de violence ? Il est vrai qu'un minimum de connaissances est nécessaire pour évaluer le risque, de même qu'un peu de savoir-faire facilite la parade. C'est là pourtant qu'il faut se faire confiance. Il n'est pas nécessaire d'attendre, d'atteindre le fond de la détresse pour découvrir que « les chants désespérés sont les chants les plus beaux », mais l'expérience montre que l'urgence nous fait découvrir des solutions qui ne nous seraient peut-être pas venues à l'esprit dans la routine et la sérénité. Les médecins devraient le savoir, qui pendant une dizaine d'années ou parfois plus ont été soumis à des examens où il s'agissait de répondre vite et bien. La situation du psychothérapeute ne se distingue pas tellement de ce cas précis de la situation d'examen. C'est la situation de tout médecin obligé de prendre seul, sans hésitation et sans délai, des décisions lourdes de conséquences.

Si telle est la position du psychothérapeute autodidacte, on peut imaginer des solutions pour lui faciliter le travail et l'amener à en tirer un plus grand profit, pour lui comme pour ses patients. Il serait souhaitable même que la formation médicale continue prenne en charge ce développement. Des rencontres, colloques, séminaires pourraient être organisés où les praticiens tentés par l'expérience psychothérapique pourraient confronter leurs expériences, les soumettre à la discussion d'aînés qui auraient pris avant eux le même risque, et en même temps écouter quelques exposés théoriques. De telles réunions, dont chacun choisirait le rythme et la durée devraient être favorisées par les pouvoirs publics. Les participants devraient pouvoir bénéficier des avantages réservés à toute activité de formation continue. La primauté devrait être accordée dans ces rencontres aux travaux de groupe. De telles expériences existent déjà en ce qui concerne les groupes Balint ou la formation à diverses techniques spécialisées.

Il n'est pas souhaitable que ces expériences aient lieu à grande échelle. Un véritable travail de pionnier est à faire pour qu'ensuite l'expérience acquise puisse être transmise au plus grand nombre.

Toutes les objections déjà soulignées à plusieurs reprises dans les chapitres précédents seront à nouveau déchaînées à propos de telles entreprises. Ces objections reposent sur des préjugés et des présupposés. Néanmoins de telles expériences ont déjà eu lieu dans d'autres pays sans entraîner les catastrophes dont nous menacent les Cassandre de service. Il est vrai que, comme toute thérapeutique efficace, une psychothérapie peut entraîner des réactions imprévues. Dans l'immense majorité des cas, un redressement de la situation sera possible. Le plus souvent, les seules conséquences fâcheuses seront une interruption du traitement. Un tel arrêt ne signifie pas obligatoirement un échec, mais un accès du patient à l'indépendance Il ne faudra habituellement pas s'attendre à de la reconnaissance : très souvent, le patient devenu autre, après un certain temps de cheminement avec son psychothérapeute, n'aura plus envie de retourner à cette période dépassée de sa vie, ni de revoir celui qui l'aura aidé à franchir le pas.

Une expérience est à tenter. Il n'est pas absolument sûr qu'elle soit utopique. Les plus avertis penseront sans doute qu'elle devrait être réservée à ceux qui ont traversé une psychanalyse. Il n'est pas sûr pourtant que tous les psychanalystes doivent leurs qualités psychothérapiques à leur propre psychanalyse.

Indications

Il n'est pas sûr non plus qu'on puisse parler d'indications de la psychothérapie, mais la tradition médicale exige de les évoquer. A vrai dire, tout ce qui précède concerne de telles indications. Il y a, dans les indications en question, une très grande marge, fonction essentiellement de l'expérience et de l'audace du psychothérapeute, parfois de son inconscience. C'est pour tenter de limiter le fantasme de toute-puissance qui risque de s'emparer d'apprentis-sorciers qu'il sera peut-être davantage question ici de contre-indications, qui impliquent également le psychothérapeute, chacun n'étant pas également doué, ni capable de ce travail. Il y a donc aussi des psychothérapeutes contre-indiqués, même si le titre de docteur en médecine donne en principe tous les droits.

La médicalisation d'un savoir psychothérapique risque d'entraîner une attitude que j'ai entendue dans la bouche d'un collègue psychanalyste étranger. Cet homme, fort érudit, affirmait : « Quand je propose une interprétation, je sais les effets qu'on peut en attendre. Si les effets manquent à apparaître, cela signifie qu'on est en présence d'une résistance, donc d'un obstacle à surmonter. » La résistance comme bastion à emporter ne peut pas ne pas s'entendre sur un plan militaire. Il y eut un jour, en France, une résistance contre l'oppression totalitaire. Où en serions-nous, où seraient beaucoup d'entre nous si cette résistance n'avait pas existé ? Cet exemple ne doit pas être perdu de vue lorsqu'il s'agit de résistances en psychothérapie ou en psychanalyse. La vérité est fréquemment du côté du résistant. Une résistance a une fonction qu'il convient le plus souvent de respecter, car même si le patient-résistant ne sait pas ce qu'il défend dans sa lutte, le savoir est tout de même de son côté.

Notre savoir médical est un savoir sur la normalité. Or, cette normalité varie selon l'idéologie ambiante. En fonction de la culture, seront anormaux les opposants au régime ou les homosexuels, les caraïtes ou les délinquants, les borgnes ou les monogames. Sans même avoir recours à des exemples aussi exotiques, notre propre civilisation est faite de tendances qui n'ont heureusement pas encore été homogénéisées. A plusieurs reprises, j'ai eu l'occasion d'évoquer une civilisation anale, obsessionnelle, et une civilisation hystérique, aventureuse. On conçoit que la normalité soit différente selon la civilisation dominante. Dans le monde rangé, ordonné, délimité et propre de l'obsession, les normes seront faciles à établir, sur un modèle arithmétique. Les déviants seront localisés, repérés, et des traitements, des cures de réadaptation leur seront proposées, allant du conditionnement à la psychochirurgie en passant par la castration plus ou moins chimique et les séjours en des lieux de rééducation. L'autre monde par contre est fait de fantaisie, d'invention de chaque instant, d'imagination. L'imagination n'a rien de péjoratif, elle est le tissu dans lequel se découpe notre vie quotidienne. On conçoit qu'un tel monde soit imprévisible, beaucoup moins accueillant pour les études de marché et les programmes de production que le monde autoritaire.

On vient d'évoquer l'imagination. Elle est indispensable, mais ce serait une grave erreur de la réduire à l'image. Il a beaucoup été question, au moment de la première rédaction de ces lignes, de la loi Roudy, loi anti-sexiste destinée à préserver les droits et la dignité des femmes. Une petite levée de bouclier salua cette loi. Elle était orchestrée, en partie, par des revues d'art semi-pornographiques et par certains publicistes. Interdire d'utiliser le corps des femmes comme appât, avec quoi allait-on aguicher le consommateur ? Tout de même pas avec des morceaux de corps masculins ! Les conmmentateurs se sont demandés jusqu'où on pourrait dorénavant aller trop loin. Faudrait-il retourner à l'époque où était interdite la reproduction des poils pubiens ? Certaines attitudes, certaines expressions allaient-elles être censurées ? On peut dépasser la question d'interdire telle ou telle image, car ce n'était certainement pas l'intention de la législatrice, dont l'inspiration morale rejoint un principe biblique tout à fait fondamental. Le décret le plus révolutionnaire de la Bible, celui qui asseoit la primauté d'une parole toujours remise en question, toujours exposée aux limitations les plus diverses, est l'interdit de la représentation : « Tu ne te feras point d'idole, ni une image quelconque de ce qui est en haut dans le ciel ou en bas sur la terre... » (*Exode,* 20, 4). Peu importe que l'image soit sainte ou obscène, elle est toujours restriction de la parole, parole par laquelle seule se développe l'humanité. L'image asservit, fait régresser. Il y a des peintres et des sculpteurs de génie, mais ils ne deviennent créateurs que lorsque la parole les délivre des impératifs étriqués des modes et de la reproduction, toujours imparfaite, de la nature, l'hyperréalisme lui-même ne reproduisant jamais que l'artifice.

Nos législateurs sont-ils devenus iconoclastes ? On se prend parfois à regretter qu'ils ne le fussent point, tant le culte de la personnalité se fonde sur l'image. Il ne s'agit d'ailleurs plus d'interdire l'image, mais de ne pas s'y limiter. La tentation est forte, en effet, de s'en tenir à un monde d'images. Autrefois l'image était sage et les enfants sages comme des images. Aujourd'hui, l'image est devenue licencieuse, mais de toute façon, elle n'accroît ni ne sollicite l'imagination, elle la restreint. L'image n'est pas un quelconque retour à la nature, à un naturisme, à un naturalisme, à une naturalité qui assurerait la continuité avec l'animal.

Cet idéal auquel d'aucuns s'accrochent voudrait nier qu'entre le langage humain et la communication animale, il y ait une coupure, un point de non-retour. L'animal ne fait pas plus d'images qu'il ne parle. Sans doute a-t-il des représentations, mais qui au mieux évoquent ces gravures dites avant la lettre, c'est-à-dire avant qu'une inscription ne soit venue leur donner une parcelle de sens. Devant une telle gravure, l'esprit humain erre et crée des tentatives d'interprétation ce que ne fait sans doute pas l'animal pour qui le sens est toujours unique, à moins qu'on ne le mette dans la situation des névroses expérimentales. Cette dernière dénomination est d'ailleurs un anthropomorphisme des plus contestables : dans ces situations de contrainte ou d'hésitation, l'animal ne développe pas de symptôme névrotique, mais des signes de détresse pouvant aller jusqu'à l'organique. La réduction à l'image est une fausse route de la parole pour tenter, par ses intermédiaires, de créer une relation à peu de frais.

Le sexisme dont il a été question à propos de la loi Roudy est conforté par la civilisation de l'image. Il faut pourtant rappeler ici un fait bien connu, mais qu'on serait tenté d'oublier dans ce contexte : c'est l'analité qui produit des images. Le donner-à-voir, même s'il s'exhibe jusqu'au plus intime des lieux de la génitalité, et peut-être surtout lorsqu'il le fait, est une production anale. Qu'on ne s'étonne pas trop devant cette affirmation, et qu'on se souvienne des barbouillages des enfants où la peinture digitale remplace, pour la décence et l'éducation, les matières fécales. Et les décorations des cellules des maniaques étaient autrefois exécutées avec des excréments. Autre preuve d'analité : il y a toujours eu une collusion entre l'artiste et l'argent, que ce soit sous forme du mécénat ou des commandes d'État, ce qui réservait aux généreux donateurs un droit de regard sur la production artistique. L'art officiel chante la louange de l'argent et flatte le pouvoir. C'est du moins ce qui se passait dans les civilisations qui nous ont précédés.

Les personnages autoritaires qui occupent souvent les leviers de commande et détiennent toujours l'argent n'entretiennent pas seulement des artistes. Ils vont fournir une part non négligeable de la clientèle médicale et psychothérapique. Non qu'ils réclament nos soins pour eux-mêmes, mais ils réclament notre aide pour mieux conformer les autres à leurs désirs, ou plutôt à leurs besoins.

Les choses se déroulent de façon tellement schématique, tellement stéréotypée qu'il est à peine nécessaire d'en parler. Il ne se passe pas de jour sans qu'un tel personnage autoritaire ne nous amène sa partenaire, son épouse, pour que nous lui expliquions la chance qu'elle a d'être tombée sur un homme comme lui. Et que si elle ne s'en rend pas compte, c'est qu'elle est vraiment malade. Chaque médecin, même s'il n'est pas psychothérapeute, trouvera une série d'exemples à aligner ici. Lorsqu'un traitement a été entrepris sans qu'on l'ait rigoureusement aseptisé à l'égard du propriétaire, on peut s'attendre à des assauts permanents, téléphoniques ou épistolaires, exigeant de façon revendicatrice qu'on effectue au plut tôt le travail commandé. Même lorsque ces hommes ne mènent pas eux-mêmes leur victime chez le médecin, ils sont fréquemment la cause d'états dépressifs ou de passages à l'acte.

Il ne s'agit pas d'un phénomène nouveau. En 1920, Freud écrivait dans les premières pages de l'article : « A propos de la psychogenèse d'un cas d'homosexualité féminine » page 265 du tome XII des *Gesammelte Werke* : (c'est moi qui traduis) :

« Des situations comme celle d'un homme qui veut construire et qui commande à l'architecte une villa conforme à ses goûts et ses besoins, ou celle du pieux donateur qui se fait confectionner par l'artiste une image de saint, en ménageant dans un coin son propre portrait en dévôt, sont fondamentalement incompatibles avec les conditions de la psychanalyse. Il arrive certes tous les jours qu'un époux s'adresse au médecin : ma femme est nerveuse, c'est pourquoi elle s'entend mal avec moi ; guérissez-la afin que nous puissions à nouveau mener une vie conjugale heureuse. Mais il s'avérera assez souvent qu'une telle commande ne peut être exécutée, c'est-à-dire que le médecin ne peut produire le résultat pour lequel le mari souhaitait le traitement. Aussitôt que l'épouse est libérée de ses inhibitions névrotiques, elle impose la séparation du couple dont le maintien n'était possible qu'au prix de la névrose. Ou bien les parents demandent que l'on guérisse leur enfant parce qu'il est nerveux et indocile. Ils entendent par enfant en bonne santé celui qui ne provoque aucune difficulté et dont ils peuvent tirer leur joie. Il se peut que le médecin réussisse à rétablir l'enfant, mais après la guérison, il suivra plus délibérément encore ses propres chemins et les parents se trouveront dans une situation bien plus insatisfaisante qu'auparavant. »

Les déclarations de Freud n'ont rien perdu de leur actualité. Nous avons vu que tout au long de cette situation, Freud parlait du médecin. Sa mise en garde concerne tous les actes thérapeutiques. Une thérapeutique entreprise à la demande d'un tiers ne devrait se faire qu'avec les plus grandes réserves. Elle est source de tous les déboires. Ce n'est guère que dans le cas de certaines grandes psychoses que l'entreprise d'un traitement relèvera de la responsabilité du médecin, sans que le patient soit en état de formuler une demande. Il ne s'agit sûrement pas de cas auxquels se frottera le médecin praticien. Pas plus qu'il ne devrait prendre en charge de grandes névroses invétérées comme certaines névroses obsessionnelles. Il faut dire que les psychanalystes les plus patentés y regarderaient à deux fois avant d'entreprendre un travail avec de tels malades. Il faut, en effet, une grosse dose d'idéalisme, d'optimisme, d'inconscience, ou peut-être un manque criant de clientèle, pour témoigner d'une telle audace.

Il en va de même des perversions, dont il n'a guère été question dans ce livre, tant elles échappent au domaine de la médecine praticienne. Il est préférable de n'en rien dire, pour laisser intacte la curiosité du médecin, plutôt que de l'orienter vers de fausses pistes par un exposé rudimentaire. La perversion, les perversions sont en relation avec l'image dont il vient d'être question un peu plus haut. Toute perversion, sexuelle s'entend, est une tentative de limiter l'expérience sexuelle à un scénario encadré, restrictif, éliminant le risque de l'engagement, de l'ouverture sur l'aventure. Ce ne sont pas tant les techniques ou les rites qui font la perversion. Aucune improvisation n'est perverse en soi, pour peu que les deux partenaires l'acceptent. Toutes les formes de caresses se retrouvent aussi bien dans la perversion que dans l'amour dit normal. Peut-être la perversion entraîne-t-elle une certaine stéréotypie, réduisant la gamme des jeux érotiques à quelques notes, mais c'est surtout l'encadrement, temporel et spatial, qui marque la perversion. La sodomie ou la mascarade de cinq à sept, dans le boudoir chinois de Madame Rose. La limitation est encore une fois anale. Analité vénale, excluant le risque de l'engagement amoureux d'une part, analité visuelle qui fait percevoir la scène par un trou de serrure, métonymie d'une lunette de cabinet qui évite que l'on découvre autre chose que ce que l'on s'attendait à voir. Défense contre la castration. Mais n'oublions pas tout ce que nous avons dit des cloisons tout au long de ce livre. Il n'y a probablement pas de pervers pur, pas plus qu'il n'y a de névrosé pur, ou de psychotique pur. Ce qui fait que chacun de nous a droit à son petit arpent pervers. Sinon il serait trop frustré. Il y a place pour de petits traits de perversion, et de perversité, même chez ceux qui se considèrent comme parfaitement normaux.

Si quelqu'un a choisi le domaine des représentations perverses pour assurer ses inhibitions, pour consolider la stabilité de ses répétitions, pour éviter le risque de perdre sa mise dans une expérience nouvelle, cela ne signifie nullement qu'il ne soit que pervers. Ce qui lui permet du coup d'être victime de toutes les réactions, dépressions, malaises qui menacent n'importe qui, et d'arriver pour ces raisons dans le cabinet du praticien. C'est par cette voie donc que ce dernier peut rencontrer quelques exemples de perversions.

La psychothérapie n'est pas une thérapeutique que l'on puisse différer. Les psychanalystes donnent parfois, avec l'accord de leur futur analysant, des rendez-vous fort éloignés, à plusieurs mois d'intervalle. L'urgence d'entreprendre un traitement n'est pas très grande. Il n'en va pas du tout de même d'une psychothérapie dont on ne peut reculer l'entreprise. Dans tous les cas de réactions à des situations existentielles, la psychothérapie est une intervention d'urgence, qu'on peut bien sûr associer à des anxiolytiques, des tranquillisants, éventuellement des antidépresseurs. Mais on ne peut pas renvoyer le malade au mois suivant. Si les gens viennent nous trouver à un moment précis, c'est bien que quelque chose est survenu dans l'actualité, et que nous aurons à saisir la réaction à chaud. Quelque chose est survenu dans l'un des domaines de l'existence quotidienne : travail, amour, famille, qui constituent les champs d'une psychothérapie du praticien.

6. Vers une éthique

Une relation humaine est-elle possible ?

Au début de cette partie du livre la psychothérapie a pu être définie comme une rencontre symbolique, c'est-à-dire laissant chacun différent après cette rencontre de ce qu'il était auparavant. Ce terme de symbolique est utilisé actuellement dans de nombreuses acceptions. Il sera employé ici au sens que lui donnait Lacan lorsque ses travaux commencèrent à être connus dans le milieu psychanalytique. C'est d'ailleurs le sens étymologique. Le symbolon était dans la Grèce archaïque ce fragment de poterie grâce auquel deux clans ou deux parties de clan pouvaient témoigner de leur alliance par l'engrènement des tessères. La fonction symbolique est celle qui réunit deux ou plusieurs sujets ou qui fonde leur union dans un représentant commun. Parler de relation symbolique est donc un pléonasme, mais qui nous interpelle. Peut-il y avoir une relation humaine autre que symbolique ? On pense immédiatement aux relations amoureuses. Il faut rappeler toute l'écorce imaginaire qui entoure l'objet d'amour. Pour retrouver l'autre auquel nous nous croyons liés par un sentiment, il faut d'abord le dépouiller de tout un feutrage que nous avons secrété comme un cocon externe pour emballer cet autre, le rendre inoffensif en le parant de nos propres productions imaginaires. La relation ne se constitue pas davantage par de quelconques interpénétrations. La relation symbolique n'est jamais une relation immédiate, elle se fait par le truchement d'un objet. L'homme malade de la parole nous a rappelé que cet objet était le langage. Ce langage fait des mots que l'autre nous a enseignés, nous nous le sommes approprié, il nous appartient d'y ménager la place des interlocuteurs afin que se constitue le lien symbolique, celui de la relation humaine.

Ce préambule va nous permettre de préciser ce qui peut s'opposer à la constitution d'une rencontre. La rencontre est médiatisée par un objet. D'autres objets peuvent s'y opposer. Il s'agit de ces objets de fascination qui s'interposent entre les interlocuteurs, objets de fascination, à savoir ce qui capte le regard de l'autre, ce par quoi on capte ce regard. Les bijoux par exemple, mais aussi tous les insignes dont on se pare, tous les fards, les masques, les voiles dont on se revêt. Il ne s'agit pas de prôner le nudisme, car l'homme nu n'existe pas. Même s'il n'apporte apparemment aucun soin à ses téguments et phanères, l'homme ne peut plus ne pas être le plus souvent une personne vêtue. Et dans le fait même de s'offrir dévêtu au regard d'autrui, on exhibe d'abord la volonté de paraître déshabillé. Ni les cheveux ou la barbe non taillés, les ongles non coupés, ne peuvent plus passer pour une spontanéité naturelle. L'objet de fascination chez l'être humain ne correspond plus aux stimuli spécifiques de la communication animale. Ces objets ne peuvent pas ne pas être marqués par le langage. Ils peuvent tout au plus tenter de le faire oublier. La complicité de chacun peut jouer pour permettre aux images de cacher les mots. L'image comme objet de fascination rappelle une fois encore l'interdit de la représentation, qu'elle soit peinte ou dessinée, gravée ou sculptée. On ne peut cesser d'admirer le génie du législateur qui, à l'orée de notre civilisation plaça cette borne qui continue aujourd'hui encore à protéger le langage, donc la possibilité du lien, de la rencontre. On se souvient de l'application faite par Emmanuel Levinas de cet interdit dans sa formule :

« La meilleure manière de rencontrer autrui, c'est de ne pas même remarquer la couleur de ses yeux. »

On peut opposer cette formule au « T'as de beaux yeux, tu sais ». Le domaine de l'imaginaire, des images est toujours un voile, mais dont la fonction n'est pas simple. Même si l'on désigne plus ou moins crûment une partie du corps de l'autre, en remplaçant par exemple yeux par seins ou fesses, l'image évoquée peut être un voile pudique. Ce que l'on cache dans la pudeur, et de façon tellement habituelle qu'on finit par le méconnaître, c'est son désir. Or, reconnaître son désir, c'est justement offrir à l'autre cette place qu'il peut occuper, et dont on redoute toujours qu'il use à notre détriment. La pudeur ne consiste qu'hypocritement à cacher ce sein que l'on a envie de voir. La phrase même de Tartuffe nous montre de quoi il retourne. « Cachez ce sein que je ne saurais voir ». De quelle science s'agit-il, de quel savoir, sinon de cacher une envie qu'autrui pourrait exploiter. La place offerte à l'autre dans notre discours est toujours une place creusée par le désir.

On a dit parfois que la psychothérapie et ses effets se bornaient à l'imaginaire, se cantonnaient aux manipulations de l'imaginaire, qui se résument dans la suggestion. La proposition du philosophe suggère la possibilité de dépasser ces limites, et réintègre la possibilité du symbolique. La psychothérapie, comme toute rencontre, non seulement médicale, non seulement psychiatrique, non seulement psychanalytique, mais humaine, la psychothérapie est dominée par l'éthique, une éthique de la responsabilité à l'égard d'autrui. Il n'y a pas un instant dans la relation thérapeutique où je ne sois responsable de l'autre. Ceci implique une critique à l'égard de certaines prétentions psychothérapiques, prétentions d'indifférence quant aux effets du travail accompli. J'ai dit qu'il n'appartenait pas au psychothérapeute de s'intéresser à son patient. L'intérêt en question est celui d'une curiosité. Ne pas s'intéresser à quelqu'un sur le plan anecdotique de sa vie quotidienne ne signifie pas qu'on se désintéresse, qu'on soit indifférent aux effets de sa rencontre avec nous.

Il est parfois question, de façon un peu condescendante, de psychothérapies dites de soutien. On aurait bien tort de les discréditer, car un soutien efficace ne peut passer que par une transformation de l'autre, aussi minime soit-elle. La rencontre symbolique est synonyme de transformation dans le sens de cette conquête, de ce développement du langage qui est le devoir de tout homme.

Un certain nombre de psychothérapies, de techniques psychothérapiques impliquent le groupe. Ceci ne peut pas ne pas soulever quelques objections, surtout s'il s'agit de techniques verbales. Comment maintenir le secret professionnel dans de telles pratiques ? Ce rappel n'est pas à entendre comme une exhortation à la déontologie, encore qu'une telle motivation soit déjà suffisante. Mais il y a plus grave. Le secret professionnel est destiné à ne pas livrer en pâture, à une curiosité parfois malveillante, les petits et les grands secrets de la santé de chacun. Amener des personnes à s'exprimer aussi librement que possible devant autrui, non seulement risque de livrer des informations que l'on pourra regretter ultérieurement d'avoir données, mais surtout, de diminuer la réserve ou la pudeur qui font partie intégrante de la personnalité de chacun. Ce franchissement des limites du quant à soi peut satisfaire des tendances exhibitionnistes. Il vaudrait mieux dire : ramène à une phase antérieure celui qui était en route vers une appropriation du langage, phase peut-être infantile, en tout cas régressive. Du même coup, le groupe acquiert une fonction et une puissance de surmoi. La puissance acquise ainsi par le meneur n'a en général pas de conséquence fâcheuse lorsqu'il s'agit d'un groupe de psychothérapie. Les mêmes effets toutefois se produisent dans les sectes, comme dans les groupuscules politiques ou terroristes. Dans ces cas les effets ne sont plus du tout inoffensifs. Il n'est pas rare, même dans des réunions scientifiques, que celui qui ose prendre la parole, celui qui s'expose, soit en butte aux réactions féroces du reste du groupe. On assiste à une véritable mise à mort, d'autant plus allègre qu'elle est jouée par une collectivité qui, comme dans un peloton d'exécution, a toujours la possibilité de rejeter la responsabilité du coup mortel sur le voisin. On voit que le groupe risque parfois de prendre le contre-pied de cette éthique de la responsabilité pour l'autre. Elle est déjà difficile entre deux personnes, elle exige qu'on franchisse un pas de plus pour la transporter dans le groupe.

L'un des effets, ou peut-être vaudrait-il mieux dire l'un des dérapages du travail en groupe, est la régression qui vient d'être évoquée. La technique psychanalytique se fonde sur une certaine régression. Il s'agit là d'un concept extrêmement précis et qui ne dépasse pas la relation transférentielle avec le psychanalyste. Il serait tout à fait erroné et dangereux d'appliquer ce terme qui désigne un aspect rigoureusement localisé du travail psychanalytique à n'importe quelle entreprise psychothérapique.

Régression

Il était une fois... Tous les récits, tous les contes de fées, reportent dans un passé nostalgique un bonheur qui n'existe que rétrospectivement. Neiges d'antan, belles époques, « de mon temps, Monsieur ». Les paradis mythiques sont terminés, les hommes sont privés définitivement des jouissances suprêmes, il n'y a plus devant eux que perspectives de ratages répétitifs, d'échecs, de malheurs, de souffrances. Autrefois, les étudiants menaient joyeuse vie et ils travaillaient mieux qu'aujourd'hui. Ces imbécillités maintes fois rabâchées finissent par devenir vérité pour les barbons qui les profèrent. Les monômes enfaluchés des étudiants d'autrefois, d'un autrefois pas tellement lointain d'ailleurs, ne traduisaient pas une plus grande aptitude à la gaîté ni à un optimisme plus constructif. Ils n'étaient que l'exhibition d'une pseudo-liberté, quêtant en quelque sorte l'approbation du bourgeois, au monde duquel appartenait l'étudiant, pour quelques indigentes licences dont on parlerait plus tard, à la table de bridge ou au club nautique, comme d'une guerre de 14. Les étudiants d'aujourd'hui ne sont pas moins jeunes, moins dynamiques. Mais il est vrai que les impératifs alimentaires les obligent à se préoccuper plus tôt de leur insertion socio-professionnelle, et que les manifestations folkloriques sont dépassées. Il n'y a aucun intérêt à regretter le passé, et la nostalgie pour les belles coutumes d'hier ne fait qu'exprimer le peut-être légitime regret pour l'état de jeunesse, car jamais plus on ne retrouvera cette même intensité des désirs et des passions, l'apanage de l'adolescence, qui font que les adultes, déjà vieillards, ne peuvent plus qu'envier la jeunesse, et se venger en la brimant.

Notre langage est infiltré d'expressions qui nous orientent vers le passé, le représentant comme le paradis perdu, et attisant les regrets. Regrets ? Le terme est inexact. Il impliquerait qu'on a rempli ce temps d'aventures qui ne sont plus aujourd'hui à notre portée, alors qu'il ne s'agit, dans ce cas, que d'un passé légendaire, qui n'a jamais été le nôtre. Nous avons oublié les affres des amours ratées, du mépris, des échecs. Car si toutes ces aventures avec lesquelles nous garnissons notre nostalgie avaient réellement été accomplies, elles ne seraient pas source de regrets envieux, mais de joie et d'indulgence. C'est l'amertume qui induit les regrets. On déplore une période de sa vie qu'on a mal occupée, mal vécue, et non pas remplie des joies que l'on imagine, que l'on exhibe lorsqu'il est trop tard pour les réaliser. Avec au fond du cœur le soulagement d'avoir évité tous les dangers que comporte l'aventure. Les aigris du troisième âge, ou même du deuxième, ne font que se vanter en évoquant leur folle jeunesse. Médiocres, ils le furent de tout temps, et les mêmes peurs précautionneuses les freinaient à leur adolescence comme elles les rendent incapables de toute générosité aujourd'hui. Il faut un culte de la fiction et du pathos geignard pour se vautrer dans le « jamais plus » qui permet de croire, et surtout de faire croire, qu'« il était une fois », et que nous en fûmes le prince charmant ou la princesse lointaine. Nous souffrons des occasions manquées, et pour nous en consoler, nous érigeons le ratage en culte, en principe incontournable. L'aventure humaine, qu'elle soit amoureuse, sociale, mystique, scientifique ne peut qu'échouer. Plutôt croire à l'échec qu'à la fin. Si l'amour se tarit, ce n'est pas un échec, c'est la fin d'un parcours. C'est là qu'il importe de découvrir la part que nous devons à l'autre dans ce parcours, que nous n'aurions jamais pu accomplir seuls. Cette reconnaissance nous permettra de continuer ce parcours, d'inventer de nouvelles formes, de nouvelles voies du vivre-ensemble, plutôt que de se donner le ridicule de la répétition décennale, ou quinquennale, des séparations. Le thème du vieillard et de la jeune fille n'est pas d'aujourd'hui, mais la Renaissance, moins hypocrite que nous, n'hésitait pas à mettre sur un même plan de vénalité la vieille et le jeune homme.

Il serait sans doute plus judicieux de limiter les carrières que les vies amoureuses. Le temps de préparation aux carrières scientifiques est occupé par des examens et des concours stérilisants, par l'attente de postes disponibles. L'état de la recherche scientifique serait certainement différent si, au lieu d'offrir des postes pour 25 ans à des gens déjà fourbus par une période de vassalité stérile, on limitait leurs responsabilités à une dizaine d'années, aux dix années où ils auraient quelque chance de n'avoir pas encore atteint leur niveau d'incompétence, pour ensuite, tout en leur assurant la possibilité d'un gagne-pain, donner leur chance, assez tôt, aux suivants.

Les « vieux » répètent à bouche-que-veux-tu. « Les jeunes ne savent plus travailler », ce qui est grotesque. Il n'y a pas de promotion d'étudiants hospitaliers (on ne dit plus externes), et à plus forte raison d'internes, qui ne m'émerveillent par les connaissances qu'ils ont pu acquérir, et par l'intelligence avec laquelle ils les ordonnent. C'est grâce à eux qu'il m'arrive parfois de ne pas me sentir tout à fait dépassé.

Un discours de conte de fées tourne notre intérêt présent et à venir vers un passé habité par les dieux et les nymphes, nous fait croire que nous avons déjà mangé notre pain blanc et que tout le reste de notre vie, c'est-à-dire toute notre vie, ne sera plus occupé que par des regrets. La publicité s'en empare : ce sont les vieux qui nous disent comment apprécier le fromage industriel ou les pâtes sorties d'usines, les vieilles qui nous recommandent machines à laver ou robots ménagers. La fascination pour les gens âgés est exploitée à des fins mercantiles. Pas étonnant que certaines psychothérapies, tout aussi industrielles, en fassent autant.

On ne médite plus assez cet extraordinaire roman de futurologie que fut *Brave new world* (« Le meilleur des mondes »), d'Aldous Huxley. Il y décrit des « offices de solidarité » qui réunissent tous les effets et tous les dévoiements de certaines activités de groupe, en invoquant NF, c'est-à-dire Notre Ford ou Notre Freud. Ces offices de solidarité se terminaient tout à fait rituellement par cette « nouvelle » forme de sexualité que l'allemand peut désigner par un seul terme, le « Gruppensex », le sexe de groupe. Qu'on n'aille pas croire qu'il s'agit là d'un progrès dans l'audace, dans l'affranchissement. Il s'agit bien au contraire d'une régression à des jeux d'enfants, sans culpabilité et sans conséquence. On est toujours étonné, à entendre le récit de telles aventures, qui ne manquent jamais dans certaines pratiques de groupe, de retrouver les termes mêmes qu'utiliseraient des enfants pour décrire le jeu du docteur ou d'autres explorations. Cette régression, qui délivre les gens de leurs responsabilités, les préserve de tout engagement, a la valeur satisfaisante, soulageante, de tout émonctoire, et n'a donc de sexe que le nom. Les enfants prennent le même plaisir à se toucher réciproquement qu'à déféquer ou uriner en groupe. Il est intéressant de noter que ces aventures sans lendemain, et sans veille, qui se nouent au cours de telles sessions de psychothérapies de groupe, sont moins fréquentes lorsqu'il s'agit de techniques corporelles que de techniques verbales. Comme si les limites imposées à la parole par le dispositif même induisait les passages à l'acte. Il va de soi que ces « prolongements », il vaudrait mieux dire prolongations, comme dans les compétitions sportives, ne sont pas une surprise pour les organisateurs et meneurs, qui y trouvent, sur tous les plans, leur compte.

Il y a, dans ces comportements, régression à une phase antérieure, non au langage, mais du langage, phase moins responsable, moins engagée. Le sujet est délivré, délié de la parole. Si la psychothérapie est libération par rapport à des modèles aliénants, elle devrait permettre au sujet de mieux habiter sa parole, et non de la troquer pour un chant du coq.

Certains systèmes, certaines pseudo-théories de la psychothérapie en font de véritables scénarios pervers. Un exemple : on a proposé, aux États-Unis bien sûr, une psychothérapie qui consiste à attacher le patient pendant plusieurs heures par jour sur un siège. On ne le maltraite pas, mais on ne le détache pas non plus pour faire ses besoins. Pendant ce temps, des « moniteurs » l'abreuvent, de la façon la plus grossière et la plus crue, d'injures « orientées » vers les inhibitions du sujet. Après plusieurs jours de ce traitement, évidemment payé fort cher, en dollars, donc pratiquement inaccessible aux Français, à moins qu'un spécialiste n'adapte la méthode aux conditions locales, après plusieurs jours de travail donc, on se sentirait beaucoup mieux, délivré, et on n'aurait plus la moindre hésitation à exprimer ses désirs et à les satisfaire. Il y a fort à parier que les désirs aient été considérablement réduits, et ramenés au plus près des besoins naturels.

Le fantasme du retour à l'animal est l'une des voies de la régression. Il en est une autre qui se cache derrière les simulacres du progrès. Il ne s'agit plus d'égaler l'animal, mais la machine. Cet idéal ne date pas d'aujourd'hui. Depuis qu'il y a eu des guerres, les chefs ont toujours tenté de transformer les hommes en machine à se battre et à tuer. Longtemps, dans le travail à la chaîne, l'homme a été la plus efficace des machines. Maintenant, le comportementalisme vise à adapter l'être humain de la façon la plus précise aux situations de sa vie quotidienne. Encore un exemple : un homme d'une quarantaine d'années est hospitalisé dans un service de psychiatrie où règne le comportementalisme. Sans doute s'agissait-il d'un état dépressif. Toujours est-il qu'on tente de lui rendre goût à la vie en meublant toutes ses journées de consignes précises afin qu'il n'y ait pas une lacune dans l'emploi du temps, pour lui éviter de broyer du noir. Vient le moment où le malade, ayant témoigné de ses capacités adaptatives au service, va être rendu à sa famille. Un programme précis est mis au point pour qu'il n'y ait pas de loisir dangereux, c'est-à-dire non programmé. Le premier jour devait être occupé par le lavage des carreaux, ce qui fut fait. Le lendemain, lorsque l'épouse du malade rentra de son travail, il s'était mis à pleuvoir. Elle se dit : « Quel dommage ! Cette pluie gâche tout le travail fait hier par mon mari. » En s'approchant de la maison, elle constate que tous les volets sont clos. « Quelle bonne initiative » se dit-elle. En rentrant chez elle, elle découvre son mari pendu. Et pourtant le programme comportemental détaillé n'avait prévu aucun moment pour une pareille initiative.

Je ne doute pas qu'une psychothérapie comportementaliste puisse amener des améliorations importantes. Le danger de toute psychothérapie est d'en faire une panacée, et de prétendre détenir la vérité. Vouloir faire le bonheur des gens contre leur avis, ou sans leur avis, ne peut qu'entraîner des révoltes. Le suicide en est l'un des modes. Par contre, si le patient se retourne contre son psychothérapeute, il évitera peut-être la régression.

Les techniques qui induisent et qui souhaitent parfois la régression ne s'appuient pas toujours sur des fondements théoriques très élaborés. On présente souvent comme innovation des méthodes fondées sur des conceptions extrêmement anciennes que seul l'analphabétisme des consommateurs ne permet pas de ramener à leurs origines. Dès l'Antiquité, on aimait se fonder sur les analogies entre microcosme et macrocosme. Aujourd'hui encore, et au niveau du corps, on se plaît à retrouver des correspondances analogues. Corps représenté dans l'iris chez les iridologues, dans le lobe de l'oreille chez les auriculothérapeutes, dans les cornets nasaux chez les réflexologistes, dans l'ombilic ou entre les orteils chez d'autres spécialistes. Ces localisations sont évidemment pure fantaisie et même le plus fondé de ces homoncules, celui par lequel on imageait la représentation somatotopique de la frontale ascendante s'avère tout à fait insuffisant. Pour qui l'histoire de la médecine n'est pas tout à fait lettre morte, ces théories trouvent au fil des âges des représentants illustres. Aussi longtemps que les théories sont données comme hypothèse, elles peuvent être fécondes en suscitant des critiques. Ce n'est que la conviction des tenants de ces doctrines qui constitue un véritable danger. Le retour à l'Antiquité ou au Moyen Age constitue également une forme de régression. Il y a par exemple une doctrine des correspondances en matière d'acupuncture. Si l'engouement actuel pour cette méthode est justifié, il est évident qu'on ne peut se contenter de la théorie des méridiens. Les effets de cette thérapeutique méritent d'être soumis à une exploration scientifique rigoureuse, afin d'éviter son emploi régressif et thaumaturgique. Faire accepter les médecines parallèles ou hérétiques comme vérités dogmatiques favorise l'infantilisation des patients et une régression de l'humain.

Le chemin vers l'autre

On a vu que ce sont des raisons éthiques qui doivent faire rejeter, sinon certaines formes, du moins certains usages de la psychothérapie. Le respect de l'autre mérite mieux que des propositions thérapeutiques pour illettrés. On a parlé d'éthique de la psychanalyse et Lacan a consacré l'un de ses séminaires les plus importants à ce thème. Le développement qu'il lui a donné est trop vaste pour qu'il soit possible de ne faire même que l'effleurer. Mais faut-il entendre dans ce titre qu'une éthique doit régler la relation entre psychanalyste et psychanalysant, qui serait différente de celle qui régit les autres relations humaines ? L'ensemble des habitudes et usages amène souvent une résignation qui empêche le cheminement de l'être humain sur sa propre voie d'humanisation. C'est à permettre ce cheminement que la psychanalyse doit veiller, et Lacan l'a résumé dans une formule saisissante : *ne rien céder sur son désir.* On s'est empressé de s'emparer de cette formule pour lui donner une foule d'interprétations, aussi fausses que celles qu'on donne parfois au « fais ce que voudras » gravé au fronton de l'abbaye de Thélème. Rabelais, sachant que les gens qui lisaient un texte concis avaient besoin d'une glose, ajoutait celle-ci : « parce que gens libères ont par nature un sentiment et aguillon qui toujours les pousse à faits vertueux et retire de vice, lequel ils nommaient honneur ».

Le « ne rien céder sur son désir » n'a pas eu cette chance. Il a été traduit par une foule de psychanalystes ou soi-disant tels comme une incitation à donner libre cours à toutes les concupiscences, à satisfaire toutes les petites envies qui se limitent habituellement aux dérisoires turpitudes réservées à l'alcôve bourgeoise. L'expérience nous a pourtant enseigné que ces passages à l'acte sont tout le contraire du désir. Ils reviennent exactement à s'en défaire, à le faire taire, donc à éviter l'affrontement à la castration. Si l'œuvre de Lacan se limitait à une invitation à la débauche ou à la licence, si on la réduisait plutôt à cette dégradation, il en serait fait de la psychanalyse. Ne rien céder sur son désir signifie plutôt assumer l'angoisse qui naît de la prise de conscience de ce désir, et la mettre en parole, une parole qui permette à l'autre de trouver sa place de parlant et non seulement d'organisme. Multiplier les objets de consommation pour les faire passer pour des objets du désir est le moyen détourné d'éviter, de nier le désir. Déchiffrer la formule lacanienne fait surgir une exigence éthique qui ne s'oppose en rien à l'éthique de l'autre homme.

L'intérêt pour l'éthique de la psychanalyse se justifie par le fait que celle-ci reste actuellement le fondement le plus élaboré de tout raisonnement sur l'appareil et les fonctions psychiques. Ce qui revient à dire aussi que la psychanalyse est et reste la meilleure introduction à la psychothérapie, pour le psychothérapeute bien entendu. La nouveauté ici est de présenter la psychothérapie non pas comme une réduction de psychanalyse mise à la portée de toutes les bourses, mais comme un dépassement de la psychanalyse, afin de l'appliquer à des champs nouveaux, à découvrir par chacun. Ce qui amène aussi à revaloriser la dimension thérapeutique de la psychanalyse.

On a parfois voulu voir en France, dans cette dimension thérapeutique, un aspect de la *furor sanandi,* la rage de guérir. Ceci offre un excellent prétexte à ceux qui redoutent l'acte efficace. Depuis Freud, plusieurs générations de psychanalystes se sont succédé, un peu comme des générations d'ordinateurs. On aurait pu espérer à chaque rajeunissement un peu plus de connaissances, un peu plus de courage, et surtout un peu plus de générosité. C'eût peut-être été le cas s'il n'y avait eu la compétition commerciale, la concurrence qui entraîne l'intolérance. Quand pour toutes ces raisons l'efficacité vient à manquer, on assiste à un accroissement d'exigences théoriques oscillant entre le terrorisme totalitaire et la théologie idolâtre.

Il n'y a pas de concurrence entre psychanalyse et psychothérapie, au contraire. Les psychothérapeutes qui s'avanceront dans cette discipline découvriront rapidement et souvent très tôt que ce travail révèle, par pans entiers, des choses insoupçonnées à leurs malades autant qu'à eux-mêmes. Ils éprouveront fréquemment un intérêt suffisant pour approfondir ces premières découvertes. Pourquoi entreprendre une psychanalyse ? Un aspect de la réponse est toujours le même : c'est qu'on a déjà fait soi-même une partie du chemin, grâce à des rencontres, à des expériences personnelles. Ce chemin a paru mener à des découvertes autrement importantes que celles offertes par les gadgets de la civilisation, suffisamment importantes en tout cas pour qu'on ait envie d'aller plus loin, et, qui sait, peut-être jusqu'au bout de ses premières intuitions. Il n'est peut-être pas totalement délirant d'espérer une génération nouvelle de psychothérapeutes et de psychanalystes qui se rencontreraient après être sortis de leurs ghettos respectifs. La psychanalyse pourrait cesser d'être une expérience de classe. Elle s'arracherait ainsi à deux écueils : le « pessimisme » de ses fondateurs, de tous ceux qui y ont joué un rôle fondateur d'une part, d'autre part le triomphalisme, avec sa publicité indécente et sa démagogie de show business. Chaque psychanalyste connaît quelques-uns de ces personnages qui au nom de la psychanalyse paradent sur toutes les scènes du monde en s'enveloppant de préférence dans un discours hermétique, incompris de ceux-là mêmes qui vont le répétant. Il est regrettable que ceux pour qui la psychanalyse est autre chose qu'une industrie ne se soient pas désolidarisés de ces pitreries.

Cette dégénérescence est le plus souvent le fait des hommes. Le chemin vers l'autre ne s'ouvrira que si l'on restitue leur place aux femmes qui sont, plus que l'homme, à la fois aptes à supporter l'altérité et à la constituer. En 1946, bien avant que les psychanalystes aient découvert ou redécouvert cette altérité des femmes, Levinas écrivait, dans « *Le temps et l'autre* » (10) : « Existe-t-il une situation où l'altérité de l'autre apparaît dans sa pureté ? Existe-t-il une situation où l'autre n'aurait pas seulement l'altérité comme l'envers de son identité, n'obéirait pas seulement à la loi platonicienne de la participation où tout terme contient du même et par là même contient de l'autre ? N'y aurait-il pas une situation où l'altérité serait portée par un être à titre positif, comme essence ? Quelle est l'altérité qui n'entre pas purement et simplement dans l'opposition des deux espèces du même genre ? Je pense que le contraire absolument contraire, dont la contrariété n'est affectée en rien par la relation qui peut s'établir entre lui et son corrélatif, la contrariété qui permet au terme de demeurer absolument autre, c'est le féminin. »

J'aurais pu m'arrêter sur cette citation si elle avait été le dernier mot du philosophe sur la question. J'ai dit déjà que sa pensée avait anticipé celle du psychanalyste, car l'apparition de la femme comme porteuse d'altérité essentielle est récente — même si Freud l'avait déjà devinée — Levinas, lui, estime qu'il faut aller aujourd'hui un peu plus loin, en se retournant vers la source. Dans les entretiens diffusés en février-mars 1981 sur France-Culture et réunis en 1982 sous le titre « *Éthique et Infini* » (11), il dit ceci : « Peut-être toutes ces allusions aux différences ontologiques entre le masculin et le féminin paraîtront-elles moins archaïques, si, au lieu de diviser l'humanité en deux espèces (ou en deux genres), elles voulaient signifier que la participation au masculin et au féminin était le propre de tout être humain. Serait-ce le sens de l'énigmatique verset de *Genèse,* 1, 27 : « Homme et femme Il les créa » ?

MASSON, Éditeur
120, boulevard Saint-Germain
75280 Paris Cedex 06
Dépôt légal : septembre 1995

CORLET, Imprimeur, S.A.
14110 Condé-sur-Noireau
N° d'Imprimeur : 12191
Dépôt légal : août 1995

(10) E. LEVINAS : *Le temps et l'autre,* Quadrige, PUF, fév. 1983 (réédition).
(11) E. LEVINAS : *Éthique et Infini,* l'Espace Intérieur, Fayard, 1982.

COLLECTION MÉDECINE ET PSYCHOTHÉRAPIE

Activités d'enseignement pour enfants autistes, par Éric Schopler, Margaret Lansing et Leslie Waters.

Adolescences et dépressions, par Daniel Marcelli.

Anorexie mentale et boulimie, par Anne Guillemot et Michel Laxenaire.

Autisme du nourrisson et du jeune enfant, par Dominique Sauvage.

Biofeedback. Principes et applications, par Anne et Antoine Rémond.

Choix de textes de Freud, textes choisis par Marie-Thérèse Laveyssière.

Diagnostic structurel chez l'enfant, par Francisco Palacio Espasa et Roland Dufour.

Dictionnaire taxinomique de psychiatrie, par Jean Garrabé.

Dire : entre corps et langage. Autour de la clinique de l'enfance, sous la direction de Bernard Golse et Claude Bursztejn.

Échelles d'évaluation des états d'anxiété, de dépression, de manie, de schizophrénie, par P. Bech, M. Kastrup et O.J. Rafaelsen.

Électrophysiologie cérébrale en psychiatrie, par Pierre Morault, Marc Bourgeois et Jacques Paty.

Études cliniques d'anthropologie psychiatrique, par Jean Guyotat.

Gynécologie psychosomatique, par Roger Géraud.

Initiation à la psychiatrie, par Lucien Israël.

L'abord psychosomatique en gastro-entérologie, par Serge Bonfils, Jean-Claude Hachette et Odile Danne.

L'approche thérapeutique de la famille, par Gérard Salem.

L'autisme de l'enfant, par Gilbert Lelord et Dominique Sauvage.

L'ennui, ou la douleur du temps, par Michèle Huguet.

L'état dangereux, aspects sémiologiques et légaux, par Louis Roure.

L'expérience hallucinogène, par Jean-Pierre Valla.

L'hystérique, le sexe et le médecin, par Lucien Israël.

La crise du milieu de la vie, par Lucien Millet.

La dépression. Études, sous la direction de André Féline, Patrick Hardy et Monique de Bonis.

La nourriture, la société et le médecin, par Michel Laxenaire.

La théorie analytique adlérienne, par Georges Mormin et Régis-Jean Viguier.

La psychologie adlérienne, par Herbert Schaffer.

Le comportement boulimique, par Michel Sanchez-Cardenas.

Le couple malade, par Gilbert Maurey.

Le déprimé et son lithium, par Henri Lôo, Jean-Pierre Olié et Christian Gay.

Le développement affectif et intellectuel de l'enfant, sous la direction de Bernard Golse.

COLLECTION
MÉDECINE ET PSYCHOTHÉRAPIE

Le psychiatre et son malade en pratique quotidienne, par Guy Besançon.

Le rêve et ses fonctions, par Jean Picat.

Le stress permanent, par Pierre Lôo, Henri Lôo.

Les états anxieux de l'enfant, par Isabelle Jalenques, Christian Lachal et André-Julien Coudert.

Les hallucinations, par Georges Lanteri-Laura.

Les nouvelles addictions, sous la direction de Jean-Luc Venisse.

Les perspectives de la psychiatrie, par Paul R. McHugh et Phillip R. Slavney.

Les tentatives de suicide des adolescents, par François Ladame.

Les thérapies comportementales et cognitives, par Jean Cottraux.

Les troubles sexuels masculins en consultation de psychologie médicale, par Jean Tignol.

Mort - naissance et filiation, par Jean Guyotat.

Penser, parler, représenter : émergences chez l'enfant, sous la direction de Bernard Golse et Claude Bursztejn.

Psychanalyse et psychopharmacologie, par Pierre A. Lambert.

Psychiatrie d'urgence, sous la direction de M. Debout.

Psychiatrie de liaison, par Roger Zumbrunnen.

Psychopédagogie de l'enfant psychotique, par Jean-Pierre Favre, Marc Midenet, Alain Coudrot et Martine Coudrot.

Psychoses et adolescence, sous la direction de François Ladame, Philippe Gutton et Michael Kalogerakis.

Psychose et autisme de l'enfant, sous la direction de Régis de Villard.

« Psychosomatique » et médecine comportementale, par Jean Cottraux.

Psychothérapies médicales, sous la direction de Jean Guyotat.

Tome 1. — Aspects théoriques, techniques et de formation.

Tome 2. — Situations de pratique médicale.

Regards discrets et indiscrets sur le médecin, par Pierre-Bernard Schneider.

Soigner, éduquer l'enfant autiste, sous la direction de Philippe-Jean Parquet, Claude Bursztejn et Bernard Golse.

Stratégies éducatives de l'autisme, par Éric Schopler, Robert Jay Reichler et Margaret Lansing.

Thérapie cognitive de la dépression, par Ivy M. Blackburn et Jean Cottraux.

Thérapies cognitivo-comportementales en psychiatrie infanto-juvénile, par Luis Vera et Jacques Leveau.

Thérapies comportementales en psychiatrie, par Jacques Leveau, Éric Griez et Jean-Bernard Mazel.

Traitement comportemental et cognitif des difficultés sexuelles, par François-Xavier Poudrat et Naëlla Jarousse.